The Nobel Prize in Literature

莫言评传

叶开 著

河南文艺出版社

1986 年夏天的莫言

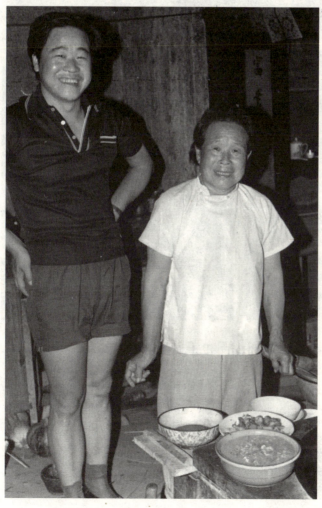

1987 年，莫言与母亲
一起为《红高粱》剧组
做饭

上	1987 年,在德国柏林演讲
中左	1999 年,在日本伊豆半岛
中右	2002 年,参拜蒲松龄故居
下	2003 年,在坝上

上左　2005年,被授予香港公开大学名誉文学博士学位
上右　2005年,在意大利荣获诺尼诺国际文学奖
下　　2005年春,在日本关西大学演讲

2004 年，在北海道滑雪场

序

谢有顺

《中国当代作家评传丛书》在几年前出版过四本之后,受到了普遍的好评,再接着往下出似乎就是顺理成章的事了。但我作为主编,并未积极响应,我知道,不少名作家对于过早出版自己的评传还心存疑虑,而要找到可以信任的评传作者,更非易事,约稿计划就被我耽误了下来。感谢策划编辑杨莉女士的坚持,她的敬业精神,使我确信做这样一件事情是有意义的——几个月来,当我陆续读完这几本评传的校稿时,更是坚定了这一看法。我自思对莫言、韩少功、余秋雨、张炜这几位作家并不陌生,他们的作品我大多读过,和他们见面交谈的次数也不算少,但没想到,这几部评传还是改变了我对他们的固有认识。以前读他们的作品,多少是有一点抽象的,现在结合他们的人生,重读他们的一些作品,感受就完全不同了。因此,我越发相信,以评传的形式来谈论一个作家,或许是当下最值得探索的话语方式之一。

我一直不太欣赏那种脱离作家主体单一评论作品的文字。我当然知道,文学是一个独立的世界,但中国文学的核心精神是讲作品背后要有人的性情和胸襟,中国的文学和中国人的人生是互相参证的,所以林语堂才说,"中国诗在中国代替了宗教的任务"。而按钱穆先生的观点,"中国人生几乎已尽纳入传统文学中而融成为一体,若果传统文学死不复生,中国现实人生亦将死去其绝大部分,并将死去其有意义有价值之部分。即如今人生一儿女,必赋一名。建一楼,辟一街,亦需一楼名街名。此亦须在传统文学中见之,即此为推,可以知矣"。确实,中国人的人生,在许多时候是追求诗化、艺术化的,在一个没有宗教传统的国度,这种人生的参照,多半就是文学了。

从终极意义上说,文学是描写人生、理解灵魂的;作家笔下的人生,必然和他自己的人生大有关联。知人才能论世,知人才能论文学。正是基于这样的看法,我平时在阅读作家作品之余,一直很留意作家的书信、札记或采访——这些只言片语所透露出来的信息,往往会成为我了解作家内心世界的重要通孔。如果读作家的自传或回忆录,这样的了解就更全面了。遗憾的是,当代作家不知是出于谦逊还是出于避讳,很少写自传性文字,难道他们的人生素材都在自己的作品中用尽了?我看未必,只是他们没有这种写作自觉而已。

这套丛书中的传主,都生于上世纪四十、五十年代,他们的人生,可谓是共和国历史的生动见证,尤其是他们的青少年时期,那些在苦难、惊恐中所夹杂的激情和理想,恐怕是下一代人所难以想象,也无从经历的——这些人生感受的直接讲述,有时可能比穷尽心力的文学创作更有价值。索尔仁尼琴说,一句真话比一个世界还重。那么,一段真实的人生呢?我是特别有兴趣去了解作家的人生历程的,对每个作家的出生地更是悠然向往,我相信,一种文学气质的养成和一个地方的地气是有关系的,一种写作和一种人生也必然息息相关。但据我所知,这四位传主,除了余秋雨写有"记忆文学"《借我一生》之外,其他的,都没有正式写过自传性文字,而他们这几个人的人生,又恰恰都是有一点传奇的——莫言笔下的童年记忆,韩少功住在乡下的生活,张炜在松树林里的书院写作,包括余秋雨的风雨人生,都具有一般作家所没有的传奇色彩,让人充满遐想。尽管加缪说,传奇不是文学,只是故事。可是,在今天这个虚构和谎言遍地的时代，我们缺的，也许正是可靠的讲故事者；以自己的人生做底子的讲故事者，就更少了。为此，我平时是很愿意读一点别人写的自传或回忆录的，这些文字，或许有美化传主自己的嫌疑，但这又有什么关系呢？用胡适在《四十自述·自序》里的话说，"这是不妨事的，有训练的史家自有防弊的方法"。只要我们能从那些自叙性的文字中找寻到一些有价值的碎片，从而观察到一个人和一段历史的特殊关系，这就够了。至于记忆是否有偏差，对事实的描述是否有选择性等，实在是不必认真追究的。稍有理论常识的人都知道，任何的记忆和事实，一旦成为历史，它的真实性也就随之消失了。任何人记住的都只是自己生活世界中一小部分的经验和常识。记忆的选择性，决定了人在多数时候是永远不知道真相为何物的。有时，你以为自己看到了真相，其实你看到的很可能还是假象——这个世界，谎言和欺骗总是比真实多得多。所以加缪还说，不在于生活得更好，而在于生活得更多。

当我分享别人的人生时，会特别留意那些别有意味的细节，以及作者在回忆过程中的复杂心理。丹麦哲学家克尔恺郭尔说，"回忆就是想象力"——这话是在提醒我们，任何人的回忆都不会是记录历史真实的可靠文本，它只能是想象的文本，是作者想象力的一次语言旅行。假如你渴望在这些回忆中核对历史的真实，你也许会失望，但当你试着进入作者的这些想象时，你也许就会有阅读的快乐。克尔恺郭尔还专门辨析过"记忆"和"回忆"这两个概念之间的不同。他在《酒宴记》中说，你可以记住某件事，但不一定能回忆起它。"回忆力图施展人类生活的永恒连续性，确保他在尘世中的存在能保持在同一进程上，同一种呼吸里，能被表达于同一个字眼里"。而简单的记忆，记住的不过是材料，它因为无法拥有真实的、个人的深度，必定走向遗忘。因此，从哲学意义上说，回忆有时比记忆更有价值，精神的真实有时比经验的真实更为重要。

自传作品的意义，就在这个时候凸显出来了。胡适从二十世纪二十年代开始，就到处劝人写自传，目的正是希望能以此给史家留下点有用的、真实的材料。他劝过林长民、梁启超、梁士诒，也劝过蔡元培、张元济、陈独秀、高梦旦等人，但其中的多数人，都未及写出自己的个人故事就辞世了，为此，胡适一直"引为憾事"。胡适自己还曾示范性地作了一篇《四十自述》，并在序言里说："我们赤裸裸地叙述我们少年时代的琐碎生活，为的是希望社会上做一番事业的人也会赤裸裸地记载他们的生活，给史家做材料，给文学开生路。"——"给文学开生路"云云，当然是和当时的文学环境有关，多少有一点夸大其词了，但基本意思我以为是没有过时的。只是，现在我们碰到的困境和胡适时代是一样的，那就是作家都不太愿意写自传，很多材料便无从留下来。

那就换一种方式，改用评传吧——评传也记述作家的生平，只是换了一个第三者的眼光来观察，同时带上了第三者的评价，这就不局限于写作家的人生了，而是把作家的人生和他的作品结合起来谈，从而具有了文学研究的意味。

我把这种带有研究性质的评传写作，当做是观察中国当代文学的独特方式。当代文学作为一种正在发生的语言事实，要想真正理解它，必须建基于坚实的个案研究之上；离开了这个逻辑起点，任何的定论都是可疑的。唐弢先生说，"当代文学不宜写史"，确实，阔大而空洞的文学史书写，未必会比认真、细致的个案研究更有价值。

《中国当代作家评传丛书》所要张扬的，正是个案研究的精神。它所要面对的，是当代文学领域里的重要作家，这些作家的人生道路和文学成就，如同一个个有重量的石头，沉潜在洪流的深处。我们该如何接近这些石头般的坚定存在？评传显然比单纯的传记更具说服力。所谓评传，简单地说，就是要求对作家的"传"与对作品的"评"并重，把作家的人生和作品当做一个整体来省察和观照，做到"传"的亲切、真实、全面、丰赡，"评"的客观、公正、系统、权威；

4

"传"与"评"相互对照,相互解释,从而达成和一种文学、一种人格进行深度对话的可能。

既是和传主的人生、灵魂对话,又是具有独特发现的研究论著,这两点,正是我当初策划这套丛书的核心意图。我记得自己在和各位作者沟通、以确立此套评传的写作原则的时候,专门引用了鲁迅在《花边文学·未来的光荣》里的一句话:"我们要觉悟着被描写,还要觉悟着被描写的光荣还要多起来,还要觉悟着将来会有人以有这样的事为有趣。"鲁迅当时说这话,痛指的是中国人被外国人所描写的情景,但借用来形容现在的传记作品都成了以描写和虚构为能事的叙事文学,那是再恰当不过了。为了避免这套丛书所择定的传主也面临"被描写"的处境,我要求作者以"评"带"传",凡涉及"传"的部分,写的只能是一些基本事实,拒绝任何的编造和文学加工。我想,这样的评传,读起来即便不是字字信史,但在观察、理解传主的作品和心灵上,却有着更值得信任的坦诚和客观。

从一种人生际遇里来体察一种文学的生成,这正是评传写作独有的优势。

这次被评的这几位作家,在当代文学界可谓尽人皆知了,有关他们的作品评论,少说也以百万字计,很多我也读过,但坦率地说,雷同之处甚多,个性文字日少,为什么?很大的原因就在于研究者都过分拘泥于作家的文学世界了。他们以为文学是独立的、封闭的,有着自足的审美空间,其实,这不过是一个幻觉。文学不仅是审美的,它还得长于存在的剖析、精神的追问,更重要的是,它之所以显得复杂,很大程度上是因为它和非文学世界(人生世界)有着隐秘的联系。假如一个研究者不能察觉到这种复杂的关系,他抵达的就必定是作品的表层。因此,文学研究既是一种艺术分析,也是探讨一种精神关系学,二者缺一不可。

评传写作所综合的,正是这两方面的内容。它向我们重申了那个简朴的真理:作家的人生和作品都不是孤立的,而是互相塑造、彼此影响的。一个作家就是一个广阔的世界，一个作家也是一部简易的文学史。大凡深度参与了一个时代的文学演变的作家，他的作品中一定有着个人内心印痕和时代经验相交织的奇异景象。只是，理解这些景象的隐秘路径，往往藏在作家这个独立而复杂的灵魂标本里，它需要有人去发现。

在我看来，孔见、栾梅健、叶开、周立民这四位出色的评传作者，扮演的正是这个发现者的角色。近两年来，他们为深入一个作家的灵魂世界所付出的辛劳，我作为丛书的主编，最是清楚，也至为感激。

同时也要感谢几位传主作家和河南文艺出版社的领导、编辑，没有他们的配合、辛劳和督促，这套丛书的出版，很可能至今还流于空谈。

Contents
目 录

在新时期以来的代表性作家里，莫言即便不是最有天才的作家，也是最有创造力的作家，最富写作韧性的作家。

"对饥饿的人来说，所有的欢乐都与食物相关。那时候，孩子们都是觅食的精灵，我们像传说中的神农一样，尝遍了百草百虫，为扩充人类的食谱作出了贡献。……那年头蚂蚱真多，是天赐的美食。村里的大人小孩都提着葫芦头，在草地里捉蚂蚱。我是捉蚂蚱的冠军，一上午能捉一葫芦。我有一个诀窍：开始捉蚂蚱前，先用青草的汁液把手染绿，就是这么简单。"

060 第二章　求知年代

从肉体的饥饿发展到精神的饥饿，是莫言文学创作的核心秘密之一。肉体的饥饿与精神的饥饿，在莫言的小说里紧密地结合到一起。

125 第三章　出走年代

莫言体会到，要深刻地认识故乡，就必须逃离故乡；要超越故乡，就必须皈依故乡。对于这片他爱恨交加的"血地"，莫言认识到他和高密东北乡保持"若即若离"姿态的重要性。"即"能使他吸收地气，获得灵感；"离"让他保持清醒，提升思考纯度。

180 第四章　激情年代

拼命阅读和拼命写作，是那个时代作家们和文青们的常态。"当时我们是白天听课，晚上写作。四个人住一间宿舍。为了互不干扰，许多宿舍里都拉起了帷幔，进去后能使人迷路。我们宿舍里的人懒，还保持着一览无余的朴素面貌。那时天比现在冷,暖气不热,房间里可以结冰。写到半夜,饿了,就用'热得快'烧水煮方便面吃。听说方便面要涨价,一次买回八十包。深夜两点了,文学系里还是灯火通明。"

第五章　收获年代　　　250

　　一名真诚的作家,在他的写作和思考过程中,无时无刻不跟现实的生活存在着互动,这种互动,需要在撇开现实喧嚣的浮油层之后,进行再度的深入思考和情感创作。这样,才能使一些本来貌似跟他的生活无关的事件,跟他的生活、跟他的记忆和经历发生化学反应。

334 附 录

前　言

要给正当盛年的莫言写评传，是一件相当冒险的事情。

在新时期以来的中国文坛中，莫言的写作像推土机一样强劲有力，他翻耕过的田野，散发出高粱酒的香气、青草的香气和馒馒的香气。出生在平均海拔不超过二十米的胶河平原边上的莫言，举手投足的姿势如同凌泰山绝顶而一览众山小的伟人。他自己筚路蓝缕开创的高密东北乡王国，国土既微小如一张八分钱的邮票，又广阔无边如西伯利亚大平原。

莫言是一名天才而勤恳的建筑师，他在自己亲自设计蓝图并亲手建造的高密东北乡王国里，日夜不停、废寝忘食地大干特干，巧干苦干乃至蛮干狠干，从高楼大厦、辉煌华屋到泥棚茅舍、青砖瓦房，从天河寰宇到犄角旮旯，莫言胸怀世界，眼观脚底，事无巨细，一一过问，不管沃土巨野还是瘠泥碱地，都躬耕不止。

从娘胎里落到尘土上，嗷嗷成长，莫言的身份是不折不扣的农民。他在土里生，在土里长，他对土地的爱恋和憎恨同样强烈。他对自己家乡充满了逃离的渴望，真正离开这片土地后，却发现自己根本无法割断对家乡的依恋。

在两种性质截然不同的情感状态中，莫言被逃离和回归这两种力量所深切羁绊，他一度试图抹杀这种故土的羁绊，写那些跟自己生命毫无关系的东西。他按照文学写作教程的要求和范式去写，按照传统革命现实主义小说的模板去仿造，辛辛苦苦、日夜奔忙，编造了一个又一个高大全的光辉形象。在这种离开真实生活很遥远的地方,他的语言苍白无力,空泛呆板,好像一个笨拙的弓箭手,对着空中翩然飞过的大雁,垂涎欲滴,却因为无法瞄准而只能干跺脚,白瞪眼。在一次又一次高亢而空洞的表达之后,莫言试探着逆向摸索。他沿着自己出走的道路,一直向后,像他在长篇小说《檀香刑》里大言不惭地表白的那样,大踏步地后撤——而不是溃退——撤回到自己的家乡,直抵内心深处。他寻找到了汹涌澎湃的创作之泉。

情感深挚的土地,才能催生雨量丰沛的想象力。

自 1981 年在河北保定的《莲池》第 5 期上公开发表第一篇短篇小说《春夜雨霏霏》始,莫言勤奋地创作了三十一年。他迄今发表了八十多篇短篇小说、三十部中篇小说、十一部长篇小说、九部影视文学剧本,出版了五部散文集,外加其他零散的创作谈、随笔等文字,莫言的作品数量蔚为壮观。

在新时期以来的代表性作家里,莫言即便不是最有天才的作家,也是最有创造力的作家,最富写作韧性的作家。

1955 年出生的莫言现在已届知天命之年。按照他现在的创作势头,勤奋专一,即使再创作二十年、乃至三十年,也毫无问题。那样的话,他的创作数量轻而易举地就会超过一千万字,成为一名拥有皇皇巨著的了不起的作家。

莫言的文学创作,风格独特、语言犀利、想象狂放、叙事磅礴,在新时期以来的中国文学创作中独具魅力。他的文学作品不仅在国内拥有广泛的读者,还被广泛地翻译到国外,获得了越来越多的国际认同,具有世界性影响。正如《纽约时报》的书评所说:莫言是一个世界级的作家。诺贝尔文学奖获得者、日本作家大江健三郎在很久之前就对莫言的文学成就推崇备至。在新时期以来的作家里,莫言是真正触摸到土地灵魂的作家之一。

莫言的作品,像《透明的红萝卜》、《红高粱》、《欢乐》、《红蝗》、《天堂蒜薹之歌》、《酒国》、《丰乳肥臀》、《三十年前的一次长跑比赛》、《司令的女人》、《檀香刑》、《生死疲劳》和《蛙》等,在其诞生的不同阶段,都成为那个文学时期的标志性创作事件。

莫言在文学创作上所体现出来的爆发力和持久力，都令人惊奇。

莫言通过自己独特的创作，把高密东北乡这样一个默默无闻的、隐秘在胶东平原边缘的丘陵和平原过渡地带的微地，扩展为世界性的中心舞台。在这片普通而神奇的土地上，以"我爷爷"余占鳌为代表的高密东北乡子民们上演了一出出慷慨激昂的人生大剧，一如高密地方戏茂腔演唱时的凄凉悲戚，一如电影《红高粱》里"酒神曲"吼诵时的高亢飞扬。在文学的世界里，莫言成功地建立了自己的高密东北乡文学王国。

莫言的创作历程非常有趣。

在通过《春夜雨霏霏》、《丑兵》、《放鸭》、《白鸥前导在春船》、《因为孩子》等好几个短篇小说创作的训练之后，莫言在渤海湾畔摩拳擦掌，对那些跟他毫无关系的海岛充满向往。他偶尔会潜回老家，在胶东平原的边缘偷鸡摸狗地搞游击战、狙击战。就这样走来走去，没有根据地，盲目地流浪了好几年，莫言终于通过短篇小说《白狗秋千架》，在高密东北乡的高粱地里搞到了一小块偷鸡摸狗的山包，在那里号令高粱、青草、蚂蚱和蚂蚁。这位光杆司令一个人吃饱全家不饿，东游西逛十分好过。他还没有建立山寨，也没有抢到压寨夫人，甚至还没有弄到称手的兵器，就开始正儿八经、大言不惭地吃喝玩乐，吹饮嫖赌了。

莫言在《枯河》、《秋水》和《大风》中艰苦奋斗，自强不息，咬到了一根《透明的红萝卜》。这根比金子还贵重的红萝卜，让莫言深切地体会到了什么叫做饥饿，什么叫饱暖，什么叫做仇恨，什么叫做热爱，并因此享受到了暴得大名的美妙。他增强了信心，扩大了在高密东北乡占领的巴掌大根据地，学习着运用游击战术，时不时地搞些偷袭。

这是一块神奇的土地，肥沃又贫瘠。胶河洪水泛滥，巨大的浪头万马奔腾，从莫言家的屋檐上方咆哮而过。洪水退尽后的土地，肥沃得嗷嗷乱叫。莫言随手扔下一块鹅卵石，地里也会长出一片红高粱。这块魔法土地偶尔出现一个《金发婴儿》，飘出一团《球状闪电》，甚至会发生令人难以忘怀的爱情大《爆炸》。莫言吃着《五个饽饽》，穿着《草鞋窨

子》,骑着《三匹马》蹚过《流水》,佩着《老枪》,带上《石磨》,出大力流大汗地《筑路》。环境这么恶劣,情况这么复杂,莫言还是坚持开展群众工作。他播种和浇灌《红高粱》,酿造《高粱酒》,大力发展第三产业《高粱殡》。在时机成熟时,他正式成立了高密东北乡边区临时革命政府,麾下颇有几员能征善战的骁将:抗日司令余占鳌、妇女主任戴凤莲、儿童团长余豆官。

这是一片多么《欢乐》的土地啊!

高密东北乡边区临时政府成立期间,有《红蝗》光临,有《生蹼的祖先》拜访,还有《马驹横穿沼泽》,革命政府的最高领袖莫主席两步并作《十三步》,唱着《天堂蒜薹之歌》,醉醺醺地来到了《酒国》里。在伟大领袖莫主席的领导下,边区政府打土豪分田地,击溃反动派,赶跑乏走狗,卓有成效地扩大疆土,影响之广,号召力之大,连《丰乳肥臀》的《野骡子》,这个《司令的女人》也从白区来到了解放区,投靠了莫主席。

在马洛亚神父的教堂钟楼顶上,莫主席左边是《长安大道上的骑驴美人》,右边是《冰雪美人》,踌躇满志地宣告了高密东北乡文学独裁王国的成立:

高密东北乡人民终于站起来了!

绝望的马洛亚神父只好从塔楼上纵身跃下。

无论是《四十一炮》的轰炸、《檀香刑》的威胁,还是建国历程上难以言说的《生死疲劳》,都不能损害莫主席一分一毫。全国人民都以为他是在建立一个民主自由的共和国,他也总是这样允诺,这样许愿。

马背上得天下,一生戎马,这位伟大的领袖,卓越的军事家、政治家、革命家、外交家、哲学家、历史学家、小说家和诗人,却在一群小人的歌功颂德之下失去了理智,企图称孤道寡,南面称王。他的狼子野心在跟国际广播电台的进步国际友人、电视工作者石一龙访谈时暴露无遗:写作时,我是一个皇帝!

这个世界上有打工皇帝,也有写作皇帝。

莫言的皇帝梦,代表着中国几千年来此起彼伏的农民军的终极理想:本想打家劫舍,谁知弄假成真!

　　莫主席最为珍视的伟大母亲形象,是长篇小说《丰乳肥臀》里伟大而博爱的上官鲁氏。上官鲁氏颠沛流离、历尽苦难、顽强而博爱的一生,是高密东北乡王国苦难历程的标志,是自由的女神,是前路的明灯。在高密东北乡钟楼广场的最高处,上官鲁氏的母亲光辉形象照耀众生。

　　莫主席说,每个人心中都隐藏着一个小小的上官金童。他还说,黑孩是他所有小说人物的源泉。所有这些人物形象的综合,就是作家的自我。

　　对于作家而言,拥有一片属于自己的文学王国是有福的。鲁迅的文学王国是鲁镇,沈从文的文学桃花源是湘西,莫言的高密东北乡王国跟这些文学王国相比,宏伟壮阔有过之而无不及,疆土的广阔博大,也远在他们之上。法国作家巴尔扎克的文学王国是巴黎,美国作家福克纳的文学王国是约克纳帕塔法镇,苏联作家肖洛霍夫的文学王国是乌克兰的顿河,哥伦比亚作家马尔克斯的文学王国是马孔多镇,人们常常用莫言的高密东北乡跟他们进行比较和研究——莫言提出作家的"血地"概念,确实一针见血。流淌着血液的躯体,才是有灵魂的。奔涌着河流的土地,才是生机勃勃的土地。在莫言的小说里,胶河、墨水河等河流川流不息,形成了最为丰沛的想象沃土。这片土地上,有花草树木,飞禽走兽,还有各种各样面目清晰的芸芸众生。

　　莫言有意识地往故乡那片"邮票大小"的地方塞各种私货,古今中外,无所不塞。

　　在地理学的意义上,高密东北乡是胶河平原上的一个小镇,面积小,影响低;在文学的世界里,高密东北乡却是一个伟大的王国,拥有浩瀚的疆土,丰沛的河流,肥沃的田野和无以计数的人口。在这个文学王国里,莫言需要什么就有什么:汽车、火车、飞机、轮船、坦克、大炮,乃至妖魔鬼怪——他在长篇小说《檀香刑》、《四十一炮》和《生死疲劳》里,继续为这个神奇的王国添加各种增值资产:长篇小说《檀香刑》里清末义和团的历史背景和残酷的刑罚场面,把高密东北乡的版图推进到历史的纵深处。把长篇小说《丰乳肥臀》里已经展现得淋漓尽致的故事背景,再次向前延伸。如果有需要,莫言就会继续编撰高密东北乡的悠久历史,甚至可以从三皇五帝开始、从夏商周开始,从春秋战国,从秦汉三国东晋西晋南北朝开始。历史在高密东北乡这个王国里,是任由其国王莫言——是的,这位主席已经祷告过天地,荣升为国王了,他甚至可以随随便便地摇身一变,当上伟大的独裁者:皇帝——随意打扮的,他可以把整个高密东北乡的历史,改写为莫氏家族的千秋万代史,莫言是莫始皇,依此类推,上下从容。

在长篇小说《生死疲劳》里,多才多艺的莫始皇为了丰富人民群众的文化生活,建立文化大国,引进了浓重的宗教氛围。虽然上官鲁氏最后热泪盈眶地大喊:主啊,我来晚了! 毕竟还是来了。

高密东北乡王国拥有了三维的立体空间。一个轮回的高密东北乡,在众生平等的下界蓬勃生长。牛鬼蛇神和牛头马面和谐共处,西门闹、西门驴、西门牛轮回不息。在这个国度里,莫始皇的法力并不比东海傲来国花果山上的石猴孙悟空差多少。他既可以深入地府到阎罗王的十八层地狱里观光探胜,也可以九天揽月信步仙庭。

莫始皇在创造完高密东北乡的地下世界之后, 在休息日略作整顿,喝上两杯咖啡,脑子高速旋转片刻,又可以动动上天去要要的歪主意了。

和尚摸得,阿 Q 摸不得? 孙悟空去得,莫始皇去不得? 玉皇大帝有先见之明,似乎应该先着太白金星下界走一遭,宣莫始皇上天,封他做个弼马温或者齐天大圣之类的虚职,免得他几杯玉液琼浆下肚,一时发起酒疯,不管不顾地闹将起来,刚刚安静了不久的天宫,又会乱成一锅粥了。

至于齐天大圣莫悟空上天之后,究竟发生了什么故事,且听下回分解。

在高密东北乡这个神奇的国度里,没有什么是不可能发生的。

一百个读者的眼中,有一百个贾宝玉。

每个读者的脑袋里,都会装着一个小小的莫言。

不管你是专业评论家,还是普通市民,一旦你阅读,你就会渐渐地形成一个关于作家和作品的具体想象。

在莫言的文学创作生涯中,催生过无以计数的评论文章。

我开始时觉得,写写莫言的评传也无关大碍。莫言是一个青年农民,我也是曾经劳作于农田,大家都是从乡土走来,混进城市,一日三餐吃上了大白菜猪肉馅的饺子。我认为我的心灵跟莫言是相通的。后来我发现,有那么多莫言的死党都躲在幕后默不作声,他们比我熟悉莫言多了,他们跟莫言的关系比我深多了,他们是莫言同过窗的、扛过枪的死党,他们都一言不发,我在这里却瞎起劲。这是干啥?前些天一个月黑风高、凉爽愉快的晚上,在上海瑞金宾馆的草坪上,莫言隔着一张圆桌看着我,微微发笑。我也微微发笑。莫言虽然声名显赫,此刻他对我诚惶诚恐。他不知道我会往高大全里美化他呢还是往矮小偏的角落里糟蹋他。在那一刻,我感受到了主宰者的喜悦。

在我面前的莫言,仿佛是一个虚构的人物。

经过那么长时间的酝酿、消化、反复的阅读和思考,我惊讶地发现,莫言已经神不知鬼不觉地变成了我创造的一个小说形象,进入了虚构的三维空间。

我们面对的是一个神奇的国度,现实的人可能是虚构的,虚构的世界可能是现实的。死去的人还活着,高尚的人卑下,贫穷的人富有,窃国者为诸侯。我有时候觉得,莫言在创造"高密东北乡王国"的同时,也在不停地创造自己。

莫言是一个神出鬼没的国王,他在自己的世界里,一会儿假扮成义和团拳民,一会儿变成游侠佐罗,一会儿成为思考的棋子,一会儿跳出三界外还在五行中,他的作品在源源不断地诞生,他自己也在不停地变化。他是精神导师,也是革命战士。他是豪门显贵,也是贩夫走卒。要抓住这样一个变化多端的活泼小人硬生生地塞进自己的脑子里,不运用虚构的法力是不行的,没有二郎神那第三只眼睛看世界是不行的。虚构是比七十二变还多一变的高深法力,可以抓住五行之外的魅影。在莫言的长篇小说《酒国》里,那个飞檐走壁的小矮人余一尺仿佛是一个精妙的暗喻:你不知道他究竟是一名劫富济贫的侠客,还是一

名见利忘义的驴肉馆老板。或者,兼而有之。

在莫言的长篇小说《酒国》里,最令人震惊、最让人难以忘怀的超级盛宴,就是婴儿宴。那是一个饕餮的世界。在这个世界里,吞噬是唯一的世界观,道德伦理可以泼到地下,让它们和污秽的排泄物一样,把唯一残存了一点点道德底线的高级侦察员丁钩儿淹死。

我的最大愿望,就是把莫言和他的文学作品刷上黄油,添加双倍的芝士,再加上各种香料、蔬菜、水果和肉类,放进烤炉里高温烘烤,烤得肉烂皮脆,香气扑鼻,然后吩咐花枝招展的美女用纤纤素手、婀娜脚步,带着甜美的笑容,给您端上来。

莫言的故事,就从这里开始了。

列位看官,里边请!

第一章 饥饿年代

尘土中出生

在我的想象中，莫言生长于一个神鬼出没、仙灵成群的地方。在那里，人们吃苦耐劳，精神乐观，得过且过。乡亲们见惯了生生死死，哀哀乐乐，贫贫富富。大人们与土地庄稼为伍，渐渐衰老；小孩子与河汉湖泊飞禽走兽为伍，在不知不觉中长大成人；老人历经沧桑性情淡然，在历史故事中眼神迷惘。

三百年前，在莫言故乡北边三百里地的淄川，落第秀才蒲松龄摆开龙门阵，酒茶待四方，有故事的讲故事，没故事的默默沉思，不管南来北往，大家都是好兄弟。在蒲松龄的神魔小说世界里，一切生灵事物都息息相通。现实和想象相通，未来和过去相通，人与鬼狐相通，仙境与俗世相通。

一直活到七十多岁，蒲松龄仍然是一个口若悬河、舌头生花的落魄秀才。

在莫言故乡西边的郓城县，八百多年前，一个动不动就泪流满面的县城小官押司宋江，率领一帮愣头愣脑、没心没肺、心狠手辣、快意恩仇的好汉占山为王，盘踞水泊梁山，整日里打家劫舍，杀人放火，做成了一番惊天动地的大事。

那是一个人杰地灵、故事成山的地方。

在那里，每个人都是宋江，每个人都是蒲松龄。他们的故事，流淌在祖祖辈辈的血液里，飘荡在村头村尾的参天大树上。

莫言出生于1955年2月17日，农历乙未，正月二十五，属羊。

这是山东省高密县东北乡①平安庄的一个普通农民家庭，家庭成分为富裕中农。

莫言另外还有一个生日：1956年3月25日，他使用这个生日，实现了逃离乡村的梦想。

就像很多同代人一样，莫言的两个生日中，前一个是他诞生的真实记载，后一个属于社会性的需求。这种误差的背后隐藏着有趣的、带有浓重历史印记的秘密，似乎暗喻着莫言的双重生存姿态：精神王国里的君主和现实生活中的仆人。

在中国的传统文化中，一个人的生辰八字很重要，从这里面能够看到一个人的人生走向，未来的前途。可惜的是，莫言的母亲记不清他出生的具体时辰了，只记得是鸡叫头遍，天将破晓的时分。在一个普普通通的农村大家庭里，像莫言这样一个迟到者，又不是贾府里的贵公子贾宝玉出世，有些事情也就含含混混，将就过去了。

这时春节刚过不久，关于财神爷、饺子和鞭炮的记忆，关于各种祝愿和憧憬，都还在生活中弥漫，山东高密东北乡的村民还笼罩在喜庆的气氛之中。严寒笼罩大地，春耕尚未来临，万物仍在蛰伏。母亲腹中的莫言，却在这个不合时宜的时刻，蠢蠢欲动。

高密东北乡地处平度、胶县和高密三县交界处。上个世纪初，这里还蛮荒一片，是个三不管的地方。平安庄是一个只有几十户人家的小村子，几十栋土墙草顶的房屋稀疏地偎依在胶河的怀抱里。村庄虽小，村中央却有一条宽阔的黄沙大道，道路两旁杂乱无章地生长着槐树、柳树、柏树、楸树和几棵一到深秋便满树金叶、不知其名的树。村里有一座天主教堂，夹杂在村户房屋的中间，教堂顶上尖尖的十字架直插苍穹，似乎隐秘地在跟上天交流着关于东方这个神秘国度里苍生的消息。这是已经完全中国化的教堂——莫言在长篇小说《丰乳肥臀》里一开始就写到了这座教堂，写到了那个不远万里来到中国，几十年如一日地待在中国,已经能够讲一口流利的高密话的瑞典神父马洛亚——天主教堂以其特有的神圣、执著、友爱和怜悯,在上个世纪深入到古老中国最偏僻的村落,甚至钻到了万山怀抱的云南怒江深处。来自万里之外北欧瑞典、挪威的神父们,在大山中不辞劳苦地传递上帝的福音,越过一座山需要花费三天的时间。这些上帝的选民,有着远大的理想和目标,他们把自己的生命献给在天之父,为了拯救众生,满怀着天主的大爱,冒着生死未卜的危险传教布道,同时还把一些医疗知识传授给当地的民众。很多神父最后死在大山深处,为自己所传播的天主教事业鞠躬尽瘁。

在高密东北乡平安庄,这样一座天主教教堂,历经了风风雨雨,已经融入了村民的记忆深处。那些目不识丁的乡亲们一度在教堂里虔诚地唱着赞美诗,让自己的灵魂与天主同在。

后来,村民们被强迫信奉了另外一些神灵,这座教堂就变成了一种令人疑惑的陈迹了。

平安庄的黄沙大道一直向东延伸,蜿蜒出村外,变成了黑色的泥路。黑色的泥路弯向东南,连接了一片草甸子。春天,这里绿草如毡。星星点点、五颜六色的小花朵,宛如这毡上美丽的图案。草甸子里有叫声婉转的鸟,有快如闪电的脱兔,还有其他各种各样的小动物在蓬勃地生长。这些动物和植物,日后都成了莫言的朋友。

在平安庄外面,围绕着大片大片的黑土地,闪烁着无数大大小小的圆形池塘。这些池塘,在夏天雨季来临时,会泛滥成灾,形成另外一种景观。过了墨水河,南岸,就是大片大片的红高粱地。在这片神秘的、煽情的土地里,上演过无数真实与虚假、激情与冷漠的故事。莫言对这种有着巨大反差的故事情有独钟。他喜欢在大爱大恨中叙述,在大悲大喜中表达,在虚虚实实中想象。在很多文章中,莫言的家乡,已经变成了一个传说与故事萦绕的国度。儿童时代所听到的蛙声虫鸣,穿过三十年的雾障,令迷失在城市高楼大厦里的莫言如聆仙乐;儿童时代所目睹的彩色草甸子和花团锦簇,令徜徉于大大小小胡同、置身于蚁行市民之间的莫言心明眼亮。他一旦想通了这点,就打通了自己的奇

经八脉,变成了一个通人:通向记忆中色彩缤纷的国度的一个归人。

莫言的写作,在姿态上是回归的、后退的。他要后撤到记忆的深处,在"渗透到岩石中的声音"里顿悟,禅定。

在莫言的儿童时代,水是浩大的记忆。他对家乡"马头一样的河水"的表达,引起了日本作家大江健三郎的深刻共鸣。

在黄河中下游所覆盖和延伸的平原地带, 在黄河口忽南忽北、造就水泊梁山也湮灭水泊梁山的广大区域,河水都高于平原,是地上河。这是一种特别的景观。黄河沿岸的村民,千百年来都有出劳力去堆垒坝岸的义务。他们的身影,早已消失在漫长的历史尘埃之中。

疏浚河道,建筑坝岸,抵御洪水,年复一年,日复一日,成为北方中国隐秘的集体无意识。圣人出,黄河清。或者,黄河清,圣人出。那些在历史中早已经化为尘灰的无数庸众,一次又一次地从河道里挖出令人惊奇的石碑,上面写着任由别人解释的文字。他们被这些从地底深处出现的,像水浒梁山那样从天空中裹着火球降临的巨大能量镇服。对这种神秘力量的解释,形成了一次又一次席卷北方中国的大风暴。风暴到处,哀鸿一片。整个中原大地,就在这种水与火的磨炼中,野火烧尽,春风吹生。一代又一代的百姓,懵懂无知地生存着,不是被皇帝所管辖,就是被流寇所主宰。这样的洪流,使得中华文化的发源地之一的中原,最终满目疮痍。

黄河大水,不仅是民生中的灾难,也往往被解释成某种天意。

莫言出生时,他们大家庭里已经挤满了一大堆人口。爷爷奶奶、没有分家的叔叔婶婶和大他四个月的堂姐一家、他的父亲母亲大哥二哥和大姐,共有十人之多。后来,莫言的婶婶又生了几个比莫言小的男孩,这个家庭就变成十三口人的大家庭了。

莫言的母亲把他生下来,除了给家里增添一张似乎永远不能餍足的嘴巴之外,并不能给这个大家庭里带来多大的快乐。莫言的童年记忆不算美好。饥饿和孤独,是莫言那个时期大多数同龄乡村孩子的共同记忆之一。

莫言这样描述自己的诞生:

1955 年春天,我出生在高密东北乡一个偏僻落后的小村里。我出生的房子又矮又破,四处漏风,上面漏雨,墙壁和房笆被多年的炊烟熏得漆黑。根据村里古老的习俗,产妇分娩时,身下要垫上从大街上扫来的浮土,新生儿一出母腹,就落在这土上。……我当然也是首先落在了那堆由父亲从大街上扫来的被千人万人踩践过、混杂着牛羊粪便和野草种子的浮土上。②

从大街上扫来尘土垫在产妇的身体下,这种习俗似乎暗示着人的生命从土中而来,因土而生。同时,也昭告着这样的事实:人也是一种卑贱如土的生灵。唯其卑贱,才有野草般顽强、旺盛的生命力。

尘土的记忆,从莫言诞生起,似乎就缠绕着他的生命。

莫言在长篇小说《丰乳肥臀》里写到上官玉女和上官金童这对不幸的双胞胎的诞生,场景也有些类似:

马洛亚牧师提着一只黑色的瓦罐上了教堂后边的大街,一眼便看到铁匠上官福禄的妻子上官吕氏弯着腰, 手执一把扫炕笤帚,正在大街上扫土……她悄悄地、专注地把被夜露潮湿了的浮土扫起来,并仔细地把浮土中的杂物拣出扔掉。

……上官吕氏把簸箕里的尘土倒在揭了席、卷了草的炕上,忧心忡忡地扫了一眼扶着炕沿低声呻吟的儿媳上官鲁氏。她伸出双手,把尘土摊平,然后,轻声对儿媳说:“上去吧。”

……两行清泪,从上官鲁氏眼窝里涌出。她咬着下唇,使出全身的力气,提起沉重的肚腹,爬到土坯裸露的炕上。

在《丰乳肥臀》这部倾注了莫言最多心血和情感的长篇小说里,莫言再一次地把自己出生的想象图景,用繁复的语言和杂耍般堆砌的词汇表达出来。上官金童这个角色,在一定的程度上也可以视作是莫言的精神自传,是他想象中自我完善的化身。上官金童用拒绝长大成人

的态度,对这个多灾多难、凶险万分的世界进行了断然的否定。

在小说里,上官金童是一个徒具成年人外貌的儿童。他一直长到成年,仍然离不开母乳,离不开乳房,离不开自己从中诞生的身体。上官金童从未真正进入过这个秩序混乱而道貌岸然的世界。

在莫言的小说里,他总是表达一种要回归过去,重返婴儿时代的愿望。这种愿望,或许是基于对现实生活的不满而产生的。莫言的小说里常常出现一种鲜明的对比模式:过去和现在的对比,儿童世界和成人世界的对比。过去的世界是野性的、充满了蓬勃生命力的,现在的社会是温顺的、生命力萎缩的;儿童的世界是单纯的、友好的、色彩缤纷的,成人的世界是复杂的、邪恶的、杂色交加的。

在莫言的小说里,还时常会流露出一种前乌托邦主义的心态,通过对已经消失的美好世界的描写,来否定现存的丑恶世界;用原生态的社会模式来反讽秩序化的呆板现实逻辑。不幸的是,生活在当下的现代人,却正在被一种分裂的身份和双重的情感所撕裂着,焦灼着,处在人格和肉体、社会身份和个体精神的双重分裂当中。

活水的记忆

现实世界对儿童莫言施加的压抑无所不在。

在贫苦的农村,小孩子生下来,断奶,学会行走之后,就变成了一条野狗、一只野猫,整日处于放养散养的状态。他们对于这个世界的认识,很多都是从直觉中、从摸索中获得的。

对于不幸出生于那个时代的莫言来说,记忆中最深刻的压抑,就是饥饿与孤独。

上个世纪六十年代以前,高密东北乡具有某种江南水乡的幻象。这里水量丰沛,一到夏天就雨水缠绵,洪水暴发,连淹一个月。一会儿大雨,一会儿小雨,到了六七月份,连续两个星期不见太阳,地里面、胡同里边全是水,家里边全是水,在地里一锹下去水就冒上来了。上个世纪八十年代后,这个水量充足的地方却连年干旱,有时候一连三四个月不下雨,挖地挖到七八米也没有冒水。

这种气候的变化,使得水边的童年,变成了干涩的成年。

童年时代关于水的记忆,在莫言的笔下色彩缤纷:

　　草甸子里有无数的池塘,有大有小。夏天时,池塘里蓄着微微发黄的水。这些池塘不论大小,都奇怪地以极圆的形状存在着,令人猜想不透……池水有些混浊,水底一串串的气泡冒到水面上破裂,水里漾出一股腥甜的味道。有的池塘里生着厚厚的浮萍,看不到水面;有的池塘里只在中央贴水展开几片油亮的肥叶,挑起一两枝的睡莲,带着十分人工的痕迹,但绝对不是人工。朦胧的月夜里站在池边,望着那闪烁光彩的玉雕般的花朵,象征、暗示便产生了。四周寂静,月光如水,虫声唧唧,格外深刻……我站在池塘边倾听着唧唧虫鸣,美人的头发闪烁着温暖的光泽,身上散发出一股蜂蜜的味道。突然,一阵湿漉漉的蛙鸣从不远处的另一个池塘里传来,月亮的光彩纷纷扬扬,青蛙的气味凉飕飕地粘在我们皮肤上。仿佛高密东北乡的青蛙都集中到这个约有半亩地大的池塘里了。看不到一点点水面,只能看到层层叠叠地在月亮中蠕动鸣叫的青蛙和青蛙们腮边那些白色的气泡。……池塘是风景。青蛙的池塘。蛇的池塘。螃蟹的池塘。翠鸟的池塘。浮萍的池塘。睡莲的池塘。芦苇的池塘。水荇的池塘。冒泡的池塘。不冒泡的池塘。没有传说的池塘。有传说的池塘。③

池塘和水洼,围绕着高密东北乡平安庄,萦绕在莫言的记忆里。

这是关于止水的记忆。

水是莫言的小说秘密之一。

在莫言老家里,那条斜着贯穿南北的胶河在发大水时,河水簇拥着、咆哮着奔腾而过,宛如无数挨挨挤挤的马头。

有一年,在发大水的季节,莫言脚上生了一个毒疮,母亲禁止他下地。家里的大人都下地劳作了,哥哥们也去上学了,家里只剩下他一个

人孤零零、无助地坐在炕上。他看腻了糊窗的报纸——那上面尽是一些超现实主义的奇迹，例如某某公社种出一个重达一千公斤的冬瓜啦，某某公社亩产水稻一万公斤啦，养猪养得比牛还大啦——也翻腻了炕头上大哥留下的《鲁迅作品选集》。他喜欢看《故事新编》。他那时候识字不多，读《故事新编》虽然感到很有趣，也就是像《铸剑》《眉间尺》那样比较好玩的故事还记在脑袋里。他透过后窗，看着河里马头一样的浪头相互簇拥着滚滚向北流去，河水比房顶都高了，眼看着河水就要从河堤上溢出来了。

莫言对于这些童年的记忆色彩纷呈，经过长时间的发酵，他的叙述变得兴味盎然，如痴如醉、如梦如幻：

　　所有的人都跑到河堤上去了，连奶奶都去了。我一个人坐在炕头，或者树下，看着院子里大蛤蟆爬来爬去，看着蛤蟆怎么捉苍蝇。我啃了一个老玉米，剩下一个玉米棒子，扔在一边，一群苍蝇立刻摞上来，碧绿的苍蝇，绿头的苍蝇，像玉米粒那样的，有的比玉米粒还要大，全身是碧绿，就像玉石一样，眼睛是红的。看到那苍蝇是不断地翘起一条腿来擦眼睛、抹翅膀，世界上没有一种动物能像苍蝇的腿那样灵巧，用腿来擦自己的眼睛。然后看到一只大蛤蟆爬过去，悄悄地爬，为了不出声，本来是一蹦一蹦地跳，慢慢地、慢慢地，一点声音不发出地爬，腿慢慢地拉长、收缩，向苍蝇靠拢，苍蝇也感觉不到。到离苍蝇还很远的地方，它停住了，"啪"，嘴里的舌头像梭镖一样弹出来了，它的舌头好像能伸出很远很远，而后苍蝇就没有了。……我就观察这些东西。看到我们家院墙上绿草慢慢地生长，你刚刚看了河里的水，回头再看墙上的草，好像比刚才长出一公分高了，很可能一下就看到知了幼虫慢慢地爬出来，爬到一棵向日葵的茎上，看到一个嫩黄色的知了幼虫的背慢慢撑开，一只知了爬出来了，你看到它翅膀刚出来的时候，是黏结成一团的，慢慢在空气当中伸展、伸展，知了本身也改变了颜色，从嫩黄一会儿就变黄，之后就变黑了，翅膀一抖，嗡的飞起来了……一只很嫩很嫩的螳螂从窗户旁边爬出来了，窗外就是向日葵、蚊子、壁虎、蜘蛛，可能窗棂上一只蜘蛛就在结网，突然就看到一只小燕子撞到蛛网上了。蜘蛛结网意味着天要好了，一缕阳光慢慢从稠云当中露出来了，很快感觉到大地像一个烧开的锅炉一样，热气蒸腾出来了……④

一个被迫停止、用静止的状态来观察世界的儿童，能看到很多在活动时、运动时观察不到的事情。本来习以为常的运动停滞了，放大了，细微了。这就是生病孩子的收获。《追忆似水年华》的作者普鲁斯特一辈子都是病恹恹的；诗人里尔克从小也是疾病缠身，他在小说《马尔特手记》里展现出了对童年时代的曼妙记忆。

一个被疾病缠绕的小孩子，常常拥有一种特异功能，他们的想象力和记忆力都特别发达。

美国作家海明威说过："不幸的童年是作家的摇篮。"

在莫言出生的那个年代，几乎人人都拥有过不幸的童年，可是从这个不幸的摇篮里爬出来变成作家者屈指可数。可见海明威说的是一句废话。

莫言在很多场合里引用过海明威这句废话。他很快就发现这句话里的矛盾，后来在引用时加上了尾巴："当然，幸福的童年也是作家的资源。"

幸福的童年人人相似，不幸的童年个个不同。

鲁迅的童年也非常不幸，他笔下的故乡"鲁镇"在这种不幸的情调中漂浮，但是他写有像《社戏》这样充满美好童年记忆的小说，《从百草园到三味书屋》、《阿长和〈山海经〉》这样的温情散文。萧红的童年也一样不幸，她的《呼兰河传》却充满着冰冷的"童年温情"。以自己的童年经历和记忆为写作出发点的作家，古今中外，可谓多矣。《红楼梦》里的大观园世界，托尔斯泰的《童年》和《少年》，高尔基的《童年》、《在人间》、《我的大学》三部曲，普鲁斯特的《追忆似水年华》七大卷，托马斯·沃尔夫的《天使望故乡》……这样的作家和作品可以列出许许多多，莫

言的《透明的红萝卜》、《枯河》、《铁孩》等等小说,也可以列入其中。

饥饿中的少年莫言,在乡村中探寻食物和想象食物中,不断地发展自己的心智。

在这种困苦而自由自在的生长过程中,莫言跟自己生存着的周边世界建立起了越来越密切的关系。

大人们都忙着干活,没有人管小孩子。

莫言和其他小孩子一样,被大人遗弃在家里,在村里,就像小猫小

1962年,与堂姐在一起。这是莫言小时候唯一的一张照片

狗一样，自己寻找食物，在不知不觉中成长。

小时候，莫言"能在一窝蚂蚁旁边蹲整整一天，看着那些小东西忙忙碌碌地进进出出，脑子里转动着许多稀奇古怪的念头"。

对于小孩子来说，最简单的世界，都呈现着复杂而危险的面貌。

莫言记得的最早的一件事情，是在1958年，四岁左右时，把一个珍贵无比的热水瓶给打碎了：

> 我们两个村庄，一个叫大栏村，一个叫平安庄，两个村子是连在一起的。吃饭的时候，要到大栏村那个公共食堂打饭，打开水，提着瓦罐打稀饭。起初要求所有的人必须在食堂用餐，后来允许打回家去吃。起初还有干饭，后来只有稀饭了。到了只有稀饭的时候，公共食堂——这一所谓的新生事物，距离灭亡已经不远了。我记得自己提着一个热水瓶，装着一瓶热水，"啪"的掉在地上，热水瓶打碎了。当时的农村家庭，有一只手提的热水瓶是一件了不起的事情，一般家里面用的是瓦罐，在外面蒙上一层麦草，垫上一个草袋……打碎一个热水瓶，我吓得就跑掉了，钻在一个草垛里一下午没敢出来。到了晚上，我听见母亲喊着我的乳名叫我，声音很温柔，不像要打我的动静，才从草垛里钻出来，看到母亲正站在星光下喊叫我。⑤

打碎了一个珍贵的热水瓶，这个弥天大祸在后来的莫言嘴里说得很平淡，实际上，我们小时候都有这种经验，那种大祸临头的恐惧感，没有经历过的人不能体会。

在历史的刻度里，莫言刚刚出生不久，就碰上了大跃进、公社化和大炼钢铁的狂飙突进的时代，莫言在短篇小说《铁孩》里想象过这个时期自己的生活。

莫言记得的第二件事情，是掉进盛夏的茅坑里，灌了一肚子粪水。他在《故乡往事》这篇文章里说：

　　我这辈子记住的第一件事情,是掉到茅坑里差点淹死。那大概是我两岁左右的事。在我的印象里,那是个暴雨很多、骄阳如火的夏天,家里那个用砖头砌就的很深很大的露天茅坑里潴留着很多雨水,水面上漂浮着一层草木灰,草木灰中蠕动着长尾巴的蛆虫。我记得茅坑角上插着一根木棍子,是为我的腿脚不方便的奶奶预备的。我喜欢双手抓着木棍子,身体往后仰着,一边拉一边胡思乱想。那根木棍年久腐朽,突然断了。我仰面朝天跌进茅坑里去,喝了一肚子臭水,幸亏我大哥发现把我捞上来。大哥拿着一块肥皂,把我扛到河里去洗。我记得正是中午头儿,阳光特别强烈,河里的水明晃晃的,耀得人不敢睁眼,满河里都是洗澡的男人和嬉水的男孩。男孩们追逐着,叫嚷着,腾起一片片白色的水花。大哥把我放在河水里。河水滚烫,我嗷嗷地叫着,搂着大哥的脖子使劲地把脚蜷起来。大哥硬把我按在水里。我哭着挣扎着。我记得大哥说:你一身屎一头蛆,不烫烫,脏死了。我还记得周围的滚水中露着一些青色的男人头颅,那些漆黑的眼睛在蒸气中眨动着。……我记得那些男人笑嘻嘻地问我:屎汤子什么味道?好喝不好喝?大哥往我的头上抹了很多肥皂,肥皂泡沫杀得我睁不开眼睛。我闻到了肥皂味儿、鱼汤味儿、臭大粪味儿。⑥

莫言又在《超越故乡》这篇文章里再度回忆起这件事情:

　　我记住的最早的一件事,是掉进盛夏的茅坑里,灌了一肚子粪水。我大哥把我从坑里救上来,抱到河里去洗干净了。那条河是耀眼的,河水是滚烫的,许多赤裸着身体的黑大汉在河里洗澡、抓鱼。……那条河里每年夏、秋总是洪水滔滔,波浪澎湃,水声喧哗。坐在我家炕头上,就能看到河中的高过屋脊的洪水。⑦

莫言第三次谈起这件事时,增加了一些其他的细节:

农村的厕所是很大的,露天的,里面大概可以盛七八车粪。当时农村所谓的粪也就是草木灰之类的,也不是特别脏,到夏天里面常积了很多雨水。我们家就在厕所(不叫厕所,叫圈)角落上钉了根柱子,因为我奶奶年老了,要借助柱子扳着才能站起来。我扳断了柱子,就掉到厕所里了,喝了很多脏水。我大哥当时读高中,放假在家,听到我的哭声,跳到厕所里把我捞上来,扛着我就跑到河里去了。我们房后就是一条河。河水滚烫的,好像四五十度那个温度,鱼好像在里面热昏了头了,乱撞,很多人在追鱼,追着追着鱼的肚皮朝天了。我哥哥就扛着我,把我扔到河里面,用一块肥皂,把我全身上下洗了一遍。肥皂是很珍贵的东西,轻易舍不得用,洗衣服用树上的皂角,或者是将草木灰浸泡后,将清水沁出来用。肥皂的香味很好闻,我经常回忆起肥皂的香味。事后,我奶奶表扬我,说如果不是我把那根柱子扳断,她掉到圈里就麻烦了。我本来是预备好挨骂的,没想到却受到表扬。不久,我又栽倒在院子里的水缸里,头朝下,屁股朝上,是我母亲把我提出来的。⑧

同样的事件,莫言在不同的场合不同的时间反复地说起,表明这件事情对他有着极其深刻且不堪的记忆。掉进粪坑里不是一件美好的事情,对于作家来说,这却是一种与众不同的体验。他在三次回忆中,展现出了不同的微妙心态。第一次引用的文字里,莫言有一种强烈的诉说欲望。在第二次里,他简略地介绍这件事情,力图让叙述更加准确公允。第三次,莫言经历了功成名就,遭受了人世险恶,更加平和客观了。他的语调平静如水。

掉在茅坑里是很多乡村孩童的共同记忆。

莫言的家乡是一马平川的平原,流淌着许多大大小小的河流,最大的是距离稍远的胶河,屋前屋后还有墨水河、顺溪河。从新政权成立到上个世纪六十年代以前,这块三县交界、红高粱疯长的土地,在顺溪河与墨水河之间是一片低洼的沼泽,一到夏天,就会被从上游冲下来的泛滥河水淹成一片水乡泽国,芦苇丛生,野草遍地。沼泽地里,有各

种各样的小动物,飞鸟盘旋,鱼虾嬉戏。这样的地方,无疑是小孩们的一方乐土。

水跟想象力密切相关。

水是想象力的象征。

想象力的源泉,这是对水的精妙比喻。

莫言在小说里、散文里写到家乡的水,总有一大堆的精妙比喻。在最新的长篇小说《生死疲劳》里,高密东北乡勤劳简朴的财主西门闹怀着一腔不平与怨恨重新投胎而变成的西门驴,在河里击毙了野狼,和一头母驴在嬉戏中成就了好事。西门猪在河中荒岛称王称霸、在河里跟捕猎队斗智斗勇,更是写得回肠荡气、精彩纷呈。

水也是精妙的比喻。在我们传统文化里,水似乎可以涵盖一切:上善若水。水性柔而至刚,水处下而至大。古往今来,吟诵河流瀑布名川大泽的诗歌,数不胜数。从小跟水有亲密接触的孩子,当他们长大变成一名作家之后,想象力都远远高于干涸地区的同行。那些缺水的作家总是脸色深沉、目光呆滞,语言刻板,从衣服到表情都是灰扑扑的。他们的文字灰突突的,他们的语言干巴巴的。

依水而生的作家,往往拥有更多的灵活性、更加宽容,想象力也更加丰富多彩。自古以来,那些以水为生的诗人们,常常踯躅在河岸边,甚至一头扑进河水里,与河永生。屈原在汨罗江里成就了永生的神奇,曹植在洛水边徜徉迷离,王勃远渡交趾遇北部湾巨浪而逝,李白醉后高蹈于采石矶,洪昇兴尽于乌镇河岸。这些都是诗人和水的水乳交融。有人辛辛苦苦考证说李白是生病死的,得的是"脓胁症",试图让一个风骨高洁的伟大诗人死得窝囊,逝得平凡,从而让他和其光,同其尘。这种鄙薄前贤的卑鄙手法,注定是要被唾弃的。没有伟大的死,就没有伟大的生。我们国家的文学传统,没有人能够忍受一个伟大诗人的庸常死亡。

在莫言的小说里,水无所不在。

在莫言创造的高密东北乡文学王国里,河汉纵横,湖泊密布,水态各异,水族繁多。这片滋润的土地,既滋生野草庄稼和植物,也养育飞禽走兽游鱼跳虾乃至乌龟王八。这是英雄和熊包出没的丛林,也是凡夫俗子快乐生活艰难成长的家园。

山东高密县的地理位置非常特别。她横亘在胶东半岛和内陆之间,形成一个关口般的区域,把胶东半岛和大陆分隔开。从北边的潍坊到高密再到青岛,形成了一条隐隐约约的分割线。据说当年刘邦的大将韩信和项羽的大将龙且,就决战在这一带,以潍水为沟壑,以驰道为战场,做那一将功成万骨枯的恶事。

项羽不是诗人,不然他一定是会投江而绝不会拔剑自刎的。

这是蛮夫和诗人的区别。

土地与家族

高密以东,就是古称的东夷了。但是东夷并非贬称,因为舜生于东夷。后来,又有少昊氏为帝,开化臣民。

高密自古就是文化发达的地区。

地处大陆和半岛两种不同的文化交融贯通的中心,高密自古就是一块多变的、有活力的土地。高密分割着胶东半岛和内陆的界线,地处古代齐国和鲁国的交界处,曾是春秋时期齐国著名宰相晏婴的故乡。作为孔丘的好友,晏婴曾经悉心指导过孔丘的门下弟子。他撰写的《晏子春秋》,也一直流传至今。《晏子使楚》的故事,更是广为流传。

古代的高密属于齐国的疆土,春秋称夷维,属莱国,公元前567年,齐灭莱,改称高密。齐为周朝开国功臣、太师姜子牙的封地。紧邻齐国的,是奠定了周朝文化传统、通过孔丘的努力而影响了后世几千年的周公封地,鲁。

姜子牙和周公,一道一儒,一出世一入世,好像一块硬币的正反两面,暗示着中国文化的两种态度。子不语怪力乱神,落第秀才蒲松龄就专门谈论神仙鬼怪。

高密境内大部分土地处在胶莱平原里,地势南高北低,有数条河流穿过,最大的河流为胶河。这些河流分为南北胶莱河水系,向北流入

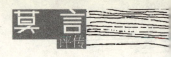

莱州湾,向南汇入胶州湾。

胶莱河开掘于元代,1280 年,根据莱州人姚演的建议,元世祖忽必烈任命姚演为总管,益都路宣慰使,率兵万人,征民夫万人,寒暑不辍地开凿胶莱运河。到 1285 年,胶莱运河全线通航,有水手、军人两万,船一千艘,岁运粮米六十万石——所谓运河,就是运输粮食的河道。当时主要是为了缩短南北粮食海运的距离,能够迅速地把南方的粮食和各种贡品,通过河运,越过胶州半岛,进入渤海湾。这条捷径,可以缩短近一千公里的距离。但是因为工程量巨大,加上那个时期的海运技术又在蓬勃发展,胶莱运河很快就因无力疏浚维护而放弃,淤塞而废。后世历年修修停停,不能大规模使用。

民国时期,当时的山东政府进行过小规模的疏浚。1949 年社会主义新政权建立,再度反复开挖修建。胶莱河又被当地人称为运粮河。高密境内的大小河流,基本上都汇入胶莱河,然后南北分流。

这些河流密度大,流域小,雨季时节,径流量会突然暴增,形成灾害性雨涝或洪水泛滥,尤其以胶河为暴烈。

高密平均海拔很低,最高的山头只有海拔八十多米的高度,最低不到海拔七米,属温带半湿润性季风气候,一年四季气候分明,春暖、夏热、秋爽、冬寒。有记载的极端的高热达到过摄氏四十度以上,极端寒冷则到过零下十六度多。四季分明的气候,使高密的植被形态变化多端,各种经济作物琳琅满目,树木花草的色泽杂彩纷呈。

从秦代设置高密县,已经有两千多年的历史了。

莫言本姓管,名谟业,其家族的远祖,可以追溯到辅佐齐桓公最早在春秋称霸的名相管仲。"因为管仲辅佐齐桓公实施改革,通货积财,尊王攘夷,九合诸侯,一匡天下,使齐国成为春秋五霸之首,功勋卓著,名扬天下,青史留名,故管姓子孙尊管仲为得姓始祖。"⑨

有确考的管氏族祖为北宋的管纯,而高密管氏家族的一世族为元末明初的管世谦,到莫言这一代,也有二十四世了。

管谟贤在《莫言家族史考略》里说：

　　管姓历来崇文而不尚武，自古至今，管姓名人多为文人。如讲习《诗》、《书》的管宁，精于《易》算的管辂，诗人管师复，词人管鉴，女画家管道升（赵孟頫夫人），散文家管同，经济学家管大同，诗人管用和等。莫言之成为作家，是否得益于管氏遗传呢，我的结论是肯定的。管姓来到高密，仅从元末明初算起，已经有 600 多年的历史。600 多年来，高密管氏在高密大地上繁衍生息，辛勤劳作，耕读传家，为高密的发展做出了贡献，可谓人才辈出，代有英贤。⑩

　　看到这个资料，我一方面感到泄气，一方面又悠然而向往之。泄气的是，莫言管氏家族这一支，竟然一直在山东高密、诸城、莒县一带定居繁殖，没有太多的流动性，这跟我们这个国家多灾多难的历史事实不匹配，跟老百姓颠沛流离的生存状态不顺应。管氏的另外一些支脉，也迁往了江苏太湖周边无锡等地。浙江龙泉的管氏，却又是这些山东管氏的祖先，是在战乱中颠沛流离，再度复归的。所有这些管氏，其先祖，似乎都能追溯到管仲，最远，追溯到周文王之子管叔鲜⑪，一直能追溯到黄帝——这是《百家姓》里各个大姓几乎最后的共同源泉。而其后，不论是诸城、莒县还是高密的管氏族谱，都以管仲、管辂、管宁等前辈贤人为共同祖先。这么悠久的历史，让莫言的祖居，显得源远流长。

　　悠然的是，我本来把莫言定位于一个纯粹的、地道的农民，但是研究了他的家族演变历史之后，我才不得不承认，很多事情都不是简而言之就能涵盖的。莫言貌似农民，其实是一个书香世家的后代——莫言的七世祖家祯、嘉福兄弟，双双高中明嘉靖年间进士，其高伯祖笃庆公是前清的秀才。其伯祖——大爷爷熟读《四书五经》，写得一手漂亮的毛笔字，但生也恨晚，未能赶上科举年代，遂学习中医，成为方圆几十里著名的医家。

　　彻底浸润高密东北乡每一寸土壤的齐鲁大地深沉的文化气息，在

莫言的生长期,融入到他的血液里,成为他认识和感知世界的初始方式。莫言自己也说过,山东是一个出圣人和强盗的地方。

莫言笔下的高密东北乡,那些像野草一样顽强的先人们,那些野兽般粗鲁率真的好汉们,身上都隐约带有水泊英雄的印记。《红高粱》里的花脖子、余占鳌,《丰乳肥臀》里的上官斗、司马库,《檀香刑》里的孙丙和眉娘,他们没有盘踞水泊梁山,却在无边无际的高密东北乡的红高粱地里纵横驰骋,杀人放火。

而摆开茶摊,纵古论今的蒲松龄,其悠远深邃、神秘苍凉的目光,则投射到三百年之后高密东北乡的一个叫做莫言的村野小子身上。在莫言生长的故乡里,比比皆是蒲松龄笔下的狐狸精、老狼精,河里游的都是虾兵蟹将,天上飞的无非布雨神龙。莫言在成年之后,曾经谈到过河中的小鬼。这些善良可爱的小鬼,其源发地很可能就是《聊斋志异》。传统文化中极力排斥乃至打击的"野狐禅",在蒲松龄这里竟然用正面的形象出现,那些本来是迷惑人类、残害人类如妲己的狐狸精们,个个都含情脉脉,情深意切,令人悠然而向往之。

莫言小时候,也被类似的故事氛围所萦绕。

神神怪怪的故事,来自他的爷爷、大爷爷以及村里出现的各路神仙。从他们的嘴里,莫言听到了各种各样神奇古怪的故事。这些故事,后来都被他写到小说里。

作家阿城在《闲话闲说》一书里谈到了莫言:

到了魏晋的志怪志人,以至唐的传奇,没有太史公不着痕迹的布局功力,却有笔记的随记随奇,一派天真。

后来的《聊斋志异》,虽然也写狐怪,却没有了天真,但故事的收集方法,蒲松龄则是请教世俗。

莫言也是山东人,说和写鬼怪,当代中国一绝,在他的家乡高密,鬼怪就是当地世俗构成,像我这类四九年后城里长大的,只知道"阶级敌人",哪里就写过他了?我听莫言讲鬼怪,格调情怀是唐以前的,语言却是现在的,心里喜欢,明白他是大才。

八六年夏天我和莫言在辽宁大连，他讲起有一次回家乡山东高密，晚上进到村子，村前有个芦苇荡，于是卷起裤腿涉水过去。不料人一搅动，水中立起无数小红孩儿，连说吵死了吵死了，莫言只好退回岸上，水里复归平静。但这水总是要过的，否则如何回家？家又就近在眼前，于是再趟到水里，小红孩儿们则又从水中立起，连说吵死了吵死了。反复了几次之后，莫言只好在岸上蹲了一夜，天亮才涉水回家。

这是我自小以来听到的最好的一个鬼故事，因此高兴了很久，好像将童年的恐怖洗净，重为天真。⑫

阿城说《聊斋志异》"没有了天真"，冤屈了蒲松龄老先生。像《婴宁》那样的令人感到回肠断气的杰作，是不乏天真的。

读《聊斋》，不能端着架子，泡着好茶，在高雅舒适的书房里，半卧半躺地读的。那种气氛不对头。读《聊斋》的最合适气氛，是在荒郊野外的小茅店里，或大雪封山，或霪雨霏霏，行路难往，前不见城镇，后不见山村，寂寥无奈之下，就着一盏昏黄的油灯，耳闻着凄风苦雨，翻开发黄的线装书页，才能进入故事的氛围里去。

莫言说，他已经记不得自己讲过阿城提到的那个故事了。

在小孩子的乡村世界，故事跟他们的生活融为一体。城市里长大的作家，凭着智性的判断，难以体会这些感受。浸淫在这种气氛里的莫言，其血液里也流淌着神奇的元素。研究莫言，不能不研究他出生和成长的故乡，不能不研究这故乡的环境气氛和历史沿革。知青眼中的乡村，愚昧、落后、野蛮乃至不可理喻；莫言眼中的乡村则充满了趣味，人与人之间、村民与村民之间，有各种各样有趣的故事发生。

管谟贤在评价莫言的最新长篇小说《生死疲劳》时，谈到"单干户"这个极其特殊的案例时说：

当时，公社的生产队里干活是大呼隆，十几个人，几十个人在一起，到了目的地先吸袋"地头烟"，然后上午休息两次，下午休息

两次。休息时，男男女女，打打闹闹，说说笑笑，干活时，东拉西扯，嘴也不闲着，不知不觉就是一天。晚上到队里记工，又是轰轰烈烈，连吵带骂，有人唱歌，有人打闹。……所以，生产队对青年一代有极大的吸引力，可惜这一点在《生死疲劳》里没有体现。⑬

莫言小学毕业之后，没能继续上中学。他先是孤独地一个人放牛牧羊，过了几年，开始跟着村里的壮劳力一起劳动。很多的故事，他都是跟大人们一起劳动时，听那些见多识广的老爹老婶真真假假地讲的。

饥饿的孩子

胶河勉强算得上是高密东北乡的母亲河了。

在上游修建王吴水库前，胶河一到夏天就发大水，决堤，洪水到处泛滥。泛滥的河水，给胶河平原的两岸带来了营养丰富的腐殖质河泥沙，在田地表层蒙上一层厚厚的肥土。在这样的地里，秋天种上小麦，不用施肥，第二年也可以收割到一季好小麦。洪水过后的胶河，水质清澈见底，甘甜可口，河里还生长着大量引人垂涎欲滴的鱼虾蟹鳖。这些都是生活在饥饿中的小猴孩们梦寐以求的美餐。

抓鱼摸虾，是乡村孩子的经典乐趣之一。

莫言曾在小说里描写过爷爷在夜里带他去河边扎"梁子"抓螃蟹的故事。这种抓螃蟹的记忆，他在《红高粱》里把爷爷转换成了"罗汉大爷"带余豆官去抓螃蟹。他们用高粱秸编成"梁子"扎在河里，截断螃蟹的路，在河的一边留出一个通道，放一盏马灯，那螃蟹就不断地游来，一抓一个准，一晚上能抓好几百只。这样的"冒险"，对于一个处在积极探索世界的途中的孩子来说，无疑是激动人心的。

马尔克斯有一个擅长讲故事的奶奶，莫言则有一个神奇的庄稼活能手的爷爷。

这是一位给予莫言无穷想象力的爷爷。

莫言的童年，几乎就是围绕着这位与众不同的爷爷和花鸟鱼虫而展开的。

在很多小说里、散文里、访谈里，莫言都用尊敬和悠然向往的语气谈起这位神奇的爷爷。莫言在 1985 年写成的短篇小说《大风》里，直接写到"我"跟随爷爷一起去大洼子割草的故事。在《红高粱》里，他的叙述切入点，就是"我爷爷"。这位神奇的爷爷在日常生活中，给予了儿童时期和少年时期的莫言以极大的情感安慰和想象空间。在最新的长篇小说《生死疲劳》里，莫言通过与众不同的"全国唯一的单干户"蓝脸的人物形象，再度向自己心目中最为尊敬的爷爷致敬。

对于蒙昧时代的莫言来说，他受到的最为有效的教育，就是爷爷的言传身教和广阔无边的野外世界了。

莫言像那个时期多数的孩子一样，长着一个永远不知道餍足的巨胃。

为了打压饥饿的暴动，少年莫言给一生都没有过上好日子的母亲增添了无穷的烦恼。

莫言生不逢时，他出生在一个极其不合适的年代。当他开始长身体需要大量的食物和营养时，遇到了上世纪六十年代的饥寒交迫的粮食大匮乏。

在天灾和人祸的双重打压下，乡村的孩子变成了啮齿动物。

少年莫言和同龄猴孩们的思想非常单纯，每天想的就是食物和如何才能搞到食物。他们大冷天的还光着屁股像小狗一样四处游荡。他们的身上没有多少肌肉，胳膊和腿细得像木棍一样，肚子薄得透明，里面的肠子蠢蠢欲动，肚皮却大得像一个大水罐子。

莫言在一次演讲中讲道：

> 我们的肚皮仿佛是透明的，隔着肚皮，可以看到里边的肠子在蠢蠢欲动。我们的脖子细长，似乎扛不住我们沉重的头颅。[14]

五六岁的孩子，就是一只本能的动物，又生逢一个疯狂的时代，他

们像一条条饥饿的小狗，终日在村子里的大街小巷里嗅来嗅去，寻找可以果腹的食物。许多今天看来根本不能入口的东西，在当时却成了他们的美味：

> 我们吃树上的叶子，树上的叶子吃光后，我们就吃树的皮，树皮吃光后，我们就啃树干。那时候我们村的树是地球上最倒霉的树，它们被我们啃得遍体鳞伤。那时候我们都练出了一口锋利的牙齿，世界上大概没有我们咬不动的东西。⑮

莫言神乎其神地说，他的一个儿时伙伴后来当上了电工，他的工具袋里既没有钳子也没有刀子，像铅笔那样粗的钢丝他毫不费力地就可以咬断，别的电工用刀子和钳子才能完成的工作，他用牙齿就可以完成了。当一种需求上升为人类的基本和终极追求时，为了适应这种需求，人们的特殊的能力就会不断地被强化。啮齿能力，就在这种孜孜不倦追求食物的过程中，得到了突出的发展。当说假话可以得到很多好处时，这个世界就谎话连篇了。

少年莫言用肚皮思考世界，用牙齿探索人生。

当本能被无限地放大时，一些特异功能就出现了。

人的能力有时确实很神奇。

茹毛饮血时代消失，刀耕火种到来之后，人的胃被伺候惯了，人的牙齿退化了，人的爪子变成了指甲，人的毛发因为毛皮树叶和布衣的遮挡而日渐稀疏，只在一些肮脏的窍口周围，略微残存，御寒保暖的功能也失去了。这也是一种退化。莫言通过儿童时代的饥饿经历和生存经验，发现了一个种群退化的链条：一代不如一代。他的这个发现，在长篇系列小说《红高粱家族》里得到非常具体的描写。从横行高密东北乡十数年，连雄才大略的高密县令曹梦九都奈何不得的凶悍游匪余占鳌，到缺掉半个卵子的余占鳌的儿子余豆官，再到在城市里煎熬的"我"，先人身体里沸腾着的高贵血液，变成了一泡混浊黄褐的茶水了。余占鳌→余豆官→我，是一个生命力不断退化的过程，是生命力的熵值。在由一系列中短篇构成的长篇系列小说《食草家族》里,莫言甚至用粪便这样粗俗的比喻,来甄别城市与乡村的差别。在莫言的逻辑里,城市也堕落了,人们的大肠像下水道一样肮脏发臭;而在高密东北乡,人们拉出来的屎金黄馨香,像香蕉一样美丽。

祖先们的彪悍身影,在已经消失在高密东北乡的红高粱地里,剩下的只有那些令人厌恶的红蝗。

有意思的是,"红蝗"也是一种吞噬能力惊人的昆虫。单个红蝗弱小无力,但是成千上万个红蝗汇集到一起,却是红色恐怖。红蝗就像恐怖分子一样,前赴后继,用肉体炸弹的办法,让那些试图剿灭红蝗的工作队和乡亲们陷入无从下手的绝境当中。那些初生时看起来粉嫩柔弱的昆虫,就像高密东北乡不断生长的小孩子,具有极大的摧毁力。一旦这些红蝗达到了铺天盖地的程度,人力无法抗衡,高密东北乡的乡民只能求助于上天,为蝗虫大王建庙塑像,供奉朝拜了。

莫言小时候生存环境很恶劣,但是并非一切都不堪回首。

对于儿童来说,在探索中饱食终日,是一件美好的事情。

少年时代的莫言和伙伴们的食物探索过程,继续向着匪夷所思的境界进发。

1961 年的春天,莫言刚刚上小学一年级,大栏村村立小学的校园里拉来了一车亮晶晶的煤块。莫言他们这些小孩那时候孤陋寡闻,没见过煤块,不知道是什么东西。经过充分进化的牙齿在这时发挥了探索世界奥秘的主导性作用。一个大胆的小孩子试探地拿起一块,放到嘴里咬了一口。他咯嘣咯嘣地吃了起来,就像是在品尝一块珍贵的饼干,表情享受,香甜无比。其他孩子得到了启示,一拥而上,每人抢起一块煤,咯嘣咯嘣地吃起来:

> 我感到那煤块越嚼越香,味道的确是好极了。看到我们吃得香甜,村子里的大人们也扑上来吃,学校里的校长出来制止,于是人们就开始哄抢。[16]

这种珍贵的历史镜头只有在特定的历史时期才可能出现。

莫言在《吃相凶恶》里，更加详细地回忆起这件事情，增添了很多细节：

> 一九六〇年春天，在人类历史上恐怕也是一个黑暗的春天。能吃的东西似乎都吃光了，草根、树皮、房檐上的草。村子里几乎天天死人。都是饿死的。起初死了人亲人还呜呜哇哇地哭着到村头土地庙里去注销户口，后来就哭不动了。抬到野外去，挖个坑埋掉了事。很多红眼睛的狗在旁边等待着，人一走，就扒开坑吃尸。据说马四从他死去的老婆腿上割肉烧着吃，没有确证，因为很快马四也死了。粮食，粮食都到哪里去了呢？粮食都被谁吃了呢？村里人也老实，饿死也不会出去闯荡。后来盛传南洼那种白色的土能吃，便都去挖来吃。吃了拉不下来，又死了一些人。于是不敢吃土了。那时我已经上学。冬天，学校里拉来一车煤块，亮晶晶的，是好煤。有一个生痨病的杜姓同学对我们说那煤很香，越嚼越香。于是我们都去拿着吃。果然越嚼越香。一上课，老师在黑板上写，我们在下边嚼煤，咯咯嘣嘣一片响。老师说你们吃什么，我们一张嘴都乌黑。老师批评我们：煤怎么能吃呢？我们说：香极了，老师不信吃块试试。老师是女的，姓俞，也饿得不轻，脸色蜡黄，似乎连胡子都长出来了，饿成男人了。她狐疑地说，煤怎么能吃呢？有一个女生讨好地把煤递给俞老师，俞老师先试探着咬了一点，品滋味，然后就咯嘣嘣地吃起来了。⑰

那个时期，全国性的饥荒像红蝗一样蔓延，饿殍千里。天灾人祸接连的折磨，粮食极度匮乏，人们对于食物的认识，被大大地拓展了。人们的食谱从五谷杂粮扩展到了蚊虫蛇蝎、树皮树叶、谷壳谷糠、野草野花、泥土煤块，乃至生铁钢筋。

生逢饿世的莫言，对这种饥饿记忆深刻。

莫言在短篇小说《铁孩》里写到了这种咀嚼功能的惊人进步：

　　　　铁孩拿来一根生着红锈的铁筋……我看到他果真把那铁筋
伸到嘴里,"咯嘣咯嘣"地咬着吃起来。那根铁筋好像又酥又脆
……他把他吃剩的那半截铁筋递给我,说你吃吃看……我半信半
疑地将铁筋伸到嘴里,先试着用舌头舔了一下,品了品滋味。咸咸
的,酸酸的,腥腥的,有点像腌鱼的味道。我试探着咬了一口,想不
到不费劲就咬下一截,咀嚼,越嚼越香。越吃越感到好吃,越吃越
想吃,一会儿工夫我就把那半截铁筋吃完了。⑱

　　以铁和钢筋为美味可口的食物,这是食物的异化,同时也是铁孩
咀嚼功能的质的飞跃。

　　1958 年,村里大炼钢铁,四五岁大的孩子都被关起来,圈养在一
个大栅栏里面,由三个像"巫婆"的长得一模一样的老太婆看管。铁孩
是其中之一,在长期等待父母的过程中,他发展出了吃钢筋的特异功
能。在被失踪的父母所遗弃之后,铁孩率领"我"从南吃到北,差点把高
密东北乡大炼钢铁生产出来的一点钢筋全部吃光了。铁孩用自己的特
异功能,对大炼钢铁进行了否定。

　　从对食物的攫取出发,人们不仅牙齿得到了惊人的磨砺,胃囊的
功能也产生了质的飞跃。在长篇小说《丰乳肥臀》里,那位多灾多难、多
子多孙又坚强博爱的母亲上官鲁氏为了自己的孙子能够得到食物,甚
至练成了只有牛马才具有的反刍功能。她在生产队里把豆子囫囵吞食
到胃囊里,不喝水,不消化,一直装着这些珍贵的食物挨到歇工回家,
然后拿出一个盆子,用手指头抠喉咙,把那些团裹着淡淡胃液的豆子
倾吐出来,喂养自己的孩子们。这种动物性本能的再度出现,是一种极
度微妙的象征。时代的颠倒,使得人与畜的不同习性也被颠倒了。

　　食物的极度匮乏,导致人们的攫取食物的愿望超越了其他一切的
欲望和伦理规则,生存本身成了那个时代的世界观和方法论。

　　莫言在散文《忘不了吃》里,用极其轻松的手法,把自己童年和少
年时代的挨饿记忆,再度详细地表达出来。他的笔下,关于吃,达到了

令人感到匪夷所思的程度,怎么看怎么觉得是虚假的,像是在讲述一个千年以前那么久远的故事。然而,这一切又都是真实发生的。唯其发生在莫言的身上,他的讲述才有力量。真实的事情,在我们这个时代总是显得虚假。而虚假的事情,又往往说得惟妙惟肖。假话讲得多了,人也就不太能接受真相了:

很多文章把三年困难时期写得一团漆黑,毫无乐趣,这是不对的。起码对孩子来说还有一些欢乐。对饥饿的人来说,所有的欢乐都与食物相关。那时候,孩子们都是觅食的精灵,我们像传说中的神农一样,尝遍了百草百虫,为扩充人类的食谱作出了贡献。那时候的孩子,都挺着一个大肚子,小腿细如柴棒,脑袋大得出奇。我是其中的一员。我们成群结队,村里村外地觅食。我们的村子外是望不到边的洼地。洼地里有数不清的水汪子,有成片的荒草。那里既是我们的食库,又是我们的乐园。我们在那里挖草根挖野菜,边挖边吃,边吃边唱,部分像牛羊,部分像歌手。我们是那个时代的牛羊歌手。我难忘草地里那种周身发亮的油蚂蚱,炒熟后呈赤红色,撒上几粒盐,味道美极了,营养好极了。那年头蚂蚱真多,是天赐的美食。村里的大人小孩都提着葫芦头,在草地里捉蚂蚱。我是捉蚂蚱的冠军,一上午能捉一葫芦。我有一个诀窍:开始捉蚂蚱前,先用青草的汁液把手染绿,就是这么简单。油蚂蚱被捉精了,你一伸手它就蹦。我猜它们很可能能闻到人手上的味道,用草汁一涂,就把味道遮住了。它们的弹跳力那么好,一蹦就是几丈远。但我的用草汁染绿了的手伸出去它们不蹦。为了得到奶奶的奖赏,我的诀窍连爷爷也不告诉。奶奶那时就搞起了物质刺激,我捉得多,分给我吃的也就多。蚂蚱虽是好东西,但用来当饭吃也是不行的。现在我想起蚂蚱来还有点恶心。

吃过蚂蚱,不久就是夏天。夏天是食物最丰富的季节,是我们的好时光。六十年代雨水特别多,庄稼大都涝死。洼地里处处积水,成了一片汪洋。各种鱼从天上掉下来似的,品种很多,有的鱼连百岁的老人都没见过。我捕到一条奇怪的鱼。它周身翠绿，翅尾鲜红，美丽无比。此鱼如养在现在的鱼缸里，必是上品，但吃起来味道腥臭，难以下咽。洼地里的鱼虽多，但饥饿的人比鱼还要多，那时又没有现在这么先进的捕鱼工具，所以后来要捕到几条鱼也就不容易了。捕不到鱼，也饿不死我们。我们从水面上捞浮萍，水底捞藻菜，熬成鲜汤喝。

秋天是收获的季节。鱼虾不多照样有，又有螃蟹横行来。秋风凉，豆叶黄，蟹脚痒。成群结队的螃蟹沿河下行，爷爷说它们要到海里去产卵，我认为它们更像去开什么重要会议。螃蟹形态笨拙，但在水中运动起来，如风如影，神鬼莫测，要想擒它，绝非易事。要想捉螃蟹，必须夜里去。身披蓑衣，头戴斗笠，手提马灯，悄悄前行，最忌咋呼。我曾跟着六叔去捉过一次螃蟹，神秘新奇，趣味无穷。白天，六叔就看好了地形，用高粱秸在河沟里扎上一道栅栏，留上一个口子，在口子上支上一货口袋网。夜气浓重，细雨濛濛，身体缩在大蓑衣里，耳听着声音，借着昏黄的灯光，看着螃蟹的大队沿着栅栏爬上来……这样的经历终生难忘。螃蟹好吃，但舍不得吃。将它们用细绳绑成一串，让它们吐出团团泡沫，噼哧噼哧地细响着。把它们提到集上去，三分钱一只卖给公社干部，换来钱买些霉高粱米、棉籽饼什么的，磨成粉，掺上野菜，能顶大事儿。过苦日子，决不能贪图嘴巴痛快，要有意识地给嘴巴设置障碍、制造痛苦。

秋天，草籽成熟。最好吃的草籽是水的种子。这东西很像谷子，带着壳磨碎，做成窝头蒸熟，吃到嘴里嚓嚓响，很是精彩。

秋天好吃的虫儿很多，除了形形色色的蚂蚱，还有蟋蟀。深秋的蟋蟀黑得发红，肚子里全是子儿，炒熟了吃，有一种奇异的香气。捉蟋蟀比捉蚂蚱难度大一些，这虫儿不但蹦得好，还会钻地洞。还有一种虫儿，现在我知道它们的名字叫金龟子，是蛴螬的幼虫，像杏核般大，全身黑亮，趋光，晚上往灯上扑，俗名"瞎眼撞"。这虫儿好聚群，停在枝条或是草棵上，一串一串的，像成熟的葡萄。晚上，我们摸着黑去撸"瞎眼撞"，一晚上能撸一面口袋。此虫

炒熟后,那滋味又与蟋蟀和蚂蚱大大的不同。还有豆虫,中秋节后下蛰。此物下蛰后,肚子里全是白色的脂油,一粒屎也没有,全是高蛋白。

进入冬天就惨了。春夏秋三季,我们还能捣弄点草木虫鱼吃吃,冬天草木凋零,冰冻三尺,地里有虫挖不出来,水里有鱼捞不上来。但人的智慧是无穷的,尤其是在吃的方面。大家很快便发现,上过水的洼地地面上有一层干结的青苔,像揭饼一样一张张揭下来,放在水里泡一泡,再放到锅里烘干,酥如锅巴。吃光了青苔,便剥树皮。剥来树皮,用斧头剁碎、砸烂,放在缸里泡,用棍子拼命搅,搅成糨糊状,煮一煮就喝。吃树皮的前半部分的工序和毕昇造纸的过程差不多,但我们造出来的不是纸。从吃的角度来说,榆树皮是上品,柳树皮次之,槐树皮更次之。很快,村里村外的树都被剥成裸体,十分可怜的样子,在寒风中颤抖着。[19]

人民群众饿急了,也管不上什么主义,什么面子了。一切都从胃出发,从肠子出发,肚子里发出的叽里咕噜叫声就是将令,遵从这个死命令,人们四处游荡,眼睛睁大,耳朵支起,鼻子翕动,无论是身体周围哪一个方位出现了能够吃的物体,他们就像恶狼一样扑上去。

草本食物很容易想象,除了我们日常生活中所熟知的五谷之外,还有莫言文章里提到的"野菜"、"藻菜"、"棉籽"、"草籽"和"树皮"。而肉食,也是从我们所熟知的猪马牛羊鸡鸭鹅里,扩充到各种虫子,如"蚂蚱"、"蟋蟀"、"金龟子"、"豆虫",以及各种鱼虾蟹鳖之类。莫言虽然用一种戏谑的语气来叙述这些"阳光灿烂的日子",这些陈芝麻烂谷子的往事,但是其中隐藏着更多可怕的细节和饥饿的经验,却不是想象就能体会到的:

大概是 1961 年的春节吧,政府配给我们每人半斤豆饼,让我们过年。领取豆饼的场面真是欢欣鼓舞的场面。有的人,用衣襟兜着豆饼,一边往家走,一边往嘴里塞。我家邻居孙大爷,人没到家,就把发给他家的豆饼全都吃光了。他一到家就被老婆孩子给包围了,骂的骂,哭的哭,恨不得把他的肚皮豁开,把豆饼扒出来。可见爱在饥饿的人群里,要大打折扣。孙家大爷躺在地上,面如灰土,眼泪汪汪,一声不吭,任凭老婆孩子撕掳踢打。孙家大爷当天夜里就死了。他吃豆饼太多,口渴,喝了足有一桶水,活活给胀死了。那时我们的胃壁薄得如纸,轻轻一胀就破了。孙大爷死了,他的老婆孩子,没掉一滴眼泪。……这次年关豆饼,胀死了我们村十七个人,教训很深刻。后来我在生产队饲养室里喂牛,偷食饲料豆饼时,总是十分节制,适可而止,生怕蹈了孙大爷的覆辙。⑳

因为饥饿,人脑子里原本固守的一些情感,就渐渐消失了。这样,也产生了某种异化。不仅是前文提到过的啮齿进化、胃壁退化,而且连梦也异化了:

那几年里,母亲经常对我们兄弟讲述她的一个梦。她梦到自己在外祖父的坟墓外边见到了外祖父。外祖父说他并没有死去,他只是住在坟墓里而已。母亲问他吃什么,他说:吃棉衣和棉被里的棉絮。吃进去,拉出来;洗一洗,再吃进去;拉出来,再洗一洗……母亲狐疑地问我们:也许棉絮真的能吃?㉑

接着,是历史记忆的异化:

度过六十年代初期,往后的岁月还是苦,但比较起来就好多了。"文化大革命"期间,村里经常搞忆苦思甜运动,大家一忆苦,总是糊糊涂涂地忆到1960年。一忆到1960年,干部们就跳起来喊口号,一是要打倒苏修,二是要打倒刘邓,干部们说1960年的饥荒是刘邓串通了苏修卡中国人的脖子造成的……㉒

然后是个人廉耻心的异化,建立在饥饿基础上的新款伦理学。在

这个基础上,个人的历史记忆也异化了:

> 母亲常常批评我,说我没有志气。我也曾多次暗下决心,要有志气,但只要一见了食物,就把一切的一切忘得干干净净。……街上有卖熟猪肉的,我伸手就去抓,被卖肉人一刀差点把手指砍断。村里干部托着一只香瓜,我上去摸了一把,被干部一脚踢倒,将瓜砸在头上,弄得满头瓜汁。……我去偷生产队里的马料吃,被保管员抓住,将脑袋按到沤料的缸里,差点呛死。我去偷拔人家的萝卜,被抓住,当着数百名民工的面,向毛主席的画像请罪。我去生产队的花生地里偷扒刚种下的花生吃,中了药毒,差点要了小命——花生米是用剧毒农药浸泡过的。至于偷瓜摸枣,更是常事。有时被捉住,有时捉不住。被捉住就挨顿揍,捉不住就如同打了一个大胜仗。一次我去偷邻村的西瓜,被看瓜人发现,那愣头青端起土炮就搂了火,扑通一声巨响,惊天动地,打倒了一片玉米,吓得我屁滚尿流。想跑,腿挪不动,被人家当场活捉,用土炮押送到学校去,成了轰动学校的新闻。与吃有关的恶心经历窝囊事,写成文那真叫罄竹难书。㉓

为了吃,这个饥饿的孩子受尽了屈辱。人类大声歌颂过的爱在饥饿的面前丧失殆尽,孙大爷自己还没有到家就把分到的豆饼吃光了,可见"爱在饥饿的人群里,要大打折扣"。这个论断很谨慎,只是说"大打折扣",不给"别有用心"的读者留下什么"咬文嚼字"的把柄。其实在饥饿的时代,"易子而食"都是被历史书大写特写过的,算不算是有爱呢?这很难说,看你怎么解释。汉语是很生动很灵活有时候也是很暧昧的,翻过来正过去,爱怎么解释就怎么解释,这要看解释权掌握在谁的手里。

咀嚼的权力

莫言从对食物的本能渴望和攫取欲望出发,发现了一种由食物匮乏而产生的对食物的控制权。这在基本的乡村权力结构中,一度构成了令人触目惊心的罪恶事实。

在长篇小说《丰乳肥臀》里,美丽高贵得让人自惭形秽、不敢仰视的女知青乔其莎,在那个饥饿的时代,为了得到一个馒头,竟心甘情愿地被粗俗肮脏的食堂师傅奸污了。她当时处在极度的饥饿中,不仅对自己被奸污的过程无动于衷,反而对得到了一只大白馒头而感到心满意足。

在这里,莫言简单有力地通过对食物匮乏时代的肮脏细节描写,令人震撼地展现了一个人伦颠倒的时代的可怕现实。在那个时代,拥有了对食物的控制权,就意味着权力。

在中篇小说成名作《透明的红萝卜》的开头,莫言用平静的语言描写了队长的外貌:

> 秋天的一个早晨,潮气很重,杂草上,瓦片上都凝结着一层透明的露水……队长披着夹袄,一手里拃着一块高粱面饼子,一手里捏着一棵剥皮大葱,慢吞吞地朝着钟下走。走到钟下时,手里的东西全没了,只有两个腮帮子像秋田里搬运粮食的老田鼠一样饱满地鼓着。㉔

这个开头有一个微妙的隐喻,腮帮子/田鼠,队长拥有一个田鼠般的腮帮子,这意味着相对于普通群众而言,他拥有对粮食的更大的占有权。队长的具体象征是权力,而不是道德。这是对道德时代乡村书写的一种细微的校正。

队长在敲钟召集村民开会时的亮相,是一个精确的反讽:披着夹袄,通常是革命现实主义电影里高大全村长或者村支书们的经典动作,在这里,这种经典的镜头,遭到了彻底的瓦解。村民们慢吞吞地出现之后,他们看着队长的目光不是尊敬的崇拜的顺从的,而是羡慕的:聚焦到队长的嘴巴上,对食物产生浓厚的兴趣。村民们艳羡他的那张像秋天的老田鼠一样蠕动、像田鼠一样肥美的嘴巴。田鼠是搬运粮食

的高手,队长的嘴巴也具有同样的功能。他的貌似漫不经心的咀嚼行为,同时也构成了一种直截了当的炫耀。

躲在人群中的少年黑孩,通过少年莫言的目光,注意到了这种隐藏在咀嚼背后的特权。

生长期所不幸遭遇的大灾荒时代,给莫言带来了极其难忘的记忆,使他在要表达自己的经验时,几乎是直奔主题般扑向食物和对食物的攫取,从中挖掘出深刻的社会权力、社会伦理的主题来。

评论家张闳对隐藏在莫言小说里的吃的异化,有自己敏锐的判断:

> 村民们渴望劳动,他们是热爱劳动的人群。但首先他们是饥饿的人群,是渴望食物的人群。事实上,在任何劳动主题的背后,都暗含着一个饥馑的主题,或一个关于粮食的主题。只有那些不事劳作而又能饱食的旧文人和"大跃进"时代的诗人,才常常会不懂得,或者装作不懂得这一点。这些人更乐意将劳动处理为审美的对象,甚至把它想象为艺术本身。㉕

莫言不是不想审美,而是要把虚假审美的皮剥下来。

在后来的一些历史教科书里,二十世纪五十年代开始了朝气蓬勃的、大干特干的建设新社会的高潮,其中不乏曼妙的想象和肉麻的吹捧。亲历了这个特定历史时期的莫言,用自己敏锐的感受力和磅礴的想象力,在重返自己的儿童时代的同时,揭露出了历史的另外一面。

这是几乎亲历的事实:不无残酷,不无温情。饥饿、孤独而且恐惧。

莫言的中篇小说成名作《透明的红萝卜》,就在这种饥饿、孤独和恐惧的感受中深入地展开。在这篇广受好评的小说里,莫言通过饥饿的黑孩在桥梁工地和农田上的孤独穿梭,展现出一种迥然而异于当时大多数作家笔下的乡村景象。

这部中篇小说以"饥饿"、"孤独"和"欲望"作为最直接的表现对象,除了黑孩这个令人难忘的角色之外,小铁匠和小石匠的劳动形象,也让人耳目一新。黑孩就是一个"饥饿"形象化的象征,他脑袋大,脖子细,可能就是以少年时期的莫言自己为描写和回忆对象,因此里面还包含着一种深藏的情感。

在中篇小说《透明的红萝卜》里,莫言通过主人公黑孩这个角色的亲历亲见,表达了饥饿和孤独的主题。在黑孩的周围,是无边无际的孤独。在目睹了小石匠和小铁匠为了菊子姑娘的决斗、作为旁观者的菊子姑娘付出了瞎掉一只眼睛的代价之后,黑孩最后走进广阔的黄麻地,来到了红萝卜边。因为偷拔红萝卜,黑孩被看园子的老头逮住了,叫来了生产大队长:

> 队长睡眼惺忪地跑到萝卜地里看了看,走回来时他满脸杀气。对着黑孩的屁股他狠踢了一脚,黑孩半天才爬起来,队长没等他清醒过来,又给了他一耳光子……队长把黑孩的新褂子、新鞋子、大裤头全剥下来,团成一堆,扔到墙角上,说:"回家告诉你爹,让他来给你拿衣裳,滚吧!"

在小说的结尾,莫言用柔美抒情的文字写道:

> 黑孩钻进了黄麻地,像一条鱼儿游进了大海。扑簌簌黄麻叶儿抖,明晃晃秋天阳光照。

在这个段落里,莫言有意识地把小说的基调引向了一种寓言般的空泛景象,从而掩盖了现实中更为残酷的生存现实。在传统的善与恶、小石匠与小铁匠的对比之后,小说融合在一种其乐融融的和谐气氛之中。这个时期的莫言,还不敢放开行空的马蹄,为传统的叙述趣味所束缚,小说很多相互牵扯的句子,有如下的瑰丽想象:

> 光滑的铁砧子,泛着青幽幽的光。泛着蓝幽幽光的铁砧子上,有一个金色的红萝卜。红萝卜的形状和大小都像一个大梨,还拖

着一条长尾巴,尾巴上的根根须须像金色的羊毛。红萝卜晶莹透明,玲珑剔透。

还有一些残酷场面的描写:

> 黑孩垂着头走到钻子前,一点一点弯下腰去,伸手把钻子抓起来。他听到手里"滋滋啦啦"地响,像握着一只知了。鼻子里也闻到了炒猪肉的味道。
>
> 菊子姑娘突然惨叫了一声。小铁匠的手像死了一样停住了,他的独眼里的沙土已被泪水冲积到眼角上,露出了瞳孔。他朦胧地看到菊子姑娘的右眼里插着一块白色的石片,好像眼睛里长出一朵银耳。

然而这些描写都非常节制。"右眼里插着一块白色的石片"是一种状况的描写,如果放开了写,像莫言后来的创作那样,还可以进一步渲染其恐怖或者惨烈的样子,但是在这里,莫言用一个比喻把这种残酷的因素遮蔽了:"好像眼里长出一朵银耳。"

在《透明的红萝卜》里,莫言不断地运用类似的比喻来对现实的惨烈状况加以遮蔽。在当时羸弱的叙事语言和僵化的思维逻辑中,这种遮蔽是必要的,也是无奈的。真实的状况却更加惨烈。如果换成后来的莫言,他或许就不会用"银耳"来形容插进菊子姑娘眼睛里的那块石片,而是直截了当地进行描写。一个精妙的比喻,把现实中的残忍和残酷的状况柔化了。

在那些被精粮细食惯坏了的读者心里,他们习惯性地需要这种遮蔽性的比喻来提升审美性愉悦,这种愉悦的获得方式,甚至也是训练的。审美在某种层面上,可以通过严格的训练获得愉悦。

叙事就是遮蔽。

莫言不满足,不舒服。

他同时期以相同的题材和感受写成了短篇小说《枯河》。

在这篇小说里，莫言用类乎自然主义的写法，让一个本来应该成为避风港湾的家庭在特殊的历史时期和特定的环境下，变成人间地狱。父亲、母亲和大哥无情地把犯了微小错误的小虎给活活拷打死了——这种折磨和拷打的场面，在革命现实主义电影里控诉国民党反动派时，才出现在渣滓洞里、出现在国民党反动派的军统特务的牢房里：

　　哥哥把他扔到院子里，对准他的屁股用力踢了一脚，喊道："起来，你专门给家里闯祸！"他躺在地上不肯动，哥哥很用力地连续踢他的屁股，说："滚起来，你作了孽还有功啦是不？"

　　他奇迹般站起来，一步步倒退到墙角上去，站定后，惊恐地看着瘦长的哥哥。

　　哥哥愤怒地对母亲说："砸死他算了，留着也是个祸害。本来今年我还有希望去当兵，这下全完了。"

　　他悲哀地看着母亲。母亲从来没有打过他。母亲流着眼泪走过来。他委屈地叫了一声娘。眼泪鼻涕一齐流了出来。

　　母亲却凶狠地骂："鳖蛋！你还哭？还挺冤？打死你也不解恨！"

　　母亲戴着铜顶针的手狠狠地抽到他的耳门子上。他干嚎了一声。不像人能发出的声音使母亲愣了一下，她弯腰从草垛上抽出一根干棉花柴，对着他没鼻子没眼地抽着。棉花柴哗啷哗啷地响着，吓得墙头上的麻雀像子弹一样射进暮色里去。他把身体使劲倚在墙下，看着棉花柴在眼前划出的弧线……

　　父亲摇摇晃晃地来了，母亲举着那棵打成光杆的棉花柴，慢慢地退到一边去。

　　"滚起来！"父亲怒吼一声。他把身体用力往后缩着。

　　……父亲左手提着一只鞋子，右手拎着他的脖子，轻轻提起来，用力一摔。……父亲那只厚底老鞋第一下打在他的脑袋上，把他的脖子几乎钉进腔子里去。那只老鞋更多的是落在他的背上，急一阵、慢一阵，鞋底越来越薄，一片片泥土飞散着。

"打死你也不解恨！杂种。真是无冤无仇不结父子。"父亲悲哀地说着。说话时手也不停，打薄了的鞋底子与他的黏糊糊的脊背接触着，发出越来越响亮的声音。㉖

这已经是令人发指的折磨了，不像是家庭内部的矛盾，倒像残忍无情的敌我矛盾。

真正的折磨还在后面：

父亲低沉地呜噜了一声，从房檐下摘下一根僵硬的麻绳子，放进咸菜缸里的盐水里泡了泡，小心翼翼地提出来，胳膊撑开去，绳子淅淅沥沥地滴着浊水。"把他的裤子剥下来！"父亲对着哥哥说。哥哥浑身颤抖着，从一道苍黄的阳光中游了过来。在他面前，哥哥站定，不敢看他的眼睛却看着父亲的眼睛，喃喃地说："爹，还是不剥吧……"父亲果断地一挥手，说："剥！别打破裤子。"

……父亲挥起绳子。绳子在空中弯弯曲曲地飞舞着，接近他的屁股时，则猛然绷直，同时发出清脆的响声。他哼了一声，……父亲连续抽了他四十绳子，他连叫四十句。最后一下，绳子落在他的屁股上时，没有绷直，弯弯曲曲，有气无力；他的叫声也弯弯曲曲，有气无力，很像痛苦的呻吟。

在《枯河》这个短篇小说里，莫言一反《透明的红萝卜》里的那种隐忍，把家庭成员拷打小虎的场面细腻地写下来。

这件事情是莫言自己经历的真实事件：

"文革"期间，我十二岁那年秋天，在一个桥梁工地上当了小工，起初砸石子，后来给铁匠拉风箱。在一个阳光明媚的中午，铁匠们和石匠们躺在桥洞里休息，因为腹中饥饿难捱，我遛到生产队的萝卜地里，拔了一棵红萝卜，正要吃时，被一个贫下中农抓住了。他揍了我一顿，拖着我往桥梁工地上送。我赖着不走，他就十分机智地把我脚上的那双半新的鞋子剥走,送到工地领导那儿。捱到天黑,因为怕丢了鞋子回家挨揍,只好去找领导要鞋。领导是个猿猴模样的人,他集合起队伍,让我向毛主席请罪。队伍聚在桥洞前,二百多人站着,黑压压一片。太阳正在落山,半边天都烧红了,像梦境一样。领导把毛主席像挂起来,让我请罪。

我哭着,跪在毛主席像前结结巴巴地说:"毛主席……我偷了一个红萝卜……犯了罪……罪该万死……"

民工们都低着头,不说话。

张领导说:"认识还比较深刻,饶了你吧。"

张领导把鞋子还了我。

我忐忑不安地往家走。回家后就挨了一场毒打。[21]

出现在《枯河》中的这段文字,几乎是当时情景的再现。

短篇小说《枯河》里的描写无疑更接近于真实,有意思的是,恰恰是经过修饰的、抒情化的《透明的红萝卜》受到更热切的关注,给莫言带来了巨大的声誉。小说有自己的命运,对于文学作品的接受也有时代背景和审美逻辑。那个时期的读者暂时还无法接受类似《枯河》这样令人震惊的作品。这种类乎真实的残酷事件,在对于"文革"的官样化书写中,被压抑、被修饰、被掩盖了。"伤痕文学"和"知青文学"都属于受虐叙事,建立在一种控诉的逻辑之上。在控诉中,主人公呈现一种受虐狂的外貌,从而在语义学的层面上,获得了足够的同情心。"寻根文学"对乡村的控诉,直接导致了幅员广大的乡村生活被再度蒙蔽。偏僻、愚昧、无知、封建、肮脏、悲惨和懵懂无知的生活,在"寻根文学"对乡村的重新解读中,在夸张和变形中,接轨了革命文学导师鲁迅对乡村的描述。国民性被偷换成"劣根性",这是新时期文学对农民的新污蔑和精心伪造。这种图景跟"十七年时期"文学里那种光辉灿烂的乡村图景可谓迥然而异,跟"知青小说"不同,跟以《人生》为典型代表的新乡土小说也有很大的差别。

在《人生》中,乡村仍然是传统认识逻辑中的道德制高点,刘巧珍

是美与善的化身,她是高加林的天使,像贝阿德丽采引导但丁一样,引导高加林进入真善美的世界。老光棍德顺大爷则是乡村的道德牧师,他以故乡和大地的名义出现,对处于下方的高加林进行道德施洗,使这位迷途羔羊获得了宽恕,得以重返乡村桃花源。而在"寻根文学"里,乡村再度沉入黑暗当中,叙事的光照在天际若隐若现,而村民们人影憧憧,面目暧昧。乡村场景中所天然具有的日常生活、细腻情感,全部被掩盖了。在"寻根文学"的同时,"先锋文学"再度把叙事的目光移开,使得乡村被彻底遗忘,成为"被叙事遗忘的角落"。

　　新时期文学的乡村,几乎一无例外地是邪恶的、蒙昧的、无知的、

2002年,与大江健三郎在故乡的场院

丑陋的,他们甚至不配被怜悯,只配被冷落,被遗忘。

莫言用一种类乎揪心的方式来描写自己童年以及少年时代的饥饿感受以及饥饿给自己带来的被恐惧、被侮辱的经历,并有意识地导向一种普遍性。

对于莫言来说,饥饿和因为饥饿所受到的侮辱,是他文学创作中想象力喷发的源泉。

《透明的红萝卜》和《枯河》是莫言小说创作的分野。

前者为他带来声誉,后者让他获得了叙事的角度。

莫言从《枯河》里发现,只要把自己的感受真实地叙述出来,就是最有力量的文学。学会表达自己的真实感受,是一名作家寻找到自己的语言的开始。

黑孩是莫言的自我形象,也是他所有文学中那些小孩子乃至成年人的形象的基本原型。

在莫言的小说里,众多的小男孩形象曾经引起了文学界、批评界的广泛兴趣,其实,所有这些小男孩的形象,其酵母、源泉,都是黑孩。在黑孩之前,莫言还是一个"成功人士",例如《白狗秋千架》里衣锦还乡、把暖姑衬托得丑陋不堪的——"大学教师"——这是一个社会性的身份,一个有地位的符号,因此,暖姑渴望跟他野地偷情,借种生子,实行乡村常见的杂交优化。在这里,莫言引入了一种类似瑞士剧作家迪伦马特笔下"老妇还乡"般的叙事结构。

在莫言的早期小说中,军官形象也若隐若现。

在《天堂蒜薹之歌》里,莫言仍然试图通过军官之口,寻求一种现成秩序下的表达与申诉的权利。在为自己的父亲辩护时,那位正好返乡探亲的军官开始了滔滔不绝的演讲。他的演讲虽然精彩,却被哈欠连天的审判员所漠视,从而显现出一种谵妄和自言自语的原形。他的成功人士的身份再度被剥离。

这几乎精确地隐喻了莫言对被蒙蔽的乡村叙事的反抗,但是他/军官的表达,却失去了听众。连他代表其利益的那些农民,也不过是一群看客。"军官"对着这些讪笑的看客激情澎湃的演说,遭到了彻底的

误听,从而变成了一出没有真正观众的独角戏。在这个意义上,莫言笔下的军官跟鲁迅笔下的夏瑜混同了。

他说得口干舌燥。

在一阵听不见的掌声中,他落荒而逃。

莫言无法拯救乡村,他只能对乡村落井下石。

在莫言的小说里,小孩子是原野的精灵,也是他自我内心形象的外化。饥饿的黑孩、被拷打的小虎、吃铁的铁孩、只有半个卵子的余豆官、食草家族的私生子金豆、不愿意长大的上官金童、小飞侠余一尺、一心要吃掉牛卵的罗汉、控制不住自己嘴巴总是要乱讲乱说的大嘴、贪吃的罗小通等等,都是黑孩身上无数毫毛的化身。

在文学的意义上,黑孩就是童年时代的莫言。

身份的暧昧

莫言的另外一个生日是 1956 年 3 月 25 日。

这个生日跟莫言当兵提干有关。

莫言的家庭成分是富裕中农。这个成分具有暧昧性和摇摆性,在过去是一个巨大的精神负担和生活压力。表现好了,可以被贫下中农和雇农"团结",获得应有的政治地位和权力——在那个时代,贫穷才是值得炫耀和自豪的资本——在村里才能挺直腰杆做人,小孩子才不会被欺负,长大了才有可能享受当兵等只有贫下中农和雇农才可能享受的特权。表现差,就有可能由富裕中农而被打成富农,进入万世不得翻身的"地富反坏右"五类分子行列。

富裕中农是墙头草随风倒,是丧家犬夹着尾巴做人。从这个角度,我们才能够理解,为什么少年莫言偷吃了一根红萝卜,回家会遭到一顿惨绝人寰的毒打。一个富裕中农家庭,在那个时期必须夹着尾巴做人,必须看贫下中农和村干部的脸色而行事,常常被弄得悲喜交集痛不欲生。

短篇小说《枯河》里,哥哥狠命踢小虎的屁股,是因为他本来有希望当个兵的,这下全泡汤了;母亲毒打小虎,是因为恐惧,她一辈子受尽了苦难,而小虎在这种苦难上添加了恐惧;父亲拷打小虎,是因为绝望,是对家庭处境的绝望,是在支部书记面前比猪狗还不如的卑贱。

每个人都被似乎与生俱来的可怕命运所驱使,变成了一个冷酷的杀手。

出生在这样一个富裕中农的家庭,莫言从小就遭受到了歧视。小学毕业时,他因此辍学,十一岁就变成一个"光荣"的小社员。

莫言干过各种农活。播种、收割、养猪、放牛,修建水利工程,田头田尾的闲暇,听那些老农民们讲故事,谈美食,躺在草地上望着蓝天白云胡思乱想。想得最多的还是吃。在田头田尾的谈天说地中,有见识的农民谈论自己曾经品尝过的、更多是听说过的、有些是听传闻的天下美食,给像少年莫言这样的没有任何吃喝前科和吹牛资本的孩子进行精神会餐。

人们越是饥饿,越是喜欢谈论吃喝,越是谈论吃喝,就越是饥饿。这是一种恶性循环,而生活枯燥乏味单调的人们,常常不得不乐此不疲。

少年莫言遭到毒打的那年应该是1967年左右,"文革"刚刚开始。

这场毒打,在莫言的记忆中深刻而痛楚。

对于这场毒打的回忆,在莫言的脑海里不停地沉浮。

莫言充满了逃离乡村的渴望。

从1973年开始,每年都报名参军的莫言终于在1976年蒙混过关,当上了光荣的人民解放军,得以暂时地脱离脸朝黄土背朝天的土地。这时,莫言已经二十一岁了,是一个年纪很大的新兵,比班长的年纪还大。到了1980年,二十五岁的莫言要提干了,上面忽然下文件说,提干的最高年龄限制为二十四岁。

莫言惊出了一身冷汗,有走投无路的感觉。

莫言得到了一个常州籍干事的暗示:农村兵的年龄很少有准确的,你们的年龄、你们的学历都是随便填的。莫言赶紧奔回老家,到乡里找了一个朋友,把生日改成了1956年3月25日。就这样,通过修改

生日,莫言提干成功,在自己的人生旅途中,又一次蒙混过关。

在莫言的成长历程中,通过"蒙混过关"的方式,他一次又一次地改变了自己的命运。为了"蒙混过关",他付出了双倍的努力。

莫言一直为自己修改了生日而感到遗憾,出书时,就把准确的生日——1955年2月17日——写在书上,但是身份证上,出生年月日还是1956年3月25日。

那个时期,人们常会出于各种目的修改自己的出生年月日。莫言在乡里找朋友修改自己的生日时,那朋友就笑着说,你们这些出外闯的人都喜欢修改自己的生日。大栏村老钱家的大儿子,明明是1950年出生的,却改成了1958年,比他弟弟都小了。后来,这位比弟弟还小的老钱家大儿子,把生日改成了1960年,作为青年干部被提拔成副市长了。要是按照他的真实生日,他都该退休了。

干部的选拔和退休的一刀切制度,导致了这种修改生日的古怪事情的发生。

在官场上混,一步都不能算错,不然就会万劫不复。

在莫言这里,离开乡村,逃离土地,不再像自己的祖祖辈辈那样,干的是牛马活,吃的是牛马食,是他的最大理想和终极愿望。

从莫言小学毕业之后辍学在家开始,他的生活轨迹就发生了一种诡异的变化。这些变化,一步步地往回推演,是非常神秘的、毫无逻辑的。

在他作为一个笨拙的农民参加田间劳动时,恐怕没有一个人能够想象得到他后来的人生轨迹。

食草的家族

莫言祖辈的一支,于明朝洪武年间迁居高密城东管家灵芝——根据莫言的判断,这个看起来比较奇怪的地名,有可能是讹误,说不定应该是"管家陵址"。从地名中也可以看到,高密城东,是管姓人家聚居地,这些同姓的人,应该都源自同一个宗祖。

即便是宗祖相同，但是各家之间该发生矛盾还是会发生矛盾。清末，莫言的曾祖父管锦城与邻居发生矛盾——这邻居其实也是姓管的一支——最后闹得对簿公堂，两败俱伤。管锦城打官司败诉，不得不带着自己的三个儿子举家迁到离县城有五十多里地的高密东北乡平安庄。那时候，这里还是蛮荒之地。

管锦城的三个儿子，分别以"仁、义、礼"为名，大儿子管遵仁，本来以读书为业，辛亥革命后，世上已无举业，他不得不返乡务农，并在十九岁的"高龄"开始苦学中医。因为悟性高，他后来成为方圆几十里有名的医家。他就是莫言的大爷爷，一位见过神仙下凡、狐狸拉尿的神奇老人。他讲述的故事里总有他自己的影子，因此这故事显得特别真实可信。真实可信的故事，其实都可能是虚构的，在虚虚实实间，充满魅力。

这位大爷爷一辈子做人堂堂正正，仁以待人，严于律己，虽然一个儿子去了台湾，1949 年后失去了音信，身边并无男辈，但他坚信自己一辈子没有干过什么坏事，上天不会绝了自己的后。

上个世纪八十年代，大爷爷的儿子回到故乡。这位享誉乡里的慈祥长者却驾鹤西去了。

管遵仁，字居安，又字嵩山，是管氏家族上辈的读书人，写得一手漂亮的毛笔字。莫言曾写过一幅书法，作七绝颂扬这位大爷爷：

> 俺家伯祖老中医，擅治伤寒有绝技。麻黄桂枝生石膏，再加一把地骨皮。

莫言的很多小说故事，是从大爷爷那里听来的。

莫言的短篇小说《冰雪美人》里，那位深孚众望的乡村医生几乎直截了当地出现了他大爷爷的身影。他的中篇小说《红蝗》里，也有大爷爷的身影出没。

莫言的三爷爷管遵礼是一个在高密东北乡方圆几十里间与众不同的风流人物。

　　他不甘于过平凡普通的乡村生活,整天在外结交各类英雄好汉和地痞流氓王八蛋,酒肉朋友天天有,一喝高了就吹牛。

　　抗日战争时期,高密百姓揭竿而起,纷纷成立游击队,最大的有冷关荣冷部、高云生高营和姜黎川姜部三支。管遵礼跟这些人都有来往,他还曾经说要把儿子送去东北部莱阳等地活动的八路那里当兵。

　　根据莫言的说法,高营有一个自行车飞虎队,里面人人都是高手,高云生据说能够在铁轨上撒把骑上十里路,其技巧和能力算得上是神乎其神了。平原地带,自行车是一种非常便利有效的交通工具。这种骑着自行车活动的镜头,在革命现实主义电影里频繁出现。《烈火金刚》里那位侦察员骑着一辆自行车进出敌人盘踞的城池如入无人之境。大家都骑自行车,他的技术远远超过了那些笨头笨脑、香蕉胳膊香蕉腿脚的伪军。

　　冷部拥有十挺花机关枪(俄式冲锋枪)。这在那个时代,这是令人恐惧的杀伤性武器。莫言在长篇系列小说《红高粱家族》第四章《高粱殡》里,描写过机关枪扫射的惊人杀伤力,可能就是出于对冷部十挺花机关枪的想象。

　　姜部拥有二十四匹黄马,机动能力很强。

　　管遵礼能跟这些人结交,想来也是一个呼风唤雨的厉害角色。把他往《烈火金刚》里的那位侦察员高大全形象方面开足马力去想象吧,没有什么是不可能的。为什么莫言的三爷爷管遵礼、这位无名的英雄就不可能是"我们"的人呢?在那个时代,多少无名英雄为了祖国的解放事业抛头颅洒热血啊。管遵礼虽然没有抛掉头颅但是他洒了热血,死在一把勃朗宁小手枪的子弹之下。

　　莫言在这件事情上的记忆跟他的大哥管谟贤的记忆产生了冲突。

　　管谟贤认为可能是姜部的一个通信员或者副官,拿出一把勃朗宁小手枪来跟管遵礼炫耀。见过大场面,可能是潜伏在各路英雄好汉游击队间,默默地为革命工作的管遵礼是经惯风见惯浪,伸手能摸着青天、跺脚能吓死大灰狼的大英雄,什么没有见过?你掏出一门加农炮,他也许睁眼看看,你掏出一挺歪把子机关枪,他会拈花微笑,可是你掏出一把小鸡鸡样的勃朗宁,岂非让他笑掉大牙?

管遵礼于是就笑了,拍着肚皮说:"这块洋饼干还能砸得死人? 别开玩笑了。照这打! 您照这开火,我保管眉头也不皱一下!"

副官或者通信员将信将疑,或者说,他非常不服气。

山东自古是出英雄好汉的地方,从宋代就开始的白莲教常常在那片土地玩事业不说了,清末的义和团也曾烽火一时,人人踊跃。念了咒语,刀枪不入。或许该通信员或副官认为喝得醉醺醺的管遵礼就是这样一名刀枪不入的角色。他对着管遵礼的肚皮开了一枪。

管遵礼的肚皮被打穿了,肠子也流了出来。

他脸不改色心不跳,泰山压顶不弯腰。把肠子塞回肚子里去,用一块棉花或者泥巴塞住,他对吓傻了的副官或者通信员说:"来来,再干一杯! 熊样! 咱哥俩不醉不归!"

一个月不到,这位无名英雄就死了。

这件事情,莫言认为大概是冷部干的。

三爷爷一辈子吃喝玩乐,与众不同,连死亡也带有传奇色彩。他把家里的财产折腾光了,在那个时代是铁板钉钉的败家子。1949年之后,他的孩子却被划成令人羡慕的贫农。

莫言爷爷管遵义一辈子老实诚恳,心灵手巧,是方圆几十里地有名的劳动能手,却被划成了富裕中农。他们一家在那之后的二十多年里,受尽了白眼和冷落。

像管遵礼这样的英雄好汉,本来就是不需要认真地去考证的。他们身上传奇性的故事越多,越有分歧,就越让人崇拜得热血沸腾。在莫言的长篇系列小说《红高粱家族》里,那位天不怕地不怕,就怕戴凤莲说闲话的英雄好汉"我爷爷"余占鳌,很多的材料,大概就来自这位传奇色彩极其浓厚的三爷爷。

跟三爷爷相比,莫言这些后辈退化了。莫言小说里种的退化观念,或许就是从这里生发的。在他的小说里,总是存在种的熵值,也就是俗话说的一代不如一代。在《红高粱家族》里是这样,在《丰乳肥臀》里也是这样。那些不济子孙们,望着自己祖先的丰功伟绩,高大身影,惭愧

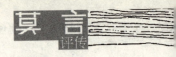

得恨不得变成一个小小的蝗虫。环境退化,种退化,文明也无可奈何地退化了。总而言之,我们所面临的世界,是一个退化的世界。这跟垄断了现代文明世界近三百年的达尔文进化论的观点正好相反。

归根结底,莫言是对这个现代文明世界唱反调的人。

一名好作家,应该唱点反调。

历史的暗示

民国初年的高密东北乡,是一个三不管的地方,位于平度、胶县和高密三县的交界,经常是一会儿划到这个县管辖,一会儿扔给那个县统治,高密的英雄好汉、余占鳌、花脖子等小说中的人物或者冷部、高营、姜部等现实中、历史中的游击队豪杰,就在这蒿草丛生的地方神出鬼没、打家劫舍、敢生敢死、可歌可泣。

在那样一个历史时期,在那样一个红高粱与蒿草共疯长的地方,不出英雄豪杰都不可能。

好汉没有了,高密平静了,莫言也出生了。

这个不起眼的小猴孩,在几乎没有任何人看好的情况下,续上了祖上的文脉。

这种事情挺神秘,冥冥花正开,前定的力量很神奇。

在大家都讨厌少年莫言时,大爷爷却独具慧眼说:"人不可貌相,海水不可斗量,这孩子没准将来能成个大偶侯(人物),你们将来谁也不如他。"

管谟业中的"谟"字是排行,中国传统的农耕社会、宗族社会中,对于家族的辈分,有比较严格的规定。

在需要重新为后世的排行找字命名之前,族长会召开耆宿会议,反复讨论,并交请家族中最有学问、最有名望的人审议,选定十二个字,作为后世的排行。等所有这些排行的字用完之后,后世的族长又会召开会议,研讨后世的辈分排行,从神秘的、浩瀚的汉字中,找到十二个最合适家族愿望的吉利文字,来为后世的十二辈命名。这些工作,蕴含着传统文化的悠久精髓,符合阴阳五行,具有神秘的气息。有些家族,取定十二个字之后,就不再取了,返回去重新循环使用。十二世,排行姓字循环一遍,非常环保,有效。

"谟",《说文解字》解曰:议谋也,从言、莫声。《虞书》曰:"咎繇谟。"《尔雅·释诂》曰:谟,谋也。

有谋略,能够建功立业,算是莫言的长辈对他这一代人的期望。

人的命运,确实是有些前定的。

从莫言的出生、挨饿、上学、辍学、务农的人生旅途的前期来判断,莫言的表现离开先人的期望似乎很遥远。

但是,莫言的生年也并非一无是处。

1955 年 2 月 17 日,莫言出生的这一天,国务院举行第五次全体会议。会议通过了《关于发行新的人民币和收回现行的人民币的命令》,21 日公布,由中国人民银行从 3 月 1 日起在全国开始实行。新币 1 元等于旧币 1 万元。

新货币的发行,对于一个新政权来说,具有标志性的意义。这意味着在经过新政权成立初期的各种肃清、整顿、建设之后,适应新政权的新金融体系已经开始初步确立。在新货币政策之前,公私合营、发行国债等依靠着强大的政治实力为背景而推行的新经济政策,已经卓有成效地再分配了这个国家的财富。新的货币政策,对此前的强力经济行动,具有一锤定音的稳定性效果,其影响,持续、有效、深远。

国务院的这个关于"发行新人民币"的《命令》,对于莫言来说纯属巧合。

历史和个人的巧合,似乎没有什么特别的意义。

从历史的维度来看,莫言诞生于新的国家政权已经稳固的基础上。这个时候,抗美援朝结束不久,国内进行过三反五反、公私合营,城市的大工商业主和小手工业者,都被变成了劳动人民。在湘西、广西、云南的边远山区,还有小股的土匪在流窜,但无法对新政权产生动摇性的影响了。从 1951 年就开始的全国高校大合并运动,在连续进行了三四年之后,也已经尘埃落定,民国时代的几十所著名大学,教会办的、民办的、前政权举办的，或者被取消，或者被合并，或者被拆散，不复先前的原貌。北京的燕京大学，上海的圣约翰大学、大夏大学、光华大学、沪江大学，南京的中央大学等著名的院校，全部被撤销；清华大学、同济大学、上海交通大学、浙江大学、南京大学等，也在院系调整中，实力被大大地削弱。此前相对比较普通的大学，如北京大学、复旦大学等，则成了新的院系调整的得益者，复旦大学数学系几乎全部来自浙江大学，生物系著名的谈家桢教授，也来自浙江大学。经过大规模的拆分，原本实力雄厚的浙江大学四分五裂了。院系大调整之后，整个国家的教育模式、教育资源的配置，得到了彻底的改变和强力的控制。

社会主义中国在经济上虽然还很贫穷，但是已经初具规模。也许正是因为这几年政权的稳固和强力经济再分配，到了五十年代末期，轰轰隆隆的公社化、大跃进运动，把全国人民都卷进了一种极度疯狂的状态中。共产主义提前到来，像莫言这样的四五岁大的屁孩子，被集中关押到一所安装了栅栏的房子里，由几个像巫婆一样的老太婆管理。乡村用貌似城市化的结构来管理和推动，而实际上，他们仍然是彻头彻尾的农民。一旦大锅饭吃光了之后，他们就彻底被打回原形了。

可以说，从一出生开始，莫言就经历了这个国家的风风雨雨。

1955年，国际上和国内还发生很多的重大的历史事件。

3月，邓小平同志在中国共产党全国代表会议上，代表中央作《关于高岗、饶漱石反党联盟的报告》。4月，在中共七届五中全会上，邓小平同志被增选为中央政治局委员。

这一年，社会主义中国在外交上不断地取得了成功，与阿富汗建交，与南斯拉夫建交，与尼泊尔建交，与民主德国建交。

这一年，万隆会议在马来西亚吉隆坡召开。周总理避开了"克什米尔公主号"爆炸事件，搭乘其他飞机悄悄抵达马来西亚首都吉隆坡。他在国际外交界上体现出来的迷人风度，使全国人民无比景仰。

这一年，苏联军队撤离旅顺港，从1840年英军发动鸦片战争以来的一百年间，中国境内首次不再有任何外国军队的身影。

国务院决定撤销热河省和西康省。

人民英雄纪念碑落成。

十大元帅授勋仪式举行。

著名民主人士张澜去世。

著名戏曲家洪琛去世……

即使在一个后人粗看起来其貌不扬的年份,国内国外大事情仍然不断发生。

而对于像莫言这样普普通通的农民后代来说,1955 年发生的最为重要的、对他影响最为直接的事件,却是在这年 10 月 15 日召开的"全国第一次文字改革会议"。

在中国文化教育史上,这是一件影响深远的重大事件。其影响力的深入程度和持续力度,远远超过了其他一切事件。在上述提到的那些事件逐渐地尘封乃至烟消云散之后,"文字改革会议"的影响,却越来越巨大。对古老中国的传统文化的认识和学习手段,于此为之气象一大变。简体与繁体,新社会与旧制度,从文字这个最为基本的层面上,也割裂和分裂了。这里面,似乎寄托着新社会新学者对新中国的新希望——通过这样一种鄙弃传统文化,修改识读这些文化的文字,中国有可能最终在文字形式上,采用拉丁字符的记读方式,从而"脱亚入欧",洗脱从"鸦片战争"以来的耻辱记忆。

从小就学习着"简体字"长大的学生,已经感受不到简体字刚刚开始普及时所产生的巨大震撼了。

"简体字"的推广普及,就目前而言已经产生了巨大的、翻天覆地的影响,但是对其得失的探讨,一直没有停息。

社会主义中国建立不久,以新组建的中国人民大学第一任校长吴玉章为领导的汉字改革小组,就开始组建和工作了。

在社会主义中国建立之前,众多的受到西方强势文化影响,对中国自己落后挨打的局面痛心疾首的学者,从注音开始着手,从全盘否定传统文化——这种文化被认为是落后的,可以抛弃的,因为它无益于生产力的极大促进和国家力量的增强——的目的出发,已经逐步地进行了很多简化文字的铺垫工作。在一个相当漫长的历史时期里,简

化字的最终目标是拉丁化,用拼音字母来替换、消灭汉字,最终至少可以在文字上达到"脱亚入欧"的美妙理想。

现代汉语的拼音方案,几经修改定型之后,为普通话的普及和统一,奠定了良好的基础,同时,这种简化了的拼音方案抛弃了大量的地方成熟音节,取消了例如入音等音节,更加简明易读,却因此而使得重音太多,音调太单一,更容易混淆,不得不常常在交流信息上加以辅助的解释。即便是在名字的相互介绍上,也不得不常常这么说"弓长张"、"立早章"、"言午许"、"双人徐",以使自己的信息传递到对话的彼岸,这也造成了一定的障碍。而现代汉语和文字的学习者,对传统文学作品的阅读,陷入了困境中。人们用普通话朗诵千古绝唱的唐诗时,会很困惑地发现,在很多时候他们都找不到合适的韵律。用现代汉语的拼音方案来阅读明清戏曲,更是在很多的地方找不到应有的节奏。这种节奏的丧失,似乎是一种精妙的隐喻:现代汉语的训练下的新国民,在获得了新的文化认同时,跟传统文化产生了难以调和的错位。而更多的对于传统文字的合并,也使得新汉语新文字的学习者,跟传统文化产生了分裂感。迄今为止,真正研究传统文化的书籍以及传统经典书籍,仍然只能采用传统字体印刷,这也是保留传统信息的最后努力。随着能够阅读传统字体的人群的日渐减少,这种努力有最终失效的危险。一旦这种危险来临,汉文化的后人如何定位自己呢?我们的历史和文化价值,在整个世界的范围内,如何加以确立呢?

复杂的文化信息被简化了,这是好事还是坏事?仍在争论中。有意思的是,上个世纪九十年代以来,从各级地方政府到很多忧心忡忡的学者,都用自己的方式再度阐述传统文化的重要性。政府部门看重的是经济增长数据,学者思考的是文化认同。脱亚入欧,事实上并不能真正实现,更不能得到真正的接纳。在文学创作上,传递了更加复杂的本民族本文化气息的标准文本,反而更容易获得全世界范围内的认同。莫言本人的创作实践和他的作品在世界上相当大的范围内的译介,也是一个有力的佐证。

我们不妨回顾一下社会主义中国建立后简化字的简单历史:

1954 年，中国文字改革委员会成立，拟出《汉字简化方案（草案）》。1955 年召开的全国文字改革会议对《汉字简化方案修正草案》作了修改，通过了《第一批异体字整理表草案》。1956 年，《汉字简化方案》公布。《汉字简化方案》收简化字 515 个，简化偏旁 54 个。1964 年，中国文字改革委员会根据国务院关于简化偏旁类推的指示，编制了《简化字总表》，共收 2236 个简化字。1977 年又发表了《第二次汉字简化方案(草案)》，并试行其中的第一表。1986 年，根据试行中征求到的各方意见，国务院指示废止《第二次汉字简化方案(草案)》。

一个显而易见的可能是，当少年莫言开始识文断墨时，他所认识的文字可能是繁简交叉的：教材是简体的，读物是繁体的。当他在尽力寻找各种文学作品来阅读时，这些文学作品可能是繁体字的，也可能是简体字的，但是稍微早一些印刷出版的文学作品，例如中国古代四大名著《三国演义》、《水浒传》、《西游记》和《红楼梦》等，都有可能是繁体字版本，而像以人民文学出版社为主而进行全面校订过的新版《红楼梦》等作品，就不仅是简体印刷这么简单了，还加上了新的世界观新的方法论主导下的句读和注解。

繁体字和简体字的分裂，在莫言的幼小时期，就出现了。

繁体字和简体字的分裂，意味着传统文化和现代文化精神的割离。

在简化精神的指导下，整个中国传统文化也被简化了：善与恶、黑与白，泾渭分明，非好即坏，非上即下，非左即右，这是我们重新认识传统文化和传统历史的巨大改变，传统的价值和历史上的伟人也被加以粗暴地梳理和归类，一直到了"文革"和"批林批孔"的传统文化的毁灭性癫狂状态。

在整个传统文化的分割中，"中"——中庸——的一维被当做是无用的盲肠扔掉了，历史被切割成了两个部分：好的部分和坏的部分。以此类推，社会主义中国的新禾苗新儿童，把一切都分割成了两个部分：好的和坏的。把世界一分为二，简单而方便。

一般来说，在同时阅读繁体字和简体字版本的图书时，一种轻微的不适感、分裂感就会产生。这种分裂感源于这两种版本的图书所体现出来的对文化、传统、社会与世界的看法的大相径庭。无论怎么温和地看待，简体字的出现，对后来的学生来说，阅读古代文学作品还是造成了很大的隔阂与不适。

对于少年莫言来说，这种差异所造成的微妙感受，很有可能影响了他对于人与事的看法和判断。这就是世代相传的一些相对稳固的传统观念和新社会的新观念之间的冲突，在少年莫言的脑子里形成一个看不见的战场。

这些可能并非管家远祖管仲等先贤所能逆料的。

实际上，阅读对一个人的世界观的形成，具有很大的潜在的影响。

一部繁体字版本的《封神演义》和一部简体字版本《林海雪原》放在一起，一前一后地加以阅读，其不同的阅读感受，对于一个少年来说，可能是极其怪异的，也很难甄别其中的真正差异。

莫言的家庭成分是富裕中农，这个暧昧的成分，意味着他们家的摇摆性，不确定性。这是一件非常痛苦的事情。对于那个时代的人来说，要么在人民群众一边，要么被彻底唾弃，死了这条心，都是好的。最怕的是悬在中间。而成分不好的大爷爷、亲爷爷，他们的人格魅力，却又难以磨灭地影响着少年莫言的言行。这种生活中得来的感受和在小学里学习到的世界观和方法论，产生了巨大的分裂。这种分裂，是那个时代所特有的精神现象。

莫言说过，他在1973年当农民工去挖胶莱河时，曾经雄心勃勃地想写一部长篇小说《胶莱河畔》，其内容是我民兵队长如何机智勇敢地捉拿搞阶级破坏的恶霸地主的故事——一个标准的善恶分明的阶级斗争的文本。这个故事被他本人销毁了，不然倒是一个有意思的文体，可以作为作家研究的重要资料。

这部小说的构思表明，刚开始想表达的莫言，其脑袋实际上是空洞的、被控制的。他就像当时的千千万万人一样，受控于一种超能力。他思考着现成的思考，他构思着别人的构思。在这个时候，莫言不是莫言，莫言是一种被附体的肉体。这具会思考的肉体被两种力量所撕扯：一种是传统的、封建的、迷信的、神奇的世界，由以莫言的"大爷爷"管遵仁、亲爷爷管遵义为首的一些"旧社会遗孽"给他讲述的故事所体现出来的世界；一种是新社会的严整结构的世界，在这个世界里，一切事物都是被"一分为二"的：新旧、好坏、高矮、胖瘦、红黑、革命反革命、地富反坏右和贫下中雇农，一切事物都是对立统一的，简明扼要的，人们对这个被分裂开来的世界的情感也是简单而坚决的。这两种思维模式，在莫言的脑子里"跑马"，就像叔本华说的那样，这种超能力以他的脑袋为跑马场，在飞快地奔腾着，炮蹶子着。实际上，每个人也都是被"一分为二"的，在那个时代，莫言像所有的人那样，被分成两半，成为一个勉强捏合到一起的"分成两半的子爵"。从阅读的范本到时代精神，人人都在被分割着，自我分裂着。传统价值，破碎为一地的陶片。

2007年秋在瑞士苏黎世，坐在列宁喝过咖啡的地方

乡村的光影

传统的影响对莫言世界观的形成仍然至关重要。

在莫言的人格形成过程中,其家族遗风的影响强而有力。

对于少年时期的莫言来说,爷爷是影响他人格形成的关键人物之一。

在莫言 1985 年前后创作的小说里,"我爷爷"这个人物形象神出鬼没,幻化成各种各样的英雄好汉,给莫言以极大的心灵抚慰。在老子英雄儿好汉的年代里,拥有像"余占鳌"这样一个敢爱敢恨、敢生敢死、纵横高密十几年, 连足智多谋的高密县长曹梦九也无可奈何的爷爷,是每个乡村儿童的终极梦想。莫言把很多带有传奇性的故事,把大爷爷、三爷爷身上发生的各种故事,都堆放在"我爷爷"这个人物形象上。

大家庭里,父亲为了维护自己的权威形象,为人总是刻板的、令人害怕的。一个有趣的爷爷却成了童年时代的救星。

莫言的爷爷无疑就是这样一个人物。

莫言的爷爷管遵义,字居正,又字嵩峰,生于 1895 年,故于 1978 年,享年 84 岁。

管遵义是高密东北乡一个深孚众望的高级农民。

"高级农民"是本书使用的特指名词,也是莫言自己发明的特殊词汇。"高级农民"不仅是指他作为一个农民,竟然正儿八经地有名有姓还有字,宛如封建时代的士大夫读书人,而且是因为他的与众不同。

莫言的爷爷是一个有思想有主见的农民,是农民中的贵族,是土地思想家。人们用被灌输且习惯的"贫下中农"的形象来推想他,会走入死胡同。管遵义没有念过书,对这个世界的认识却比很多识字分子更加深刻。他心灵手巧,会做一手漂亮的木工活,能打一手神乎其神的好算盘,在高密东北乡方圆几十里地是闻名遐迩的劳动高手。在过去时代,他这样的劳动高手,在收割麦子的农忙季节,是非常抢手的。以前的地主阶级,除了一些大恶霸之外,大多是勤俭持家的中小地主。他们不仅亲自参加劳动,自己也是务农高手。在高密东北乡一带,到了麦收的季节,地主的田地麦香飘荡,金黄饱满的麦子需要赶紧抢收,需要把它们割下来,脱粒,晒干,细心地收藏在麦仓里。地主们自己忙不过来,会请人帮忙。莫言爷爷这样的割麦高手,雇主们都很客气,好吃好喝地伺候着,不敢随便得罪。

莫言的爷爷这样的割麦高手在劳动时是一种真正的享受。他们把劳动当做享受,而不是我们想象中满腹怨言的苦工。一般的农民,干活无精打采,穿着最破最烂的衣裳,还浑身沾满灰土和麦芒。莫言爷爷这样的割麦高手,他们去劳动不叫劳动,叫去找乐子。他们割完自己的麦子,去给大地主打短工,身上穿着干干净净的白褂子,好像当今高级商务楼里的高级白领。农活干完,他们身上纤尘不染。

他们还不是顶尖的劳动高手,真正的高手是大地主。大地主从小就参加劳动,练就了一身高超的劳动技艺。他们在劳动时,手里提着鸟笼,跟班打着扇子,镰刀柄上镶着象牙,在明晃晃的阳光下,干起活来,自由自在,如入无人之境。劳动快乐劳动光荣,这样的故事在那个时代才真真正正地存在。

受到过长期阶级斗争情感训练的读者,对这种享受劳动的说法自然是有些将信将疑。我们不相信地主这些鳄鱼们会掉下眼泪,我们觉得贫下中农一定是挣扎在死亡线上不知道什么叫做欢笑什么叫做幸福。我们觉得旧社会的天总是阴霾的,太阳总是灰蒙蒙的,劳动人民的表情总是苦大仇深的,地主富农反动派的脸色总是凶狠的,他们护院的狼狗总是恐怖的。在我们的想象中,肥肥胖胖的地主和干干瘦瘦的农民形成了强烈的对比。这些形象,这些感受,都不是直接的,也不是第一手的,追根溯源,也是二手贩来的,主要是从革命现实主义电影及革命现实主义小说里得来的感受。久而久之,我们就以为是天经地义了。

莫言没有出生在旧社会,但他在新社会吃到的苦头比他爷爷在旧社会吃到的苦头只多不少。莫言小学毕业之后就跟着大人干活了,他对爷爷这种田间高手非常敬佩。他本人却不是一个类似爷爷那样的务

农高手,他能基本胜任劳动,却无法享受劳动。从他爷爷到他本人,就形成了一个蜕变的种族链。

在莫言的小说里,既存在着生命力的强权逻辑,也存在着生命力的递减图景。他爷爷能从劳动中获得快乐,莫言这一代却感到劳动枯燥乏味、难以忍受。莫言的劳动天赋可能比爷爷差,新社会土地所有制下的集体劳动和僵化劳动而产生的厌倦,才是枯燥乏味的真正原因。

莫言发展出了一种改头换面的乡村逻辑:乡村是美好的,城市是肮脏的;过去的乡村是美好的,现在的乡村是丑陋的。莫言在长篇系列小说《食草家族》里,通过对城市和乡村的对比,展示出了一种越现代越堕落的悖论。现代城市给人们带来的不是想象中的幸福感,而是焦虑感。在现代中国的认识中,乡村是被漠视、被轻蔑的。莫言在寻找这种高傲的资本时,发现其中只有人格分裂和丑陋无知。

以莫言爷爷为中心的旧时代美好的人格与道德的典型人物代表,通过莫言的瑰丽文字,展现在人们面前,跟丑陋的现代形成强烈的对比。

莫言爷爷不识字,但很聪明。他帮大哥打理中药铺,很快就能照方抓药,分毫不差,对那些药草的味道和形状了然于胸。他在具体的生活劳动中,在自己的人生经历中,获得了真正的人生智慧。

莫言的爷爷是公社化的坚决反对者。

村里成立公社时,莫言爷爷拒绝加入。在莫言父亲的苦苦哀求下,碍于富裕中农的"卑贱身份",为了自己儿孙辈的利益,他才委曲求全入了社。他入社是有条件的,还约法三章:一、他永远不去农业社里干活;二、农业社要他干木匠活,送到家里来,要现钱;三、农业社一旦垮了台,土地、牲口、农具原样退回。

这个倔犟的老庄稼把式,通过这种方式表达了自己对公社化的鄙视,成为一个轰隆隆的、全国人民没头没脑地往前冲的新时代中独臂当车的中国式唐吉诃德。

这个彳亍于不再属于自己的天地间的犟老头,在劳动时跟生产队社员分道扬镳,自己走自己的路。他或者做一些手工活,或者去割草,或者沉思默想,却从来不肯参加生产队的劳动。

莫言的爷爷根据自己长期农田劳动和生活实践中获得的知识,对新社会很多所谓的新生事物投了否决票。在全国万口一声歌颂中苏友好,把毛主席和斯大林比作天上的两个太阳,带领两国人民解放全人类时,他一言中的地说:天上怎么可能有两个太阳?两国之间就跟两个人一样,现在怎么好,将来就怎么斗。后来中苏关系恶化,他的话一一应验。他还对大炼钢铁不以为然,对放农业卫星更是感到不可思议。根据长期的劳动经验,他对亩产万斤小麦的神话根本就嗤之以鼻。他说,别说是种麦子,就是把麦子打下来,一亩地铺一万斤小麦也是挺厚一层了。他对公社化、大锅饭的反感和反对,更是显示了他的与众不同的特立独行。

莫言在经过长时间的酝酿、发酵之后,在经过反复地回忆、描写和想象之后,在最新的长篇小说《生死疲劳》里,再一次把爷爷的形象跟邻村的一个真正死硬派兰姓单干户的故事结合到一起,创造出小说里的主人公"蓝脸"这样一个独一无二的"全国唯一的单干户"的令人难忘的人物形象。

莫言的爷爷打得一手好算盘,无论多么复杂的账目都能数清。过去农村买卖土地,很多土地形状不规则,他也都能帮别人准确地计算出其实际的面积。这位热爱听说书的爷爷对中国古代历史故事了如指掌,还能背诵很多诗词戏文。他有满肚子的神仙鬼怪、天上地下、帝王将相的故事,可以为自己的儿孙打发枯燥乏味的成长时光。在这种时候,莫言是爷爷的忠实听众。莫言后来大部分的小说故事,都是从爷爷那里听来的。例如《球状闪电》里的举子赶考救蚂蚁、《爆炸》里的狐狸炼丹、《金发婴儿》里八个泥瓦匠庙里避雨、《草鞋窨子》里两个姑娘乘凉、笤帚疙瘩成亲以及《红高粱家族》里的綦翰林出殡等,都是从他爷爷那里听来的。

这位神奇的爷爷,在莫言的叙述和虚构中,成为故事的源泉,是他小说创作的真正灵感所在。他不仅直接出现在莫言的小说里,作为一个点石成金的巫师,他还改头换面地出没在莫言的其他文章中,并且

化身为其他一个一个色彩纷呈的人物角色,成为这些角色的灵魂。莫言偷吃生产队的红萝卜被毒打,他爷爷斜刺里杀出来,夺下父亲的绳鞭,说,不就是吃了一个鸟操的萝卜吗,至于打成这样?

从他的爷爷出发,我们可以看到莫言家族里的各色人等。这些人都或者直截了当、或者改头换面地进入了莫言的小说世界。

莫言小说的最大特点之一,就是他的灵感都源自于自己生长于斯的故乡。故乡的人物,父老乡亲,原汁原味地进入了他的小说里。

无论时代怎么变化,高密东北乡的乡亲们都顽强地活着。

其中,也行走着少年莫言这样一个身体干瘦、胡思乱想的少年。

没有人看见莫言生长,就像没有人看见草生长一样。

注释

①"高密东北乡"是民国时期旧称,后来改称"河崖乡"。因为叫得顺嘴,也觉得更符合莫言自己的心情,本文统一称为"高密东北乡"。

②莫言:《超越故乡》,见《莫言散文》,浙江文艺出版社2000年版,第239页。

③莫言:《会唱歌的墙》,作家出版社2005年版,第48、49页。

④莫言、王尧:《莫言王尧对话录》,苏州大学出版社2003年版,第31—33页。

⑤同上,第53页。

⑥⑦莫言:《莫言散文》,第19—20页。

⑧莫言、王尧:《莫言王尧对话录》,第55页。

⑨⑩管谟贤:《莫言家庭史考略》,《莫言研究》第2期。

⑪《史记·管蔡世家》:"管叔鲜、蔡叔度者,周文王子而武王弟也。武王同母兄弟十人,母曰太姒,文王正妃也。其长子曰伯邑考,次曰武王发,次曰管叔鲜,次曰周公旦……""武王已克殷纣,平天下,封功臣昆弟,于是封叔鲜于管。"《高密管氏家谱》康熙十六年序云:"管氏之姓,其始乃文王子叔鲜,受封于管。以国为氏,今郑州管城是也。"(今河

南郑州管城区）。转引自管谟贤《莫言家族史考略》。

⑫阿城：《闲话闲说》，作家出版社 1998 年版。

⑬《莫言小说中的人和事》，《莫言研究》2006 年第 1 期。

⑭⑮⑯莫言：《饥饿和孤独是我创作的财富》，2000 年 3 月在美国斯坦福大学的演讲，见《莫言散文》，第 274 页。

⑰莫言：《莫言散文》，第 106 页。

⑱莫言：《莫言作品系列·与大师约会》，上海文艺出版社 2005 年版，第 113 页。

⑲⑳㉑㉒㉓莫言：《吃事三题之三·忘不了吃》，见《会唱歌的墙》，第 29—33 页。

㉔莫言：《莫言文集》卷三《再爆炸》，作家出版社 1994 年版，第 313 页。

㉕张闳：《感官的王国——莫言笔下的经验形态及功能》，《当代作家评论》2000 年第 5 期。

㉖莫言：《枯河》，见《白狗秋千架》，上海文艺出版社 2003 年版，第 174 页。

㉗莫言：《超越故乡》，见《莫言散文》，第 242 页。

第二章　求知年代

精神的粮食

莫言可能是五岁上小学一年级,也可能是六岁上一年级;因此,他可能是 1960 年上学,也可能是 1961 年上学。莫言还可能是五岁被送到学校,念了一年级,六岁时又念了一年级,莫言自己也搞不清楚到底念了多少次一年级。在乡村小学里,同学们的年龄相差巨大,有五六岁的学龄前儿童,也有已经长出小胡子的大块头郎当少年。

那时,莫言的家乡跟全国各地一样在搞公社化,成立农场,农民摇身一变成了农业工人,在名称上、在政治地位上,似乎跟城里的工人师傅处在了同一条起跑线上,至少造成了一种美丽的幻觉。莫言的父母也成了工人师傅,是种粮食种菜的师傅,而不是站在机床前造螺丝钉的师傅。农村小孩也像城里一样,被送到了乡村幼儿园。

这个幼儿园,莫言在短篇小说《铁孩》里写到过,其实就是一个恐怖集中营,是小孩子的地狱。几个面目狰狞、心地丑恶的老太婆像巫婆一样可怕,她们把小孩子关在栅栏后面,通过威胁和折磨来管教他们,偷吃他们的粮食,让他们吃不饱,常常忍饥挨饿。

最可怕的是精神折磨。对于像儿童莫言这样的小孩子来说,那几个老太婆无异于吃人妖怪。莫言母亲注意到了这种情况,把他从幼儿园里领出来,提前送进村小学。这样,莫言既可以脱离儿童集中营,还可以把分到幼儿园的粮食带回家里。

莫言上学时，遇到了三年自然灾害，经历了极度饥饿的岁月。

这种饥饿记忆，在他的文章、访谈、演讲和小说里，反复地出现。饥饿的感受和对饥饿的回忆，是他的创作源泉之一。

在那个年代，有多少人忍饥挨饿，多少村庄饿殍遍地，现在回顾，仍然让人震惊。直到现在，"三年自然灾害"的大饥荒中到底饿死了多少人，仍然是一笔糊涂账。有学者认为是三千万，有学者认为是四千五百万，有学者认为是六千万。无论多少千万，这都是一个令人震惊的数字。这种非正常死亡出现在和平年代、建设年代，更让人无法接受。抗战八年，死于战火的平民百姓和军队将士，也不过是三千万左右。大饥荒时非正常死亡的人数缺乏官方权威数据，有关学者的研究和梳理，仍然在进行中。

因为饥饿，所以要寻找食物。

粮食是食物，这是所有人的基础认识。

在粮食极度匮乏的时代，几乎一切都变成了食物：棉籽、野菜、草根、树皮、泥土，凡是能够填入肚子里的，人们都纷纷填入肚子里。

1961年，很是不平凡，村里没得吃，总是饿死人。前年大跃进，昨个放卫星。稻谷如森林，南瓜重成吨。忽然一夜北风吹，粮食全都如飞灰。

莫言正在上小学。

这些乡村小孩饿得面黄肌瘦，细胳膊细腿，脑袋大肚子圆，薄薄的皮肤下，可以清晰地看见肋骨、肠子在肚皮里面蠢蠢欲动。他们的眼睛都瞪得大大的，他们的嘴巴随时都处于待命状态。

这年冬天，由某个天才的小学生发明，这些饥饿的小狼崽疯狂抢吃生炉子取暖和烧锅炉用的煤块。这个故事，莫言讲过了好几次。每次说得差不多，想来是真事。

莫言自己也不太相信，后来询问学校里知情的工友，工友说确有其事，小孩子拉出来的屎都能当煤块烧。莫言这么一找证据，又不像真事了。当时发生的事情，虚虚实实，真真假假，难辨真伪。连著名的火箭

科学家、连著名的诗人兼社科院院长都能够以满腔的热情来歌颂亩产万斤粮食的奇迹,连屎疙瘩都有可能炼成钢铁,连军队里都懂得把抽穗的稻子拔起来堆到一亩田里,企图创造亩产粮食上万斤的人间奇迹,连一个冬瓜都需要一节车皮才能装下,这样一个奇迹成吨成吨地被生产出来的时代,小孩子拉屎拉出了可燃煤,也不是什么奇怪的事情。

村里人饿急了,听说河对岸的观音土能够充饥,一窝蜂扑过去,把肚皮塞得圆滚滚的,肚子肠子都撑满了,拉出来的是漂亮的陶土,人还是饿。人不是蚯蚓,不能靠吃泥土过活。

村里开始不断地饿死人。

开头,村里人还哭哭啼啼去村头土地庙里给死去的亲人注销户口,后来不去了,拉到野外挖个坑埋掉了事。据说村里的马四割他死掉的老婆身上的肉吃,这件事情人们没有证据,也无法从马四的嘴里得到证实,因为马四很快就死掉了。饥饿的年代,混乱的年代,遭殃的老百姓人吃人,有权有势的人吃人,在中国历朝历代,倒不是新鲜事。

春秋首霸,莫言的老乡齐桓公威震天下,四海拥戴。他老人家游山玩水腻了,山珍海味厌了,人生失去了理想,整天无精打采,提不起精神。没有人知道他到底在想什么,连运筹帷幄决胜千里的管仲也不明白,大家都很着急。

齐桓公的首席大厨易牙,作为调理主公肠胃和人生况味的最重要臣子,对齐桓公的忧愁却心知肚里明。

易牙问:"敢问主公,您是不是山珍海味吃腻了?"

齐桓公点点头。

易牙又问:"敢问主公,您是不是想吃点人肉了?"

齐桓公两眼放光,看着易牙,什么也没有说。

易牙回家就把自己的儿子宰了,慢火炖成肉羹,用精美的盛器装好,保温防冷,恭恭敬敬地进献给齐桓公。

这千古难尝的人间至品摆在齐桓公面前,他舀起一勺人肉羹,端详着这奇妙的佳肴,闻到了酷烈的香味,一时间无语凝噎。

得偿所愿,齐桓公无憾了。

为了感谢易牙大公无私的奉献,齐桓公把易牙封为大师,树立为全国人民的学习榜样,对易牙言听计从。易牙的地位甚至在另外两个佞臣竖刁和开方之上,连鲍叔牙和管仲都得礼让三分。后世厨艺界把易牙奉为厨神,顶礼膜拜,盖因其人的厨艺达到了出神入化、六亲不认的匪夷所思的境界。从易牙烹子之后,吃人就成了中国饮食文化中至高无上的终极盛宴。其中的光辉事迹多如恒河沙数。

从《史记》里,我们都熟知刘邦问项羽分一杯父亲肉羹的故事。隋炀帝的佞臣麻叔谋嗜食小儿,趁开凿大运河时,一路吃过去,吃得所到之处,小儿绝迹,小老百姓闻风丧胆,逃遁一绝。明朝末年,农民乱军在李自成的率领下,攻陷了洛阳,把万历皇帝和郑贵妃生的宠儿、肥胖得路都走不动的福王洗净刮毛下锅活煮,和鹿肉一起炖了一大锅鲜肉羹。肉汤鲜,味道绝,三军吃后大开颜,精神抖擞地吼,挥师北上破京城,大明庙宇瞬间倾。志大才疏、疑神疑鬼、空有满腔愁怨的末代皇帝崇祯,只能无限惆怅地吊死在故宫景山的歪脖子松树上,那一刻,他有没有想到冤死在自己手下的辽东统帅袁崇焕呢?大明王朝三百年天下,开国皇帝流氓农民朱元璋在登基之后,处心积虑,干掉功臣,颁发新律,禁锢农民,打击商贩,闭关自矜,中央集权,天下无人。这个聪明绝顶的流氓,自以为吸取了前代各朝的经验教训,企图通过高压手段和愚民政策,让朱家皇朝万岁万岁万万岁。不料万历二十年,倭寇丰臣秀吉率领二十万日军登陆朝鲜半岛,把明军拖入战争的泥沼之后,耗费大量的人力物力,朝廷财政为之一空,不得不加大向朝野的征稽力度,这个貌似坚固无比的极权大厦瞬间就千疮百孔了——先是宁夏哱拜、继而云南杨应龙,各地纷纷叛乱,陷州杀官。好不容易平定下来,山东白莲教首先发难于内,努尔哈赤养虎为患于外,明朝内外交困,遂成僵死之百足,其后的三四十年,仅能苟延残喘。历史无比相似:一千年前的隋朝,也在末代狂人皇帝隋炀帝当政时期卷入了朝鲜半岛的战争,弄得民不聊生,天怒人怨,致使全国各地叛乱纷起,十八路反王各自称霸,把个粉雕玉凿的江山给生生葬送了。历史上往往这样,一旦老

百姓吃不饱穿不暖了，这个朝代就岌岌可危了。归根结底，中国的问题，就是吃饱穿暖的问题。看起来俗，却是实质。

莫言通过对饥饿年代饥饿记忆的切肤思考，通达了中国传统文化的本质。

鲁迅在《狂人日记》里说"翻开中国历史，通篇多写着吃人二字"。我小时候以为是泛指，是抽象，是打比方，不料精通传统文化，《四书五经》肯定背得滚瓜烂熟的鲁迅却是实有所指。纵观中国的历史，不仅是漫长的、实际的、花样繁多的吃人历史，而且每一次旧王朝的倾覆，几乎都跟饥饿有关。因为饥饿，农民乱军常常揭竿而起，为吃饭和吃人而拼命。农民乱军头目张献忠从小就饿怕了，率领乱军到处流窜，吃光抢光杀光。他的农民乱军在湖北、河南、四川一路烧杀抢夺，一路大吃大喝。四川四百万户，自古以来物华天宝的天府之国，在张献忠率领乱军疯狂杀戮了几年之后，只剩下了不到十万户。清廷平定中原，不得不"移湖广以充四川"，从福建、江西、湖南等地迁移居民去赤地千里的四川，补充那里的人口缺失。

莫言这些六七岁大的小学生，不懂得什么叫做揭竿而起，但是他们的辘辘饥肠已经自动地行动起来了。他们生长在红旗下，理应泡在蜜缸里长大，现实的情形却是严酷的，粮食匮乏，吃不饱穿不暖。

孩子们饿得两眼直冒绿光，整天成群结队地出外觅食。

村里的牲口饿死了，生产队里架起一口大锅在煮，孩子们闻到了死物的味道，就像嗜食动物尸体的鬣狗一样，围着铁锅乱转。生长队长慌得坐立不安，警惕地注视着牙齿黄森森的小鬣狗们。一个外号叫做"运输"的大孩子领着他们这些悻悻然的小孩子大声地歌唱：

> 骂一声刘表你好大的头，
> 你爹十五你娘十六，
> 一辈子没捞到饱饭吃，
> 叽叽喳喳啃了些牛羊骨头。

　　手持棍棒的大队长气得发疯,追来赶他们,他们撒腿就跑。队长回来,他们又像苍蝇一样围拢过来,队长无计可施之下,中了这帮小坏蛋的调虎离山之计。

　　趁队长上茅房的机会,他们一拥而上。莫言二哥抢了一只马蹄子,捧回家去,像宝贝一样。在家里点一把火,烧掉蹄子上的毛,剁开摞在锅里煮,那汤鲜美无比。

　　莫言说他后来再也没有喝到过这么鲜美的肉汤。

　　上面引用过的这句唱词,也出现在莫言的短篇小说《草鞋窨子》的结尾部分里:

　　　　六叔大声说:"困吧,我日他姥姥!"

　　　　六叔说完就站起来, 大声唱道:"骂一声刘表你好大的头,你爹十五你娘十六,一宿熬了半灯油,弄出你这块穷骨头……"①

　　孩子们鬣狗一样围着炖死牲口的大锅团团转的图景,还出现在长篇小说《酒国》里。

　　酒国市宣传部长金刚钻从小就是一个嗅觉特别敏锐的人, 能从几里外闻到别人煮食的气味,尤其是生产队长、村支书家里煮食好东西的气味。闻到气味后,他就顺着香味,飘飘忽忽地走,一路顺藤摸瓜, 找到了领导干部们聚餐的地方。那些悄悄吃喝的领导们为了保密,也不好意思大声呵斥金刚钻,只好分给他一些好吃好喝的堵住他的嘴。金刚钻还有一个更加独特的功能,能闻到几公里外的酒香味。因为饥饿,少年金刚钻的嗅觉已经发展到了超人的地步。莫言还在中篇小说《牛》里,描写村里人见人厌、多嘴多舌、懒惰贪吃的少年罗汉围绕着两个牛卵,像狗一样在村长的厨房周围乱转的情形。在莫言的中篇小说《野骡子》里,少年罗小通也是一个见到肉就没命的孩子。这篇小说后来繁衍成了一部长篇《四十一炮》,里面的罗小通仍然是一个没心没肺,特别想吃肉的少年:

无论是谁,只要给我一条烤得香喷喷的肥羊腿或是一碗油汪汪的肥猪肉,我就会毫不犹豫地叫他一声爹或是跪下磕头。

莫言从饥饿和寻找食物的主题出发,写出了长篇小说《酒国》。在这部长篇小说里,酒国市作为旅游开发的品牌产品、拳头产品,就是"红烧婴儿"。省高级人民检察院的高级检察员丁钩儿同志为了调查这个"吃人案件",亲自来到了酒国市。而丁钩儿同志自己也是一个饿怕了的人,他在出发之前,去幼儿园接自己的孩子,看见那些手抓着一根绳子的幼儿,又像葡萄,又像烤羊肉串。这些比喻,都是食品。把小孩子比喻成食品,这也是一种吃人的无意识暗喻。因为从根子上并非意志如钢铁般不可摧毁的超人,丁钩儿一到酒国市地界,就被那里的熏天酒气给熏醉了。他的调查历史,就变成了吃喝行动。调查"吃婴儿"这个惊天大案的侦查员,变成了吃"红烧婴儿"的同谋。"红烧婴儿"到底是真是假?在小说里,莫言假借酒国市文学爱好者酿酒博士李一斗荒诞不经的文章,从侧面写了李一斗的丈母娘如何教学员们宰杀肉孩,肉孩的父母如何起早卖肉孩的故事,从而让小说具有了寓言性。

从吃的角度,可以形成一条无形的铁线,把中国历史这块看似柔嫩的老豆腐一块一块地串起来。

因为饥饿和寻找食物,少年莫言从这里出发,一开始是无意识地、后来是有意识地摸到了中国传统文化中的脆弱命门。

在这里,寻找食物和获取精神粮食,这两种不同的方式,被莫言巧妙地混淆了。

过去我们都把书籍称为"精神粮食",其实也是把万事万物都"食物化"的一种转喻。

对于莫言这些适龄儿童来说,在这个世界存在两种事物:一种能吃,另一种不能吃。

到了上学年龄,莫言被父母送到大栏小学,开始学习吃"精神粮食"了。

莫言一直对吃有着切身的体会和深入的理解。

然而他很少谈到自己在大栏小学里吃到了什么好的精神食品。

上个世纪五十年代是一个风云诡秘，从达官贵人到普通老百姓都备受社会急剧变化冲击的年代。在教育领域，也是变化多端，令人目不暇接。

虚伪的教育

1955 年 10 月 15 日至 10 月 23 日，教育部和中国文字改革委员会联合在北京召开了全国第一次文字改革会议：

> 教育部和中国文字改革委员会于 1955 年 10 月 15 日至 23 日职合召开了全国文字改革会议，参加会议的有来自全国 28 个省、市、自治区和中央一级有关机关、团体和部队的代表 207 人。出席会议的代表中，大约三分之二是中小学、师范学校和工农业余学校的语文教师，其余是语言学家、文字学家、语文工作者和教育行政工作者。会议第一天开幕时，由陈毅副总理作了关于目前时局的报告，吴玉章同志作了《文字必须在一定条件下加以改革》的报告，闭幕时，又由胡乔木同志作了总结性的发言。吴玉章同志在报告中阐明了中央和毛主席关于文字改革的方针，即汉字必须改革，汉字改革要走世界文字共同的拼音方向，而在实现拼音化以前，必须简化汉字，以利目前的应用，同时积极进行拼音化的各项准备工作。这一方针得到到会代表的一致拥护。在这一正确方针的指导之下，会议着重讨论了简化汉字和推广普通话这两个问题，并一致通过了《汉字简化方案修正草案》、《第一批异体字整理表草案》和 8 项决议。[2]

文字改革的最终目标，是"脱亚入欧"，走"世界文字共同的拼音方向"——世界上的文字多种多样，只有欧美文字才是拼音化的，然而在

当时的仁人志士看来,欧美就是全世界。这是一个强力的世界,强者为王。

在革命本体论上,传统农民揭竿举事的造反色彩很浓,但清末民初的仁人志士,从五四新文化运动以来,一直有一种近乎偏执的狂热,企图全盘抛弃"愚昧落后"的传统文化,彻底融入"光辉灿烂"的欧洲文明。文字改革的就是革掉延续了几千年的文化全息汉字符号,代之以简单明白的拼音文字,用罗马音标代替汉字。虽然现在所能看到的拼音方案被指责很不完善,很偏颇,但是在当时主流观念和主体潮流中,文字改革本来就是要尽量简化,力图简单,对中国传统的文字做减法,对传统文化做删法。这样一减一删,在中国五千年文明史中,就产生了一种前无古人也肯定后无来者的巨变。

领导文字改革的文字改革委员会主任、新政权建立后组建的中国人民大学第一任校长吴玉章,恰恰是一个职业革命家。吴玉章1879年出生,参加过同盟会,策动过广州起义,发动过保路运动,呼应过二次革命,创办过留法俭学预备学校,担任过延安大学校长、华北大学校长,选送过周恩来、邓小平、陈毅、王若飞、聂荣臻等人留法学习,是党内资深的革命前辈,曾被称为延安五老之一。吴玉章的一生是革命的一生,他的个人历史,就是清末民初这风云变幻几十年的生动写照。曾经在日本生活过八年,在日本加入同盟会的吴玉章,目睹了日本国自"明治维新"之后国力为之一新,以东方自新文化的卓绝代表屹立于世界潮头的喜人新貌,对比中国当时的"落后挨打"的难堪局面,想必有着跟那个时代大多数仁人志士相同的刻骨铭心之痛。新政权成立之后,通过强大的意识形态机器来强力推行新文化革命,对传统文化进行批判和摈弃,对传统汉字进行删改简化最终达到"脱亚入欧",改用拼音文字,就是一个顺应自然、顺应潮流的新潮举动。

在当时推广文字简化的运动中,很多资深专家学者也大力鼓吹,这跟五四新文化运动带来的深刻痛思密切相关。

中央发文强力推广,简体字和普通话配套出台,迅速得到贯彻落实,这件惊天动地的大事就顺理成章了。

根据教育部和中国文字改革委员会的联合报告,简体字和普通话的推广力度步骤迅速而有力,根本不容反驳:

首先是准备简化汉字的分批推行。《汉字简化方案修正草案》经会议通过后由文改会加以整理,共计简化汉字 517 个,简化偏旁 54 个。推行办法拟从 1956 年 1 月起每 4 个月推行一批,第一批推行 230 个字（包括 1955 年报刊两次试用的 140 个字在内）,第二批（1956 年 5 月）推行 200 余字,第三批推行其余的简化字（100 个字左右）和一部分简化偏旁。依此分批推行,到 1957 年夏季,可在书报上全部推行。③

1961 年莫言上小学时,所用教材已经全部改为简体字横排了。中小学教材全部由人民教育出版社统一印刷出版发行。

1958 年的"大跃进",给小学语文教材编写和教学带来很大的冲击。受"教育大跃进"的影响,教材编写工作强调要配合党的中心工作,"紧跟形势",为社会主义建设服务。为此,人民教育出版社仓促编成一套小学语文课本。

在当时浮夸风、共产风、说大话、说假话的"宁左勿右"气氛中,小学语文课本中编进大量配合政治宣传、内容空洞的诗文,如《人有多大胆，地有多大产》、《笑声满食堂》、《红领巾小高炉》、《三面红旗迎风飘扬》等,不少传统课文受到批判。《廉颇和蔺相如》、《西门豹》被斥为美化封建统治阶级,《少年闰土》被斥为丑化贫下中农。1958 年 2 月,第一届全国人民代表大会第五次会议通过《全国人民代表大会关于汉语拼音方案的决议》。根据教育部的指示,1958 年秋的小学语文课本第一册,首次编入了汉语拼音的内容,这对以后的小学语文教材产生了深远的影响。莫言在散文里写到过自己的语文老师,写到过那个时候学习普通话的尴尬,还在短篇小说《普通话》里,通过描写解小扁这样一个美丽乡村少女的不幸遭遇,对这一个推广

普通话运动和所受到的阻力进行了反思。

1961 年版小学语文教材,对 1958 年版进行了一定的纠正。20 世纪 60 年代初,我国国民经济实行"调整、巩固、充实、提高"的方针,教育战线提出纠正"乱、糟、偏"。通过反思 1958 年"教育大跃进"给小学语文教学造成的混乱,人们对许多问题有了新认识。从 1960 年下半年开始,人民教育出版社赶编了十年制小学语文教材。1961 年秋季供试验学校选用。莫言一上学,就赶上了做试验。

这套教材具有以下几个特点:1. 选材内容以培养小革命家为目标。课本重视培养学生的阶级观点、群众观点、劳动观点和辩证唯物主义观点;2.采取集中识字的办法编写识字教材。小学要求掌握 3500 个常用汉字,其中有 2200 个安排在一、二年级;3.贯彻多读多写的原则。全套课本共 344 课,要求背诵的就有 215 课,占课文总数的 65%。其中,一、二年级的背诵课文占 95%。每课之后编有"问题和作业",每个单元后编有练习;4.选材的范围比较广泛。④

莫言说他记得的小学第一课是《乌鸦与狐狸》,一个我们所熟知的寓言故事。

乌鸦嘴上叼了一块肉站在树枝上,树下的狐狸对这块肉垂涎三尺,但是它不会爬树,对乌鸦嘴上的肉只能干着急。狐狸于是对乌鸦唱起了赞歌。乌鸦一听,还有些警惕,后来听着听着就昏头了,张开嘴巴想说话,结果肉掉下来,落到乌鸦的嘴上。联想到当时的国际国内阶级斗争形势,这个寓言意味深长。

乌鸦要保住自己嘴巴上的肉,那就一定要保持冷静,不要凑热闹,不要多嘴多舌。古人云,病从口入,祸从口出。古往今来,多少人因为说了一些看起来无关紧要的闲话而遭到了可耻可悲或可叹的下场。一个聪明人,必定沉默寡言。

少年莫言却胡思乱想,爱凑热闹,多嘴多舌。

神奇的右派

莫言的班主任是一个县城师范学校的毕业生,个子高,洋派,说一口怪模怪样的普通话,颇让少年莫言等听了肉麻。刚推行普通话教育不久,乡村孩子对说普通话感到害臊,觉得说普通话做作,很不好意思。村民们还编排了很多笑话,说有人进城了几天,屁股上的屎都还没有刮干净,就忘记说家乡话了。这种人在村里被视为忘本,遭人看不起。然而教学、说话用普通话,毕竟是中央发专令强力推广的运动,在大中小学和军队这些容易控制和管理的地方,就首先推行普通话,配以简体字印刷的教材。

莫言的回忆文章里把这位班主任老师叫做"狼"。

"狼"显然是这位班主任的外号。

"狼"颇为自负,身怀绝技,喜欢体罚学生,管理班级纪律使用强力意志。他上课时左手拄着一根两米长白蜡条鞭子,右手执一副强弩弹弓,近则鞭打,远则弹击,有百步穿杨的绝技,其弹弓使得出神入化,到了指哪打哪、说打鼻子绝对不会打着眼睛的崇高境界。

那时乡村比较贫苦,小孩子上学,一年级还有光屁股的,二三四年级的学生,到夏天只穿一个裤头,大多光着膀子,因此他们的肚皮、肚脐眼都危险地暴露在老师的射程之内。

在乡村小学当老师,没有一点压箱底的绝技,还真混不开,会被学生气哭气死的。

学校里能人奇士很多。

"狼"老师虽有百步穿杨的弹弓绝技,跟教体育的陈老师比起来,只能甘拜下风。

陈老师是右派,在乡村土路上短跑能够跑出十秒零七的惊人成绩。村里一个姓郭的年轻人是有名的短跑高手,据说能够在田地上撵上逃跑的兔子。一次,郭小伙到学校偷木材,被发现了,转身逃跑,自以为没有人能追得上。陈老师轻松地追上了他,一脚就把他踹倒在地上。

陈老师的射击技术更是一绝，是传说中的神枪手。陈老师打气枪根本不需要瞄准，端起来就打，百发百中，冤死在他手下的小鸟何止成千上万。如果世界上真有地狱，陈老师下地狱后一定会被鸟的冤魂啄死——从第一层地狱被啄到第十八层地狱。

莫言在小学三年级九岁那年，初步表现出了一定的写作才华。

那年五一劳动节，村小学跟旁边不远处的胶河国营农场里的右派们进行体育比赛，"狼"老师让班级上的学生写作文。

这个国营农场里下放了大量的右派，里面什么人都有，高手能人不计其数。

莫言在中篇小说《三十年前的一次长跑比赛》里写到过这些右派们和小学里的老师们。

胶河农场里有一个总工程师，给农村设计粮仓，美轮美奂的三层楼房建好后，村里人都惊呆了。一个报社的老总，写一手漂亮的粉笔字，负责出黑板报。他去劳动，背着一个背篓到田地里转一圈，脑子动也不动，举笔就写，黑板报出得像绣花一样。一个著名的戏曲演员歌唱得比百灵鸟要好听百倍，乡亲们听起来，连气都不敢喘。还有好几个省体工队的运动健将，跳高、跳远、短跑，打篮球、打乒乓球，都是专业选手。

那时候，乡亲们对右派简直是崇拜极了。

一个叫朱总人的老师出身富农，自己是右派，写得一手好字，打得一手好篮球，是一个弯腿的残疾人，会打怪路子的乒乓球。

朱总人老师真正的强项是长跑。

总务主任钱满囤一声令下，发令枪砰地喷出一股蓝蓝的袅娜轻烟，首先冲出去的是胶河农场里的右派长跑运动员李铁，紧追着他的是县一中的体育老师陈遥，陈遥后面是大栏小学的小王老师，小王老师后面是一个铁塔般的大汉，大汉后面是公社食堂的炊事员张家驹——据说张家驹解放前在北京拉过黄包车，跟骆驼祥子是拜把子兄弟，那耐力是没得说的——跟在最后的是朱总人老师。六千米时，大家都流汗了，气喘了，朱总人老师仍然呼吸均匀，路过看台时还能跟人有说有笑。八千米时,小王老师一跤栽在地上,绊倒了后面跟着的黑大个;最后两圈,其他人也都因为各种原因退出了比赛,只有曾经拉过黄包车的骆驼祥子的兄弟张家驹仍然不紧不慢地跑在前面,朱总人老师跟在后面。最后二百米,朱总人老师发力超过了一直不紧不慢地跑着的炊事员张家驹,获得了第一名。在大栏小学举办一场县级的比赛,这对没有见过世面的小学生来说,无疑是大开眼界,特开视野了。

对于乡亲们和莫言这些屁大点儿的孩子来说,右派不是被唾弃的垃圾,而是值得尊敬令人羡慕的高人。那个时候,少年莫言做梦都想当一个右派。这种恐怕也只有从乡村、从民间,从亲身经历的、有真情实感的莫言的角度才能想得出来。从右派的角度、从知青的角度,乡村恰恰是一个蒙昧的、可怕的、地狱般的地方。在"知青小说"和"反思小说"里,乡村被描写得那么不堪,那么落后愚昧,从城市的角度,从识字分子的角度来关照乡村场景和乡村生活,便觉得那是非人的地狱。

莫言在上个世纪90年代末期再度反思这个问题,有意识无意识地采用后来理论家们冠之以"民间"之名的叙事角度。他在中篇小说《三十年前的一次长跑比赛》里描写了令人崇拜羡慕的右派生活,在中篇小说《司令的女人》里描写了无忧无虑、快乐天真、艳若天仙的女知青茶壶盖儿唐丽娟和鬼马精灵的男知青宋鬼子的美丽爱情,并把知青生活的后期迷惘状态表达了出来。所谓的"民间"角度,在莫言这里,是"非官方"的角度,不是大多数人以为的那种"乡村"的角度、荒僻的角度。

莫言在上个世纪90年代描写喧腾的、热闹的、鲜活的、人情味十足的乡村生活,可能是对自己创作的中前期小说里那种传奇性故事的沉淀和反思。乡村的生活并不都是枯燥乏味、乏善可陈的。生产队里的生活,谈天说地,打打闹闹,也可以苦中作乐,有自己的乐趣。

莫言的小说跟自己的童年、少年和青年时代的乡村生活紧密地联系在一起。短短五年的小学时代,在莫言的记忆中不断发酵,逐渐扩大,变成一棵参天大树。

小孩子对身怀绝技的人都顶礼膜拜,像陈老师这样的奇才,更是

令人难忘。

陈老师跟胶河国营农场的右派比赛打弹弓，二十米远的距离，打敲钟的棒槌，弹无虚发，技惊四座。

莫言对这些老师和右派的记忆，可谓色彩缤纷。

恐怖的老师

班主任"狼"老师对少年莫言的影响直接而深远。

"狼"老师上课时，班上那些调皮捣蛋的家伙没少受折磨。小孩子夏天喜欢下水泡澡游泳，"狼"老师经常监督他们，不许他们下河。每次中午返校上课时，他就在小孩子的手臂上划一道。游泳过的孩子，臂上会露出一道白痕，"狼"老师就罚他们到阳光下曝晒一个小时，美其名曰"晒油"。在那样的烈日下晒一个小时，学生们只能昏倒了。

莫言在回忆中多次提到班主任"狼"老师，情感上也复杂。一方面，"狼"老师很"残暴"，给他留下很多不好的记忆；另一方面，"狼"老师又是他文学上的启蒙老师，最早对他的作文才能加以肯定，并且推荐到农业中学去作为范文朗读，这让小学三年级学生莫言着实出了一点风头。

上面提到的五一劳动节体育比赛，"狼"老师让班上同学写作文，大家都是记流水账，不分主次，从跑步、跳高、跳远、打乒乓球、打篮球等等一样样记来，平铺直叙，没有重点。莫言则把其他的项目一带而过，直接写陈老师跟农场右派打篮球的情形。写他们的动作，写他们的表情，写他们的汗珠和奔跑时映在地上的影子怎样和燕子的影子重叠起来，等等。

一天，"狼"老师下课时让莫言留下，把总爱犯错误的莫言吓得屁滚尿流。根据以往的经验，下课后被老师留下，一般都是要受处罚。莫言担惊受怕，又想不起来自己什么时候多嘴多舌或者毛手毛脚惹过什么事情了，心里忐忑不安地跟着老师来到了办公室。一个调皮捣蛋、不受老师待见的学生最害怕也是最讨厌的事情，就是被老师叫到办公室。在那种地方,小孩子最感到压抑。

"你这篇作文是从哪里抄来的?"莫言正胡思乱想、担惊受怕,"狼"老师把他的作文簿拿出来,拍在桌子上,两眼盯着他。

"我自己写的……"

"胡说。"

"我真没抄,是自己写的……"莫言胆战心惊。

"就你这副尊容,能写出这篇作文?""狼"老师根本不相信,"我再给你一个题目,你写一篇作文给我看看。题目嘛,我看就写《抗旱》吧……"

说完,老师就给了莫言一支笔,让他坐在对面,当场开写。

莫言写作文确实有天赋。他略一定神,思路顿开,云山雾罩,连蹿带炮,一会儿写小伙子往地里推冰块,一会儿写老头子打深井,堆砌了很多形容词,什么"双臂一撑,车轮飞转,一声呐喊,冰块翻滚"诸如此类的,胡乱写到一块,成了一篇大作。

作文写完,老师看了,点点头说:"真是人不可貌相海水不可斗量,就你这副气死画匠的模样,竟然还能写出一手好文章。你这个作文确实写得不错。"

如上所言,"狼"老师把莫言的作文拿到农业中学去,作为范文让学生朗读。这样一来,莫言就出了名。每周两堂作文课,老师都要点评莫言的作文,还在他的作文簿上写了不少评语。

莫言的小学生活,在教材课本上学到的知识显然是少之又少,他在后来回忆起小学的生涯,想到的都是饥饿和孤独,几乎没有提到过那个时候的学习。

新时期以来的优秀作家,有影响的、有真正创造力的作家,大多数都是土包子出身,像莫言小学毕业后就辍学回家务农的,像余华这样当过赤脚医生和牙医的,像王朔这样东混西混二流子的,都特别有才华。他们的视觉、听觉、触觉和味觉,很幸运地没有被官样化、教条化、僵尸化的中小学道德文章所毒害,他们的想象力还敢于天马行空,他们的身体和脑袋像一个空空荡荡的大缸,后来可以容纳更多有益的知

识。那些把中小学教材读得麻木、背得滚瓜烂熟的学生,脑子里记住了一大堆垃圾,变成了精神木乃伊,以后碰到真的精华素,却吸收不了,变成木偶化教育下的僵尸骑兵。

有什么样的教育理念,就会有什么样的教育制度。在这种理念和制度下,很多学生变成了傀儡。

中小学阶段的语文教学,学生们能够学习到的最有用的知识大概就是认字了。

从1961年到1966年,莫言的五年小学生涯,正好跟那个风起云涌的时代相契合。研究莫言的求知年代,就必须研究他所处的时代背景和生存环境。莫言小时候生长的乡村生存环境比较恶劣,更加恶劣的是时代背景。莫言念小学时,大炼钢铁、大跃进,三年自然灾害,天灾人祸不断。莫言在自己的文章里多次提出疑问:粮食呢?粮食都到哪里去了?

村子饿死了很多人。

莫言一家能存活下来,是因为三叔给家里弄回来了一袋棉籽饼。大饥饿带来的巨大影响,导致整个国家经济停滞不前,建设陷于停顿。中央接着进行了"治理、整顿、提高",田里出庄稼了,母鸡屁股下蛋了。饿死人的事情少了。在三年自然灾害中,上级紧急调配的压缩饼干,撑死了村里饿急了的孙大爷。痛定思痛,莫言母亲后来说,这是因为饿得肠子都扁了、脆了,一下子吃了两斤压缩饼干,再灌了一大缸水,就撑断肠子了。

上级对粮食的强力控制,反映到了最基层的乡村,就是饥饿和死亡。

饥饿是莫言"创作的源泉"之一,正如他在美国哥伦比亚大学的演讲里提到的那样。这种饥饿的感受,对于少年莫言来说,无疑是铭心刻骨的。

从肉体的饥饿发展到精神的饥饿,是莫言文学创作的核心秘密之一。

肉体的饥饿跟精神的饥饿,在莫言的小说里紧密地结合到一起。

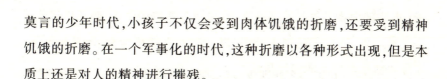

莫言的少年时代,小孩子不仅会受到肉体饥饿的折磨,还要受到精神饥饿的折磨。在一个军事化的时代,这种折磨以各种形式出现,但是本质上还是对人的精神进行摧残。

精神的囚徒

少年莫言是一个喜欢凑热闹的、多嘴多舌的孩子,这其实也是大多数顽皮孩子的特点。然而,在一个以阶级斗争为纲的年代,这种性格给他的家庭带来了无穷的烦恼。

大概四年级时,学校领导开会时跟家长说,学生上学光着膀子可以,不能光着屁股。少年莫言私下里跟同学乱嘀咕说,这是奴隶主的做法,学校是一个大监狱,他们都是奴隶。

他的话被警惕性很高的同学汇报给"狼"老师,"狼"老师积极性更高,他立即在班里组织了一场专门针对少年莫言的批判会。

一个漂亮的女生站起身,半天说不出话来,憋了又憋,小脸憋得通红。最后,她狠狠地扇了莫言一个耳光,一屁股坐在凳子上。漂亮女生这个痛快淋漓的动作,具有鲜明的时代特色,有力地表明了自己的阶级立场和阶级仇恨。

这一下子把莫言打蒙了,他咧开嘴巴哇啦哇啦地哭开了。

"狼"老师命令他不准哭,不准用哭和撒娇这种地主阶级的方式来对抗批判。

少年莫言还小,他是被吓哭的,他也不敢哭,可是他怎么也控制不住自己。批判会结束后,"狼"老师把少年莫言拴在教室后面的床脚上,在讲台上把他当做活靶子,用那柄百发百中的弹弓向他射击取乐。就这样还不解恨,"狼"老师又把事情反映到学校领导那里。

校领导的警惕性自然又远高于"狼"老师。

他们立即开会集中研究莫言的反动言论——据莫言后来自己反思,那时候他根本不知道什么叫做奴隶主,平时最多见过一些横着走路的村干部。奴隶主和奴隶云云,他是从电影《农奴》那里看来的——

大家都认为，像少年莫言这样一个十岁不到的孩子，嘴里说出了这样的反动言论，是非常值得注意的，说不定有黑后台，有教唆犯。因为莫言太小，也想不好该怎么处理。最后，学校专门开了大会，宣布给莫言一个警告处分。

在那个时代，被警告处分是一件很可怕的事情。轻的是记在档案里，跟随你一辈子，就像一个病灶，不知道什么时候就会在你不知不觉时爆发，把你彻底废除出组织和人间。重的是当时就有可能被开除，从此变成一个没有组织不需要纪律的闲人废人边缘人垃圾人。

少年莫言恐惧不安，一直不敢把处分的消息告诉家人，尤其是不敢告诉他父亲。莫言的父亲是一个严肃的、不苟言笑的、喜欢用暴力手段教育孩子的正直长者。他像自己的父亲、莫言的爷爷一样精通算盘，在生产队里干了几十年会计，从来没有一笔烂账坏账糊涂账，是一个严于律己，更加严格要求孩子的传统长辈。

父亲的严厉和爷爷的宽容，这两种特性在莫言的小说里有着非常鲜明的对比。

在那个时代，恐怖的气氛时时笼罩在家庭成分为富裕中农的莫言家里。在这种恐怖的气氛中，莫言因为得到爷爷的保护和母亲的慈爱，而没有被彻底摧残。

计划生育总是宣传只生一个好，优生优育，给人错觉是人们只生一个肯定是天才。然而，古往今来，有多少优秀的文学天才，都是家里最小的孩子。

最小的孩子得到父母最多的溺爱和呵护。最小的孩子通常最胆小，最敏感，最体弱多病。这种体弱多病的特质，常常是一个作家得以成为优秀作家的原因之一。不必举法国现代派大师普鲁斯特，不必举奥地利天才诗人里尔克，作为家里最小的孩子，少年莫言同样体弱多病，常常因为生病而一个人待在家里的炕头上，百无聊赖地观察自己周边这个神秘的世界。

少年莫言通过自己的眼睛和耳朵，通过自己的触觉和味觉，通过立体的感官互动，来观察来体会来理解和认识周边的世界。这个世界由洪水、堤坝、青蛙和苍蝇构成，在这个世界之外，密布着谎言的蜘蛛网。

他的世界，是一个感官的世界。⑤

这个世界，不仅仅是官修订本历史教材里一分为二的世界，不仅仅是阶级斗争的世界，也不仅仅是爱与恨的世界，还有更多更复杂的生活细节。在莫言的村里，人们为了抢修河道以及因为决堤的利益，通常也会站在自己的利益立场上看待问题，而不是那种高屋建瓴、舍己救人的高大全故事。村里人为了保全自己的庄稼，就想方设法要让河堤决口开在邻村。当然不能扛着铁锹上去挖，那是不行的，那是搞阶级破坏，会引起大冲突，甚至可能会出现械斗。人们想出了一个绝妙的主意，他们在青蛙身上拴上绳子，把青蛙扔到堤坝上冲出来的小豁口上。青蛙为了逃命，跃过豁口，拼命地往上爬，然而它的身后有一根细细的绳子，拽住了它。它拼命地爬，不断地把豁口的泥土扒松，脱落，被细水流冲走。豁口就越冲越大，小水流变成中水流，最后豁然大开，洪水一涌而至，形成巨大的缺口，汹涌而下。在传统的智慧里，这叫嫁祸于人。

青蛙可能不会导致溃堤，换成一个王八就难说了。⑥

真真假假、形形色色、纷繁复杂的故事，在少年莫言的心里成为某种尚待发酵的养分。

这些故事和外部世界给予少年莫言的细微感受，储存在他身体深处，有待发酵，有待蒸馏，在某个适合的时间，由某个人打开上面的盖子。语文教材的机械教条，能够阻止胡思乱想，但是无法阻挡曲水流觞，也无法掩盖烧酒飘香。

少年和童年的记忆是有待发酵的酒酿，一个成年作家需要的仅仅是重返内心，寻找到打开记忆之门的钥匙。

文学界后来奢谈想象力，把想象力拔高成为凌驾于一切之上的神秘力量。人人都像发疯一样，铺开稿纸，放下包袱，开动机器，天马行空，乱想胡思。这不是想象力，是瞎想力。你没有见过象，无论怎么瞎想，脑子里出现的最多是四不像。当然你可以以猪马牛羊为模板，以骡子骆驼为基础展开想象。这些牲畜于是成了想象力的基础，你想出来

的象就是猪象马象牛象和羊象，而绝不是大象。想象力不是无中生有，想象力需要一个身体，需要一对翅膀，还需要翱翔时提供浮力的空气。

在莫言的小说里，那些被人们所称颂的想象力，不能单纯地理解为瞎想力。

莫言的少年时代，他记得的更多是受惊吓，被抛离。

一个九岁多的小孩子，无论多么调皮，也无法承受从学校当局那里发出的如此正式、如此官方、如此严重的处分压力。

村里有一个姓薛的闲汉，是一个老光棍。他模样滑稽，整天到学校里乱逛乱聊，谈天说地，传播谣言，这样就听到了莫言在学校里的种种劣迹。有一天，他在路上碰到了莫言的父亲，就说，你们家管谟业不得了啊，在学校里都成名人了。

莫言的父亲听了不解，就问什么意思。

莫言小时候记忆力好，是背书的冠军，写作文颇受表扬，爱干一些跟同学打赌喝墨水吃煤块之类的事情。有一次，这位民间冠军赌输了，把一瓶民生牌蓝墨水喝进了肚子里，弄得青面獠牙的，颇为狼狈。"狼"老师看见了，讥讽说，行啊你，管谟业，你都成大知识分子了，一肚子墨水。

老光棍说，你儿子管谟业在学校里可不得了，是一个混世魔王。他带领一班孩子造反，把学校给改造成了一座监狱，还得到了一个特等奖励。

莫言父亲听不明白什么特等奖励，脑子里疑惑。

他回到家里，就盘问莫言。

少年莫言见瞒不住，只好坦白从宽。

少年莫言反客为主，对父亲说，您要打死我就打我吧。如果您嫌打我手累，让我去跳河，我就去跳河死。

莫言父亲笑了，说，就不打死你了。打死你这个世界上还少了一个祸害。

就这样放过了这个少年惹祸精。

莫言再度回忆这件事情，时隔近四十年，已经功成名遂身未退，那些少年时代的荒唐事、苦闷事、恐怖事，都发酵成一坛美妙的蜂蜜了。

时间是最好的灵丹妙药。

时间还是最有效的发酵剂。

古代智者苦口婆心地劝告世人忍耐，中和，不要走极端。很多事情，多年之后回忆，会发现都是没有什么大不了的，甚至是荒唐的。莫言母亲常常说，只有享不了的福，没有受不了的苦。这就是贫苦百姓对生活的忍耐。中国的老百姓，是最能忍耐的。

历史上著名的人物，他们能够功成名就，大都是因为忍耐力强，挨过了劫难，劫后余生，精神升华。

莫言躲过这一劫，自觉大难不死，心里庆幸。他发誓从哪里跌倒就从哪里爬起来。他决心要好好表现，将功赎罪。

那段时间，他一大早就起床，从家里悄悄地拿了柴火到学校教室里生炉子，悄悄地去野外割草，拿到教室里讲桌边上老师搭的兔子窝边去喂老师养的两只兔子。老师的母兔子生下一窝小兔子时，莫言激动得满眶泪水，偷偷地从家里弄来了豆子和红萝卜给母兔子坐月子，补充营养，侍候得无微不至。小兔子们能够独立生活时，他还主动把小兔子背到集市上卖掉，换回十元钱巨款交给老师。"狼"老师见钱眼开，对十元钱非常满意，连连说好。有了这件事情垫底，他看莫言的眼神就不再是阶级敌人的眼神了，而是同志般的眼神了。

莫言对自己的表现也很振奋。

莫言姐姐见他这么屁颠屁颠地替学校和老师干活，讽刺他说，你在家里什么活都不干，打死也不干，在学校里却干得欢，老师该发展你入党了吧？

莫言虽然知道姐姐是挖苦自己，但是得到了老师的赏识，心里还是甜蜜的。

他的警告处分却不是因为这种积极的表现而撤销的。

处分的撤销，跟学校教导主任王老师一次无意中的观察有关。

那个时代，小学生都在学校里睡午觉。

中午，教室里横七竖八地躺着人。男生躺长凳，女生睡桌面。

莫言心细,他进教室前,先把家乡俗称"挂搭"的日式木屐脱下来,拎在手上,光着脚板往教室里走。这个动作被巡查的王老师看见了,问他为什么要这么干。

莫言回答说挂搭走路很响,会影响同学们睡觉,因此要拎在手里。

王老师是学校领导,烈属后代,很有威信。一次在学校开会时,他把莫言的这件事情拿出来说,认为管谟业虽然表面上看起来很坏,实际上心地不错,应该撤销他的警告处分。大家听他这么说,也都同意了。这个决定后来学校在开大会时正式宣布,少年莫言激动得热泪盈眶,痛哭流涕。

在那个时代,警告处分是一个严重事件。

从喜欢体罚学生的班主任"狼"老师对孩子们的鞭挞——不用鞭打而用鞭挞,实际的动作虚化成一个隐喻——到学校里对孩子们的准军事化管理,对犯错误的孩子进行严厉的处罚,这种教育模式衔接到军事化的教育体系中,把所有的人都看成了某种物,而不是活生生的人。

这是新社会的教育核心理念之一。

螺丝钉、材料、栋梁,是这种教育的隐喻。

在这种教育模式的隐喻中,最激动人心的是"栋梁"。看起来美,听起来美,实践起来更是美得不得了。然而,"栋梁"也不过是一种材料而已。把受教育的学生看成是材料,某种大大小小、用处各异的材料,这样,就不需要去发展他们的心智,培育他们的美德了。

学生们是一块备用毛料,必须严厉地加以煅打、锤击,才可能成为有用的,为党和革命献身的合格材料。少年莫言很不幸地、有意无意地逆了时代的潮流。首先,他不该出生在一个富裕中农的家里——在短篇小说《枯河》里,哥哥大声地训斥母亲说,你嫁给谁不好,非要嫁给一个富裕中农,弄得我们所有人都人不像人鬼不像鬼!其次,他不该这么能吃,给母亲带来那么多的麻烦;再其次,他不该那么喜欢凑热闹那么多嘴多舌,在学校里惹是生非,在大家庭里惹人讨厌。莫言似乎一生下来就注定了自己边缘人的地位。他一生都在为从边缘走到中心而不懈努力。

1999年，莫言重返老部队驻地

　　莫言在小学里所受到的教育究竟在哪里体现出来呢？

　　第一，他刚入学就品尝到了人间特殊的美味煤块；第二，他遭到了班主任"狼"老师的体罚；第三，他参与旁观了在学校光荣举办的五一劳动节运动会，看到了很多神乎其神的高人；第四，他因为乱说话遭到了学校的警告处分；第五，他为了将功赎罪，每天积极地从家里拿柴火来给学校教室生炉子，割草喂老师养的兔子；第六，五年级时，莫言参加六一儿童节时比赛背书，背着背着裤子就掉下来了；第七，莫言参加过一个宣传队，写快板打油诗宣传新的麦种"鲁麦一号"，攻击旧的麦种"和尚头"；第八，他学到了《乌鸦与狐狸》的故事；第九，就是下面即将提到的在"文化大革命"运动轰轰隆隆展开时组织了一个短命的"蒺藜造反小队"，仅仅成立一天，就因为内部出现了可耻的叛徒去向老师告密而夭折了。这个运动夭折之后，莫言的小学生涯乃至整个上学的生涯就彻底结束了。

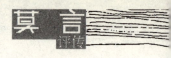

少年莫言的学校教育时代，随着"文化大革命"的到来，被从根部革掉了小命。别人都升上了联合中学，他只能辍学回家放羊割草。

无论从哪个角度看，莫言的小学生涯都乏善可陈。

造反的道理

在莫言的小说里，直接运用到小学经验的作品不多。

作于1998年的中篇小说《三十年前的一次长跑比赛》是其中之一，但这是外在的经验，他只是从中寻找到了一种特别的角度，迥然异于过去写右派的那些哭啼派和撒娇派小说，求得了新鲜的书写趣味。右派也要生存，也要生活。右派的世界并非一无是处。莫言不是在里面发现新的真理，而是描述新的细节和新的经验。新时期以来的作品中，描写右派生活的作品，一律是控诉为主，如《犯人李铜钟的故事》、《大墙下的红玉兰》等作品都是这样。杨绛的《洗澡》之类，又俏皮了一点，很难触及右派的灵魂世界。那个时代的知识分子，不仅仅是分为左右中三派而已，并且右派，也不都是受害者，在他们成为右派之前，还当过"左派"、中派。每个人，都是复杂而具体的。

从这种综合性的、复杂性的人性和具体的生存态度出发，莫言写了另外一部反映知青生活的中篇小说《司令的女人》。这同样跟早期的知青小说泾渭分明。在莫言的乡村角度，从"民间角度"，一度为人们所痛诉的右派的悲惨生活，不免有些令人羡慕。

在莫言的短篇小说《初恋》里，他写过一个自我的外化人物，小男孩"金斗"。他在三年级九岁时，班里来了一个仙女般美貌的小女孩张若兰。金斗百般想讨好人家，却碰了一鼻子灰。莫言在短篇小说《冰雪美人》里也虚构了一个美丽的女孩孟喜喜。那也是一个亭亭玉立，对他不屑一顾的美女。《普通话》里的主人公解小扁和她的同学们的生活，也有一点莫言小学时代的印记。《天才》里写到的蒋大志可能调用了小学的经验。除此之外，莫言小说里直接用到小学生涯的经验的作品很少。他在一些散文、创作谈和访谈里，对小学生涯触及得多一些。他写过《我的中学》和《我的大学》，却没有写过《我的小学》。

在那个时期的小学里，学生要学习到有用的知识确实不容易。在饥饿的折磨下和阶级斗争为纲的教育理念下，像莫言这样的适龄儿童与其说是受到了教育，不如说是受到了"修理"。

"教育"这个词在后来确实也逐渐被发展成了"修理"的意义。革命的教育，就是暴力的修理。在学校课堂上可以这么活用，在社会上的小流氓小阿飞的嘴巴上也可以这么灵活运用。

在从小学开始的一级级递进的学习生涯中，不断增加着暴力指数。

莫言在小学五年级、"文化大革命"爆发前，积极地参加了各种宣传活动，那时候几乎很少上课读书了。他初步显示出了写打油诗和写快板的特殊才华。

为了宣传新的小麦品种"鲁麦一号"，贬抑旧的麦子"和尚头"，莫言在老师的授意下，写了一首打油诗。诗曰：

> 贫下中农听我吼，今年不种和尚头，鲁麦一号新品种，蒸出馍馍冒香油。⑦

诗歌为了押韵和强调，采用了极度夸张的手法——"蒸出馍馍冒香油"，这跟那个时代的高调官样文体和正谕话语是符合的。

"文化大革命"马上就要爆发了，莫言正念着五年级，懵懵懂懂，不知道天下已经就要大乱，还跟着出黑板报写打油诗批判"三家村"：

> 三家村，四家店，个个都是大坏蛋！邓拓、吴晗、廖沫沙，三人合伙去偷瓜！⑧

在一个人人都革命的时代，没有一个人能够置身其外。而大右派"邓拓、吴晗、廖沫沙"三个人，不仅在政治上遭到了彻底的打击，而且被乡村少年贬抑成了一种趣味低级的偷瓜贼，从人格上加以彻底的贬

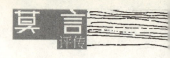

低,这恐怕也是他们自己都始料未及的事情。

一夜之间,莫言就发现小学里的老师们个个都往左臂上套一个红袖箍,参与革命,当上了红卫兵。后来,学校里的老师分成了两派,一派是"高密红卫兵团部",另一派是"鲁迅战斗队"。两派老师之间发生了直接冲突,接着就打起来了。

老师打老师,学生打学生。揪斗校领导,关押大坏蛋。

老师分成了两派,学生面临着加入哪一派的选择问题。

革命就是选择,人生就是选择。

不是左就是右。

人人都想当革命派,都把别人贬抑为反动派。

革命的道路千千万,一着不慎输掉满盘;走错一步,就没有了回头路。

少年莫言的家庭成分一直是他人生道路上的绊脚石,在他的每一次人生转折期,都可能对他形成致命的打击。"文化大革命"一开始,学生开始站队。贫下中农的后代站在一边,地富反坏右的后代站在另一边。那个时代跟现在正好是调了一个头。那个时代穷人趾高气扬,越穷越牛气,越穷越有志气。有点家产的"地富反坏右",则惶惶不可终日,整天如过街老鼠,时时刻刻提防着被人人喊打喊杀。在那个时代,光脚的不怕穿鞋的,光屁股的批斗穿裤子的。革命作家周立波的长篇小说《暴风骤雨》里的赵光腚,全家共穿一条裤子,不以为耻反以为荣。贫穷光荣,穷到了一无所有的程度,就达到了革命成分的顶点:贫农、雇农,是革命的中坚力量,最值得信赖的力量。下中农马马虎虎,多教育一下,发动了他们的积极性,也是革命的力量。中农就是墙头草了。富裕中农,更是摇摆不定,一不小心,很有可能就会变成"地富反坏右",坠入万劫不复的深渊。富裕中农,可谓是老鼠钻风箱两头受气,猪八戒照镜子里外不是人。中农、富裕中农这样的成分的人,在社会上、在村里过得特别憋闷。他们既没有被一棒子打死,又不能参加革命,必须小心谨慎、唯唯诺诺,看着贫下中农和村干部的眼色行事。

不能革命的少年莫言,有一种局外人的痛苦。

　　后来又有文件，说富裕中农也可以团结，允许站到贫下中农的队伍中去。少年莫言对此欢天喜地。这时，他看着停留在"地富反坏右"队伍里的同学们，就有一些怜悯了，也有一些庆幸。

　　小学五年级，少年莫言十一岁，他就读的学校跟全国各地一样，开始了风起云涌的革命运动。这个革命运动，不过是全国各地更加庞大更加激烈更加骇人更加残酷的斗争大潮中小小的一个部分，是狂风暴雨、惊涛骇浪里的一朵小浪花，然而，这朵浪花把少年莫言这样一只小蚂蚁淹死了。

　　革命不是请客吃饭，但是少年莫言敏锐地注意到了，很多人参加革命，却是为了吃饭。

　　学校里的老师让每个非"地富反坏右"的学生回家要了八毛钱交到学校里，然后给他们发一个红袖箍。这个质量粗糙的红袖箍不值这个钱，其他学校里的红袖箍质量更好，才五毛钱，多出来的钱，被管事的老师贪污了。家长们不干了，赶到学校找革命老师理论，革命老师理论水平高，硬说这些红袖箍是从首都北京天安门那里直接拿来的，价格自然就高了，不像家长们自己扯块红绸子做的红袖箍，邋里邋遢的，一看就是假冒伪劣产品。

　　家长们被革命老师的大道理说得目瞪口呆，说得羞惭不已，只好讪讪退回。这多出来的钱，自然也不是被交到北京天安门去的，管事的革命老师弄了好吃好喝的搞了腐败。

　　革命也不是做文章，不是花拳绣腿，不能那样文质彬彬温良恭俭让。学校王校长和夫人尚老师被打倒了，大冬天的关在一间小厢房里，冻得瑟瑟发抖。

　　王校长的女儿是莫言大哥的同学，大家关系很好。校长夫人尚老师为人和善，对莫言也很好，曾鼓励过莫言的作文。革命来了，混在革命群众里的少年莫言，也在人群中朝着校长扔石子，表示自己对校长有刻骨的阶级仇恨。

　　在那样一个红色恐怖的岁月里，作为一个十岁出头的孩子，少年莫言亲身经历了心口不一和内心分裂的切身痛苦。他从小就被父母亲教育要尊敬师长，对人友善，可是在那个人与人斗其乐无穷的时代，几乎没有一个人可以幸免，即使那些学贯中西的大家，也都在为求自保或者为了保护家人而在种种压力和恐惧下，一开始是躲躲闪闪、多少有些内疚地开始揭发自己的同事，接着理直气壮、顺理自然地成了揭发爱好者。

少年莫言刚刚被允许参与革命，这是一个难得的荣誉，他混同在人群中，朝被打倒在地，再被踏上一脚的校长扔一颗石子，却仍然感到惶惶不安，这表明他的心肠还不够硬，还不是一个合格的红卫兵，更不是一个优秀的无产阶级接班人。后来批斗校长夫人尚老师，每个人都要上去打一下尚老师，莫言也跟着上去，胆战心惊地按了尚老师一下。这时候，尚老师正好回头，看到了莫言。

莫言事隔三十多年回忆说，尚老师的那个眼神，让他感到像刀子剜了自己一下，心里慌透了，怎么也忘不了。人与人之间，在那个特定的、被施加了魔法的时代，一下子就变得无比险恶起来。

莫言的大哥管谟贤在华东师范大学中文系读书，放假回家还会带莫言去校长家里玩，大家都是很熟悉的。革命一来，冰火两重天，阶级敌人不可怜。

莫言的姐姐有一次在村里参加批斗大奶奶，喊了几句打倒消灭之类的口号，大奶奶后来就非常愤怒，说大嫚也要消灭我！从此再也不原谅她。莫言姐姐的做法是一个形式，在那个时代，很少人能幸免。在那个时代，人们连自己的血亲都可以不顾了，社会的残酷达到了何种程度，这是可想而知的。

人人都是革命英雄，也人人都有可能是狗熊。城头变幻大王旗，各领风骚三五天。各个派别层出不穷。

莫言的大哥管谟贤毕竟是在大城市念书的，见多识广，讽刺小革命家莫言他们小打小闹，跟给小狗搔痒似的。

莫言不服，联合几个死党，一夜之间也扯起了一面大旗，成立了"蒺藜战斗队"，并且亲自写了一篇战斗宣言：

　　　　造反造反造他妈的反,毛主席号召我们造反！砸烂砸烂全砸烂,砸烂资产阶级教育路线！⑨

　　这可能是莫言公开发表的第一篇作品。

　　革命是暴动,是一个阶级推翻一个阶级的暴烈的行动。

　　革命的本质就是暴力。

　　战斗小英雄们在学校里张贴了大字报,杀气腾腾,一副要干大事业的样子。可惜革命队伍出现了叛徒,有人向班主任"狼"老师告密。反革命势力大举反扑,把小英雄们的光辉事业消灭于萌芽之中。"狼"老师揪出了少年莫言这个躲藏在幕后的黑手之后,还不罢休,认为他的背后还有更大的黑手,丰富的联想直接指向了莫言的大哥管谟贤。

　　这种怀疑让莫言一家惶惶不安,因为这种怀疑和调查,很有可能影响到他大哥管谟贤的前途。当时莫言大哥管谟贤是他们一家的骄傲,也是全村羡慕的对象,像大熊猫一样珍贵。如果因为少年莫言的造反举动影响了大哥的前途,那么少年莫言的革命行动所付出的代价就太大了。

　　这件事情最后不了了之。

　　莫言一度怀疑,自己不能上农业联合中学,是这位班主任"狼"老师在从中作梗。后来他才知道,原来故事另有其人。

　　王校长和夫人尚老师被关押在寒冷的小厢房里,革命老师们则躲进温暖的办公室,让学生们值班,负责去偷听校长和他的老婆到底说了一些什么反动言论。少年莫言和一个名叫张立新的同学悄悄地埋伏在小厢房外面,伸长了耳朵,支起来听,可是根本听不到校长和他老婆的任何声音,反而被寒冷的天气冻得直跺脚。

　　就在这时,他们闻到了一股香味。

　　这是一股熟悉而又陌生的香味。

　　少年莫言和张立新像机警的小老鼠一样,闻着香味,顺藤摸瓜,迷迷糊糊地摸到了老师办公室窗外。让他们流口水的、从而丧失了阶级警惕性的香味源源不断地从办公室的门缝里飘出来,从他们的鼻孔钻

进去,搅得他们心乱如麻。

老师办公室里温暖如春,灯光如昼。更加让少年莫言和同学张立新感到心乱如麻的是,他们看见学校革命教师的带头大哥,正笑眯眯地捧着一把在暖气炉上烤得香喷喷的花生,往代课老师、贫农代表郑红英的胸脯里塞。

他们被自己看到的这个景象惊呆了。

十一岁大的少年,对男女情爱的事情懵懵懂懂,似懂非懂,因而是不懂装懂,像一块巨石压在胸口上,怎么也无法轻松。

第二天,张立新同学就在黑板上把这幅图画下来了,还配上了解说文字。

莫言说图画很流氓,比他们亲眼看到的还要流氓。张立新究竟是图画的天才还是一个笨蛋,我们不得而知。从传播的效果上来讲,张立新达到了目的。这件事情很快就传开了:革命老师不仅买了花生吃,还在教师办公室里耍流氓。

事情追查下来,知道是张立新同学干的。

张立新同学是烈属后代,根正苗红,有豁免权,郑红英不敢得罪他,从犯莫言就遭了殃。

小学五年级毕业,其他同学都升上了村里新成立的农业联合中学,少年莫言被郑红英剥夺了上中学的权利。莫言的姐姐跟郑红英关系比较好,就去问郑红英为什么不让莫言上学。郑红英嘴巴一撇说:"上边有指示,从今之后,'地富反坏右'的孩子一律不准读书,中农的孩子最多只能读到小学,要不无产阶级的江山就会改变颜色。"⑩

就像评论家程德培说的那样,这是一个"被记忆缠绕的世界"⑪,莫言在有意无意地混淆这个记忆中的世界,在一个本来只有一种色调的童年世界里,添加了各种各样的色彩。在正统的意义上,这个世界应该是红色的,实际上,这个世界是灰色的,当莫言在二十年后通过记忆之门重返这个世界时,他有意识地添加了五颜六色。这些色彩不是来自他的小学,而是来自他的田野。

就这样,富裕中农的后代管谟业小学毕业后,辍学成了一名名义上光荣其实可怜的人民公社小社员。

人生的导师

新成立的农业联合中学只有两排瓦房,每排四间。前面四间是办公室和老师的宿舍,后边四间是两个教室,教室紧靠着大街,距离莫言家只有五十米。光荣的小社员莫言每天牵着牛、背着草筐从田野里回来或者从家里出发去田野里割草,都要从教室外面经过。

小社员莫言忧伤地看着从前的同学们在教室里打打闹闹,追逐不休,教室里的玻璃全都被砸碎了,只剩下一些窟窿。

小社员莫言看着那些快乐而无所事事的从前同学,感到了一种被人抛弃的无言的痛苦。

小社员莫言的小学生涯并非一无是处。

除了班主任"狼"老师之外,校长夫人尚老师外,莫言还记得三个小学老师。

时间已经过去了很久,莫言还能清楚地记得的老师,一定是在他的人生旅程中对他的性情培养、对他的人格形成、对他的未来人生有着转折性的影响。

这些人在古代文学作品中,常常被称为贵人。贵人不一定是很有地位、很娇贵、很贵重,而是他/她的及时出现,在你人生的困难关头,帮你化解致命的危机。从贵人的角度看,这个问题的化解可能是举手之劳的小事,对于局中人来说,却是至关重要的大事。人生无小事,因此在教育中,尤其是在中小学的教育中,一个称职的、合格的老师,应该是在专业扎实的基础上,拥有认真细致的观察力,敏感而富有同情心的心灵。一名善良、敏感而富有同情心的老师,才有可能在一个幼小的心灵遭受重大挫折时及时发现,并且给予帮助。

莫言记得的对自己有着重大帮助的第一位老师,是一个身材很高的女老师。她人长得清爽,经常穿一身洗得发白的蓝衣服,身上散发着一股特别好闻的肥皂味儿。这位老师叫做孟宪慧或者孟贤惠。莫言之

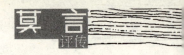

所以记得她,是因为他刚进小学不久时出了一件很不光彩的事情。

有一次,全校学生都站在操场上,听校长做一个报告。校长的这个报告漫长而无趣,因为年龄小个子矮年级低,少年莫言站在最前面,需要仰起头来才能清楚地看见校长侃侃而空谈的大脸。

那天莫言可能是吃坏了,肚子痛。

他使劲地憋,却憋不住。他哭着对校长说要去上茅坑,但是校长没有理他,或者他虽然觉得自己是哭喊着请求校长让自己上厕所,但他说得很轻甚至根本就没有说出口;或者校长正说到酣处正拈花微笑洋洋得意,根本就没有听见他的请求。

少年莫言绝望了。

校长那么大的官显然是不会理会一个黄口小儿的生死,更何况是他的内急?

少年莫言在绝望的情况下,忍无可忍,大哭着边跑边喊"我拉到裤子里了",直奔厕所而去。

在他无比绝望时,孟宪慧老师来到了厕所里,好声好气而非恶声恶气,表情和善而非狰狞凶恶地把几张印满了拼音字母的图片塞给他,让他上完厕所后回家。对于少年莫言来说,他公然在校长训话时冒天下之大不韪大哭大嚷着跑去拉屎,这是一个天都要塌下来的大事情,他自己肯定不知道该怎么办才好,恐怖得直想往地缝里钻。然而友好的、善良的孟宪慧老师出现了。她就像救苦救难的观世音菩萨,把他从人生的悬崖边缘拉了回来。

第二位也是女老师。她个子很矮,说话带有一点外地口音,大名叫做于锡惠。于老师教了莫言三年拼音,从一年级到三年级,从拼音到看图识字。于老师的先生是国民党空军航空人员,不知道是飞行员还是地勤人员,估计地勤的可能性大一些。那个时候的飞行员都是钻石般金贵的宝贝,于老师的先生如果是飞行员,估计不能隐居在山东高密这么一个偏僻的小村庄里默默无闻。于老师的先生姓李,并非什么洪水猛兽,而是一个和蔼可亲的老头。他修养很高,字写得很好,村里人都尊敬他,莫言这些孩子也叫他李老师。

　　"文化大革命"期间,学校里的老师要写大标语,在墙上用尺子左量右量,怎么也打不好格子,写不好字,急得脑门冒汗。

　　有人想起了李老师,赶紧去请他出马。

　　李老师根本就不需要打什么格子,提笔就写,写得比打格子还端正还好看。这种能人的本事,对少年莫言的影响很大。莫言在后来的回忆中,时常提到那些跟村里人与众不同的高人。莫言少年时代写过一篇歌颂体育比赛的作文,被《大众日报》的李总编看了一眼,删为五十个字,就投到报纸上发表了。对这些与众不同的右派高级人,乡亲们很懂得另眼相看,他们也并不总是用俗人的道德标准来评判贬抑,而是发自内心的尊重。在乡村里,乡亲们有一种复杂的情感和评判标准,虽然全国一片红,到处都是阶级斗争,这些下放的右派,这些牛鬼蛇神应该是被打倒在地再踏上一脚的新时代贱民,但是出于对知识分子和艺术家的尊重,村里人还是对他们看高一等。

　　在那个人人都应该唾弃右派的时代,这些"人渣"在村里却被村民当做了宝贝。从乡村的角度,从少年莫言这样一个乡村野孩子的角度,莫言寻找到了一种与众不同的表达视角,即乡村并非一无是处的蛮荒,右派也并非铁板一块地都命运悲惨,他们苦中作乐,有自己真实而具体的生活。

　　那些在反思文学、知青文学里表现的来到乡村受苦受难的右派们,过着跟城市反差很大的生活,苦不堪言。村民们自古以来就这样脸朝黄土背朝天地生活着,他们的生活却是被遮蔽的,被抛弃的,不被表达的。右派和知青来到乡村,有如鲁滨逊遇到了暴风雨,沉船来到了一个荒无人烟的荒岛。从右派和知青的回忆角度,这是一片未开化的疆域,是蛮荒的、吃人族横行的野蛮世界——在莫言的长篇系列小说《红高粱家族》里,这个蛮荒的世界通过莫言狂放不羁的想象,在张艺谋的电影里形象化地体现出来了。然而这是外在的想象,而非内化的体验。很多人都觉得像中篇小说《透明的红萝卜》这样的作品,反而更能体现出莫言的细腻情感和细节张力,那里拥有一种真正的亲和性。这类小说从莫言的童年时代、少年时代的经验出发,而不是从传说、想象出

发,基础夯得非常扎实。

在莫言小说里体现出来的农村风景,是一种自然而然的风景,因为这些小说里带有他的个人情感印记。在这个意义上,莫言的乡村背景小说跟 80 年代中期一度热闹喧嚣的寻根文学有着明显的区别。其他的寻根文学代表作家,都是外在于农村的,他们通过观赏、游玩、路过的方式,以怜悯、冷漠和扭曲的方式,表达出来的乡村是人性扭曲的乡村,是邪恶的乡村,是未开化的食人族的疆域。在韩少功的中篇小说代表作《爸爸爸》里,乡村就是这样被精心分拣之后彻底蛮荒化的化外恶土。从这种类型化的蒙昧乡村模式加以推衍,这些作家们寻找到文化的恶根。小说人物如丙崽等,脸谱化痕迹非常明显。时至今日,我们甚至可以说,其价值还不如传统模式表达下的乡村,例如路遥的中篇小说《人生》——在高加林这样的人物里,路遥敏锐地发现了城乡之间二元对立对农村青年的情感和生存所带来的致命压迫。虽然路遥的乡村充满着浓酽的乡村道德指归色彩,但是他塑造的人物所体现出来的命运彷徨感,至今仍然可以在无数“新青年”身上体现出来。当下的作家却把这些与人们的生存息息相关的情感过滤干净了。城市和乡村再度分裂,城市的一方浮出水面,在霓虹灯的照耀下金碧辉煌;乡村的土地沉入黑暗,形成了生存的黑洞,无论是自然的光线、文明之光还是想象力的语言,都无法抵达。即便抵达,也无法逃逸,变成了一种有去无回的叙述。在这种叙述中,语言是暧昧的,情感是空洞的,故事是无聊的,作品是矫揉造作的,作家本人是缺席的,跟读者一样也是旁观者。这些作家跟自己的叙述对象毫无情感的沟通和联系,他只是叙述了,然后转身走开,继续享受城市文明所带来的物欲狂欢。

少年莫言在学习观察和思考这个世界时,他的情感方式一开始也是逃逸式的。莫言对这点后来想得很清楚:他的肉身逃离乡村,他的精神回归血地。

莫言在《超越故乡》一文里发明了“血地”这个词。他的精神回归,回归到的是一个从少年到童年乃至到未曾履迹的诞前时代。

莫言写到的故乡,以故乡的真实山水和后加的各种风景装置而作为故事铺演背景的小说,在很多时候可以分割成"记忆缠绕的童年世界"和"想象蔓生的史前世界"。一种是历史和传说中的高密东北乡的国度,一种是童年记忆缠绕的世界。这两种世界,在莫言后来的小说里走向联合。他的长篇小说《丰乳肥臀》通过纪念母亲的方式,首先黏合过去和现在。而最新的长篇小说《生死疲劳》,同样以爷爷管遵义和邻村的孟姓单干户为想象的附着体,采用主人公西门闹投生、不断轮回的视角,来表达 1949 年之后的高密东北乡纷扰不安的世界。

在这个以阶级斗争观念加以分门别类的世界里,西门驴、西门牛、西门猪、西门狗们获得了一种奇特的观察角度。小说的主人公实际上是西门闹捡来并且养大成人的长工蓝脸,西门闹历次投胎,生而为牲畜,都跟蓝脸发生着千丝万缕的关系。在莫言的重要小说里,他都充分地调用了童年和少年的经验。这种经验被莫言在散文和演说里简单地归结为"饥饿与孤独",虽然直截了当,却简单化了。

在莫言的童年和少年时代,并非只有"饥饿与孤独"和"恐惧加无聊"的经验,一个人的青少年和童年时代,如果不加以细节化的记述,不进行严肃认真的发掘,就很有可能成为一种粗线条的传奇——而传奇往往是不可靠的。也就是说,"饥饿与孤独"不是作家莫言的唯一经验,他还有被宽容被怜爱的经验。

从莫言的散文《我的老师》里,可以看到孟老师和于老师对他的人生关节点的重要引导作用。孟老师是一个救难的菩萨,把他从具体的困难中解救出来。教他学习拼音和看图认字的于老师的一家,则给他一种温暖的家的感受——这种感受甚至可能迥然而异于他自己的家。

莫言虽然没有交代于老师的家乡,但是暗示了于老师的外来身份。于老师可能是嫁给李老师之后,才来到高密东北乡的。她"带着外地口音"——在很多场合,语言的口音,是人们判断一个人的归属的重要标志符。少年莫言和他的同学们甚至还习惯性地随着乡村的顽固思维,对操持普通话的班主任"狼"老师感到有些不舒服,人家的普通话一出口,他就起鸡皮疙瘩。

李老师教过莫言的哥哥,他们的小儿子跟少年莫言差不多大,莫

言放学时,总是跑到他们家玩。于老师的家有一种非常亲切的气氛。那种友好的情感,对少年莫言的性格培养显然也起到过良好的作用。

第三位是王召聪老师。王召聪老师出身贫农家庭,根红苗正,是前文提到过的学校教导主任。王老师在学校里非常有威信,还是体育上的能手。王召聪老师个子不高,但是跳得高跑得快,能够跳过一米七零的高度。想来莫言的中篇小说《三十年前的一次长跑比赛》里的主人公朱总人老师身上的一些闪光特质,有可能来自王召聪老师。王召聪老师跟孟老师一样,在少年莫言人生的最危急关头,在前有大江后有追兵,举目苍茫,无路可逃的时刻,划来了一条救苦救难的小舟,把少年莫言稳稳地渡过了人生的彼岸:他发现了少年莫言的善良。

王老师对少年莫言的这次挽救,可以跟红军长征路上伟大领袖毛主席对解放事业的挽救相提并论。一个人就是一个世界,莫言的世界从此又由倾斜而调校平衡了。当所有老师都认为少年莫言坏得不可救药时,王老师通过少年莫言进教室时因为怕吵着同学们睡午觉而事先脱下木屐拎在手上的细节,观察到了少年莫言内心深处的善良。

莫言说:这件事,我什么时候想起来什么时候感动不已。

后来少年莫言辍学在家,外出劳动或者劳动归来,偶尔碰见王老师,会很腼腆很惭愧地打招呼,然后落荒而逃。一个渴望上学的孩子,却因家庭成分的原因而不得不辍学,这对莫言来说,打击巨大。

当青年莫言"走后门"到县棉花加工厂当上了季节工时,王老师也调到了县里工作。一次在回家的路上,青年莫言碰上了骑自行车返乡的王老师。王老师天生善良,并没有因为自己已经到了县里,成为更贵的贵人而轻视青年农民工莫言,而是让他搭车,一路驮了他十几里地。自行车在当时是非常珍贵的私人财产,相当于现在的小轿车,人民群众都像保护自己的眼睛一样保护自行车,很多人给自己的自行车做了各种各样的装饰,在三角架的横梁上包上用钩针钩成的装饰花边,每天拭擦得纤尘不染。王老师一点都不嫌弃青年农民工莫言,冒着车胎被扎的巨大危险,驮了他很久。这确实不是人人都能做出来的善行。王老师确实天生善良。有时候不得不说,善良和邪恶都可能是天生的,在任何时代都有圣人和恶棍。类似王老师、孟老师和于老师这样善良的人所做的善意举动,对青少年莫言的影响,显然产生了巨大的作用。

在莫言的青少年时代,世界显然不都是灰色的。

快乐的阅读

莫言在谈到自己的阅读历史时,曾出现过相互抵牾的现象。他在一些演讲里谈到自己读到的第一本书是古代长篇演义神魔小说《封神演义》,而且,是从石匠的女儿那里卑躬屈膝地讨来的:

> 几十年前,当我还是一个在故乡的草地上放牧牛羊的顽童时,就开始了阅读生涯。那时候在我们那个偏僻落后的地方,书籍是十分罕见的奢侈品。在我们高密东北乡那十几个村子里,谁家有本什么样的书我基本上都知道。为了得到阅读这些书的权利,我经常给有书的人家去干活。我们邻村一个石匠家里有一套带插图的《封神演义》……为了阅读这套书,我给石匠家拉磨磨面,磨一上午面,可以阅读这套书两个小时,而且必须在他家的磨道里读。我读书时,石匠的女儿就站在我的背后监督着我,时间一到,马上收走。如果我想继续阅读,那就要继续拉磨。那时在我们那里根本就没有钟表,所以所谓两个小时,全看石匠女儿的情绪。她情绪好时,时间就走得缓慢,她情绪不好时,时间就走得飞快。为了让这个小姑娘保持愉快的心情,我只好到邻居家的杏树上偷杏子给她吃。像我这样的馋鬼,能把偷来的杏子送给别人吃,简直就像让馋猫把嘴里的鱼吐出来一样,但我还是将得来不易的杏子送给那个女孩。当然,石匠的女儿很好看也是一个重要的原因。[12]

这个说法比较随意,莫言有意识地在讲话中把历史传奇化。

在这个简单的历史叙述里,有三位主角:我、石匠的女儿和《封神演义》。《封神演义》是道具,我和石匠女儿是故事的男主角和女主角。

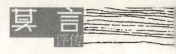

在经典的戏剧结构里,我想要得到《封神演义》的阅读权,就必须为其守护神石匠女儿服务。在这样一个本来应该是充满斗争的关系里,因为我对石匠的女儿有爱慕之心,故事的目标转换了,价值产生了变化,石匠女儿的价值后来居上,凌驾于《封神演义》之上。作为故事讲述能手的莫言,在这样一个简单的演讲中,巧妙地套用了一个经典故事的结构,来消解自己少年时代的艰难阅读历程。实际上发生的事件,远非演讲中的这么诗情画意。除了阅读本身带来的愉悦感,少年莫言借书的过程,很可能枯燥乏味,一点都不像他讲的这么动人。

莫言知道,故事里出现一个美丽的少女是赏心悦目的。

莫言的很多小说中,都有一个少女的形象。这些少女的形象在他的小说中,不属于令人过目难忘的那种类型,而是一些点缀。石匠女儿也属于这类点缀,但并非可有可无。没有她们的出现,莫言的少年时代就变得单调乏味且无趣了。听众和读者一样,对演说者/叙述者是有期待的。这种期待,在西方文学理论家那里被形象地比喻为"脱衣舞观赏"。阅读就像是观赏一次脱衣舞的过程,读者永远期待着已知的结尾尽快出现,就像观众同样期待着脱衣舞女尽快脱掉身上的衣服。对于读者/观众来说,他们的愿望是加速,对于作家/舞娘来说,是延宕和引诱。

莫言在另外一篇散文里,也提到了读《封神演义》的经历:

> 我偷看的第一本"闲书",是绘有许多精美插图的神魔小说《封神演义》,那是班里一个同学的传家宝,轻易不借给别人。我为他家拉了一上午磨才换来看这本书一下午的权利,而且必须在他家磨道里看并由他监督着,仿佛我把书拿出门就会去盗版一样。⑬

对比两则叙述的片段,有些细节是重合的,例如拉磨、磨道、监督。班上那个可能是无趣的男同学被莫言偷换成了美貌的石匠女儿。这当然非常美妙,很给演说者和倾听者带来叙述和倾听的愉悦。在叙述中,出现传奇化、虚构化,在这里,就变成了一种需要。

莫言虚构了自己的历史。

而本文在试图还原历史的过程中,可能导向了另外一种虚构。

这是双方心照不宣的同构过程,也是解构过程。

在这个过程中,读者需要睁大眼睛。

为什么莫言要虚构这个石匠女儿呢?这跟莫言少年时代对于男女之间对抗性的缺失,是否形成一种补偿心理?

在短篇小说《初恋》里,莫言设计了一个美丽高贵、只可远观的女生张若兰。"我"——小说里的金斗,大概就是莫言小名社斗的一种小小的变换——对她爱慕极了,非常愿意为了得到她的欢心而付出一切。在小说结尾,金斗想方设法向母亲讨了一个珍贵的苹果,躲在放学路旁的一个草垛里,准备送给张若兰。他从草垛里跳出来,把张若兰吓了一大跳。张若兰厉声道:"金斗,你想干什么?"金斗站在张若兰面前张口结舌,说不出一个字来。张若兰路过金斗身边,狠狠地吐了一口唾沫。

在这个故事里,金斗是一个不起眼的、惹人讨厌的乡村男孩,张若兰是一个漂亮且出身高贵的干部女儿。他们之间有着巨大的鸿沟。张若兰是白天鹅,金斗是癞蛤蟆。癞蛤蟆不是想吃到天鹅肉,而是想跟白天鹅说上话。他播下龙种,收获臭虫。他送出苹果,得到唾沫。

在受虐狂的心理历程中,金斗得到了情感满足,畸形的满足。

这个受虐狂的故事里触及到了一个内核:在那个歌颂劳动人民人人平等的时代,人与人之间也还是被分成三六九等。

前面说到过,少年莫言在小学三年级时,狂妄无知地发表了学校是个大监狱,老师是奴隶主,学生是奴隶的言论,因此受到了班主任"狼"老师的批斗和学校的处分。

在那次班级的批斗会里,少年莫言还遭到了班上一个女生——莫言说,我还一厢情愿地暗恋过她——的打耳光的待遇。少年莫言不是一个出色的男生,不受女生的待见。这些经历,在他的人生中投下了阴影。在成年之后,他通过虚构的方式有意无意地把这些阴影除去——通过戏谑、调侃的方式。

上面提到过的少年莫言的阅读历史,都可能是不正确的。

本文也是一个"脱衣舞表演"的过程。

在这里,作者搜寻、设想、排除,然后重复上一个动作,就是不把衣服脱光。唯一的不同,就是本文并非有意识地设下圈套,进行拖延,而是在再现着这些与传主莫言有关的资料的寻找和甄别的过程。这些过程,可能在一些批评家那里是需要省略的,我觉得保留下来似乎更加有趣。一个评传的作者,要做的工作类似于侦探。他必须从各种形形色色、虚虚实实的材料中,甄别出符合这部书的写作逻辑的材料来。

在这里,我不敢采用"真实"这个词。

这个时代,"真相"已经缺席。作家、艺术家要做的事情,是不断地在这个真空球体的周围舞蹈。这也是从黑泽明的经典电影《罗生门》开始把真相隐藏,而凸现叙述者的重要性之后,在中国探索小说家里形成的叙事圈套。叙事被从来没有过地置于最高的地位——领导出思想,群众出生活,作家出技巧——这种思想的空缺,暗示着一种时代的焦虑。

在叙事者至上的理论中,叙述才是最重要的,而脱衣舞娘的最后一件衣服,人人都知道无法除去,他们不再期待最后的结局,而是为那种脱衣过程中的千奇百怪的挑逗性姿势所激动。

作家马原在中篇小说《虚构》里,就编造了这样一件"我"深入麻风病院的虚虚实实的故事。作家格非在短篇小说《青黄》里娓娓动听地要了一个金蝉脱壳的花招——他从河上的九姓渔户开始,讲到"青黄"这个幽怨的女性以及发生在这位女子身上的各种奇怪的传说。最后,"我"在词典里发现,"青黄"不过是一种麦苗的成长期中的某一个阶段的命名。

那个时代的作家非常喜欢在叙事上出人意料,莫言也在其中。他常常为寻找一种独特的叙事角度而绞尽脑汁。这种角度就像一扇神秘的阿里巴巴之门,只要你掌握了某种"芝麻开门"的咒语,里面的宝藏就会突然金碧辉煌地呈现在你的眼前。

作家的写作,就是一个寻找开门咒语的过程。

少年莫言的性格形成过程，就是一个寻找的过程。贵人在人生的途中对他进行帮助。一些贵人和善，另外一些恐怖，他们共同帮助少年莫言走向自己的未来。

在少年莫言刚上小学时，他是班级里最小的学生，实际上那个时候他还不算是少年，仅仅是一个五六岁大的儿童。在学校，尤其是农村学校的等级体系里，一个还穿着开裆裤的小屁孩子，在班上总是要被年纪大的孩子所管辖和欺负。大孩子一般都是恶霸，他们把各种比自己小的、比自己弱的、比自己胆小的同学当做奴隶来加以统治和折磨。弱小的同学，则是恶霸的跟班，必须处处讨好，天天奉承，为恶霸大哥鞍前马后地奔走。少年莫言没有提到过这种具体的细节，这里有两种可能：一是因为不值一提；二是因为他的二哥和大姐比较强悍，在学校里对他形成了保护伞。在乡村的生活中，有一个强悍的哥哥作为保护伞，是非常幸运的。

少年莫言的二哥比较强悍，平时既欺负他，也保护他。一般的低年级同学，最懂得讨好高年级的同学了。少年莫言所遭受到的压迫不是来自恶霸男同学，而是来自学校和班主任老师。

打骂也"狼"老师，领路也"狼"老师。

少年莫言并非是在辍学之后，在放牛牧羊之余，才开始读到"文革"前的那些著名的革命现实主义小说的，小学四年级左右，他就从"狼"老师那里借到了。

少年莫言讨好"狼"老师成功，跟"狼"老师的关系从敌我矛盾变成了人民内部矛盾，"狼"老师摇身一变，化成了唠唠叨叨、婆婆妈妈的唐僧师父，少年莫言一度被压在那座警告处分的大山下，"唐僧"师父揭掉镇压在山上的如来偈语后，他终于浪子回头，重新做猴。这个被大山压了五百年的猴子不再是原来那个猴子了。五百年的漫长岁月，喝铜汁吃石米的经历，使猴子身上的猴性被消磨掉了一大半。少年莫言也同样被那个警告处分的大山把身上的毛躁气给压掉了不少。他从刻意讨好"狼"老师开始，到最后得以常常到老师家里串门——那个时候的教师宿舍，是跟教室连在一起的，非常简陋，一张床、一张桌再加上一

把凳子,而已——成为唐僧师父的自己人。

莫言后来比较正式地回忆自己的阅读史时,再次说到这位"狼"老师:

　　要说这位老师,厉害确实是厉害,但在当时的农村小学里他就是一个难得的好老师了。他的身材和相貌不赖,身体上经常散发出肥皂的气味,衣服也穿得板整。这些还是次要的,重要的是我们这位老师很爱学习,脑子里有学问,肚子里有墨水。我每次去喂兔子,不管是什么时候,只要老师在那里,一定就是在读书。有时躺在床上读,有时坐在桌子前面读。有一天,趁他不在时,我大着胆儿,把反扣在枕头上的一本书拿起来一看,立即就放不下眼睛来。我像小偷一样地匆匆地翻阅着那本书——章回体的《吕梁英雄传》。老师不知啥时回来了,瞪大眼睛看着我。……我拘谨地站在他的面前,浑身打着哆嗦,不知道他又要用什么样子的办法来修理我呢。但是我的老师对我说:

　　"管谟业,根据你这三个月来的表现,经过校委会讨论,决定撤销你的警告处分,从今之后,你就是一个没有问题的学生了。"

　　我感到鼻子一酸,眼泪哗哗地就流了下来。老师看到我翻过他的书,就问我:"你还愿意读书?"

　　我说是的,我太愿意读书了。⑭

"狼"老师在这里姓于,外号"于大眼",他不仅没有打击少年莫言的阅读积极性,反而鼓励这种阅读"闲书"的爱好。于老师认为一个十岁大的少年阅读《吕梁英雄传》不合适,因为这本书里面有些情节涉及了男女情爱。过几天,他就给了少年莫言一部长篇小说《踏平东海万顷浪》。

这部长篇小说的作者是陆柱国,写过中篇小说《上甘岭》,电影剧本《闪闪的红星》、《战火中的青春》等革命英雄主义小说。《踏平东海万顷浪》这部长篇以上世纪五十年代初期解放军攻打浙江沿海的一江山

岛的战斗过程为故事背景,描写了主人公高山和雷震林的革命、爱情和家庭的故事,是典型的革命英雄主义小说,很符合那个时代的青少年阅读心理。

看完了这本书,于老师又借给了少年莫言另外一本孙景瑞创作的长篇小说《红旗插上大门岛》,也是反映解放军攻打沿海岛屿的故事。

在不到半年的时间内,于老师的十几本藏书就被少年莫言看完了。少年莫言跟于老师成了朋友,无论于老师让他去干什么他都不会犹豫,帮于老师干活他感到格外幸福。

于老师对他也很够意思,少年莫言把他的藏书看完之后,他就帮少年莫言去借。在那之后将近两年的时间里,“文革”前出版的那几十本有名的长篇小说,能够找到的少年莫言都看了。

一开始,少年莫言还不敢让家里知道自己在读闲书——顾名思义,闲书就是闲人读的书——拿到书后也不敢公开在家里看,通常是把书藏在草垛里,然后找个机会钻进去,冒着挨揍的危险,一口气看完了再出来,身上被蚂蚁咬得全是红点点。

少年莫言的母亲知道他的小把戏,但是没有揭穿他,而是成了他的共谋,为他打掩护。

后来于老师家访,跟莫言父亲说起他喜欢读书的事情,把他夸了一顿,并且肯定说,读点“闲书”对提高作文水平很有帮助,不应该反对小孩子读闲书。

于老师的话很有权威,莫言父亲听了之后也改变了对待“闲书”的态度,对他的管制放松,他从此之后就可以公开地在家里看书了。

少年莫言喜欢读小说,这固然跟那个时代枯燥乏味的生活有关,也跟小说里那些革命英雄的浪漫情怀和令人向往的轰轰烈烈的生活有关。他的情绪被这些小说所左右,或喜或悲,或忧或愁,像一个中了魔的人:

　　　　我记得两个关于读书的情节。一个是那时候农村还没有机器磨,每家都有一盘石磨,我们吃的面全靠人力推磨来粉碎。我放学之后最主要的工作就是帮我的母亲推磨。但我借了人家的书必须限期还回去，无奈只好把书放在磨盘上，一边推磨一边歪着头看，实在是不方便。我母亲很同情我，就放了我的假让我把书看完，一个人推磨。我在读书的时候心中感到十分内疚，眼前老是晃动着母亲弯腰推磨的身影。还有一件事就是，那时农村没有电，煤油也要凭票买，许多人家连这两斤凭票供应的煤油也点不起。所以，一到晚上，村子里一片漆黑。但晚上做饭时还是要点灯的，我家那盏油灯就挂在堂屋的门框上，灯火如豆，我个子很矮，只有脚踏在门槛上才可以就到灯火。天长日久，那条门槛竟然被我踩出了一个豁子。当然，踩坏门槛并不是我一个人的罪过，我的二哥也是个书迷，他也经常踩着门槛看书。就这样，我仗着小孩子脸皮厚，到处借书，在几年里，把这批"红色经典"差不多看完了。同是"红色经典"，但感觉到其中有些书的写法跟别的书不一样。譬如吴强那本描写孟良崮战役的《红日》，一开始写的是我军失败，写到了阴霾的天气和黑色的乌鸦，写到了部队的悲观情绪和高级干部的沮丧心情。我当时感觉到他不应该这样写，这样写太不革命。孩子还是希望英雄永远胜利，像《林海雪原》那样，像《敌后武工队》那样。《红日》一开始写悲观、失败，我觉得很不舒服。走上文学创作的道路之后，我才知道当初那些让我看了不舒服的地方，恰恰是最有文学意义的描写。

……少年时期读过的书印象深刻，终身难以忘怀。像《红岩》、《红旗谱》、《林海雪原》、《保卫延安》、《踏平东海万顷浪》等，最激动人心的阅读是读欧阳山的《三家巷》，读得如痴如醉，读到区桃牺牲时，我感到世界末日到了，趴在牛栏上哭起来。我在语文课本的所有空白处写满了区桃，被一个同学发现后告诉了班主任。这个班主任不是原先那个喜欢文学的班主任，他说："你这小孩，思想这样复杂，长大以后怎么办？"[15]

莫言的少年时代没有电视也没有收音机，主要的文化娱乐活动是跟着大哥一起去很远的地方看电影。有时候,一部电影放到哪里,他们就跟到哪里,电影里的情节和对话,都能对答如流。每年春节前后,村子里还演一些《血海深仇》、《三世仇》之类的忆苦戏。

那个时代的乡村文化生活是单调乏味的。

在那样的文化环境下,看小说便成为他的最大乐趣。在读完班主任于老师借给他看的那十几本小说之后,莫言后来又用各种方式,把周围几个村子里流传的几部经典如《三国演义》、《水浒传》、《儒林外史》之类,全弄到手看了。

莫言给人家男同学家里像驴子一样拉磨,拉一上午的磨,可以看一下午的书。在虚构的故事里,莫言改成了给石匠女儿家拉两个小时磨,看两个小时书。

就这样断断续续地把《封神演义》看完了:

> 这本用汗水换来短暂阅读权的书留给我的印象十分深刻,那骑在老虎背上的申公豹、鼻孔里能射出白光的郑伦、能在地下行走的土行孙、眼里长手手里又长眼的杨任等。一辈子都忘不掉啊。所以前几年在电视上看了连续剧《封神演义》,替古人不平,如此名著,竟被糟蹋得不成模样。其实这种作品,是不能弄成影视的,非要弄,我想只能弄成动画片,像《大闹天宫》、《唐老鸭和米老鼠》那样。⑯

那时莫言记忆力好,用飞一样的速度阅读一遍小说,书中的人名就能记全,主要情节便能复述,描写爱情的警句甚至能成段地背诵。

传统文学名著中,莫言提到《三国演义》、《水浒传》、《西游记》和《儒林外史》,没提到过《红楼梦》。那个时期流行的传统名著——至少是在高密东北乡方圆几十里地莫言能够走到的地方——主要是以神魔的、革命造反的内容为主,至于那些男男女女、恩恩爱爱的"才子佳人"小说,则是闻所未闻见所未见的。

少年莫言还从一个老师手里借阅了杨沫的长篇小说《青春之歌》。

　　小说借到时已是当天下午,少年莫言明明知道如果不去割草羊就要饿肚子,羊饿肚子他自己就可能被罚饿肚子,但他还是挡不住书的诱惑,一头钻到草垛里,一下午就把大厚本的《青春之歌》读完了,身上被蚂蚁、蚊虫咬出了一片片的疙瘩。

　　从草垛后晕头涨脑地钻出来,已是红日西沉。

　　少年莫言听到羊在圈里饿得狂叫。

　　他心里忐忑不安,等待着一顿痛骂或痛打。

　　莫言母亲看他那副魂不守舍的样子,宽容地叹息一声,没骂也没打,只是让他赶快出去弄点草喂羊。

　　少年莫言如释重负:

　　　　我飞快地蹿出家院,心情好得要命,那时我真感到了幸福。⑰

　　莫言的二哥也是个书迷。

　　他比莫言大五岁,借书的路子比莫言要广得多,常能借到莫言借不到的好书。但二哥不允许莫言看他借来的书。他看书时,莫言就像被磁铁吸引的铁屑一样,悄悄地溜到他的身后,先是远远地看,脖子伸得长长,像一只喝水的鹅,看着看着就不由自主地靠了前。二哥知道莫言溜到了他的身后,就故意地将书页翻得飞快,莫言一目十行地阅读才能勉强跟上趟。

　　少年莫言赖赖唧唧地挨在二哥旁边偷看他借来的好书时,二哥很快就会厌烦,合上书,一掌把莫言推到一边去。但只要他打开书页,莫言就会凑上去。二哥怕莫言趁他不在时偷看,总是把书藏到一些稀奇古怪的地方,像革命样板戏《红灯记》里的地下党员李玉和藏密电码一样。少年莫言爱书心切,好奇心也重,在这种强烈的渴望的驱使下,他比日本宪兵队长鸠山还高明,总是能把二哥费尽心机藏起来的书找到。找到后,他不顾一切,恨不得把书一口吞到肚子里去。

　　有一次,二哥借到一本《破晓记》,藏到猪圈的棚子里。少年莫言去找书时,头碰了马蜂窝,嗡的一声响,几十只马蜂蜇到脸上,奇痛难挨。

但莫言顾不上痛,抓紧时间阅读,读着读着眼睛就睁不开了。他的头肿得像柳斗,眼睛肿成了一条缝。

二哥回来,看到莫言的怪模样,吓了一跳。他先把书从莫言手里夺下,拿到不知什么地方藏了,才回来管教弟弟。二哥一巴掌差点把莫言扇到猪圈里,呵斥说:活该!

莫言恼恨与疼痛交加,呜呜地哭起来。

二哥想了一会儿,可能是怕母亲回来骂他,便说:只要你说是自己上厕所时不小心碰了马蜂窝,我就让你把《破晓记》读完。

莫言得到这样一个条件,非常愉快地同意了。但到了第二天,莫言脑袋消了肿,去跟他要书时,他马上就不认账了。

莫言对此非常不满,发誓以后借到好看的小说也不给二哥看:

　　但只要我借回了他没读过的书,他就使用暴力抢去先看。有一次我从同学那里好不容易借到一本《三家巷》,回家后一头钻到堆满麦秸草的牛棚里,正看得入迷,他悄悄地摸进来,一把将书抢走,说:这书有毒,我先看看,帮你批判批判!他把我的《三家巷》揣进怀里跑走了。我好恼怒!但追又追不上他,追上了也打不过他,只能在牛棚里跳着脚骂他。几天后,他将《三家巷》扔给我,说:赶快还了去,这书流氓极了!我当然不会听他的。⑱

在那个时代,读书是最大的快乐了。

情爱的教育

少年莫言怀着甜蜜的忧伤读《三家巷》,为书里那些小儿女的纯真爱情而痴迷陶醉。

旧广州的水汽市声扑面而来,在他的耳际鼻畔缭绕。一个个人物活灵活现,仿佛就在他的眼前。当他读到区桃在沙面游行被流弹打死时,趴在麦秸草上低声抽泣起来。他心中难过,悲痛,难以用语言形容。

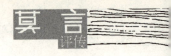

看完《三家巷》,好长一段时间里,少年莫言心里怅然若失,无心听课,眼前老是晃动着美丽少女区桃的影子,手不由己地在语文课本的空白处写满了区桃的名字。班干部发现了少年莫言的反常举动,当众羞辱他,骂他是大流氓,向班主任老师告发。老师批评他思想不健康,说他中了资产阶级思想的流毒:

> 读罢《三家巷》不久,我从一个很赏识我的老师那里借到了一本《钢铁是怎样炼成的》。……保尔和冬妮娅,肮脏的烧锅炉小工与穿着水兵服的林务官的女儿的迷人的初恋,实在是让我梦绕魂牵,跟得了相思病差不多。多少年过去了,那些当年活现在我脑海里的情景还历历在目。保尔在水边钓鱼,冬妮娅坐在水边树杈上读书……哎,哎,咬钩了,咬钩了……鱼并没咬钩。冬妮娅为什么要逗这个衣衫褴褛、头发蓬乱、浑身煤灰的穷小子呢?冬妮娅出于一种什么样的心态?保尔发了怒,冬妮娅向保尔道歉。……从冬妮娅向保尔真诚道歉那一刻起,童年的小门关闭,青春的大门猛然敞开了,一个美丽的、令人遗憾的爱情故事开始了。我想,如果冬妮娅不向保尔道歉呢?如果冬妮娅摆出贵族小姐的架子痛骂穷小子呢?那《钢铁是怎样炼成的》就没有了。……读完《钢铁是怎样炼成的》,"文化大革命"就爆发,我童年读书的故事也就完结了。⑲

少年莫言的读书爱好,使他变成了一个多愁善感的少年,一个思想复杂的少年,一个在高密东北乡的河湖水泊中想入非非,连吃草的牛跑掉了也不知道的痴心少年。而莫言对于情与爱的认识,居然是从革命现实主义小说里得来的,这恐怕是前辈革命现实主义作家所未能逆料之事。

在那个特定的时期,小说是珍贵无比的精神食粮。在乡村,能够阅读到各种各样的国产革命现实主义小说已经让人感到非常满足了,那些有针对性地译自前苏联的进口社会主义现实主义作品,更是宝中之宝,少之又少:莫言仅仅提到过《钢铁是怎样炼成的》和普希金的《渔夫与金鱼》,后者还是一个童话。

上个世纪六七十年代热爱读书的青少年,对怎样为弄到一本心仪的好书而绞尽脑汁的经历都记忆犹新。在上个世纪七十年代末八十年代初开始走上文坛的文学新人,每个人都有自己独特的借阅、传阅、偷阅各种革命图书、白皮书、参考书和禁书的历史。一种类似地下小团体般的阅读学习圈子,在很多知青汇聚的地方,都渐渐地形成了。这些读书种子,后来或者通过刻苦学习,在千军万马过独木桥的惨烈战斗中幸存下来。他们考上大学,重返城市,成为一代骄子,在大学里藏书丰富的图书馆里如饥似渴地阅读,为"实现四个现代化",为实现自己真正的个人价值而拼搏。还有一部分人,在地下阅读圈子里就热爱写作,当时的条件下,主要是进行诗歌创作,无论是城市还是乡村都如此。到了后知青时代,很多脑筋好使的"坏"知青,就想方设法返回城市,赖在城里,在各种传播小道消息兼传阅图书的圈子里混着,成为被城市和乡村共同唾弃的边缘人。

有理想就有阅读,有阅读就有希望。

少年莫言的阅读并不存在什么希望,他的希望"无所谓有无所谓无",他甚至都不知道什么叫做希望——一个被学校抛弃的乡村放牛娃,他面对的就是土地、草原和蓝天白云,除此之外,就是无边无际的孤独和寂寞。阅读是排遣寂寞和孤独的最好办法。后来,这位多愁善感的放牛娃连阅读小说的机会都没有了,方圆几十里地几乎所有他知道的小说,都被他读光了。

在那个时代,放牛娃莫言或许以为古今中外、全世界总共也就这么几十本书,他把天下的书都读光了,成为天底下最牛的放牛娃。这个胸怀世界、睥睨高密的少年,只好阅读身边的风物。他阅读猪马牛羊,阅读花鸟鱼虫,阅读江河湖泊,阅读雷电雨风,在一粒沙中看世界,于洪水滔滔中想见未来。

在那个时代,谁也不知道自己的未来在哪里。

对那个时期的散乱阅读经验阅读,莫言最为自负的是当时记忆力特别好。革命现实主义小说加上古代经典,他匆匆忙忙地阅读,几乎都

过目不忘。少年莫言念书的最后两年,学校里基本上就是以《毛主席语录》拆分成上下册来做教材用的。在小学、公社的一些背诵比赛上,常常出现少年莫言的身影:

> 我觉得印象最深的就是"文化大革命"刚刚爆发的时候。爆发前期,我们学校实际上已经存在了一个宣传队,天天演些小节目。我记忆力比较好,六一儿童节让我上去背书。我小时候最大的问题实际上是裤腰带的问题,不会捆腰带,那绳子结死疙瘩,解不开,而且是那种肥腰裤。上去背诵课文,背着背着,裤子就掉下来了。⑳

在那个特定的时代,一个人的饥饿不仅仅是肉体上的,而且还包括精神上的饥饿。精神的食粮甚至比肉体的食粮更加匮乏。所以,从班主任"狼"老师那里看到《吕梁英雄传》开始,少年莫言就接触到了另外一种情感的表达模式:革命浪漫爱情主义的高大全式奉献。爱情奉献、身体奉献、精神奉献,一切都奉献。那个时期,他对小说里的那些爱情细节,记得最清楚,影响也最大。少年莫言常常会被小说里那些现在看起来几乎是畸形的爱情而感动得泪水涟涟。这种感动对于一个少年来说,是非常直接的,比现实生活中的情感还要直接——对于那样一个时代里童蒙未开的少年来说,他在现实生活中反而无法感受到正常的情感。那个时代,人们失去了正常表达情感的能力。这些事情,对于一个多愁善感的少年来说,都有着根本性的影响。

莫言后来在小说和散文里极力描写一些美丽的少女形象,可能是对自己小学生涯中的情感缺失的一种补偿心理。在写作中,作家的心理补偿效应是存在的,这种效应时常被伪装在各种花花草草里,还时常故意显得若无其事。然后就是各种虚构和虚虚实实的记忆混杂,就好像一碗重油重辣的牛肉面。

"狼"老师不仅最早肯定了少年莫言的写作才华,而且还启蒙了他的阅读,这些都对少年莫言产生了巨大的影响。"狼"老师对少年莫言进行的肉体折磨和精神鞭打,从肉体和精神的两个方面对他的人格形成,产生的影响究竟有多大,这些也许只有莫言自己才能明白。

在《我看十七年文学》里,莫言把这位良师益友的"狼"老师写死了,他主宰了"狼"老师的命运,他在叙述时几乎是至高无上的大神,他几乎是情不自禁地把这位老师写死了:

> 那天早晨,我去喂兔子,一进门,就看到老师高大的身体悬挂在教室的梁头上,吓得我屁滚尿流,咧开大嘴就哭起来。老师为什么死,不知道。他在黑板上写了三个大字:我痛苦! 老师的死被大家议论了好久,最后得出一个结论,说老师是被小说害死了,一个人,不应该念那样多的书。前几年我回去探家,碰到当年那个扇我耳刮子的漂亮女同学,谈起老师的死,她说老师与我们班的某某同学谈恋爱,女生怀了孕,把我们的老师吓死了。㉑

"狼"老师是少年莫言最早的作文启蒙老师,他跟少年莫言说,写作文也不一定事事都要有真凭实据,有些东西是可以杜撰的。这种说法,在当时很大胆也很先锋。写作文本来的基本要求就是真情实感,而当时的整个社会现实,却是一个谎言越大流传越广的时代,是一个超现实的社会:报纸在杜撰,广播在编造,领导在虚构,百姓在武斗。

大家都是《皇帝的新装》里的观众,只有小孩子才可能会无心地说破这种伪装。

"狼"老师确实是一个特殊的天才,他几乎是不知不觉地揭破了社会的真相。

莫言对他的情感就像对自己的故乡的情感一样,非常复杂。一方面,"狼"老师用他的身体来当做练习弹弓的标靶,另一方面,他又以相当热情的态度来肯定莫言的写作才华。

"狼"老师提出了一个虚构现实的概念来指导他的写作:

> 他实际上在启发我们,完全可以虚构的。后来我就想:这怎么

可以虚构呢？他说你们看看那么多的小说，其实都是编的，你只要编得好，就行了，作文不是让你完全写真实的事件。……我想他是最早启蒙我写小说的，作文要当小说写。孩子当然意识不到这一点，以为都要写真事，写假的还可能不对。②

当莫言在三十多年以后得以重新回过头来回忆自己的童年时代时，他尽量以真实可信的方式来重新梳理那个时期的鸡毛蒜皮。

"狼"老师无论如何也不可能想到，成为作家之后的莫言，在对他的回忆上，采取类似游击战、心理战和伪装战的方式来表达。莫言根据自己的写作需要，一会儿把这位老师写死，一会儿又把他说活。作家莫言活学活用，以其人之道还治其人之身，以灵活的虚构之刀在"狼"老师身上庖丁解牛。

莫言在自己的演讲里，继续就自己的童年读书经历加以虚构，在语言的叙事狂欢里继续滑行：

> 我十五岁时，石匠的女儿已经长成了一个很漂亮的大姑娘，她扎着一条垂到臀部的大辫子，生着两只毛茸茸的眼睛，一副睡眼朦胧的样子。我对她十分着迷，经常用自己艰苦劳动换来的小钱买来糖果送给她吃。她家的菜园子与我家的菜园子紧靠着，傍晚的时候，我们都到河里担水浇菜。当我看到她担着水桶，让大辫子在背后飞舞着从河堤上飘然而下时，我的心里百感交集。我感到她是地球上最美丽的人。我跟在她的身后，用自己的赤脚去踩她留在河滩上的脚印，仿佛有一股电流从我的脚直达我的脑袋，我心中充满了幸福。我鼓足了勇气，在一个黄昏时刻，对她说我爱她，并且希望她能嫁给我做妻子，她吃了一惊，然后便哈哈大笑。她说："你简直是癞蛤蟆想吃天鹅肉！"我感到自尊心受到了沉重的打击，但痴心不改，又托了一个大嫂去她家提亲。她让大嫂带话给我，说我只要能写出一本像她家那套《封神演义》一样的书她就嫁给我。……我至今也没能写出一本像《封神演义》那样的书，石

匠家的女儿早已经嫁给铁匠的儿子并且成了三个孩子的母亲。㉓

通过这种戏谑的虚构方式,莫言寻找到了足够的勇气,顺利地衣锦还乡。在一片欢呼声中,他返回那个曾经让他备受压抑的血地——即使在这样一种充满了友好和谐的气氛之中,莫言所能返回的也仅仅是他自己创造的那个"高密东北乡文学王国"。

这仅仅是一次即兴演说,演讲心态毫无疑问是松弛的。这种狂放恣意的想象和虚构对于作家的表达来说,或许有感染力,然而对于他自己的童年时代,却无意中产生了遮蔽。

叙事在另外一层意义上,就是遮蔽。

在回忆自己的阅读历史时,莫言在早前的文章和讲话中,根据自己的需要,一会儿把"狼"老师写死,一会儿把"狼"老师救活,一会儿编一个美丽的石匠女儿,一会儿拉出自己的二哥作虎皮。如"狼"老师的教导,事实也是可以虚构的,这确实是一种被虚构了的现实——或者说,虚构的细节。细节似乎无关大碍,却会让人产生错觉。

或许,错觉正是作家莫言要达到的效果之一。

那个已经上吊死去的"狼"老师,后来又活过来了:

这个老师,也就是用弹弓打我肚脐的那个,我很难对他评价好坏,但是他确实发现了我作文方面的才能。他把很多他保存的小说,借给我看。还到我家去家访,对我父母说,允许我看"闲书"。去年我还去看过他,很有感慨,他说现在好像所有人都教过你作文,就是我没有教过你。我说所有人都没有教我作文,就是你教过我。他说我也没有别的要求,把你的书拿两本给我看看。㉔

"狼"老师在阅读上的启蒙指导,让少年莫言的阅读范围就远远超出了《毛主席语录》和小学教材里可怜巴巴的内容。他的眼界得以开扩,想法也更加复杂了。

在囫囵吞枣的阅读中,少年莫言的文学积累远远地超越了自己的

同龄人。

少年莫言离开学校之后，成了一个散兵游勇。他先放了两年牛羊，接着下地割麦，又接着去参加挖河修桥的劳动。从十一岁小学毕业开始，他就用自己的双脚和双手，在丈量和熟悉着这块生养自己的土地。

少年莫言在放牛牧羊、割草拾麦之余的这些阅读经验，对他日后的创作产生了至关重要的影响。至于是好影响还是坏影响，这还很难分辨。莫言反思那个时代的阅读经验和心得时，流露出了一种相对比较特殊的阅读趣味：

当时读书，就像一个饿急了的人，囫囵吞枣，来不及细读。年头一多，书中的情节大都忘记了，但书中有关男女情爱的情节，却一个都没忘记。譬如《吕梁英雄传》中地主家的儿媳妇勾引那个小伙子的描写，地主和儿媳妇爬灰的情节；《林海雪原》中解放军小分队的卫生员白茹给英俊的参谋长少剑波送松子、少剑波在威虎山的雪地里说胡话的情节；《烈火金刚》中大麻子丁尚武与卫生员林丽在月下亲吻，丁尚武的"脑袋胀得如柳斗一般大"；《红旗谱》里的运涛和老驴头家的闺女春兰在看瓜棚子里掰指头儿；《三家巷》里区桃和周炳在小阁楼里画像；《青春之歌》里林道静雪夜留江华住宿；《野火春风斗古城》里杨晓冬和银环逃脱了危难、拥抱在一起亲热之后，银环摸着杨晓冬的胡茬子的感叹；《山乡巨变》里盛淑君和一个小伙子在月下做了一个"吕"字；《踏平东海万顷浪》中的雷震林和那个女扮男装的高山伤感的恋爱；《苦菜花》中杏莉和德强为了逃避鬼子假扮夫妻、王长锁和杏莉妈艰涩的偷情、特务宫少尼对杏莉妈的凌辱、花子和老起的"野花开放"、八路军的英雄排长王东海拒绝了卫生队长白芸的求爱而爱上了抱着一棵大白菜和一个孩子的寡妇花子……在"文革"前的十七年里，在长篇小说取得的辉煌成就里，关于男女情爱的描写，的确是这辉煌成就的一个组成部分。㉕

这些反思属于成年时期的莫言的反思，记忆却是那个时代的记忆。在那样一个文学创作套式化、人物塑造脸谱化、故事结构军事化的时代，精神食粮是那么稀少，对于酷爱阅读的少年莫言来说，几十本革命现实主义小说实在太少了。那个时候的莫言，处在十岁、十一岁、十二岁左右的年纪，两性意识朦朦胧胧，很容易为小说里的浪漫情怀所感动。

小社员莫言离开学校，离开教室，成为一个孤独的少年。他也没有什么实际性的劳动能力。他一方面被排除在学校的同龄小伙伴之外，另一方面又被成人的世界所摒弃，处在一个不上不下、不左不右的位置。

1966 年莫言辍学，1973 年莫言通过在县棉花加工厂当会计的三叔的关系走后门在厂里当上了季节工——其实就是临时工，最早的民工——这期间有七年的漫长岁月，少年莫言从十一岁到十八岁，都是一个地地道道、彻彻底底的农民。这是莫言的黑暗期，也是暧昧期，在这里，莫言失去了记忆，仿佛是曾经造访过外星人之后被洗脑的受劫持者。他经历了、目睹了，却遗忘了。受外星人劫持的访客，其遗忘是被动的，莫言对自己那段黑暗时期的遗忘，却有可能是主动的。

对此我感到非常好奇，我很想知道，那个时期的莫言，到底是处于怎样的一个生活形态之中。值得注意的是，十一岁到十八岁，正是一个少年成长为青年的人生最重要的时期，而这个时期，莫言是在乡村劳动中度过的。并且，他已经失去了阅读的对象——该读的书都读完了，只能读读《新华词典》解闷——莫言从头到尾翻过了好多遍，印证了古谚所说的"无心插柳柳成荫"的故事。词典里的字词，虽然也不免带有浓重的时代印记，但更多都是中性的，带着神秘的传统文化气息。文字是"硬道理"，比他同龄的那些中学生在教材里学习到的道德说教要有益得多——少年莫言还读了大哥管谟贤上大学之后留在家里的中学语文课本和若干册文学期刊：

　　再一个就是我大哥读初中、高中时候的语文课本，语文分成

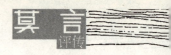

汉语和文学两种,尤其是那个文学课本,里边有很多古今中外名著的节选,茅盾的《林家铺子》,鲁迅的《铸剑》,普希金的《渔夫和金鱼》,曹禺的话剧《日出》,郭沫若的话剧《屈原》,孙犁的《荷花淀》和《芦苇荡》,赵树理的《李有才板话》和《小二黑结婚》,外国文学,除了一部《钢铁是怎样炼成的》之外,再就是在我大哥的《文学》课本上读了几篇。㉕

莫言的少年时期整个阅读生涯已经基本上包括在内了。

文学作品所提供的是一种外在的情感,看不见摸不着,饱不了肚子顶不了饿,然而这些文学作品却让少年莫言感受到了现实生活中所无法接触的外面世界,这个世界所呈现出来的情感跟他周围的生活迥然而异。那个时代阅读过《钢铁是怎样炼成的》的青少年,都几乎对"冬妮娅"有着极大的倾慕,那是一种夹杂着复杂阶级情感的不正常的感情,是注定没有结果的爱,因此是令人难以忘怀的爱。而《三家巷》里区桃的死,也让千千万万的读者为之潸然泪下。这种阅读的背景和阅读的感受,在莫言的具体生活中造成了巨大的反差:现实中的枯燥乏味和文学中的鲜活有趣产生反差。现实中的各种情感干涸,文学中人人都情感充沛——不仅仅是爱情,还包括友情和亲情。

在那样一个人类的基本情感遭到彻底破坏的时代,国产和进口的革命现实主义作品里居然还残留了一些爱的痕迹,也不能不说是一种奇迹了。

劳动的训练

读完了书,少年莫言就成了一个不称职的、称号光荣实际上极其压抑、一直寻找不到自己位置的公社小社员。

一开始,小社员莫言放牛牧羊。日积月累,他对村里村外的河流、湖泊、各种植物和动物都了如指掌。

小社员莫言的家乡是三个县交界的地区,交通闭塞,地广人稀。村

子外边是一望无际的洼地,野草繁茂,野花很多:

> 我每天都要到洼地里放牛,因为我很小的时候已经辍学,所以当别人家的孩子在学校里读书时,我就在田野里与牛为伴。我对牛的了解甚至胜过了我对人的了解。我知道牛的喜怒哀乐,懂得牛的表情,知道它们心里想什么。在那样一片在一个孩子眼里几乎是无边无际的原野里,只有我和几头牛在一起。牛安详地吃草,根本不理我。我仰面朝天躺在草地上,看着天上的白云缓慢地移动,好像它们是一些懒洋洋的大汉。我想跟白云说话,白云不理我。天上有许多鸟儿,有云雀,有百灵,还有一些我认识它们但叫不出它们的名字。它们叫得实在是太动人了。我经常被鸟儿的叫声感动得热泪盈眶。我想与鸟儿们交流,但是它们也很忙,它们也不理睬我。我躺在草地上,心中充满了悲伤的感情。在这样的环境里,我首先学会了想入非非。这是一种半梦半醒的状态。许多美妙的念头纷至沓来。我躺在草地上理解了什么叫爱情,也理解了什么叫善良。然后我学会了自言自语。那时候我真是才华横溢,出口成章,滔滔不绝,而且合辙押韵。[27]

这种和自然界交流的方式,充分地开拓了莫言的阅读视野。这种开拓,显然也不是莫言自己要求的,而是天赐的,是一种命中注定要让他的各种感官得到充分开掘的基础训练。他对自然的色彩、对自然的气味、对自然的声音,还有源自于乡村田野所能够接触到的各种事物的触觉,都有着其他作家难以企及的感受。这一切都是自然而然的,不是莫言自己挑选的。如果他能够挑选,也会像所有人那样选择逃离。

逐渐成长的莫言对土地的厌恶也与日俱增,他毕生的愿望就是逃离这块祖祖辈辈脸朝黄土背朝天、终日干着牛马不如的活却一生都忍饥挨饿的土地。

中国古代传统社会中的那种耕读田园乐的故事,早已经消失在被精心掩盖了的历史迷尘深处。如果不是我们目盲,不是我们的教科书

说谎,就是我们的两三千年的祖先一直在说谎——农耕虽然一直是件苦活累活,偶尔却也有星星点点的乐趣,"童孙未解供耕织,也傍桑荫学种瓜",这虽然可以指责说是封建社会地主阶级的自我安慰,也不见得没有实际的情感。

小社员莫言时代的农村社会,农民已经被迫跟自己相依为命的土地分手。他们仍然在土地上劳作,但是这块土地已经不属于他们了。他们仍然是早出晚归,日出而作向晚而息,但是失去了乐趣。

小社员莫言辍学之后,给生产队放羊,这是一个缺乏劳动能力的标志,对他的心灵上的打击不可谓不大。革命战争年代,还有鸡毛信可供这位放羊娃送。当然,在战争年代,像他们家这种被团结的对象能不能得到充分的信任,把责任重大的信交给他送出去,这还是个问题。

放羊的小孩子属于生产队中不被重视的劳动力,是边缘人。那个时候他不知道为什么那么倒霉,辍学回家之后,他不断地遭到各种怀疑和嘲讽的打击。

小社员莫言去大队部叫父亲回家吃饭,生产队两个干部在大队部审问村里的坏分子,他路过时停顿了一下,好奇地往窗子里看了一眼,就被怀疑是阶级敌人派来的特务搞偷听。两个干部就出来,一脚把小社员莫言踢倒在地上,抓住就拽了进去,说,你进来听,你进来听。他们认为莫言不是自己来的,而是他父亲这个已经成了惊弓之鸟的大队会计派来的间谍。

邻居家的一只小鸡死了,小社员莫言刚好路过,被诬赖说是他捏死的。他恶名在外,而且根本就不知道自己为什么会渐渐地背上这样一个恶名,心理负担很重。好事不出门,坏事传千里,他越是对这种事情紧张,坏事就越是自动自觉地找到他的头上。

有一次,村里什么地方失火,小社员莫言非常激动,他到处跑到处说,恨不得把这个消息告诉所有人。他跑到一个邻居家里告诉人家,邻居家的老婆出来看,正好一个野猫跑到她家的厨房里把案板上的肉叼走了。小社员莫言立即就成了被冤枉的对象。生产队里的牲畜是国家财产,不能宰杀的,自然灾害期间没有了饲料,耕牛都变成了野牛。有一次,一头牛不知道被什么人捆着嘴巴弄死了。小社员莫言的姐姐一回家就审问莫言,说我们家有一个破笤帚,上面有一根细铁丝,现在铁丝不见了,一定是你偷来把牛捆死了。

小社员莫言的冤枉,就是全身长满嘴巴也说不清楚。

小社员莫言的堂弟淘气爬树,从树上摔下来,把腿摔坏了。婶婶问堂弟怎么回事,堂弟顺嘴就撒谎,说是莫言推下来的。莫言委屈地辩解说自己没有,忍辱负重的母亲也无法分辩,只好打他。这次委屈的挨打,在莫言的记忆中无比深刻。他在短篇小说《枯河》里写到的那次挨毒打的场面,其中未必没有这次受冤枉和委屈时所感受到的深刻痛楚。

莫言的母亲爱护孩子,她在这样一个大家庭里同样也是动辄得咎,处处都要瞧着莫言婶婶的眼色行事,不敢乱动乱弄,背上恶名之后的少年莫言,更是常常给她带来无穷的苦恼。母亲对他说:所有的坏事都跑不了你,所有的好事都找不到你。你是猫头鹰报喜,坏了名头了。

小社员莫言放羊两年,还干过其他乱七八糟的活,慢慢地就到了十三岁左右,非常想混进大人的队伍,跟着大人们一起在田里干活。那个时候是生产队,不是像后来的包干到户那样,自己干多少自己得多少,大家凑在一起瞎呼隆,像前文引用过的莫言大哥管谟贤先生文章里写的那样:队长敲钟,队员集中;说要出发,睡眼朦胧。来到田边,先吸一筒;中间午休,谈笑生风。下午再休,懒如菜虫;天南海北,闲谈轻松。这种生活,其乐无穷。

小社员莫言一个人早出晚归地放羊牧牛,非常孤独和苦闷,他极其向往那种大家一起谈天说地的快乐劳动生活。小社员莫言的四叔那时在生产队里当队长,莫言央求四叔让他参加割麦子。

小社员莫言第一次割麦子,手艺生疏,心慌脚乱,割得慢不说,麦茬子留得还特别长,麦穗落得到处都是,遭到了生产队会计的嘲讽和批评,说他这不是搞生产,而是搞破坏。四叔只好不让他割麦,让他到割麦的大人后边捡麦穗,还是个边角料的活。这件事情让小社员莫言非常委屈,心里也难过。晚上回家,他向爷爷诉苦。这位方圆几十里地

鼎鼎大名、死活不肯加入生产队的庄稼老把式听了,第二天不动声色地来到了田头。生产队那些后辈油子们大多听闻过管遵义老人家的光辉历史,见他来了都心里紧张。从前请他到田边指导他都不爱搭理,这会儿现了真身了。他老人家原来在自留地里干活,好多人都来参观学习,他的割麦成了一种表演,很潇洒,也很得意。莫言说他的镰刀磨得好,看不到手和麦子怎么接触,后面一个麦穗都不掉,麦茬子贴着地面,后面是一排列队士兵似的麦个子。老人家割麦时顺手把麦子一揽打个活结,成一个漂亮的麦个子,整整齐齐地躺在后面,那活确实漂亮。不像低手割麦,像拉羊屎似的,掉得满地都是麦子,后面还要人捡麦穗。

莫言的爷爷把干活上升到了一种劳动美学的高度。莫言对自己爷爷的崇拜,随着岁月的流逝,变得越来越神奇,这位仁慈的老者成为他进入自己故乡的最为有效的捷径:

我爷爷割麦子的技术在方圆几十里、在整个高密东北乡都鼎鼎大名的,很潇洒。我们那儿是洼地,种麦子,到了秋天是一片汪洋,水落下去,种麦子不可能让驴子下去拉着耧,正儿八经地耩,只能人下去用脚后跟踩上两个脚窝,前面踩窝后面点麦种。……胶河的水从上游带来含有丰富肥力的黄土和沙土,退水以后,黑土上面蒙上了一层大约一公分厚的油光光的黄泥,翻到地下就能起改良土壤的作用。本来那土壤含碱的,含碱的土壤被河水一浸泡,一冲洗,就把碱给压下去了,所以第二年麦子可以说是长得密不透风啊。当时种的时候是一墩一墩发的,所以割麦子的技巧很讲究,割欻把,就是镰到手到,如果你想用手先揽住麦子再用镰刀割的话,那速度就慢了。镰刀向麦子根伸过去,手同时向麦子穗脖颈处伸过去,镰刀把麦子割断的时候,手也把麦子抓住了。抓住以后,技术差的人就把割下的麦子夹到两腿之间,然后再腾出手来抓另外一把。再老一点年龄的就蹲着,一条腿支着屁股,一条腿往前移动,割下一把就放在一条腿缝里边夹着。我爷爷这种高手呢,

就用手攒着,割这把麦子的时候同时把麦腰子打好,然后割的同时就把麦子揽起来了,割到半个麦子的时候,啪,往下一拢,紧接着用镰刀把那个地方一绾,就是一个完整的麦个子……㉘

这个神乎其神的爷爷,在莫言在生产队上头一次割麦子遭受委屈时,打破了自己不参加生产队劳动的誓言,亲自出马,给生产队那些不知道天高地厚的小年轻露一手割麦子的神技。他割麦子时,生产队的所有人都在旁边紧张地看着,脸上露出崇拜的神色。割完,莫言爷爷轻蔑地起身,身上一个麦芒子都没有沾上。

莫言爷爷说,你们那也叫割麦?过去我们割麦子穿的是白绸子衬衫,割一上午,衣服都是白净的。

这是一个能够从高超的劳动技巧中寻找到乐趣、获得光荣和自尊的老人,他总是怀念过去。上个世纪七十年代,晚上经常给孙儿辈们讲故事:

> 想想那时候太阳那么毒,白日头,地都晒焦了,地上的土都烫脚,麦田是一片金黄,麦子眼看就要断穗了,晒得上面麦秆要焦了,一动,麦粒就啪啪落下来,满鼻子都是麦子的焦香。劳动间隙坐在地头上休息,天上全是鸟在叫,周围野草野花开得茂盛,蜜蜂飞来飞去,财主家的小伙计把饭挑上来了。饭里边最怀念的,我想就是单饼卷鸡蛋、卷大葱……然后就是猪头肉拌黄瓜,蒜泥拌黄瓜。五月份,黄瓜刚下来,顶花带穗的小黄瓜,加上红烧猪头肉、大蒜、酱油一拌,那滋味,我爷爷说得我不断地咽口水。我们兄弟几个,特别喜欢听我爷爷这样的老人讲述他们过去吃过的好东西,精神会餐。……劳动一上午,送饭到地头,喝上一碗绿豆汤,还有黄瓜拌烧肉、单饼卷鸡蛋,真是吃得开心,被他一描述,我们就馋得直流口水。吃饱了往地上一躺,头枕着麦个子,迷糊一袋烟工夫,也是一种幸福吧。㉙

　　在那个时候，一个高明的劳动能手仍然能受到乡亲们的尊重。莫言爷爷这样的老人，他在村里走动，人人都热情打招呼，那也是一种地位。小社员莫言没少受到这位德高望重的老人的保护，或许，小社员莫言那时最大的理想是成为像爷爷这样的高级农民。

　　偶像和榜样的力量都是无穷的，莫言在他的爷爷身上回忆着自己童年时代的欢乐和苦难。他随爷爷去割草卖给农场，遇见了刮大风，写了短篇小说《大风》；他随爷爷夜里去抓螃蟹，写了中篇小说《红高粱》里罗汉大爷带着"我父亲"余豆官去抓螃蟹的细节，也写了短篇小说《夜渔》；爷爷的能工巧手，给予莫言写短篇小说《枣木凳子摩托车》的灵感；莫言爷爷带他去参加那个高密东北乡最为神秘最为庄严的"雪集"，这个故事先是被他写到散文《会唱歌的墙》里，后来写到他重要的长篇小说《丰乳肥臀》里。这位爷爷就像是一个聚宝盆，不断地给身心饥饿的莫言变出无穷无尽的精神食物和小说素材。而他的自身也不断进化，最后进化成了莫言2006年出版的长篇小说力作《生死疲劳》里那个全国唯一的单干户蓝脸的原型之一。

　　七年不是一瞬，小社员莫言在农村里劳作的苦与乐，显然一言难尽。那时候的劳动更多的当然是苦，只能苦中作乐，以便苦中有乐，苦中不得不乐，苦中还不知道作乐就完蛋了。孤独的小社员莫言希望融入热火朝天的劳动者中，他自己明白，要排遣这种无边无际的孤独，就必须融入劳动群众中去。他必须成为人群中的一员。在乡村，孤独不仅是难熬的，而且是可怕的。后来，生产队每次派民工去外面挖河、修水库，小社员莫言都积极报名，很想去参加正儿八经的劳动，但是因为年纪太小，回到家里，就被家里的父亲和母亲给否决了。后来总算是一年年长大之后，混进了大人的队伍，终于是能够成为劳动者的一员了。

　　那个时候的劳动，是干一个小时歇一袋烟工夫。歇着时老人们就神侃，胡天胡地，古今中外，大多是乱说和瞎掰，半句离不开吃的喝的，每个人都能说得神乎其神。莫言邻居有个单家，在新中国成立前是开烧酒作坊的——这里面的一些内容，显然被莫言演绎成了长篇系列小说《红高粱家族》里烧酒作坊主单秀才单廷秀的故事——他们家有一个儿子,在山东师范大学中文系读过书,毕业后在济南工作。反右时,他当仁不让地当了右派,回到了高密东北乡老家,当上了一个真正的农民。他也是一个讲故事的能手。

这位中文系的毕业生对作家生涯非常神往,常常说一些关于作家的演义。他说有一个作家,写了一本书得了一万多元钱的稿费。那是一笔真正的巨款,如果用红烧肉来打比方,不,红烧肉无法打比方。用烧鸡来打比方,假设一元钱一只,这些稿费能买下一万只烧鸡。真是富得让人瞠目结舌。济南还有一个作家,因为写作有钱,生活非常腐败,一天三顿吃大白菜肥肉馅饺子。

在那样一个贫困的年代,可想而知莫言对饺子是多么的有感情了,更何况是大白菜肥肉馅的饺子。他听得垂涎欲滴,不知时光之飞速流逝。

田头田尾的精神会餐,送走了一天又一天冗长而无趣的岁月。

注释

①莫言:《莫言文集》卷五,作家出版社 1995 年版,第 156 页。

②③《关于全国文字改革会议的情况和目前文字改革工作的请示报告》(1955 年 11 月 23 日),材料来自人民网。

④该材料来自人民教育出版社小学语文课程教材开发中心课题组。

⑤著名学者、批评家张闳教授,就是用《感官的王国》这样一个题目,来准确地把握莫言笔下的异彩纷呈的世界。见《当代作家评论》2000 年第 5 期。

⑥莫言、王尧:《莫言王尧对话录》,第 33 页。

⑦⑧莫言、王尧:《莫言王尧对话录》,第 68 页。

⑨张世家:《我和莫言》,《莫言研究》2006 年第 1 期。

⑩莫言:《我的中学时代》,见《莫言散文》,浙江文艺出版社 2000 年版,第 8 页。

⑪程德培:《被记忆缠绕的世界》,《上海文学》1986 年第 4 期。

⑫莫言：《福克纳大叔，你好吗？》，见《莫言散文》，第 292 页。

⑬莫言：《童年读书》，见《莫言散文》，第 28 页。

⑭莫言：《我看十七年文学》，见《莫言散文》，第 301 页。

⑮莫言、王尧：《莫言王尧对话录》，第 67 页。

⑯⑰⑱⑲莫言：《童年读书》，见《莫言散文》，第 30–34 页。

⑳莫言、王尧：《莫言王尧对话录》，第 68 页。

㉑莫言：《我看十七年文学》，见《莫言散文》，第 302 页。

㉒莫言、王尧：《莫言王尧对话录》，第 63 页。

㉓莫言：《福克纳大叔，你好吗？》，见《莫言散文》，第 295 页。

㉔莫言、王尧：《莫言王尧对话录》，第 64 页。

㉕莫言：《我看十七年文学》，见《莫言散文》，第 304–306 页。

㉖莫言、王尧：《莫言王尧对话录》，第 75 页。

㉗莫言：《饥饿和孤独是我创作的财富》，莫言 2000 年 3 月在美国哥伦比亚大学的演讲，见《莫言散文》，第 275 页。

㉘莫言、王尧：《莫言王尧对话录》，第 16 页。

㉙同上，第 19 页。

第三章 出走年代

美好的食物

作为一个彻头彻尾的农民子弟,一个从十一岁就辍学成为光荣的公社小社员的新时代祖国花骨朵,莫言从1966年到1973年的整整七年时间里,出没在家乡的田野间,悄无声息地在成长。

他在田头田尾间,在河湖水泊边,默默无语地倾听猪马牛羊的声音,孤独寂寞地观察蓝天上白云的飘移,不动声色地长成了一个毛茸茸的、脚踏实地胸怀大志的乡村小青年——想象一下那时候的莫言形象会很有趣。那个爱读小说、胡思乱想的年轻人,外貌应该是身体高瘦的、眼神迷惘的、头发凌乱的、皮肤黝黑的,胸前的口袋上,还应该插上一支自来水笔,那是有点知识有点文化的标志。

在那个时候,他想得最多的是什么? 这是一个有理想的乡村青年呢,还是得过且过的农民孩子?

莫言的小说里,以这段成长期历史为叙事背景写成的作品数量不多,中篇小说《透明的红萝卜》、《牛》,短篇小说《草鞋窨子》、《爱情故事》、《麻疯的儿子》、《天才》、《地震》、《大嘴》等,长篇小说《天堂蒜薹之歌》里乡村青年的爱情故事,很多场景和感受源自于莫言的青少年劳动时代。在莫言的散文里,也隐隐约约地提到过这个时期的事情,但有些语焉不详。在最近出版的《莫言王尧对话录》里,涉及这个阶段时,莫

言谈得也很少。有归纳,有描述,但是缺乏细节和事件:

> 年龄渐渐大了,就开始参加成人的劳动,我小时候长得就比较高,跟我同龄的小孩子还在学校里打打闹闹的时候,我就跟着大青年、整劳力去干一些大人的活了。虽然干不好,还有点累,但还是感到和人在一起,比一个人放羊、放牛要好得多。在劳动的过程中,在和这些成人的接触中,我也增长了很多知识。当时生产队的人劳动也不认真,大家干一会歇一会,干个把小时抽袋烟,然后再干个把小时抽袋烟,然后就收工回家了。我们在地头休息的时候,老人就讲各种各样的传奇、鬼怪故事呀。这些东西对后来搞文学非常有利。①

虽然有老人们讲故事、可以精神会餐,孤独的乡村生活仍然是寂寞难挨的。文学阅读经验大大超过同龄人的莫言,心中隐隐约约地萌动着改变自己人生的理想。

青年社员莫言最喜欢听右派老大学生讲故事。这位"单秀才"的儿子出身不好,又口无遮拦,"反右"一开始,"右派"的高帽子就正正好好地落在他的脑袋上,把他清扫出人民教师的队伍,只好灰溜溜地回老家务农,再次变成被唾弃的农民——农民虽然在名义上享有很高的政治权利,实际上已经被剥夺得一无所有,比"右派"还不如了——跟青年莫言他们一起劳动,他的故事帮助青年社员莫言把自己的理想物化了:

> 尽管他因为嘴巴乱说而获罪,但恶习难改,老是给我灌输"三名三高"的思想,什么刘绍棠"为三万元而奋斗",丁玲的"一本书主义"等等。在他的渲染下,我感觉到作家都是了不起的人。一个人能写出一部书来,一下子就会改变自己的命运。我问他:"叔叔,如果我能写出一本书来,是不是就可以不在农村劳动,可以吃饱饭了?"他说:"岂止是可以不在农村劳动,什么都有了,你想吃饺子,一天三顿都可以吃。"②

　　一个人能写出一部书来，就会改变自己的命运。新时期文学中，很多人都通过写作改变了自己的人生。

　　右派老大学生讲作家的逸事：一个作家在坐火车时，看见一个情人在边上走，一下子就从火车上跳下来，摔断了腿。这个匪夷所思的情爱故事，跟一天三顿能够吃上饺子一样，激励着青年社员莫言去努力改变自己的命运，成为他前进路上的一盏明灯和无穷的动力。

　　莫言在多篇散文和演讲中，都提到过这个"一天能吃上三顿饺子"的故事。在那些场合里，这个故事因其本原发生背景的缺失，显得失真，从而具有一种戏谑的效果。

　　这种效果可能是莫言特意渲染的，他在戏谑的讲述中，对自己的立足点重新定位。

　　在新中国建立以来形成的正谕语体统治一切的叙事背景下，个人性叙事是缺失的：个人不存在，既无细节，也没有情景。新时期文学重新兴起的过程中，讽喻式叙事使当时的青年作家能够抓住自己的本身、返归过去。这种讽喻具有三层意味：一是现在和过去的反差，二是大历史和小个人的反差，三是自我的判断和定位。

　　很多作家，一旦在讽喻语体取得成功之后，又开始重新定位自己的个人讽喻叙事，并且巧妙地融合到国家正谕叙事中，成为这种大合唱中的一个微小的声部，个体性的售卖，使他们获得了优厚的体制性酬劳。

　　而采用讽喻叙事的莫言，被"一天吃三顿饺子"这种美好的愿望所左右，无法进入"主旋律叙事圈"。即使是混成了著名作家，他也仍是一个"边缘人"，一个"民间之子"。在乡村劳动中，他是"边缘人"，是倾听者，混进了城市，变成了道貌岸然的"知识分子"、作家，他仍然是"河底的卵石"。莫言不像那些操持"主旋律叙事"的同行，可以像河面上的枯枝败叶和泡沫一样欢快地漂流，在阳光的照耀下，获得一种明媚的假象和充盈的满足。

　　这种反差是怎么造成的呢？

　　从现在重返上个世纪六十年代末七十年代初，青年社员莫言的所思

所想,他的远大志向从一开始就是和"主旋律叙事"法则相悖的。成功人士都喜欢修改自己的个人历史,把自己成名之前的各种经历一一加以修改和润色,使之符合一个大人物的道德标准:青春和革命,战斗加爱情。

莫言似乎没有这样做,他仍然一本正经地说着自己小时候的糗事,说自己之所以想当一个作家,就是想一日三餐都吃上香喷喷的饺子,就是想娶石匠的漂亮女儿当老婆。

这种理想,现在看来比较"低级",在当时那个连过年都吃不上饺子的年代,却无疑已经是人有多大胆地有多高产的伟大想象力了。

一个安分守己的、对自己一辈子脸朝黄土背朝天的命运逆来顺受的普通青年农民,谁会像他这么狂妄呢?

"一天三顿饺子"诚然是青年莫言最真实、最质朴、也是最值得肯定和称赞的想法,但是在这样一个人人都"心口不一"的精神分裂时代,一个人所说的并非他所想的。"言行一致"不过是一个哄骗猪圈里肉猪献身的借口。

莫言从自身真实的"饥饿"感受出发,理想鲜明直接。他这样想,也这样说,而很多作家这样想,非不这样说。他们明明是肉体饥饿,却装模作样地说是精神苦闷。他们明明连自己都是一个精神分裂患者,却要终极关怀,要底层关怀,去指导别人的生存。在这点上,一直努力校正自己生存轨迹的莫言,显得有些另类,也不够"知识分子"。

上个世纪九十年代之后,本来被打倒在地再踏上一脚的"识字分子"们,沐浴着深化经济改革和教育腐败的时代暴雨,洗去身上的脸土头灰,一举脱贫致富,成为人上人,有房有车有经费有女人,肉身过着其乐融融的资产阶级腐化生活而不断堕落,精神上沸腾着清教徒般的崇高理想而层层升华,从而造成了一种肉体下坠灵魂飞升的古怪现象——这种肉体和精神产生了大限度分裂的现象,是我们这个时代最为奇特的文化景观之一。他们就像夏天的蝉蛹,在黎明到来之前,除了尾巴,全身都脱离了蝉壳,倒挂在树干上,沐浴着微风轻露,等待着晨曦的降临。他们扇动小翅膀,绕枝扑腾,假装一飞冲天,抟扶摇而上者三五九里,不是鲲鹏,也要冒充大鸟。什么"露重飞难进"啊,人家偏偏要说自己是"居高声自远"。换一种叙述的角度,就会获得完全不同的效果。

在新时期隆重登台的聪明作家里,形成了某种心照不宣的叙事革新的狂潮。不新的要翻新,新的要更新,寻找叙事的角度和特殊的小说结构,变成了一种迫切的精神需求。这在当时有具体的时代背景诉求,不仅仅是一种空洞的炫技。在那个正谕文体统帅一切的时代,技术的翻新能够达到一种出人意料的效果,使得这种铁板一块的意识形态话语出现小小的裂缝。

裂缝里,小鸟在歌唱,小草在生长。

在这次"识字分子"大蜕壳的集体狂欢中,莫言未能转型成功。他虽然在出国访问时也披西装打领带穿皮鞋,但总觉得不如穿便装那么自然那么舒服;他虽然也努力地关心社会的问题,但因为事事从自身出发,反而显得虚假。在这样一个虚假的时代,真实的想法反而是虚假的。在当下这个非常可疑的、由我命名为"识字分子"的一伙人合谋弄起来的"底层写作"吵吵嚷嚷的时刻,莫言想起了自己在二十年前就通过长篇小说《天堂蒜薹之歌》的写作,设身处地来反映过农民疾苦了。除了这部直接切入当时那个年代基层官员腐败、官商勾结、玩忽职守和底层农民的艰辛生活的长篇小说之外,莫言的其他作品,都直截了当地描写普通底层人民的生活。

青少年时期的莫言就是一个最底层的小人物,他只要真实地还原自己,就说出了真相。

莫言在苏州大学的论坛里谈到的"作为老百姓写作",看起来好像很虚假,却是真情实感,但很多人仍然就此质问莫言的真诚度。

从真正老百姓的角度来看,这时的莫言已经功成名就了,香车美人了,吃香喝辣了,这时候的莫言就该谈谈传统大文化,谈谈精神大关怀,谈谈民族的大未来,不应该再把姿态摆得那么低,从底下往上看人。这就像一头大象努力趴在地上,仰视着跟一群老鼠交谈,还力图掩盖自己庞然大物的真相。为了取得某种均势,莫言把"民间"扩大化,从传统的乡村想象延伸到城市,从小农民普及到小市民,从自己而联想到王安忆——难道王安忆那些描写上海市民底层生活的小说不是民

间写作吗？"我看是的"，莫言如是说：

> 关于民间，现在也存在着许多误解。譬如我回到了农村，写农村生活就是民间生活，王安忆在上海写《长恨歌》就不是民间？上海也是民间，城市里市民也是老百姓。像卫慧、棉棉她们的作品成就如何我们姑且不论，但我觉得她们写的也是一种民间，写了这么一帮人，而且也是些小人物，没有职没有权，按照他们所热衷的方式真正地在社会下层生活。哪怕他出入的是五星级的饭店，是欧洲风味的酒吧，也是一种民间生存状态。所以提到民间，我觉得就是根据自己的东西来写。③

莫言的这个看法是从他自己的亲身经历来谈的。然而，在这样一个浮泛的社会里，要复归自我的本来面目，是一件很艰难的事情。而民间写作的泛滥化，也在消解着莫言自己的立场。他试图抓住稻草，滑走的却是泥鳅。

土地的唾弃

我相信"一天吃三顿饺子"是青年社员莫言的真实想法。这虽然不能端上时代主旋律的宣传台面，却是青年农民莫言发奋改变自己命运的第一推动力。

在这个"第一推动力"的背后，是乡村生活的极度贫苦和极度无聊。莫言一次又一次地谈到过自己青年时代渴望逃离农村的决绝态度，这个态度跟千百万知识青年轰轰烈烈地上山下乡又浮皮潦草地收场的情形正好形成鲜明的对照：

> 十八年前，当我作为一个地地道道的农民在高密东北乡贫瘠的土地上辛勤劳作时，我对那块土地充满了刻骨的仇恨。它耗干了祖先们的血汗，也正在消耗着我的生命。我们面朝黄土背朝天，

比牛马付出的还要多,得到的却是衣不蔽体、食不果腹的凄凉生活。夏天我们在酷热中煎熬,冬天我们在寒风中颤栗。一切都看厌了,岁月在麻木中流逝着,那些低矮、破旧的草屋,那条干涸的河流,那些土木偶像般的相亲,那些凶狠奸诈的村干部,那些愚笨骄横的干部子弟……假如有一天,我能幸运地逃离这块土地,我决不会再回来。④

莫言的这个说法反照当时的乡村真实状况,具有非常重要的史料价值。乡村并不是革命现实主义文学里那种轰轰烈烈、快快乐乐、热火朝天、莺歌燕舞的仁智山水,不是知识青年即将受到火一般洗练的新天地,而是一个乡村青年渴望反向逃逸的贫瘠而丑恶的土地。

乡村当然并不是一向如此。

莫言在自己的小说和文章里,为高密东北乡设置了一个"史前期",在"史前"的高密东北乡里,地痞流氓横着走,土匪英雄晃着行,是大碗喝酒大块吃肉大板子打人大声咋咋呼呼地生活的蛮荒之地,那个时代祖先们活得血性、活得充沛、活得自由自在。对比现实中的苦闷与孤独,漫漫长夜难熬的日子,青年社员莫言有理由对这块既不给予自己尊重也不养育自己的土地心怀厌恶,无时无刻不充满着逃离的渴望。

在那个时代,被各种清规戒律和严酷的基层权力机构恶狠狠地压在土地上喘不过气来的乡村子弟,要想脱离乡村的生活,无异于平步登天,不啻于天方夜谭。

一个乡村的孩子要脱离土地,变成吃国家粮的城里高级人,只有两条独木桥可以走:第一条独木桥是上大学读书,像莫言的大哥管谟贤那样;第二条独木桥是参军,在部队上积极表现努力上进争取入党提干。第三条希望微乎其微,就是写出一本书来,成为一名受人尊重的主旋律作家。作为补充,还可以加上第四条,那就是在改革开放搞活赚钱大肆盛行之后,革命加拼命地赚钱,然后用手里的人民币购买城里的房子、车子、女子和面子。

除此之外,还有什么别的办法?好像没有了。

莫言谈到,他在那个时候非常渴望上大学,已经渴望到了发疯的地步。他的极端的做法,就是在走投无路的情况下,模仿着当时的风云人物、白卷英雄张铁生,给当时的教育部长周荣鑫写了一封信:

> 大学的梦想,从六十年代初期我的大哥考入华东师范大学时就开始萌发。当时在我们乡下,别说是大学生本人,就是大学生的家人,也受到格外的尊敬,当然也不乏嫉恨。我在自家的院子里,常常听到胡同里有人议论:"别看这家房子破,可是出过大学生!"偶尔还听到有人压低了嗓门议论:"这家是老中农,竟然出了一个大学生!"……于是我就给当时任教育部长的周荣鑫写信,向他表示我想上大学的强烈愿望。……接下来的半年里,我给省、地、县、公社的招生领导小组写了许多信,向他们诉说我的大学梦想,但再也没有回声。村里的人知道了我在做大学梦,都用异样的眼神看我。……生产队里的贫农代表当着许多人的面对我说:"你这样的能上了大学,连圈里的猪也能上!"⑤

在这里,莫言悲愤而戏谑地把自己跟圈里的猪相比,发现自己连圈里的猪都比不上。农民被束缚在土地上,他们养育着全国人民,自己却过着牛马不如的生活。不仅如此,他们还不能说出真相,必须强作欢颜,把自己的悲惨生活虚构成无比美妙的共产主义幸福生活。他们要配合全国人民一起发疯,大跃进,放卫星,公社化,吃锅巴。土地在这种胡乱折腾中已经被弄得一毛不长了,再一折腾,就赤地千里,民不聊生,饿殍遍地,乡民不得不易子而食。亲身经历了这些事件的莫言,对乡村具有权威发言权,比那些居高临下的人民公仆、比那些皱着眉头上山下乡来受苦受难的知识青年都更有发言权。

那比三座大山还要沉重的"成分喜马拉雅山"压在身上,莫言哀人生之多艰,叹四顾之茫然,平庸乏味的日子过了一天又一天。

右派老大学生关于作家能够一天吃到三顿饺子的诱人描述,像大哥管谟贤那样通过上大学的方式逃离土地,这些诱惑,让乡村基层理想主义者、青年社员莫言心潮澎湃,内心苦闷。他跄跄然不知何往,他悲愤地眺望天际左右逃窜的乌云,而不知道怎样去上下求索。

上大学没有了希望,莫言暗度陈仓,另修栈道。

1973年,莫言十八岁了。

十八岁的青年社员莫言已经是村里的壮劳力了。他跟着村里人去昌邑县挖胶莱河。这条运粮河从元代始开掘,用以漕运南方的粮食。当时费尽人力物力,历时好几年挖成,使用不到十年,就因为河道淤塞和海运技术的提升而荒废。后来历经明清两朝断断续续的修整,仍然不具航运价值。上个世纪七十年代初期,战天斗地其乐无穷的革命群众又想起来了这条一直整修不断麻烦不断的河道,修理地球的豪迈犟劲上来了,发动起比元朝人夫还要多十倍的人力,在冰天雪地里,三个县的几十万农民工集合在一起,干劲冲天地挖泥开河。

这条莫言曾经战斗过挖掘过的运河,后来还是像一个大肠功能紊乱的病人一样淤塞了。

上个世纪五六七十年代,不知道我们的爷奶叔伯辈们发的什么疯,一定要比高与天公,一定要跺脚让地抖,一定要在全国山山水水上修建河渠,引水上山,炸石下地。每个人都饿得面黄肌瘦,每个人都斗志冲天,有愚公移山之精神,有精卫填海之倔犟。他们战天斗地,其乐无穷。与天斗,其乐无穷;与地斗,其乐无穷;与人斗,还是其乐无穷。斗争哲学遍布寰宇的每一个角落。

归根结底,这是一个斗争的时代,这也是一个斗争的国度。

在这个疯狂斗争的国度里,青年民工莫言在与天斗与地斗的闲暇,试图与自己的命运继续战斗:

> 人山人海,红旗猎猎,指挥部的高音喇叭一遍遍播放着湖南民歌《浏阳河》,那情那景真让我感到心潮澎湃。夜里,躺在地窖子里,就想写小说。挖完河回家,脸上蜕去一层皮,自觉有点脱胎换骨的意思。跟母亲要了五毛钱,去供销社买了一瓶墨水,一个笔记

本,趴在炕上,就开始写。书名就叫《胶莱河畔》。第一行字是黑体,
引用毛泽东的话:水利是农业的命脉。第一章的回目也紧跟着有
了:元宵节支部开大会,老地主阴谋断马腿。故事是这样的:元宵
节那天早晨,民兵连长赵红卫吃了两个地瓜,喝了两碗红黏粥,匆
匆忙忙去大队部开会,研究挖胶莱河的问题。他站在毛主席像前,
默默地念叨着:毛主席呀毛主席,您是我们贫下中农心中最红最
红的红太阳……念完了一想,其实红太阳并不热烈,正午时刻的
白太阳那才叫厉害呢。正胡思乱想着,开会的人到了。老支书宣布
开会,首先学毛主席语录,然后传达公社革委会关于挖河的决定。
妇女队长铁姑娘高红英请战,老支书不答应,高红英要去找公社
革委会马主任。高红英与赵红卫是恋爱对象,两家老人想让他们
结婚,他们说:为了挖好胶莱河,再把婚期推三年。这一边在开会,
那一边阴暗的角落里,一个老地主磨刀霍霍,想把生产队里那四
枣红马的后腿砍断,破坏挖胶莱河,破坏备战备荒为人民……这
部小说写了不到一章就扔下了,原因也记不清了。如果说我的小
说处女作,这篇应该是。⑥

　　十八岁的青年民工莫言的长篇处女作,构思非常经典,中心极其
突出,老地主/民兵连长的矛盾对立体,在很多革命现实主义作品里都
能看到。整部小说的出发点,就是破坏与反破坏的对抗,坏人与好人的
对比,而所有这些作品的核心思想就是斗争。同志与同志之间是春风
般温暖的斗争,同志与敌人之间是你死我活的斗争。凡是有人的地方
都存在斗争,胶莱河畔显然也不例外。虽然地主阶级已经被打倒在地
永世不得翻身了,但是他们的反动阶级本性使他们时刻躲在阴暗的角
落里,脑子里动坏脑筋,老想搞破坏。故事的结尾是众所周知的。小说
的终极意义就是在这个矛盾进行的过程中,在斗争中。
　　经典革命现实主义代表作品是革命样板作家赵树理描写华北农
村合作化的长篇小说《三里湾》。在三里湾这个其乐融融的天堂般的世
界里,也存在着进步与更进步的矛盾,积极与更积极的矛盾。《三里湾》

的女主人公王玉梅更是《胶莱河畔》的女主人公铁娘子高红英的光辉先驱。她们的所思所想一模一样,好像是同一个模版压出来的分币。高红英为了挖好胶莱河,和赵红卫决定把两个人的婚期再延迟三年。《三里湾》里,著名的超级好人和能工巧匠、祖宗三代根红苗正的人民好社员好模范好榜样大公无私一心为公的王玉生和好学上进大义灭亲的超级美眉袁灵芝,他们两个人为了合作化的伟大事业,结婚了就跟没结婚一样,两铺盖还是分开各睡各的,哥妹俩该干啥还干啥,不做饭不扫地,吃饭去食堂,扫地有卫生员。

一切都是美好的,连空气都飘着热火朝天的革命建设气味。

青年民工莫言没有把这部具有浓重革命现实主义特点的小说写下去。

莫言解释说,这是因为当时的劳动太累人了,吃完饭就只想睡觉,根本就没有精力再写下去。要不然,这本巨著炮制出来,青年民工莫言可能一下子就会白日飞升,成为青年作家莫言。如果机缘巧合,被某领导相中,被领袖钦点,他甚至有可能变成新时代的革命样板作家赵树理或者超级社会主义样板作家浩然,放一个基层青年农民大卫星。他就会被组织上看中,调到这个写作组那个通讯队,成为一个专业的文字工作者,为讴歌伟大的社会主义乡村建设事业而不断地写字。那样的话,虽然莫言会更早地脱离土地,但是他很有可能跟很多同时代"写手"一样,捣鼓一阵之后,就偃旗息鼓了。那样的话,高密仍然继续,胶莱河仍然继续,而文学意义上的高密东北乡就绝对不会诞生了。

莫言对此有深入的反思,反思的结果是他在北京师范大学念写作学硕士研究生时的毕业论文《超越故乡》。

莫言体会到,要深刻地认识故乡,就必须逃离故乡;要超越故乡,就必须皈依故乡。对于这片他"爱恨交加"的"血地",莫言认识到他和高密东北乡保持"若即若离"态度的重要性。"即"能使他吸收地气,获得灵感;"离"让他保持清醒,提升思考的纯度。

莫言命中注定地离开了高密东北乡,为他日后在相对遥远的一个距离和空间外重新观察和思考故乡时寻找到了独特的视角定位。

这些是后来的故事。

青年社员莫言最迫切的任务,是逃离自己的故乡。

上大学这条路被堵死了,青年社员莫言还有一条路,就是去参军。当兵后,如果好好表现,有可能被推荐上大学,也有可能被直接提拔成军官。

这是一条艰苦卓绝的金光大道,但是对于一个富裕中农的后代来说,参军比被推荐上大学还要困难。

从十七岁那年开始,莫言每年都报名应征,但到了中途就被涮了下来。不是他的身体条件不合格,而是家庭出身条件不合格。家庭出身在名义上也算合格,但既然有那么多贫下中农子弟都想当兵,又怎么可能让一个老中农的儿子去呢?

青年农民莫言的人生再度陷入困境。

柔软的棉花

谚云:条条大路通罗马。

青年农民莫言试过了好几条大路,发现没有一条路是通向城市的,更别说是几万里之外的罗马了。

1973 年,莫言通过在县棉花加工厂做主管会计的五叔的关系,走后门进厂做农民合同工,当时叫做季节工。棉花收购以后来做工,然后一直到棉花加工完毕再回家。在当时,干农民工是抢都抢不到的美差,其地位跟现在游荡在城乡结合部,身份卑贱、工作辛苦、条件恶劣、形容猥琐的民工相比,在地位上、待遇上和自我满足感上完全不可同日而语。虽然这种合同制工人在待遇上仍然不能跟正式工人相比,仍然是单位里的最底层,但是跟在农田耕地里日晒雨淋相比,无疑是天堂般的乐土——青年农民莫言发誓要离开家乡,适彼乐土。乐土乐土,爰得他所。县棉花加工厂虽然还远远谈不上是乐土,毕竟距离乐土又靠近了一大步,而且是关键的一步。这就跟谈恋爱一样,磨磨蹭蹭的,两个人从一米远的距离,慢慢缩短,而为一尺,又缩短,而为一寸,然后得寸入尺,成就了好事。

1973 年,"文化大革命"后期,国内国外的形势一片大坏,不是小坏,而是大坏。国内修正主义,国外帝国主义,还有暗藏在革命导师身边的毒蛇都在吐信子,阴谋搞和平演变和复辟。但是在荒僻的高密乡土上,青年农民莫言无力胸怀全球,综览全国,只能为改变自己的命运而不懈努力。

在当时,青年农民要进城做农民工,也是要有路子的。青年农民莫言的家族虽然已经靠边,但是他的一生中有很多贵人相助,在县棉花加工厂当主管会计的五叔也是贵人之一。

莫言的爷爷⑦就是一个会计能手,他的父亲继承了爷爷的精算本领,在生产队干了几十年会计,虽然因为成分问题而小心谨慎,战战兢兢,却是一个正直的乡村知识分子。在家教上,莫言父亲非常严厉,从现在的角度来看,有时候甚至失之过严了。在莫言的家里,这种严格的管束现在看起来行之有效:他大哥管谟贤考上了华东师范大学中文系,是村里少有的受人尊重的老大学生之一。莫言自己不用说,也是古话说的文曲星下凡。

莫言的五叔在县棉花加工厂竟然也是当会计。

青年民工莫言进县棉花加工厂,一天能挣一元三角五分钱。

这笔工资在当时可谓巨款。青年民工莫言的工资要交给生产队一部分,还能在生产队里记工分,什么都不耽误,一个月大概能剩下二十多元。在上个世纪七十年代初,二十块钱能买很多东西,即使在城里,这笔钱也能管一个三口之家吃饱穿暖了。

莫言在散文《美丽的自杀》里写过一个叫做"美丽"的表妹。这位表妹漂亮、善良、倔犟,颇受家里人的期望。她初中没有考上高中,只能回家务农。像她那样一个女孩子,是小姐的身子丫鬟的命,贫苦得让人喘不过气来的乡村,不是她能体面生存的地方。

有一次,衣锦还乡的大兵莫言到集上买鸡蛋,顾盼流连,自我感觉颇佳。他炫耀性地买了三百个鸡蛋,其中有不少是臭鸡蛋,但是他得意洋洋,感受到了被人崇拜的快乐。这时,在集上卖鸡蛋的表妹"美丽"出

现了。表妹告诉他,他买的很多鸡蛋是孵过的,有些还是臭的。

大兵莫言潇洒地说,不要紧,没关系。

善良的"美丽"表妹把自己的鸡蛋送给了大兵莫言,坚决不要他的钱,羞涩地转身离开了。多愁善感的大兵莫言,目光追逐着表妹的婀娜背影,独自神思恍惚。

几天后,"美丽"表妹的父亲突然哭上了门。

"美丽"表妹喝了 250CC 的剧毒农药自杀,十分钟不到,一条鲜活的生命就没了。

"美丽"表妹前世一定是江南水一样的大家闺秀,她投错胎来到了高密东北乡,仍然是一个不能忍受任何屈辱的玉人。有一次,她不小心弄丢了一元三角钱,被父亲一个耳光打得倒在地上,她跟自己的伙伴说,如果这个时候哪个臭男人能给她一元三角钱,让她干什么她都愿意。

"美丽"表妹之所以自杀,是因为父亲贪图便宜,从一个乞丐手里买了一篮子讨来的乱七八糟的食品,因为表妹反对,还恶声恶语地咒骂她。表妹一气之下,就喝药死了。

质本洁来还洁去,强于污淖陷渠沟。一朝春尽红颜老,花落人亡两不知。

表妹啊。

第一次读这篇散文时我以为莫言在暗示什么,第二次我读时还以为他在暗示什么,第三次再读,我觉得他似乎真的是在暗示什么。

我读得心中忧戚,仍然不知道莫言在暗示什么。

莫言在中篇小说《欢乐》里写到过一个苦命的乡村姑娘鱼翠翠,她也是无法忍受乡村的污浊生活和人格的屈辱而喝农药自杀的。她卑微而令人慨叹地抗争,最后像草籽一样死掉。

在乡村,剧毒农药不仅能够杀灭庄稼上的害虫,还能超脱那些无法跟自己的命运抗衡的悲愤生灵。

在乡村,贫穷是一把达摩克利斯之剑,时时刻刻悬在人们的头上。

莫言在散文里痛心疾首地质问表妹。

他到底是在质问贫穷还是在质问表妹?虽然这可能只是一次徒劳

无益的终极追问，一次几千年来各路哲人豪杰追问过且永远都不可能有答案的问题，但是我更愿意庸俗地将这个追问坐实。

莫言的复杂人生经历，致使他很多的虚构都像是真实的，而真实的都像是虚假的。在他的长篇小说《天堂蒜薹之歌》里，莫言写到那个送蒜薹途中被卡车碾死的老农民，写得那么触目惊心，让人以为是他的天才想象，实际上，曾在生产队当过队长、在劳动时照顾过他的四叔，就是在往城里送甜菜的路上，被一辆无证驾驶，替公社书记家运送建筑材料的卡车给撞死的。人撞死之后，公社书记这屁大点的官牛气得不得了，爱理不理。这件事情发生在八十年代初，青年教官莫言得知消息后悲愤莫名，写信给远在湖南教书的大哥管谟贤，愤怒地声讨这件事情，准备回家乡替四叔打官司，讨回公道。

这件事情最终不了了之。

公社书记据说是他们家沾点亲带点故的远房亲戚，为了摆平这件事情，莫言家说客盈门。四叔家的儿子也不争气。他们把四叔的尸体抬到公社的大院里，丢下不管，自己反而跑进办公室看起了电视。在乡村里，村民卑贱如草芥的生命以及这些生命的卑微死亡，对青年教官莫言的心灵产生了巨大的冲击，这种莫名的悲愤一直压抑在他的内心里，寻找散发的渠道。长篇系列小说《红高粱家族》给他带来巨大的声誉之后，他一反原来那种汪洋肆意的写作方法，用几乎是自然主义的白描手法，写出了一曲农民卑微生存的悲剧《天堂蒜薹之歌》。这是一部在国内遭到不公正对待的作品。那些时髦的评论家们对此装聋作哑，就像他们对莫言的另外一部重要的长篇小说《酒国》装聋作哑一样。这些毫无评判能力的评论家就像是舞台上滥竽充数的东郭先生，他们必须看到站在面前高台上的指挥的手势，才敢真正发出声音出来。

《天堂蒜薹之歌》这部长篇小说浓缩了莫言多年参加乡村劳动的经验，他怀着很深的悲愤来写这部长篇小说，小说中那个总是要逃离乡村的年轻农民高马和他的女人金菊，连爱情和空气都被压到泥土深处。他们的爱情和人生悲愤得令人窒息。金菊必须替自己家的傻哥哥

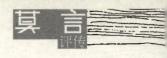

换亲,使得一桩众所周知的爱情在一次徒劳的逃亡中化于无形。

高马当过兵,退伍返乡,种了几亩蒜薹,本来指望着蒜薹丰收,能够给自己带来一些收益,从而付给金菊家一笔钱,让他和金菊的爱情有一个完美的结局。然而,这个小说的悲剧接二连三,不论是高马的死还是金菊的死,都卑贱得不如蝼蚁,就跟他四叔的死一样。这种猪狗不如的生活,刺激着读了大量革命现实主义外加革命浪漫主义小说的青年作家莫言。那些卑微的死亡,那些无力挣扎的生命,都让莫言无法缄默不语,他一再地为这些卑微的生命所激越。在《天堂蒜薹之歌》之后写成的中篇小说《欢乐》里,一前一后喝农药死去的鱼翠翠和齐文栋,他们的命运跟《天堂蒜薹之歌》里的高马和金菊何其相似!

"美丽"表妹说死就死了,一点征兆都没有,她的生活,本来就毫无意义。莫言愤怒地质问表妹,其实却是在质问这个肮脏的世界:

> 表妹,你起来,你站起来,我有话问你。你为什么要这样?难道你不留恋瑰丽的充满了欢乐和痛苦的、喧嚣与骚动着的人世吗?难道你不留恋你的亲人、你的朋友、你的情人、你的仇敌、你倾心的电影明星吗?你难道不想看看这空旷无边的原野上夏则郁郁葱葱秋则一片金黄的庄稼和农夫们被阳光染成土黄色的肌肤了吗?你不为永远听不到牛犊思念母亲的凄凉的鸣叫、绕梁燕子的缠绵啁啾、盘旋蓝天的风筝的呼啸、猫头鹰在暗夜里发出的喜悦的叫声和产妇阵痛时甜蜜的呻吟而感到后悔吗?……
>
> ……表妹,请你回答我,你是从什么时候开始悟到了农药不但可以杀死害虫而且还可以杀死人自己,什么时候帮助人类生存的文明的结晶开始异化成为消灭人类的野蛮手段?你什么时候知道了人可以自己结束自己的生命?你怎么忘记了我们家乡妇孺皆知的伟大格言:好死不如赖活着!你知不知道由于你的提前退席将使假如是温暖的世界失去一分温暖假如是寒冷的世界更多几分寒冷呢?你知不知道你健康的身体可以孕育一个也许能成为伟大领袖的胚胎,你纯洁的乳汁可以哺乳一个也许能成为天才人物

的婴孩？就像电影里说的一样：在你这条金光闪闪的丝线上，本来可以编织出绵延不尽的绸缎，你却一刀把这根丝线斩断了。⑧

对自己的生命视之如鸿毛一般轻飘的"美丽"表妹似乎根本就不屑于回答莫言的质问。她草率地处理了自己的生命，看起来却是深思熟虑的：

> 你到底有什么委屈？你那点委屈算得了什么？你父亲讲的不是挺对吗？几年前你不是还终年不得温饱吗？吃饱了喝足了你还不知足，你还要什么呢？
>
> 是哪个无耻的男子像侮辱 S 村的郭××一样侮辱过你吗？郭××遭受侮辱，悲愤交加，在村头一棵树上，用一条麻绳子，勒断了自己的咽喉。她二十五岁，比你早去了十个月。
>
> 你是因为婚姻上的不如意，像那个为了给自己的瘸腿哥哥换媳妇被迫嫁给了一个歪头汉子的 C 村的陈×一样吗？陈×为了反抗这无耻的婚姻，扎进了一口闲置的机井，在井里倒置了半个月才被发现，弄上来时，眼珠子都控了出来。她生前美丽无比，死后人不敢看。她二十七岁，先你八个月告别人世。
>
> 你是因为厌烦了毫无新意的车轮般旋转的生活和牛马般的艰苦劳动而服毒的吗？D 村的吴姓孪生姐妹看到电影上的优美生活，痛感命运不公，天下不平，每人喝了一瓶"滴杀死"，相抱着，像她们在母腹里一样，到天国去找上帝论理去了。她们的年龄加起来三十四岁，死于去年元旦。⑨

"美丽"表妹生于 1963 年，死于 1985 年，芳龄二十二岁，如花似玉，阒然而逝，不留下任何的痕迹。她的死跟上面莫言质问时提到的那些年轻乡村女子的死，都似乎轻于鸿毛，来去无痕。

从莫言的不懈追问中，我们可以看到乡村世界里那些可怕的事件：无耻男子的侮辱、换婚的不如意、毫无新意的车轮般的生活和牛马般的艰苦劳动、自尊心的不断受到戕害……这些，都有可能致"美丽"表妹于死地，每一件事情，都令人触目惊心。这样的乡村，这样窒息的空气，对于一个脑子里不断浮现着美好生活想象的有志青年来说，几乎是不能忍受的："D村的吴姓孪生姐妹看到电影上的优美生活，痛感命运不公，天下不平，每人喝了一瓶'滴杀死'，相抱着，像她们在母腹里一样，到天国去找上帝论理去了。"

从乡村逃离，从土地逃离。

这是不甘屈辱地生活的乡村青年的唯一选择。

能到县棉花加工厂去干活，对青年农民莫言来说，已经是一个巨大的进步了。他不仅一天能挣一元三角五分钱，还可以不干农活照样记工分，吃喝玩乐不用发愁。

青年农民莫言进城干活，结交了朋友，开阔了眼界，赶上了时髦，实现了人生价值。

青年民工莫言对这个来之不易的工作无比珍惜，决心好好干，不给五叔丢脸，也不给家里丢脸。

鼎盛时期，县棉花加工厂汇集了五六百个来自四面八方的年轻人，有干部子弟，下乡知青，外来干部子女，还有像莫言这种从各个村庄里抽调上来的青年民工——厂里的年轻人，即便是青年农民，都有后台有门路，要么像莫言这样通过五叔的关系，要么其父亲是村支书或生产队长。蛇有蛇路蟹有蟹路，八仙过海各显神通。

进入县棉花加工厂，青年民工莫言的人生道路初步地出现了一种脱离土地的假象。

县棉花加工厂里的青工来自五湖四海，干部子弟不用说了，还有很多来自青岛等地的知青。工余闲暇，他们跟青年民工莫言谈起了城里的种种好事，比如电影《流浪者》啦，比如好吃好喝的啦，等等。莫言"一下子觉得眼界大开了"：

棉花加工厂里的青年打扮得要比农民时髦得多，这些人一出门，一看就能看出来，因为整天跟棉花打交道，棉花的绒毛就沾满了全身,每个人身上都带着很多的棉绒,白白的。像我们这种农村去的青年,穿一件黄军装的上衣,穿一条蓝的确良裤子,穿一双白底的、上面带松紧扣的懒汉鞋子,留了一个大分头,戴一个大口罩,就感觉到太时髦、太漂亮了。那么冷的天,还穿着薄薄的鞋,袜子要穿尼龙袜,满脚冻疮也不穿棉鞋。⑩

青年民工莫言为此而激动,他在思想上和能力上都做好了在县棉花加工厂好好干的充分准备。他也认识到,在这种地方,根本无法依靠父母的帮助,一切都只能依靠自己的努力。

青年民工莫言好学上进,脑子聪明,做什么事情都手轻脚快,干在前头,说在后头。

莫言回忆说,第一次在厂里割草,因为他有长期务农的经历和能力,又有足够的动力和自觉性,干活表现出人一头。厂党支部书记在开大会时,特意表扬了青年民工莫言,说老管的侄子真不错,一个顶仨。青年民工莫言受到了书记的公开表扬,激动得屁滚尿流。进入县棉花加工厂之前,从穿开裆裤到小学毕业,莫言从来都是受歧视被欺负遭冤枉的,平生头一次受到公开表扬,这在莫言的人生经历中可谓是一次激动人心的高峰体验。他这样一个被全社会乃至全家庭都唾弃的废物,也能炼成钢铁,也能对社会有用,也有自己的人生价值了。

青年民工莫言坚定了努力干的决心。

青年民工莫言在县棉花加工厂干了三年半,一直都没有回到村里干活。加工棉花时,他当司磅员——莫言的老朋友张世家写文章揭露说,那时莫言仗着自己五叔在厂里当主管会计的关系,走后门捞到了一个好差事——不产棉花时,他在厂里打扫卫生,站岗当保卫。

青年民工莫言到了棉花加工厂,文凭就变成了初中。

他刚进厂,登记老头问他:叫什么名字?多大了?什么文化程度?

青年民工莫言当时是刘姥姥进大观园,一身的紧张。他填表时觉得填小学毕业太丢人,高中毕业也不敢填,想来想去,最后填了个初中文化水平。他自己说"初一吧",初一毕业。在那个以阶级斗争为纲的社

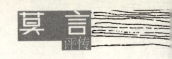

会里,读书学习大多是装样子,徒有其表。莫言虽然是小学毕业,可是因为他读了大量的文学作品,在语文水平上,他可能还高于很多高中毕业生。

青年民工莫言这种虚荣心没有维持多久,就被年轻时代的诤友、青年民工张世家戳穿了,弄得他"见了人抬不起头来"⑪。莫言后来回忆这件事情时,略带一点说不清道不明的甜蜜:

> 受虚荣心支配,我明明小学都没毕业,但对人却说自己是初中毕业,我小学时的同学有的是张世家高中时的同学,张世家从他们那里了解到了我的底细,就当着许多人的面揭穿了我,使我有点儿无地自容。⑫

对于一个适龄青年来说,虚荣是再自然不过的事情。

1974年1至6月,全国搞"批林批孔",棉花加工厂也组织全厂正式工和临时工搞批判,进行政治宣传和政治学习。时代造英雄,也造狗熊。表现越来越好的、将来必将会更好的司磅员莫言和其他两位不知道是正式还是临时的工人——其中一位还是高中生——获得了信任,当上了工人代表,在会上发言。

青年民工莫言做好了充分准备,抄了不少报纸,加上一些流行诗句"青山遮不住,毕竟东流去"和"沉舟侧畔千帆过,病树前头万木春"等美丽的句子,大声朗诵,嗓门洪亮,实实在在地出了一些风头,获得了不少好评。

青年民工莫言因为字写得漂亮,还负责出厂里的黑板报,也很受好评。在那个时候,长大成人了的莫言有没有想起过当年帮他改过作文的《大众日报》右派总编?他负责出的黑板报周边,有没有装饰一些鲜花或者线条?他有没有意识到,装饰黑板报的花边,就等于在装饰自己的未来?

青年民工莫言在县棉花加工厂里,因为工作出色,再一次登上了自己人生旅途中的小山包,远处漠漠水田飞白鹭,近旁阴阴夏木啭黄鹏,天上白云飘,地下蚂蚁爬。人生可谓美好,生活亦甚得意。

那时厂里的人议论说,厂里五六百临时工谁最有才华？老管的侄子!

厂里搞夜校,让职工学文化,青年民工莫言因为在搞"批林批孔"时出了风头,当上了光荣的人民老师,负责教语文课。青年民工莫言的表达能力,在授课中锻炼得越来越好了。

一个小学五年级的毕业生,当上了初中生的老师,这不能不说是对当时、乃至现在的教育体制的莫大讽刺。

青年民工莫言再也不愿意回到村里了,他对在地里干活也产生了深刻的恐惧和巨大的抵触。他不敢设想再回到村里该怎么办才好。城市和乡村、工人和农民之间,差别实在是太大了。当上县棉花加工厂里的一名正式工人,就能吃上国家粮,捧上金饭碗,过上丰衣足食的生活,而不必在贫瘠无望的乡村里一生劳碌,靠天吃饭,还得时刻遭受各种机构部门和领导干部的盘剥,毫无尊严和权利可言。工人和农民的差异,城乡的差异的巨大,在县棉花加工厂干了三年半的青年民工莫言感受不可谓不深刻矣。

当时传说他们这一批临时工中有可能转正一批。虽然还不是全民所有制,而是集体所有制,但毕竟是捧上了铁饭碗,可以一辈子衣食无忧,退休后还有三十三元钱的工资可领,真正是吃喝玩乐一生都不用愁了。最重要的是,当上一个伟大光荣正确的无产阶级工人,在那个时代是真正享受到国家提供的一切好处:政治地位高,政治权利大,生活待遇好。如果提干当上了干部,那就是过上了传说中天堂般美好的日子了。如果一个青年农民真的拼搏成了一个无产阶级,那么他回到村子里第一件事情,也许就是把乡下的糟糠之妻休了,再重新找一个同样是全民所有制的、吃国家粮的、捧铁饭碗的城市姑娘当老婆。狗配狗,鸡对鸡,猩猩要娶猴为妻。门当户对的封建观念,无论在哪个朝代都根深蒂固。

莫言当时的心境是:"白日做梦,也是如何冲出牢笼,离开家乡。"⑬而这,当然也是包括他的好友张世家在内的几乎所有适龄青年农民的终极理想。

这个时候再返回乡下,莫言就觉得几乎是不堪忍受了:

> 在棉花加工厂工作的这段时间,我想离开农村的这种愿望越发强烈,我觉得我一定再不能回到我那个村里去了,不能再跟那一帮人混到一起了,那里毫无前途,一回去前途就断送了,我只有想办法离开这个村,才可能有出路。……农村和城市之间的差别太大了,完全是大大地超出了我过去所认识的那种阶级的关系。我梦寐以求的就是我能够转正,但是后来大家也纷纷传言说四届人大一开,马上要把这批人转正,又有些人说不可能。⑭

城市与乡村

在县棉花加工厂工作的这段时间里,亲眼目睹和亲身体会了城乡之间的巨大差异,莫言愿望愈来愈烈地想要逃离土地。

这种愿望跟路遥小说《人生》里的愿望是一致的,路遥在《人生》里,先是给高加林一个俊美的外表,优秀的脑袋,继而给他一个无法逃离的命运——作家设下了一个传统乡村和现代城市之间进行对比的圈套,让高加林往这个圈里钻。一方是城市姑娘黄亚萍,另一方是乡村妹子刘巧珍,一边是城市的花花世界,另一边是乡村的传统美德,高加林就像一条被两根骨头所吸引的狗,左右为难,不知道该先叼哪一块才好。

路遥可不是一个心慈手软的作家,他让高加林彷徨、犹豫、不知所措,到了他昏头昏脑、失去理智之后,立即痛下杀手,把他斩于马下:城市的黄亚萍抛弃他,乡村的刘巧珍改嫁。正应了古谚:机关算尽太聪明,竹篮打水一场空。高加林在走投无路之下,皈依了土地,在乡村道德的最高代表德顺大爷的施洗下,灵魂获得了有限度的拯救。

在路遥小说里,"德顺大爷"是一个传统道德的明确象征,他的存在,仅仅是为了点化迷途羔羊高加林。

现在的读者可能会关心高加林会不会再度出走:"娜拉出走之后怎么办?""高加林回到农村之后怎么办?""高加林会不会再度出走?"

"高加林就这样认命了,脸朝黄土背朝天,受尽了乡村干部的压榨和欺凌最后变成另外一个德顺大爷?"

在莫言的村里有没有一个刘巧珍?在城里有没有一个黄亚萍?这方面,莫言守口如瓶。他在文章里和访谈里从来都没有谈到过自己的情感生活,仅仅是在《狗的悼文》里略微谈起一点家庭,在《陪考一日》里说起过女儿。

在这个粗拙的窑变瓷壶里到底盛着什么样的水?

正如台湾学者王德威说的那样:"千言万语,何若莫言?"

在中篇小说《爆炸》和《金发婴儿》里,莫言不经意地透露了一些家庭的情况,经过重重的转换和伪装,其中仍然包含了一些真实的情感。

小说的男主角都是吃国家粮的"城里人"。《爆炸》里的男主人公是"导演",他匆匆地赶回村里,是督促自己的妻子玉兰去公社卫生院做人工流产。在这部小说里,莫言把女主人公玉兰描写成一个泼辣的、不谙风情但是吃苦耐劳的乡村妇女。她在家乡辛辛苦苦地劳动,伺候两老,守着活寡,生活毫无指望,成功人士的丈夫却一回家就让她去做人流。莫言在这部早期小说里,压抑着倾诉的情感,但对计划生育那种非人性的暴力因素,仍然流露出极大的不满。《金发婴儿》里,在部队里当连指导员的男主人公和乡村里开朗乐观的妻子紫荆之间,形成了故事的张力。在这个故事里,莫言加入了一些臆想的成分,让紫荆和黄毛偷情,生下了一个"金发婴儿"。无论连指导员多么努力,紫荆都已经对产生了真正的感情的、因为破坏军婚而入狱的黄毛死心塌地了。她请指导员的丈夫放自己一马。紫荆漂亮的金发婴儿哭了,指导员残忍地掐死了他。

这两部同时期创作的小说里,女主人公呈现出两种截然不同的品性来,似乎暗暗地表明着莫言对于传统的道德判断,一直处在摇摆不定中。

城乡之间的巨大沟壑,高度的等级差,对路遥、莫言这样的本乡本土的青年农民都造成了巨大的心理落差。青年民工莫言在县棉花加工厂,甚至到工厂的食堂里去吃饭,也感受到了这种无所不在的差别。正式工吃饭,一顿打两个大白面馒头,放在饭盒里,故意放得很显眼,而且把筷子插在馒头上,端在手里,走起路来轻轻飘飘,得意洋洋、耀武扬威,在青年农民莫言他们这些临时工的面前走过。临时工家庭条件比较差的,自己煮两个地瓜、窝窝头,悄悄地躲在一边吃。一次,莫言回家,说到人家都吃白面馒头,流露出一种艳羡的语气。他父母把自己舍不得吃的白面给了他,他背到食堂。食堂会计说,你拿这么一点点的面来干什么?莫言说想吃白面馒头,结果他一顿就把三斤白面都吃掉了。那个时候,莫言是一个大肚汉,特别能吃,吃完了三斤白面他就感到内疚。他的父母一年到头都舍不得吃的白面,他却一顿就吃掉了。家里太贫穷,吃光就没有了。这种感觉特别不好。

在厂里干了三年多,转正遥遥无期,青年民工莫言的出路又被堵死了。他在县棉花加工厂里的美好时光,慢慢地走到了尽头。

莫言在文学作品里用到自己在县棉花加工厂工作的经验不多,现在可见的是他早期的短篇小说《售棉大道》和上个世纪九十年代初写的中篇小说《白棉花》。

《售棉大道》这部小说的世界观还是旧式的,道德观上也是惩恶扬善,一旦矛盾调和了,故事就结束了。莫言在这部小说里展现的才华,是他对小说环境的描写、对天气变化的描写。虽然有借鉴《南方高速公路》的地方,但是莫言自己在语言表达上体现出来的瑰丽色彩,已经初步展现。通过这样一次普普通通的、然而令人感到筋疲力尽、甚至心惊肉跳的农民售棉的经历,莫言描写"杜秋妹"、"车把式"、"拖拉机手"和军嫂"腊梅"这四个人物,歌颂"真善美",抨击"伪恶丑",然后是"伪恶丑"的代表"拖拉机手"受到了一定的感化。这些看起来并不新鲜,新鲜的是莫言在这部短篇小说里,找到了自己表达的趣味和出发点。

莫言的中篇小说《白棉花》发表在《花城》文学杂志 1991 年第 5 期上,《中篇小说选刊》1992 年第 1 期转载。这篇小说也直接调用了他在县棉花加工厂里获得的经验。小说写男主角马成功很幸运地得以和自己一直暗恋着的乡村美女方碧玉一起到县棉花加工厂去当临时工。在那种城乡的巨大差距中,他们双双迷失在白棉花里,迷失在被白棉花装点得扑朔迷离的爱情里。方碧玉这个身体健康,浑身散发着宜人气息的、让十七岁的毛头小伙子马成功连闻到她喷出来的农药都迷恋不已的村野精灵，来到了城市，进入了工厂之后，失去了飞翔的天地，跟普通的女工已经没有什么两样了。这时，马成功和方碧玉都碰到了自命不凡的知青李志高。李志高先是以自己的才智镇住了马成功，接着吸引了方碧玉。这个俗套的爱情故事正在轨道上行进时，干部的女儿孙红花出现了。孙红花看上了李志高，于是李志高为了现实的利益，变成了高加林，抛弃了已经怀上他孩子的方碧玉，投向了孙红花的怀抱。后来，可怜的方碧玉在被未来的公公、村支书国忠良欺负之后，自己投入巨大的清花机里被打成了一个巨大的棉花包，成了一个屈死的冤魂……且慢，这仅仅是小说中的一个可能的结尾之一，1991年的莫言，已经是小说叙事上的能工巧匠了，他不满足于这种俗套，他必须给自己的小说以多义性的、暧昧性的结尾。莫言对俗套从来都心有不甘，他拼上了老命，奋不顾身地给小说按上了一个漂亮的尾巴：惨死的方碧玉插上翅膀飞走了。

这个故事的原本俗套是方碧玉和李志高的故事，在这个故事里，李志高是一个陈世美，或者说是一个高加林，而方碧玉是秦香莲或者刘巧珍。目睹和旁观这一切的青年农民马成功在很大意义上是青年农民莫言的化身，他化身成小说中的一个人物，他目睹了，他叙述了，他取得了和现实的某种妥协。

小说在描写城乡的巨大差距给乡村青年带来了巨大的心理和肉体的折磨之后，走向了虚无。方碧玉的多重性意义的肉身消失，暗示了这种虚无的软弱性。也就是说，作家莫言无法从这个故事里求得一个基本的和，比如路遥的《人生》里，高加林疲沓无力地踱回村里，正不知到何处去时，慈祥的、博爱的德顺大爷出现了，对他进行了道德抚摸和情感施洗，使得这只迷途羔羊重新回到了羊群中。而《白棉花》里的方碧玉却无处可去，无路可逃——在乡村，她的父亲和强行要把她强娶为自己傻儿子媳妇的村支书国忠良对她不仅没有精神的安慰和道德的抚摸，反而对她进行了残酷的精神和肉体的迫害——只能消失在空气中。

道路本无所谓有无所谓无，乡村青年无论怎么走，走的次数有多

少,都成不了道路,在他们的面前,仍然是悬崖,仍然是迷雾。脚底下没有路,眼前没有路,不仅没有路,连希望都没有了。这恐怕是目光似乎洞彻了这个世界上一切不平的鲁迅所未曾意料到的结局。

中篇小说《白棉花》原本是为导演张艺谋创作的,莫言为此对小说里的人物和结构做了特别的安排。这部小说后来并没有被张艺谋拍摄成电影,而是被台湾导演看中,改编成了电影。苏有朋饰演马成功,宁静饰演方碧玉,但是人物定位上和造型上,距离莫言小说的本意太远,又没有新的创造。据说宁静所饰演的方碧玉呆板、迟滞,一点都没有小说里方碧玉的那种浑身满溢的活力。电影公演之后,评价很一般。

中篇小说《白棉花》的结尾,莫言写完之后说不定出了一身冷汗。他用这样一个虚妄的结局,对县自己在棉花加工厂的经历进行一次彻底的了断——莫言的命运,本来可能就是类似方碧玉和马成功那样的命运,他在这样一个恢恢天网之下,无路可逃,只能"施展轻身功夫,翻越围墙,从此远走高飞"。如果不是后来奇迹般地参军成功,莫言的最后结局只可能是消失在空气中,"远走高飞",或者从此脑袋深埋在腰间,不作任何梦想,成为无数颗因为没有机遇、得不到雨露的浸润而无法发芽的种子中的一粒。

好铁也打钉

青年民工莫言的目光,又一次回到了参军这个唯一的出路上。

这条路,本来早就堵死了。他从十八岁开始,每年都报名参军,每年都被刷下来。在那个时代,参军是乡村青年想得到的最好的出路之一。然而,莫言通过参军而逃离土地的梦想,仍然受制于他家的富裕中农成分:参军这么光荣这么美好的事情,有那么多贫下中农的子弟都争着抢着要去,怎么可能落到富裕中农的后代、青年农民莫言的头上呢?

青年农民莫言的每年报名,有些像中篇小说《欢乐》里年年都参加高考的齐文栋,每次都名落孙山。齐文栋是考的成绩不好,莫言却是家庭成分不佳。在那个时代,家庭成分是一个可怕的紧箍咒,死死地箍在莫言这类家庭成分不好的青年农民的脑袋上。

　　他几乎无路可走了。

　　要是换成了别人,每年都遭到拒绝,也许就放弃了。青年农民莫言没有。他要逃离土地的愿望是如此的强烈,如此的巨大,在他到县棉花加工厂当了三年半的临时工之后,这种城乡之间的巨大反差给他的心灵造成的巨大震撼,让他感到自己生活了十八年的乡村几乎是已经无法忍受的瘠土了。如果他不能逃离这片土地,那么他就可能窒息。

　　过去的文学作品中所展现出来的那些如诗如画、含情脉脉的乡村,那些如桃花源般的风土民情,在莫言这里,都产生了巨大的扭曲,或者说是得到了纠正。在经历过大跃进、三年自然灾害、辍学、"文化大革命"的洗练之后,莫言眼中的乡村,已经千疮百孔了。路遥在中篇小说《人生》里几乎是下意识地注意到了乡村的变化:村支书高明楼变成了首富,生产大队长成了能人,他们这些当官的永立潮头。在阶级斗争如火如荼的年代,他们是给成分不好的人家白眼和脸色的领导干部;在改革开放的年代,他们是致富的标兵和领头羊——莫言一直关注着这种乡村的变化,他后来在长篇小说《四十一炮》里,通过嘴馋的小男孩罗小通和色欲缠身的大和尚的心灵对话,呈现出了一片新时代新土地的新金钱拜物教的骇人景象:村长老兰无私地向村民们传授注水猪肉的秘方,带领全村人民共同致富,从而营造出了一种极端的现代化的畸形生态——无论是在哪个时代,好事都给这些当官的占了。莫言比路遥更多地把目光投注到城乡的巨大差别当中,而路遥,则在长篇小说《平凡的世界》里,继续寻找最底层、最基本的道德楷模,并以此作为自己英年早逝的献祭礼。

　　相反,莫言无法从"平凡的世界"中寻找到什么美德,他触摸到的都是那些残酷的、冷漠无情的生活黏液,这些东西整日缠绕着他,让他充满了呕吐的愿望。只有那片"我爷爷"余占鳌和"我奶奶"戴凤莲曾经大生大死、大爱大恨、敢作敢为、胆大包天热情洋溢的,莫言通过爷爷、大爷爷等老一辈人的讲述和自己发挥积极想象力而虚构出来的红高粱世界,才可能出现激动人心的风景。然而,即使是在他想象中的世界里,也是一个盛行"丛林法则"的世界,人与人之间存在一个生命力的等级差,一个众所周知的、人人遵守的熵值。在那个世界里,弱小者必将被消灭,只有生命力旺盛的人才能够存活下来。

这片热土已经长出了不成样子的蒿草,在这些贫瘠的土地上,瘦小的红蝗正在到处飞舞。美好的乡村在哪里?莫言采取了一个策略,那就是把这些美好的、激动人心的乡村搬到历史的深处,让它成为现代乡村的背景。

在这个背景下,走在乡村土路上的青年农民莫言,在炎热的夏季,抬眼瞭望着热气蒸腾的田野,感觉到一切都很不真实。他自己的生命和自己的生命历程,就像是被走方艺人在昏暗的灯光下表演出来的皮影一样空洞乏味、软弱虚假。青年农民莫言无法忍受这种虚假,他必须打破这种虚假的幻想,从中找到自我和自我存在的价值。

那个时候,青年农民莫言一定时不时地抬头望望天空,看着天上的白云飘移,乌云翻卷,盼望着一件天上掉馅饼的好事突然降临。

他的嘴巴张得大大的,就像一个接纳雨水的脸盆。

机会偶尔会给那些做好充分准备的人一点点惊喜。

1976年初征兵时节,恰逢上级发动全县的力量去战天斗地,到二百里远的邻县昌邑县去挖胶莱运河,村子里的干部,村支书、大队长、民兵连长和所有的整劳力都到水利工地上去了。征兵开始时,为了不影响水利工程的进度,上级发文说适龄青年可在工地上参加体检。那时莫言在棉花加工厂当临时工,不用去挖河,根据上级的精神,像他这样外出务工的青年可以就地参加体检。莫言就瞅了个空子,报名之后在公社驻地与社直机关的青年一起参加了体检。

过去体检在村里,人人的眼睛都盯着,贫下中农的子弟成群结队,莫言连参加体检的资格都没有捞着。为了让莫言实现逃离土地的梦想,命运女神设计了一场动静浩大的调虎离山之计,把那些阻碍莫言参军的力量都调离了。他们远在二百里地之外,鞭长莫及,根本就无法、也无从得知莫言已经乘虚而入。天道酬勤,或许是莫言要脱离乡村的愿望太强烈了,又或者他真的是天上的文曲星下凡,命运女神一查电脑资料,发现莫言的"劳其筋骨,苦其心志"的锻炼足够了,再锻炼下去有可能变成一块废铁了,就给他创造了这么一次机会。

在莫言的成长过程中,命运女神的足迹无所不在。

普天之下,像莫言这样受苦受难的、热爱读书,拼命努力要逃离土地,过上好生活的青年农民不计其数,然而真正逃脱罗网的也就是像路遥和莫言等仅有的那么屈指可数的几个而已。无论怎么研究,怎么总结,我都越来越倾向于归结为命运的安排。在此之前,莫言所遭受的一切冷遇和白眼,都是为了让他得以实现这次胜利大逃亡而做的铺垫和准备。他的辍学、他的务农、他的做临时工,他的一切努力,都是一次曲线救亡的铺垫和预演。

莫言在县棉花加工厂里,结识了两名职工,他们是莫言所在公社的武装部部长的儿子和武装部副部长的侄子。莫言知道这两位"工友"的长辈的权力对他有多么重要,平时就特别注意团结他们。征兵开始,莫言给公社武装部部长写信,请部长的儿子送去。

棉花加工厂党支部书记对莫言的印象也很好,在莫言报名参军这件事情上,这位跟公社武装部部长是老朋友的支部书记给莫言说了很多好话,认为像他这样的人才到了队伍上可能有更大的发展空间。他的好心帮了莫言大忙。这是莫言后来才知道的事情,当初他还错以为是自己的努力发挥了作用。事实上,他的一百封信也比不上书记一句话。

就这样,一切都向着朝莫言有利的方向悄无声息地行进。

有一次,莫言在路上碰到一个也在棉花加工厂当过临时工的转业军人,这个人在公社帮助做征兵工作,跟莫言的关系不错。他悄悄地把消息提前透露给了莫言,说,你这次有希望了,已经定了,不过你先藏在心里,别说出去。

莫言听到这个消息,几乎不敢相信自己的耳朵,激动兴奋、百感交集,愣住了。

他抬头看看天空,看到了一个巨大的馅饼从遥远的空中飞下来,不偏不倚,正正好好砸在他的脑袋上。这样的事情真的发生了,莫言掐了自己的胳膊,跺了脚下的土地,咬着那块馅饼,不知道如何是好。他满腔的情感无处宣泄,浑身有各种澎湃的力量在冲撞,只想找到一个没有人的地方,痛痛快快地哭一场。

那种刻骨铭心、历经千难万险、山重水复疑无路、一度不知该往何处去,最终柳暗花明,终于望见远处有炊烟人家的惊喜感受,只有莫言自己才能有最痛切的体会。

那张仿佛有千斤之重的入伍通知书,是村民兵连长从水利工地骑自行车返乡路经县城时,拐到棉花加工厂扔给莫言的。莫言参军这件事情没有经过民兵连长,他被蒙在鼓里,几乎一无所知,因此感到非常生气。但是莫言参军是公社武装部的决定,他一个小小的民兵连长根本就无从阻挠,所以他更加气恨,把入伍通知书朝着莫言一扔,头也不回地走了。

青年民工莫言拿着入伍通知书,不敢相信这是真的,心里忐忑不安,生怕夜长梦多,恨不得第二天就上车走人。

莫言的人生,从此产生了剧变。

弟走从军行

把每年一度的高考说成千军万马过独木桥,是形象而残酷的比喻。在这样一次过桥运动中,只有身强体壮的人马才能把别人挤到河里,最后做那一将功成万骨枯的好事。

莫言参军成功算不上千军万马过独木桥,而是像骆驼穿过针眼。在"铁屋"里的人,天天目睹的是一壁壁的墙,以为这个四面围住的小小空间就是整个世界,很少人能透过一扇窄门,或者一扇气窗,逃出这个房子。

美国有一部电影叫做《肖申克的救赎》。在电影里,那名因为遭到诬陷而被关入大牢的会计师为了挽救自己,采取了艰苦卓绝的自救方法。他表面上对监狱长唯唯诺诺,暗地里搜集对方的腐败证据,在牢房里不动声色地挖隧道,最后在十拿十稳的情况下,逃了出去。影片的最后,肖申克坐在海湾沙滩上,面朝大海,春暖花开。

从封闭的世界中逃脱，这是每个成功人士人生中必须经历的阶段。

留在封闭窄门背后的人，最终都碌碌无为，老死收场。

青年民工莫言的人生在1976年这个新政权建立之后最为微妙的年份里，忽然获得了一百八十度的急转，就像九曲黄河一样，因为转弯而获得了崭新的生命。

青年民工莫言变成了新兵莫言。

拿到入伍通知书后，新兵

1976年2月，在山东黄县

莫言去看望了已经八十岁的爷爷，把自己终于参军了的好消息告诉这位跟土地打了一辈子交道、跟土地的关系无比亲密、有时和蔼有时威严的老人。老人听到这个消息，感慨万千。他说，好铁不打钉，好男不当兵。现在时代不同了。你出去混几年，要好好表现，好歹要混出个名堂来。

老人在1978年去世，是莫言当兵第三年，暂时什么名堂也还没有混出来。

农村青年参军，是一件很光荣的事情。村里通常会敲锣打鼓，送大红花。莫言参军时，却什么也没有。他就这么走了，头也不回。新兵莫言对这片土地没有任何的留恋，他只想快点离开，再也不要回来。新兵莫言走到村外的桥头时，一个老师追上来，把一朵大红花递给他说，还是给你一朵大红花吧。

这种深刻的歧视和压迫，对新兵莫言的心灵造成了难以愈合的伤害。他需要多久才能抚平这些长了毒疮的瘢痕？他要到什么时候才能心平气和？时间的疮药，如同胶河洪水带来的肥沃黑土，慢慢地浸润他

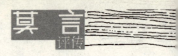

的心灵。在这些黑土上,用脚踩出一个小坑,撒下种子,就会长出郁郁葱葱的庄稼。在莫言的心灵里,因为同样的肥沃,也能长出颗粒饱满的庄稼。假以时日,这些庄稼甚至可能长成《镜花缘》里写到的那种清肠谷,吃一粒就可以管饱半年,稻秆比大树还要粗壮。

村里的贫下中农对新兵莫言这个富裕中农的后代混进了革命队伍都感到非常不满。他们说,凭啥我们贫下中农的孩子没当兵,他老中农的孩子倒是当了兵?在一个号称人人都能过上幸福生活的时代里,那些曾经贫穷的农民在政治名义上翻身做了主人。他们虽然是被整个社会压在最底层,吃不饱穿不暖,但是这个世界上有比他们的身世更加凄惨更加卑微的人存在。他们感觉很幸福。幸福的感觉来自比较。他们的虚拟政治地位跟连虚拟政治地位都没有的"地富反坏右"和中农的一对比,简直就是人上人了。贫下中农吃不饱穿不暖不要紧,只要让他们知道,在这个世界上还有比他们过得更惨的人。在贫下中农的监视下,老中农的日子过得躲躲闪闪,担惊受怕。新兵莫言这条小小的鲤鱼却趁人不注意,在一个月黑风高杀人夜跳了龙门,这让贫下中农在情感上接受不了。在那个时代,阶级压迫早已经变了味,变成了贫下中农对地富反坏右对富裕中农和中农的残酷压迫。在那个时代的政治框架里,这些人没有公民权利和政治权利,他们被剥夺,被压迫,被奴役,形成了一个新的、仅仅是没有公开命名的奴隶阶层。没有人认为自己应该跟这些"奴隶"们平等相处。

这种乡村阶层的划分方式,跟中学历史教材里写到的古代印度毫无差别,唯一的差别也许是称呼上。

创造万物的大神从头部生出婆罗门,这就是高级领导干部;从臂膀中生出刹帝利,这是基层领导干部;从腹部生出吠舍,这就是贫农雇农和下中农;从脚底生出首陀罗,这是中农和上中农。在这四大种姓之外,还有一类人被称为"贱民"或"不可接触者",处于社会的最底层,这就是"地富反坏右"。

印度教四大种姓的次序和分工一目了然:婆罗门负责祭司一类的精神文化工作,社会地位最高;刹帝利掌管政权和军事;吠舍从事工商农业；首陀罗从事较低贱的职业。不能归入四类中的"贱民"阶层，是可以供上面四类人随便主宰其命运和驱使的奴隶阶层。

在"四清"时期，"地富反坏右"被随随便便地打死就打死了，拉出去埋掉拉倒，一点问题都没有。像莫言家庭这种富裕中农，在革命时代的"乡村种姓制度"里大概属于"首陀罗"，在村子里只能逆来顺受，看贫下中农的眼色行事，干部一旦有一点点风吹草动，就会吓得整日惶惶不可终日。而这位"首陀罗"之子，竟然趁人不注意，趁着人民群众去挖河时钻了空子当了兵，社会身份一下子跃升了两级，进入了"刹帝利"阶层，差可比拟"乡村干部"如村支书、大队长、民兵连长。是可忍孰不可忍！不能敲锣打鼓送他，免得他得意忘形以为自己真的尾巴可以翘上天；不给他戴大红花，打击一下他的猖獗气焰，顺便敲山震虎让他的家庭知道，即使是莫言浑水摸鱼钻空子混进了革命队伍，他的小命运还是捏在贫下中农的手里。等你在部队里混不下去了专业返乡，还不是死鱼一条，随贫下中农怎么捏怎么切？

一切皆有可能，一切也都是并非没有可能的。

有些积极的群众，还写信到部队上，对莫言展开跟踪追告。

新兵莫言参军时已经二十一岁，当兵年龄已经偏大了，甚至比班长的年龄还要大。不管怎么说，迈出了第一步，才有可能迈出第二步。新兵莫言对于大城市的向往，对于城市生活的向往，对于那种高尚人的向往，在平日的田间劳动时，就已经萌生了。

莫言参军了，亲戚们都来到他家里表示祝贺。莫言母亲做了好吃的招待大家。不管怎么说，莫言当了兵，是一件全家都光荣的好事情。这让他的家庭变成了军属，家庭成分虽仍是富裕中农，社会地位却得到了很大的提高。

新兵莫言对自己的故乡已经毫无留恋了。拿到了入伍通知书之后，新兵莫言身体虽然还在高密东北乡这块生养自己的土地上，灵魂早已经出窍，飞往想象中的乐土了：

当时我曾幻想着，假如有一天，我能幸运地逃离这块土地，我

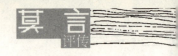

决不会再回来。所以,当我爬上 1976 年 2 月 16 日装运新兵的卡车时,当那些与我同车的小伙子流着眼泪与送行者告别时,我连头也没回。我感到我如一只飞出了牢笼的鸟。我觉得那儿已经没有任何值得我留恋的东西了。我希望汽车开得越快、开得越远越好,最好能开到海角天涯。当汽车停在一个离高密东北乡只有三百华里的军营,带兵的人说到了目的地时,我感到深深的失望。多么遗憾这是一次不过瘾的逃离,故乡如一个巨大的阴影,依然笼罩着我。⑮

藕断的逃离

出发之前,新兵们被拉到县城里去洗澡。

当时全县有一千八百名新兵,他们被拉到一家橡胶厂的澡堂里去,在一个黑油油的澡池边,扑通扑通像下人肉饺子一样,在池水里"过了一下",水池里的水就不见了三分之二。动作慢的新兵连水都没有沾到。这样的洗澡,其实不能算是洗澡,只能说是假装洗澡。有人看见澡堂子脏,有些犹豫。带兵的领导说了,当了兵,就得听命令,军令如山,想洗也得洗,不想洗也得洗。

洗完澡,上卡车,每辆卡车的车厢上装三十八名新兵,拉到了胶东半岛北端的黄县,停下了:

> 1976 年 2 月 16 日下午,我背着背包,跟随着新兵队伍,晕头涨脑地进了这所大院。我记得一进大院就是一座高大的影壁,影壁上刻着"紫气东来"四个大字。我们数十个新兵站在影壁前听一个干部点名,然后分班,然后就由各班班长把新兵带回去,然后跟着班长进了一栋雕梁画栋的大房子。班长命令我们把背包放在稻草地铺上,我的军人生涯就这样开始了。⑯

当了兵,出了远门,一切都靠自己了。

新兵莫言的努力目标,是在部队好好表现,争取入党提干,不再转业复员回到那片绝望的土地。

战友们来自五湖四海,多像莫言这样心照不宣,有各种幻想。但像莫言这么坚决,决心那么大的士兵,恐怕也不多。

万事开头难,刚到部队里,该怎么干呢? 新兵莫言两眼一抹黑:

　　接到入伍通知书后,村里一个复员兵便登门来教导我:"到了部队,第一件事就是给新兵连首长写一份决心书,这对你的分配至关重要。如果你写得好,新兵训练结束后,就有可能让你去当文书或是给首长去当警卫员,而这两个职务是天生的干部苗子。"他还传授给我很多宝贵经验,高级的要如何取得首长的好感,低级的要怎么样抢吃热汤面。

　　我遵循着他的教导,到新兵连的第二天,就写了一份决心书交给班长,让他帮我交给连首长。班长是个老兵,狐疑地看看我,问:"你家里有人当过兵吧?"我说没有。他摇摇头,好像不相信我的话。

　　我那份决心书开头就写要在党支部的英明领导下反击右倾翻案风,其实啥是右倾翻案风我一点也不知道。⑰

也许真是那份决心书起了作用,部队里举行大会欢迎新战友,要选一个新兵代表讲话,这事就光荣地落在了新兵莫言的头上。

好事像馅饼一样落到了新兵莫言的脑袋上,把他的脑门砸了一个大包,他兴奋得一宿没睡着,大睁着两眼梦想自己的光明前途——大概是由文书而指导员,穿上了四个兜的军装,回家探亲挽着袖子,手腕子上套着手表,上海牌的,全钢防震,十九个钻。⑱

新兵莫言绞尽脑汁把讲话稿写好后,指导员帮他改了一遍,让他先把讲演稿背熟了,别上了台说不出话来,或者念稿子磕磕巴巴。

新兵莫言幸运地获得了当代表的资格,这件事让跟他一起入伍的老乡们很忌妒,说什么的都有。他听在耳边,记在心里,憋着劲儿,拼命地背自己的讲演稿。他太想到时候来个一鸣惊人了。他知道,在部队上,就必须抓住一切的机会好好表现自己,让领导对自己有个好印象。

欢迎大会那晚,几百个新兵和团直的几百个老兵把团部礼堂坐满了,边角上还坐着一些家属和小孩子,准备观看会后的文艺演出。

新兵莫言第一次进入这样的礼堂,看着舞台上猩红的天鹅绒大幕,还有那些华丽的灯光,他心里激动得很严重:

老兵和新兵拉着歌子,此起彼伏,声震屋顶。那情绪不是几句话能说清。我想当兵真好,当兵实在是太好了呀!看到那些精神焕发的小军官,我的心中充满了希望。

大幕终于拉开了。一个老军官上台讲了几句开幕词儿,就请曹副团长讲话。曹副团长上来坐下,对着包着红布的麦克风念讲稿。那稿子的内容跟我写的差不多。曹副团长讲完了,我们使劲鼓掌。下面指导员讲话。指导员也是坐在麦克风前念讲稿,稿子的内容跟我写的差不多。指导员讲完了,我们使劲鼓掌。指导员下去后,那个主持会议的老军官说:"下边请新兵代表讲话。"

在一片掌声里,我不知怎么样地上了台。我头晕,心跳,快要死了似的。谁见过这样的大场面了。但这是光荣,是前途,是四个兜的军装,是上海牌手表,全钢防震,十九个钻。

我一屁股坐在那把坐过曹副团长、坐过新兵连指导员的椅子上。那是一把红色人造革面的钢架折叠椅,我糊糊涂涂地就坐上了。我望了一眼台下那一片眼睛就低头念稿子。我感到嘴唇不好使唤,喉咙紧张,发出的声音都是颤抖的。念了几句,便放了胆,嘴唇活泼了,嗓子松弛了,我听到自己的声音像春雷一样在礼堂里滚动。刚刚找到感觉,还没过瘾,稿子就念完了。我站起来,立正,给台下人敬礼。然后转身,立正,给台后那些坐成一排的首长敬礼。然后又转身,找到台阶,在众目睽睽下,回到座位上坐下。我刚落座,就被班长狠狠地踩了一脚。我听到班长压低声音,恶狠狠地说:"你这个混蛋,彻底完了!"

莫言吃了一惊,又遭了一骂,脑袋嗡地一响,蒙了:

> 文艺演出开始,团文艺宣传队那些女兵五花八门的脸我一概看不清了。

> 带着沉重的思想负担回到宿舍,我问:"班长,怎么回事?"

> 班长骂道:"混蛋,那凳子,你也配坐?那是首长坐的!你一个新兵蛋子,不站着讲话,竟敢像首长一样坐着讲,太不像话了!你稀稀了(新兵连流行语),等着明年回家吃地瓜去吧。"

> 我一夜未睡,满脑子胡思乱想,真是连自杀的心都有。

> 我请教班长,还有没有办法补救。

> 班长说:"印象太坏了,没什么戏了。"

> 我的眼泪刷的就流下来了。我一个老中农的儿子,费了千辛万苦才当上兵,原本想在部队好好干,提成军官,为父母争气,与地瓜离婚,谁知道这样简单就稀稀了。有苦不能言,心中车轮转,转了半天,转出了个主意。我给新兵连党支部写了一份沉痛的检查,检查我坐了不该坐的椅子的错误。检查写好后,我买了一包烟送给班长,求他把我的检查上交给连首长。班长不看烟,看着我,说:"要说起来,新兵嘛……行,我帮你递上去,咱就死马当成活马医吧!"[19]

莫言的命运女神很忙,她打瞌睡了,暂时没空理会他。

这匹一度活蹦乱跳的活马,变成了死马。

事情没有了下文。

过了十几天或者一个月,仿佛真的是因为发言不够注意分寸,新兵莫言和其他几位战士一起被分到龙口市附近的北马公社唐家泊村。这是总参下面一个搞技术的保密单位,技术干部很多,后勤战士只有八个人,两个做饭,六个站岗。

分配好了,新兵莫言等人去了,一看,心凉了半截。

莫言
评传

　　这里的营房跟老百姓的村庄连在一起。村庄是生产龙口粉丝的,靠着营房有一大片牲口棚子,牛圈猪圈散发出难闻的气味。三排房子的营房,没有暖气,靠一个煤球炉子生火取暖,一个露天厕所,一个破破烂烂的伙房,配以一个只有半个篮筐的操场。一切都显得无比的荒凉和破败。

　　老兵对他们说,你们分到这里来算是倒霉透了。这个单位的直属上级部门在北京,对这里这个小单位鞭长莫及,委托黄县的团部代管。在这里入党比登天还难,提干基本上没有希望,做到最大的官就是警卫班班长。四个兜?做梦去吧。

　　尽管这个单位只有十几个人,但是相互之间矛盾重重,总是打架斗殴,作风非常不好。

　　莫言他们这些新兵蛋子分来了,轮班站岗做饭,却不知道自己站岗要保卫的是什么机密,只听到有一间房子里传出神秘的电报滴答

1978年,在山东黄县,与战友合影(后排左一为莫言)

声。日常生活中,除了站岗,就是干活。营房前面有几十亩空地,新兵莫言他们下了岗,就去种地:栽白菜、割麦子,干各种各样的农活,比在农村里干得还多干得还累。

在这里,战士们不训练,想训练也没有什么地方可以训练。

总而言之,莫言当兵前的浪漫梦想跟他入伍之后的现实状况反差实在太大了。

他以为自己当了兵就是鲤鱼跳了龙门,没有想到一落下来还是臭泥潭。到了部队,不是飞机大炮坦克机关枪,不是战火硝烟,红旗飘飘,英勇杀敌。一切都跟参军前没有什么两样:他在部队里还是干农活。唯一的不同是他变成了一个干农活的士兵,而此前他是干农活的农民。身份上略有不同。将来前途上嘛,虽然已经是走到了死胡同,但是死马当活马医吧。车到山前必有路,没有路了也只好抱头痛哭。

机会虽然渺茫,但是当兵还是比当农民有希望。

希望无所谓有无所谓无。站岗放哨,走得多了,说不定就走出了一条羊肠小道。

那个时候,军营无聊,单位无聊,雄心勃勃的新兵莫言不知道自己到底是不是讲话讲坏了,写了检讨书也不管用,被发配到了黄县这个渤海边的兔子不刨窝的鬼地方。天寒地冻,风大浪大,一下子就浇凉了他的一腔热血。

黄县地处渤海边,夜里风特别大,深夜两点起来站岗时,是站在一个木头做的小岗亭里。那时,黄豆大的砂砾石子被大风刮起来,打得岗亭砰砰响,打在身上则火辣辣痛。远处大海的呼啸声永无停息。穿上两件棉大衣,腿都冻得冰凉彻骨。更彻骨的是这种似乎没完没了的、毫无希望的生活。

在那个时候,莫言再度沉入了冰窖的底层。

他暂时逃离了土地,但是没有逃脱命运的魔爪。

莫言升官发财的梦想,穿四个兜的军装、戴上海牌手表衣锦还乡的美梦,像是一个大大的肥皂泡,一下子就破灭了。

但是他心有不甘,拼命挣扎,寻找机会。

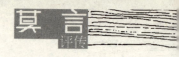

那个时候,全国搞"批邓、反击右倾翻案风"运动,部队也参加了。传说济南军区有一个排长,在邓小平刚刚出来工作时,给中央军委写信表示反对,结果被当做反潮流的优秀战士,一下子提拔到了济南军区当上了副政委。他的升迁可谓祖坟冒烟,坐了长征火箭。

榜样的力量是无穷的。战士们也都纷纷往上级领导部门写信,希望好运气也能降临到自己的头上。

有人牵头,由莫言执笔,联名给上级领导写信,加上一些干部,一直往上告。告什么呢?就告这里的风气不正,整天钩心斗角,打架斗殴。信里说,他们是刚刚入伍的农村青年,参加革命最大的愿望是追求进步。他们想学好本领,保卫祖国。来到这个单位,却发现干部们天天吵架,军容不整,作风又差,令他们感到非常绝望。他们希望上级领导关心,派人来调查研究,解决问题,或者把他们调到其他连队去。

可能是看到这个单位确实太不像话,上级机关派人来调查了。调查组从青岛坐吉普车直奔黄县北马公社唐家泊村。战士们腾出一间宿舍,空出来给调查组开会调查搞研究。这些会也让莫言参加了。信是他写的,也签名了,是重要的调查人选之一。这样一来二去,莫言给领导留下了好印象。

领导觉得"这个战士字写得漂亮,文笔很好,是有文化的"[20]。

调查结果,调走了两个主要的负责人,从局里调来了一个常州籍江干事当代理教导员。这位江干事是莫言入伍之后的另外一段人生旅途中的重要贵人,在本文的第一章辨析莫言两个生日诞生的原因时,已经提到了这位江干事。

江干事欣赏莫言的才干,他任了一年多的代理教导员才调回局里,其中的相互接触机会比较多。江干事调回局里后,莫言仍然一直跟他保持联系,希望通过他的帮忙,调到局里去,脱离黄县北马公社唐家泊村这个永无出头之日的陷阱。

江干事后来在莫言的人生旅途上,给予了他很大的帮助。

莫言在1955年2月出生,1976年2月当兵,正好是二十一周岁。

螳螂和车轮

1976 年 1 月 8 日,国务院总理周恩来去世,一个月后,新兵莫言和伙伴们被运到县橡胶厂浴室, 赶进一个脏乎乎的澡池里沾了一点水,然后继续乘上大卡车出发。北风的呼啸,没有听莫言说起过,寒冷的彻骨,没有见莫言写到过,他甚至没有提起过周恩来的死。

在这个特定的历史时期,新兵莫言只陶醉在自己终于能够逃离的喜悦和兴奋之中。

这一年,周恩来、朱德和毛泽东先后辞世,在他们的身后,留下一个百废未兴的烂摊子——邓小平曾于 1975 年复出主持工作,搞治理整顿,全国的政治和经济秩序略有好转——各股政治势力都在积蓄力量,为填充毛泽东身后的政治黑洞而准备。

在那个四大皆空、唯有政治的时代,人们对北京的一举一动都非常敏感。

1976 年 1 月 8 日, 国务院总理周恩来辞世,1976 年 3 月 5 日,上海的《文汇报》传递出攻击周恩来的微妙信息。

3 月 24 日,南京先出现了雨花台事件①,愈演愈烈,最后成为 4 月 5 日天安门事件的导火索, 民间的抗议活动结合了高层政治的斗争,把这一年的激情推到了高潮,全国各地流传的一份《总理遗言》,则是所有这些运动的著名印记。很快,四五运动就被定性为反革命运动,开始了抓捕。《总理遗言》不过是杭州一个青年炮制的,却因此牵连了上万人遭到传讯,还牵连了其他传抄过这份"遗言"的无数有关和无关的人。②

1976 年 4 月 5 月,全国都在追查"总理遗言"。因为写了纪念周总理大字而引发"南京三二四雨花台事件"的江苏新医学院 73 级学生潘朝曦等人已经到了无锡中医院实习,在这里,他们也遭到了公安人员的严厉审讯。

新兵莫言却在漩涡之外。他这时已经被分配到黄县北马公社唐家

泊村,在那里站岗,在那里烧饭。单调而凛冽的海风,从头到脚彻骨地吹拂着他,冷却着他。新兵莫言在部队里,社会上的风吹草动虽然也可能听闻,但是没有造成根本性的影响。

新兵莫言在这个时候,或许真的是只对自己的前途感兴趣,他只追逐四个兜的军装,只想戴上海牌手表。

个人命运和个人追求跟整个社会的思潮产生了背离,这是莫言成为莫言的理由之一。

在这个远离喧嚣的大海之滨,在这日复一日、夜夜潮汐的海边,一个站岗的战士面对着单调乏味的景物,脑袋里不可能不胡思乱想,不可能不在胡思乱想中时时想到自己少年儿童时代的各种事情,饥饿、游戏、追逐,没完没了的苦劳,冲破障碍走出土地束缚的强烈愿望。在部队,填饱肚子的第一愿望已经实现了,莫言这些在当兵之前从来没有洗过热水澡的青年农民,当兵之后也洗上了热水澡。

在黄县当兵,莫言干的活跟在村里干的活差不多,也是养猪、喂鸡、插秧、割麦,营地拥有的那几十亩地要靠他们十几个人干,工作量不算小。在没有战争的年代,这些士兵就是农民,穿了军装的农民。

每隔一段时间,这些穿军装的农民已经因为劳动和站岗放哨流汗,累得浑身都是臭烘烘的气味。部队的领导联系县里的澡堂,把他们拉到澡堂里去泡澡。黄县是革命老据点,人民群众对解放军有感情,澡堂的干部更有感情。每次部队来人,他们都不对外营业,专门给部队开专场,让他们痛痛快快地洗澡。战士们把洗澡当做一场享受和狂欢——时隔那么多年,现在洗澡的风潮可谓遍地开花,到处都是各种情调和气氛暧昧的洗浴中心——他们可以从早上九点一直洗到下午三四点钟。

莫言写过一篇散文《洗热水澡》:

> 我们在一个忠厚老兵的教导下,排着队蹲在池边,用手往身上撩热水,让皮肤逐渐适应。然后,慢慢地把脚后跟往水里放。一点一点地放,牙缝里咝咝地往里吸着气。渐渐地把整个脚放下去了。老兵说,不管烫得有多痛,只要放下去的部分,就不能提上来。

我们遵循着他的教导,咬紧牙关,一点点地往下放腿,终于放到了大腿根部。这时你感到,好像有一万根针在扎着你的腿,你的眼前冒着金火花,两个耳朵眼里嗡嗡地响。你一定要咬住牙关,千万不能动摇,一动摇什么都完了。你感到热汗就像小虫子一样从你的毛孔里爬出来。然后,在老兵的鼓励下,你一闭眼,一咬牙,抱着死也不怕的决心,猛地将整个身体浸到热水中。这时候你会百感交集,多数人会像火箭一样蹿出水面。老兵说,意志坚定不坚定,全看这一霎间。你一往外蹿,等于前功尽弃,这辈子也没福洗真正的热水澡了。这时你无论如何也要狠下心,咬住牙,你就想:我宁愿烫死在池子里也不出来了。这时你可能感到有万支钢针在给你针灸,你的心脏跳动得比麻雀心脏还要快,你的血液像开水一样在你的血管子里循环,你汗如雨下,你血里的脏东西全部顺着汗水流出来了。过了这个阶段,你感到你的身体不知道哪里去了,你基本上不是你了。你能感觉到的只有你的脑袋,你能支配的器官只有你的眼皮,如果眼皮算个器官的话。连眼皮也懒得睁开。你这时尽可以闭上眼睛,把头枕在池子沿上睡一觉吧。即便是这样死了,你也挺幸福是不是?㉓

莫言在回忆中,过滤掉当时的社会背景,突出个人性的因素。在他的这些散文里,围绕着"身体"而展开的占大多数,而那些从身体而精神地发散出去的却很少。莫言貌似不会思考,或者说他装着不懂得大道理,专门从下三烂入手。在现代科学的教育体制下,可触可感的,才是真实的,这已经成为了某种证据的采集逻辑。莫言如果也从大而空的角度进入,从历史,从社会背景,就可能写得虚泛、空洞,甚至像很多有名的作家那样无病呻吟。

从新兵蛋子莫言这个角度来看,无论是国务院总理周恩来去世、南京雨花台三二四政治事件、北京四五天安门事件、追查总理遗言,还是朱德委员长的去世,对他们来说都是遥远的事情。社会上的纷纷扰扰,没有打搅到一个随波逐流的新兵的心绪。当遥远的南方西子湖畔,

公安人员在到处传讯、审问、顺藤摸瓜,大海捞针地排查,最后抓到了"总理遗言"的炮制者"蛐蛐"以及他周围的几个核心人员时,当这些天真的青年以为自己的爱党爱国爱总理的热情能够成为自己的精神支柱时,他们遭到了最沉重的打击。他们被抓捕,被押送到北京,被监狱里的恐怖吓破了胆,被宣判,被无法预知的命运彻底打垮。

在这个封闭苦闷的空间里,新兵莫言新革命遇到了新问题。他发现,这个隶属于总参的偏僻保密单位,根本就没有像他这样的农村兵发展——入党、提干——的机会。他就像是被塞进一个密封坛子里的咸菜,稍微发酵那么两三年,服役时间一结束,就可以打发回老家,再度解甲归田,"羊入虎口"了。

上述的那些论述,可能会给读者一种幻觉,认为莫言在部队里没有受到这些社会变动的影响。

军队在政治结构中,是极其重要的一环。历次重大的政治运动,军队都会卷入其中。

莫言在黄县当兵半年多,也参加了不少的政治学习。

莫言哪次运动哪次事件可以不提,但是不能不提毛主席去世的那一天。

1976 年 9 月 9 日上午,莫言他们警卫班的战士,有的坐在床上,有的坐在凳子上,在班长的主持下,讨论头天晚上看过的电影《决裂》。

这部电影当时很流行,看完之后还要开会批判"右倾翻案风"。后来粉碎"四人帮",这部电影被说成是"四人帮"反党集团炮制的大毒草。电影发生的背景是邓小平曾经被下放过的江西。在影片里,葛存壮扮演一个专讲"马尾巴的功能"的老教授,郭振清扮演大学党委书记。这个一脸正气、貌似游击队员的党委书记领着一群文化考试不及格、凭着两手老茧子上了大学的学生跟走资派葛存壮教授作斗争。葛存壮教授不敢当死不改悔的死硬派,他的思想赶紧改变,带领这些斗志昂扬的农民大学生们到村子里去给贫下中农阉小猪。一个中农出身的学生受资本主义思想的影响,自己偷着去给人家阉小猪,结果把猪给阉死了。

这头小猪的死当然也要算在邓小平的账上,富裕中农家庭出身的莫言不可能不心有戚戚焉。

批判会上,战士们一个个都义愤填膺或者是伪装出义愤填膺的样子,狠批着邓小平妄图搞资本主义复辟,让贫下中农重吃二遍苦、受二茬罪的滔天罪行。

警卫班一个叫刘甲台的战友,批着批着竟呜呜地哭起来了。班长问他哭什么,他说被邓小平气的。班长马上就号召全班向刘甲台学习,说批邓一定要带着强烈的阶级感情,否则批不出水平。

他们正批着邓小平,业务科的一个参谋满脸神秘地走进来。

该参谋好像是高干子弟,据他自己说他爹曾跟着国家领导人多次出国访问。该高干子弟吝啬,好占小便宜,夜里值班,常从窗口钻进厨房偷鸡蛋,被警卫班擒获过多次,因此他在警卫班里一点威信也没有。

他一进来,班长就往外轰他:滚滚滚,没看到我们在批邓?

业务科参谋过去拧开了班长床头柜上那台红灯牌收音机,中央人民广播电台男播音员那沉重、缓慢的声音顿时响彻全室:各位听众请注意,各位听众请注意,中央人民广播电台将于今天下午两点播放重要新闻,请注意收听……

有政治经验的人,或者常在城市里生活,听惯了这种广播的人,对于这种播音,都会引起警惕。在中国的政治结构中,消息也是一种权力。有些消息是可以随便播放的,例如哪里增产丰收哪里好事一大堆等;有些消息是需要控制的,例如自然灾害人物事故等;有些消息是根本就不能告诉普通老百姓的;还有些消息,不慎提前泄露会造成不好的政治影响,还要把泼出去的水收回来。古谚说,嫁出去的女儿,泼出去的水。意思是泼出去就收不回来了,但是在这里,泼出去的空气都能收回来。还有些消息,经过仔细甄别,认真修饰,方方面面都想得周密无比,不可能出差错了,会拖延几天之后播告出来。

1976 年 9 月 9 日,伟大领袖毛主席阒然长逝。

像他这样一句话都能让地球抖三抖的伟人,原本是不可能去世的,全国人民根本就无法想象他的去世。人的生老病死,本是常态,是辩证唯物主义也承认的道理,但是像太阳一样照耀着地球的毛主席一

旦有个三长两短……那全国人民怎么活啊?

　　莫言他们这些农村来的新兵,见少识浅,少不经事,谁也没听过这样的广播,不明白是什么意思:

　　　　两点还没到,收音机里就播放开了哀乐。这一年我们已经听了好几次哀乐,先是朱德死,接着是周恩来死,但他们死时,中央人民广播电台也没提前预告,看来毛主席真死了。看战友们的神情,我知道其实大家都知道毛主席死了。那个参谋双手捧着一个玻璃杯子,小脸肃穆得像纪念碑似的。我们的首长拉着长脸,一支接一支地吸烟。

　　　　当广播员说到毛主席因病医治无效不幸逝世时,那个参谋手中的玻璃杯子掉在了地上,跌得粉碎。然后他就去找笤帚、撮箕子把碎玻璃弄了出去。当时我就感到这个杯子碎得没有道理,现在想起来更觉得没道理。他是那样吝啬的人,提前就知道毛主席死了,双手攥着杯子,怎么会掉在地上呢? 这分明是表演,而且是拙劣的表演,但我们的领导还是表扬了他,说他对毛主席阶级感情深。

　　　　……毛主席死了! 这句话、这个事实,像巨雷一样惊得我们目瞪口呆,连我这样的草民百姓,都为国家的命运担忧,都认为中国的日子过不下去了……毛主席之后,在中国,再也不会有谁能像他那样,以一个人的死去或是活着,影响千万人的命运。㉔

　　这一年的惊天动地的大事件接二连三:1976 年 7 月 6 日,朱德去世;7 月 29 日,死伤惨重的唐山大地震爆发;9 月 9 日,主宰中国命运几十年的毛泽东去世;10 月 6 日晚上八点,华国锋和叶剑英在中南海怀仁堂正厅主持拘捕了当时的中央政治局常委王洪文和张春桥,姚文元不是常委,也通知他列席旁听,于东厅被拘捕,同时江青在中南海住地被拘捕。这就是"粉碎四人帮"的事件。

　　"四人帮"被"粉碎"之后,邓小平还待了一段时间,没有立即就回京工作。

高考恢复了。1977 年高考恢复后的第一次,全国一片沸腾,万人空巷,有准备和没准备的知青和正好适龄的高中生,都参加高考,千军万马过独木桥,挤死挤伤无数,挤到河底下去的也无数。在物竞天择的残酷竞争中幸存下来的人,开始歌颂自己的火红年代,无悔的青春,控诉那些个惨无人道的、不是知识青年待的土地和土地上顽劣的民众,顺藤摸索,最后,他们摸啊摸啊,摸出了乡村愚昧无知的劣根歪瓜。

这一年对于莫言来说,也没有什么大事,不外乎站站岗,放放哨,看看书,吹吹牛。有劲使不出,内心难免苦闷,生活单调乏味,精神上显然空虚。人生之路何去何从,在社会上已经慢慢地开始大讨论了,莫言满眼看过去,没有发现哪个地方有缝隙可以侧身钻过去。

战士级教员

有一次,江干事跟莫言说,解放军郑州工程技术学院电子计算机系招生,给了他们一个名额,问莫言要不要报名。

这时离考试有半年多时间,也就是 1978 年春左右,莫言的人生中获得了另外一个意外的机会,这个机会非常难得,也很困难。有改变人生的机会,而且是这样一个想了多少年的上大学的机会,士兵莫言还是要努力抓住,不轻言放弃。

士兵莫言的报名资格一开始也还有问题。他虽然自报初中毕业,却是小学文凭——如果小学也发文凭的话。资格问题不说,那时文凭审查也不太严格。士兵莫言报考计算机系前,数理化知识几乎为零。

语文和政治,士兵莫言自己估计还能对付,数理化是硬骨头,只能自学。革命战士没有困难创造困难也要上,这个困难摆在士兵莫言面前,他不上也得上了。

士兵莫言写信回家,让家里人把大哥的初中课本、高中课本甚至小学课本全都打包寄来。他先从数学学起。单位有一个无线电技师,通数学,士兵莫言就向他请教,学了一些通分之类的知识,然后一路学下去,把高中的数学勉勉强强学完。他还向部队旁边一所中学的老师求教。士兵莫言一下岗,就跑到一个堆满劳动工具的小仓库里熬夜自学。这个储藏室的墙上和地面,刻满了他写下的各种数学公式和物理算式。这些公式和算式,莫言后来在1999年9月故地重游时,还依稀能从一个灶头上面密布的油烟里看到。

刻苦复习了半年,数学学完高中,物理学到初中,化学来不及自学,到了7月,教导员忽然通知莫言说,不用复习了,名额没有了。

士兵莫言得到了通知后,半是遗憾,半是解脱。遗憾的是他又一次丧失了上大学的机会。当时大家的基础条件都一般,上考场都在同一起跑线上,说不定就蒙上了。解脱的是,终于可以不用这样没日没夜地复习了。

如果士兵莫言当时考上大学,军队里就多了一个无线电技师或者计算机专家,说不定后来大有出息,考上国防大学的研究生,参与了银河计算机的研发,混进了中科院当上了院士……使劲地想吧,世界上就会少了一个"描写落后农村,给军队抹黑"的作家,多了一名专门研究高精尖科学技术壮大我军战斗力的军事科学家。

后来得知,郑州工程技术学院计算机系招生,目的是从部队里招一批各方面条件都比较好的人来培养,以迎接新时代新技术挑战的新战争形势需要。科学技术既然是第一生产力,显然也是第一战斗力,过去那种小米加步枪的战略思想,需要与时俱进地加以调整了,军队也需要进行科技进步。而莫言,不知道是哪方面、哪一个条件不符合,名额突然就没有了。

命运女神变成一个顽童,用草梗伸进睡得正香的人的鼻孔里,把人撩拨醒,转身就溜了。

机会没有了,士兵莫言一度非常惆怅。

失之东隅,收之桑榆。士兵莫言的刻苦复习并非没有好处。他没有机会参加考试,却带来了另外一个意想不到的好处。当时部队跟风搞业余学校,士兵莫言当上了语文教员和数学教员。他根本就没有上过几年学,却一次一次地当上了老师。

一个自己都没有好好上过学的人,竟然当上了教官。

教官莫言语文有基础，毕竟有大量的阅读基础垫底，一直也没有怎么放弃，自学也方便，在县棉花加工厂也特别加强过，不成问题。有趣的是，他才自学了半年不到的数学，也敢上台讲课。他面对的那些学员，很多都是老高中生，1968 年就入伍的兵。

教官莫言准备很充分，也很努力。

主管局的领导王政委来视察，点名要听莫言的讲课。教导员跟莫言说了，让他好好准备。

下一课正好讲三角函数，莫言晚上使劲地准备，三道例题也反复琢磨，尽量做到滚瓜烂熟，不打无准备的仗。

第二天讲课，王政委和他带来的干事都在旁听。教官莫言开头难免有些紧张，好在准备充分，课堂上听讲的战士们也提不出让莫言抓瞎的问题。这节课就顺顺当当上完了。

课后，王政委问莫言是哪个大学毕业的。

莫言说，我哪里上过大学啊，我是农村兵。

王政委很惊讶，就记住了莫言的名字。当然是他的真名"管谟业"。

后来，他们开上大卡车，带王政委去一个叫做矾碡角的地方去看海。驾驶员旁边空着两个座位，王政委上去，还空着一个，政委就喊：小管，你上来。

人家教导员和主任都披着大衣坐在大卡车后面呢，"小管"却受到这么隆重的对待。

露脸的机会接二连三出现。

莫言他们单位有三十多亩地麦子，正赶上秋收季节。在农村，跟他爷爷这样的高手相比，他自惭形秽，跟城市兵相比，他就算是寂寞高手了。

莫言故意让其他十二个人从东边往西割，他一个人从西往东割。

东方和西方两路向中间挺进，然后会合。

割完麦子一看，莫言一个人割的跟人家十二个人割的一样多。山中无老虎，猴子当大王。不合格的青年农民，在部队里当上了劳动专家。

1979 年 7 月，莫言返回老家结婚，不到一个星期，就接到电报，让

他立即归队。一到部队,领导就让他打包到保定去报到。

人生啊人生。

莫言那时候的心情是怎样的?

未来的大幕,毕竟在他的面前撩开了神秘的一角。里面灯火辉煌,人声鼎沸。一想到自己马上就要成为这帷幕后面的一员,莫言的心就不能不激动起来。士兵莫言,就这样,正式地变成了教官莫言。

因为还没有提干,他是战士级教官,一个独一无二的身份。

古董级战士

1979 年 7 月底或者 8 月初,莫言收拾了自己的包裹,来到了保定郊区的狼牙山脚下,进入了训练大队,当上了一名"战士"级教官,负责训练从江苏无锡一带招来的高中生。

战士教官莫言在训练这些新兵时,下了狠劲,把一些新兵都训哭了。他想出成绩,好好表现自己。训练新兵的教官大多是从政治工程学院下来的,负责上文化课。老战士教官莫言一开始负责队列,后来也慢慢地上文化课。

一晃之间,三年过去了,新兵变成了老兵。按照惯例,一般新兵当了三年,没有提干转干的,都会复员返乡。莫言这名老兵没有复员,也没有提干。他以一名老兵的资格,干着干部的事情。在训练大队,老兵莫言另外一个工作是保密员。

局里把老兵莫言调到训练大队,本来是想给他提干的。

领导说,小管刚来,要观察一段时间。

到了这年、1979 年底,总政治部忽然下了一个文件,说以后不再从战士里面直接提干,所有干部必须经过院校或者是训练大队的培训才能提干。要命的还有一条,战士年龄超过二十四岁不能提干——莫言 1976 年参军时就整二十一岁,1979 年底他已经二十四周岁半都过了,眼看年历翻到了 1980 年,进入了一个崭新的年代,他二十五岁了,总政治部却下了这样一个文件,正好卡在莫言的年龄上。

老兵莫言花明不久柳又暗,前途刚有又不清。

1978 年在黄县站岗之余,警卫班班长莫言因为前途迷惘,开始暗暗地写作,想从晦暗中摸索出一线亮光。调入局训练大队后,有了提干希望,这一激励,莫言就把写作的兴趣撂在一边,努力工作,希望自己的良好表现能博得领导的赏识,顺利转干。

1979 年底总政文件下达之后,老兵莫言不知如何去从,心情极度苦闷。他在部队里四年,待惯了,返乡已经很不适应。只要有一点点机会,他是无论如何都不愿再回去了。

不回去又能到哪里去呢?

这段时间,老兵莫言迷惘苦闷之余,又开始了发疯阅读,努力写作。他盲人摸象,一篇一篇地写,一篇一篇地投。这些稿子大多石沉大海,有去无回,令人气馁。那个时候,部队的激励制度很优厚,一名士兵能够在省级报刊上发表文章,就可以记三等功,如果能在《解放军报》或者《解放军文艺》上发表文章,那就更是一下子脱颖而出,全军闻名了。那个时期,确实有很多男战士和女兵都通过写作的途径改变了自己的命运。当时的文坛里,活跃着一大批军队作家的身影。

老兵莫言也想从写作上突出重围。

当时受训练的新兵很多,政治工程学院的政治教员不够用,江干事替莫言找到了一个继续待在部队里的办法。他问莫言能不能讲政治。莫言在讲课上有特殊才能,前生大概是学贯五车、但是科举失败的私塾先生,说不定就是那个命中注定一辈子潦倒的文曲星、淄川的落第秀才蒲松龄再度下凡投胎。新时代新风尚,这回,落第秀才把故事讲到了部队里,讲到了狼牙山脚下,讲到了长城外古道边,一直讲啊讲啊,讲到了莫斯科。

江干事支了这个妙招,老兵莫言赶紧答应,立刻准备。

当时的政治课,讲的就是哲学、政治经济学和科学社会主义这三门,万变不离其宗的马克思主义理论。莫言找了艾思奇的《辩证唯物主义和历史唯物主义》和一些政治经济学教材,学习,备课,死记硬背。莫言记忆力好,备课很轻松。他为了镇住学生,达到出其不意的效果,跑

到河边一片白杨树林里对着那些队列整齐如学员们的树木滔滔不绝地演说。当时的学生对能够脱稿讲课的老师都很崇拜,莫言就专门背诵接下来要讲授的内容,到了课堂上侃侃而谈,看起来学识渊博,学贯中西,很受学员的欢迎。

作为一名战士,老兵莫言已经服役六年了。从 1979 年至 1981 年,老兵莫言一直待在局训练大队里,算是兼课教官,却无正式编制。老兵莫言的津贴当时已经涨到了每月 26 元,而那时一般士兵是 6 元,干部是 52 元但要交伙食费。待遇上,老兵莫言已经获得了一名士兵的最高级待遇了。

但名不正则言不顺,这样总是吊着,不上不下,让老兵莫言为渺茫的前途而感到焦虑不安。

这样一年一年地过,转眼就到了 1981 年。莫言努力写作,终于在保定文联办的《莲池》杂志 1981 年第 5 期上发表了短篇小说《春夜雨霏霏》,在 1982 年第 2 期的《莲池》上发表了短篇小说《丑兵》。

《春夜雨霏霏》和《丑兵》发表后,对改变莫言的命运产生了直接的影响。

每篇小说有 72 元钱的稿费,两篇小说发表后,莫言得到了 144 元稿费。当时干部月工资仅为 52 元,相比之下,两个短篇小说的稿费相当于一名干部的三个月的工资(当时似乎没有额外的奖金这一说),一个短篇小说相当于干部一个半月工资或者相当于那个时期一个熟练工人两个月的工资——那个时候还要每天没完没了地上班,一个星期只休息一天。从劳动产出比上看,发表小说的劳动价值,实在是太高,太令人向往了。

当时莫言两篇小说的稿酬折算到现在,按一个普通科级干部工资每月 2000 元的三倍计算——国家统计局 2006 年 6 月 12 日公告,2005 年全年,我国城镇单位在岗职工平均工资 18364 元人民币——这两个短篇小说当时的现金收益价值相当于现在的 6000 元左右。我们再看看现在的稿费收入:同样是两个短篇小说,假设千字 80 元,每篇 8000 字,不扣税可得 640 元,共 1280 元,如果扣税,只有 1100 多元。也就是说,现在的文学价值较上个世纪 80 年代已经贬值了 5 倍。而物价呢?单以生活必需的日用品做比较:大米从两毛钱涨到了 3 元钱一斤,涨了 15 倍;猪肉从不到 1 元钱涨到 15 元钱一斤,涨了 15 倍。稿费贬值 5 倍,猪肉升值 15 倍,一乘一除,从肉价上讲,文学价值已经贬值了 75 倍。

在当时,拥有 144 元巨款,莫言购买一块上海牌全钢手表的梦想实现了,他还有多余的钱宴请自己的哥们。最重要的是,因为发表了小说,他引起了局里领导的注意。局里领导开始知道,训练大队有一个老战士,业务水平高,写的材料好,课上得不错,还发表作品,是个小有名气的青年作家。

莫言发表了小说之后,渐渐地时来运转。

政治部肖副主任和宣传科科长来训练大队调查,就在保密室隔壁谈论莫言的事情。

训练大队领导说到莫言确实是一个人才,这样的人才不提干实在太可惜了。作为一个战士,他的年龄太大了,但是作为一名干部,二十五六岁的年纪还很年轻。

肖副主任听到这个反映,沉思片刻说,那好,明天我们去听一下这个小管的课。你们不要提前告诉他,我们悄悄来。

这次对话,隔壁保密室里的老兵莫言听得一清二楚。

莫言知道,自己能不能最后脱离土地,成败在此一举。

他的心嗵嗵嗵地跳了起来——或许是怦怦怦地跳起来。在这种时刻,无论多么庸俗地进行煽情都不为过。

在此之前,莫言错过了太多的机会,命运女神也给他开了太多的玩笑。

到 1982 年,莫言已经是一个有七年兵龄的老兵了。在训练大队,他是一个没有干部编制的特殊政治教员,不是干部的干部,战士中的战士。如果不能尽快转干,他就没有太多机会了。如果这次错过,他的人生可能就得从头再来。

这个从头再来的"头"是哪里?也许就是高密东北乡,他老家,那些麦田,那些表情迟钝的乡亲们,那种终日劳作的没有尽头的生活。他的

人生画了一个大圈,从开始到出发,走了很漫长很曲折很有戏剧性的道路,可能重新回到原点。

这是莫言无论如何都不能接受的人生命运。

如果这样的话,他可就比高加林惨多了。

老兵莫言一夜未眠,他思考再三,对自己第二天要上的新课临时做了调整。他对新课没有十成的把握,万一哪个环节出了一点纰漏,就可能给肖副主任不好的印象,他提干的最后希望就可能彻底泡汤了。

莫言把自己第二天的课临时调整为复习。

他要讲生产力和生产关系。

当了七年兵,青年教官莫言对生产力和生产关系背得滚瓜烂熟。

第二天一走进教室,从来没有上过战场的老兵莫言一眼看见教室的后排坐着政治部肖副主任、宣传科科长和训练大队的队长、政委,就不由自主地紧张起来。

他的脑子和舌头一下子就不灵了。

生产力和生产关系,这到底是一个什么样的问题?

注释

①莫言、王尧:《莫言王尧对话录》,第 77 页。

②同上,第 78 页。

③莫言、王尧:《从〈红高粱〉到〈檀香刑〉——莫言王尧文学对话录》,《当代作家评论》2002 年第 1 期。

④莫言:《超越故乡》,见《莫言散文》,浙江文艺出版社 2000 年版,第 231 页。

⑤莫言:《我的大学》,见《莫言散文》,第 11 页。

⑥莫言:《漫长的文学梦》,见《会唱歌的墙》,作家出版社 2005 年版,第 226 页。

⑦莫言的大哥管谟贤先生在《莫言小说中的人和事》里说:"爷爷是文盲,但却十分聪明,称得上博闻强记。他能打一手好算盘。再复杂的账目也可算清。过去村人买卖土地,不管地块多复杂,他能很快算出

它的面积……"见《莫言研究》2006年第1期。

⑧⑨莫言:《美丽的自杀》,见《会唱歌的墙》,第188—190页。

⑩莫言、王尧:《莫言王尧对话录》,第80页。

⑪莫言:《我的中学时代》,见《莫言散文》,第10页。

⑫莫言:《我与张世家》,《莫言研究》2006年第1期。

⑬张世家:《我和莫言》,《莫言研究》2006年第1期。

⑭莫言、王尧:《莫言王尧对话录》,第81页。

⑮莫言:《超越故乡》,见《莫言散文》,第231页。

⑯莫言:《故地重游》,见《会唱歌的墙》,第64页。

⑰⑱⑲莫言:《讲话》,见《会唱歌的墙》,第44-46页。

⑳莫言、王尧:《莫言王尧对话录》,第92页。

㉑这个事件的起因是江苏新医学院73、74级中医系学生祭扫雨花台时,在祭奠花圈上写着"敬爱的周总理 革命先烈永垂不朽"。这纪念条幅遭到雨花台一个摄影工作人员的撕扯。这个争执,变成了一次剧烈的冲突。书写纪念条幅的73级学生潘朝曦带上几个同学,在南京人潮如涌的地方——新街口,用两张纸写一个大字,写出"誓死捍卫周总理"、"强烈要求省市委严肃处理'3·24'雨花台政治事件"两条大标语。时值下班高峰,这两条标语一下子就引起了轰动。事情愈演愈烈,成燎原之势,造成了十几天以后影响了新中国历史进程的"天安门四五事件"。

㉒相关内容见于《收获》杂志2006年第6期"亲历历史"散文专栏之袁敏文章:《我所经历的1976》。

㉓莫言:《洗热水澡》,见《会唱歌的墙》。

㉔莫言:《毛主席老那天》,见《会唱歌的墙》,第81、82页。

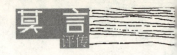

第四章 激情年代

艰难的提干

战士级教官莫言在一次貌似普通的政治课上,迎来了四个事先没有张扬的旁听者。

这四个人,就好像是西方电影里的法官,他们将在认真倾听完莫言的申诉之后,做出公正而终极的判决。他们将在这堂政治课上完之后,决定他的命运。

他们是命运女神的代理人。

在这之后,莫言只有两个结局:一是不幸人生遭遇最后总溃败,丢盔卸甲地被打回原形,打点自己的包袱灰溜溜地回到家乡。二是命中遇贵人,时来运转,枯树逢了春,鲤鱼跳了龙门。

他的上课水平一旦得到肖副主任他们的认可, 一举提干成功,实现农转非大跨越,永久性地吃上国家粮,不管是春雨夏涝秋旱还是冬寒,不管是丰收还是歉收,不管是村长还是村支书,都不能影响他的一日三餐了。

作为一个成色十足的农民子弟,又没有在高考时挤过千军万马奔腾的独木桥, 如果不能提干成功,莫言逃离土地的机会就微乎其微了——他当然还有写作这最后的一条路。在这条比独木桥还狭窄的路上,晃动着无数个苦闷的身影。

上课头五分钟,青年教官莫言紧张得舌头不能正常运转。

他豁出去了。他抬头望着天花板,滔滔不绝地说着。生产力和生产关系,生产力决定生产关系,生产关系反过来影响生产力……等等,绕来绕去,就是这些概念,这些问题了。他像一只被语言的鞭子抽动着的陀螺,飞快地旋转。他的声音越来越洪亮,教材里的知识自己迫不及待地蹦极跳,一个接一个弹出来。青年教官莫言根本控制不住自己,他的舌头没有青蛙灵敏,只能顺其自然,让那些闪闪发光的辞藻自己乘坐着舌头的滑梯旋转冲下,　就像冬奥会的滑雪跳台最后一个动作那样,在空中旋转,翻滚,然后袅袅地落下……

课上到最后,隔壁教室都来抗议了,说管教官上课,旁边的教室都受影响。

课终于结束了。

宣传科科长传达了肖副主任的意见,说课上得不错水平很高,但有待规范。假以时日,前途不可限量。

课讲完之后,青年教官莫言就心里忐忑不安地返乡了。

暑假里,待在老家的莫言收到训练大队政治处一个干事的来信,信里告诉他说,他的提干申请被批下来了。

就这样,莫言就由一名古董级战士政治教官,升级为菜虫级正排政治教官。

这一跃,不啻于腾云驾雾,也可以说乌鸡变凤凰。

为了这看起来并不复杂的一跃,莫言花了整整七年时间。

这里寥寥的几千字根本无法真正传达出莫言这些年在部队里的漫长历程和酸甜苦辣。

莫言收到这封信,既在意料之中,又在意料之外,毫无疑问是百感交集,脑袋一阵乱哄哄的,一阵空洞洞的。接到这份通知信件,他终于可以正式地跟土地吻别,安安心心地吃他的国家粮,再也不用回农村务农了。莫言要跟庄稼再见,跟镢头再见,跟镰刀再见,跟村头的大树再见,跟那条破败的小桥再见。拜拜了土地,拜拜了乡亲们!

莫言后来才知道,为了帮助他提干,局政治部主任和干部科科长

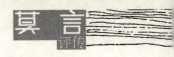

带着他的材料和他在《莲池》上发表的两篇小说直接跑到总参干部部去做公关工作。他们跟总参干部部的领导说,管谟业这名战士是难得的人才,不提干太可惜了,一定要提。总参干部部的领导也不是那么死板的,他们就说,既然这样,你们回去打个报告,我们就同意。

那时的干部真是单纯,真是可爱,真是爱惜人才,一点都不懂得搞腐败,搞钱权交易,为此要向他们致敬。

莫言摇身一变,成了一个干部。

一等人,是公仆。

莫言这个干部的身份,不算公仆,貌似公仆,胜似公仆。

网络上流行过一个令人上瘾的模拟生存游戏《吞食鱼》,就是这种食物链的最生动的隐喻:一条名叫天使鱼的小鱼通过不断地吞噬其他的小鱼而逐渐长大,不断跳级,由天使鱼变成鲛鳒鱼、JD鱼直至最后变成逆戟鲸,它能够吞食的鱼越来越大,最后变成了一条庞然大物逆戟鲸,打败海洋里的霸王大白鲨,胜利地登上了食物链顶端的宝座。这个游戏之所以风靡一时,就是因为它透露了这个世界上的真实规则:大鱼吃小鱼,快鱼吃慢鱼——事实上,这就是很多商业励志手册里的名言警句,是华尔街的生存兵法。一个巨无霸的跨国公司的成长,就是不断地吞吃其他小公司的残酷历程。

虽然正排级教官莫言才是小小的天使鱼,但是他已经可以吃掉面前游来游去的小鲫鱼了,运气好的话,他还能吃到一颗藏在忽开忽合的蚌壳里的白珍珠,给自己加分——在这里,不妨是看作莫言的文学创作——运气更好,动作更敏捷的话,他甚至还可能吃到一颗能够跳级的黑珍珠——写出轰动的作品,被转载,得奖,开研讨会,改编成电影——一举过关,跃升为更高一级的食肉鱼类:正排级天使鱼、正连级鲛鳒鱼、正营级JD鱼、正团级逆戟鲸,顶端是正师级大白鲨,吃掉大白鲨,逆戟鲸就变成了正军级的超级大鱼蓝鲸了——部队里有没有正军级作家呢?我不知道,也不去打听,给自己和读者保留一个疑问吧。

蓝鲸虽然是庞然大物,却很温和,每天只吃一些小鱼小虾,吃个七八吨,也就吃饱了。

北京天安门留念
大北照相1979.国庆

1979年，与战友在北京天安门

对于正排级教官莫言来说，要登上逆戟鲸的宝座虽然遥遥无期，但是一旦进入了这个游戏的食物链，就能望见遥远的峰巅了，奋斗就有目标了，而这才是真正激动人心的核心所在。如果莫言一直这么走下去，而不是从事文学，他也有可能会当上一个正军级政委。他有这个潜质。在万金油般的上课中，莫言训练出了一手演讲起来现打草稿的绝活。这位老战士出身的青年教官表达能力强，善于调动现场的气氛，给稚气未脱的小屁孩儿战士们搞战前动员，做思想工作，想必是最胜任不过了。

人的一生只能走一条道路，不能一脚踩两船。也有一些两栖、三栖乃至四栖、五栖的选手，这些人都是特殊材料做成的，不在本文论述范围内，就不谈了。

管教官这位在部队里待了二十一年才从正师级位置上退役的老兵，虽然写过好几部战争题材的小说，写过大场面也写过小场面，却从

来没有上过战场。

不过,在黄县当兵时,管教官有一次参加实弹打靶,算是亲身经历过枪弹横飞的险情。他那时候是警卫班班长,被分去读靶。因为配合失误,当他以为停止了射击,要读靶了,从掩体处探出脑袋时,一阵子弹射了过来。他大叫一声,滚入了掩体。战士们都失声大叫:班长!班长!

他们都以为管班长光荣了。

好在管班长并没有光荣,他狼狈地躲在壕沟里,一阵阵地后怕,可能惊吓得着实不轻。

就是这么一点点的"战斗"经验,莫言后来就敢在一次军事题材的座谈会上,面对那些忧心忡忡的老作家夸下海口,说新时期的作家也能写战争,写战争场面不一定非要经历战争。结果,他被逼上梁山,不得不炮制出一部战争背景的小说来证明自己不是信口开河。

这是后话。

长城古道边

好事情接二连三,青年教官莫言刚刚接到提干的通知不到两个月,1982 年初秋,他又接到调令,把他从河北保定的狼牙山脚下,调到北京长城脚下的延庆。

从狼牙山到燕山,青年教官莫言虽然提干,当上了干部,仍然是在城市的边缘打游击。

燕山上的长城风景,跟狼牙山、跟渤海湾,跟他的老家高密东北乡,又截然不同。那种大开大合的风景,那种长城外古道边的苍凉,超越了狼牙山的峭拔,活的历史用传奇的风光漫入青年教官莫言的眼帘。

这种感觉一定很古怪,甚至有些荒诞感。

刚接到调令时,青年教官莫言还找江干事,说不太愿意去北京。他说刚刚在保定这边的文坛混得有些脸熟,到北京又是人生地不熟了。江干事毕竟有见识,他说,北京是首都,大杂志多,更有发展前途。得到

1980年，在河北保定

江干事这么一点拨，青年教官莫言算是一语点醒梦中人，醍醐灌顶，恍然大悟了。

挟着新科作家新版干部的新好心情，青年教官莫言来到北京首都郊区，自我感觉非常好，有时难免会尾巴翘翘。他居高远望，一派秋光尽收。

北京，北京，这就是北京了。

遥想 1644 年，李自成率领几十万农民军攻城略地，占领北京时，怀里揽着绝世美女陈圆圆，目空一切，志得意满，对自己的手下大将刘宗敏等人说，杀，杀，给老子杀！农民乱军这会儿吃过福王的人肉，喝过崇祯的美酒，浑身很 High，提着鬼头刀，戳着断魂枪，在北京的大街小巷游荡，看见略微像个官的像个读书人的，就拖出来乱刀砍死。

到了北京，就可以睥睨天下了。

青年教官莫言此后所遇到的贵人可谓层出不穷。

赏识莫言并且帮助他实现了提干梦想的肖副主任，毕业于武汉大

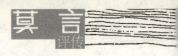

学历史系,是那个时期颇受尊重的老大学生。肖副主任在青年教官莫言刚刚要狂妄起来前,在他的脑袋上轻轻地敲打了一下,像菩提老祖对孙猴子的脑门干的一样。

肖副主任给青年教官莫言讲了一个故事。

肖副主任说,"文化大革命"期间,大概是 1973 年左右吧,有一次,他带领政治部几个干事去参观历史博物馆,因为有历史系毕业的科班背景,他就充当了义务讲解员。他讲解时,后边跟着一个身材瘦削、风度翩翩的老者。肖副主任想,这个普通的听众也在听自己的讲解,一定是被自己的渊博学识给镇住了吧。他讲完,在一边休息时,那位老先生走近,很有礼貌地说,解放军同志,您的学问很好,讲解非常精彩,只是有一两个地方有问题,朝代不对。老先生指出后,肖副主任脑袋就冒汗了。岂止是小差错?简直是失之千里了。肖副主任诚恳地感谢后,请教老先生的大名。

老先生说:"鄙人沈从文⋯⋯"

肖副主任就这样点醒青年教官莫言:学无止境。

大鱼游动时,总是优哉游哉,只有小鱼才蹿来蹿去。

长城外,古道边,青年教官莫言老老实实地当他的天使鱼,写新闻稿件和报告。从 1982 年秋到 1983 年底,他作为一个负责新闻方面的干事,跑了一些地方,写了不少新闻稿件,仍然感到自己的兴趣不在食物链的攀爬上,他还是渴望写作。

干事莫言努力地写,又接连在《莲池》杂志发表了三个短篇小说。《为了孩子》前面已经提到过,发表在 1982 年《莲池》第 5 期上,内容大概源自他小时候被冤枉说把堂弟从树上推下来的那个惨痛记忆。被创作教条所束缚,莫言给小说安上了一条光明的尾巴。

接下来的两个短篇小说《售棉大道》和《民间音乐》,在莫言的创作生涯中,在他的命运转折中,具有重要的意义。①

短篇小说《售棉大道》,如上一章所述,其经验源自莫言从 1973 年至 1976 年在县棉花加工厂里的工作经历。创作灵感,则受到阿根廷作家科塔萨尔短篇小说《南方高速公路》的影响。

在仓库写作

　　在小说里,售棉仅仅是一个线索,因为售棉不畅,人们不得不停顿下来,杜秋妹和刚刚生完孩子不久的军嫂腊梅、车把式及拖拉机手结识了,矛盾了,冲突了。这一切都在杜秋妹的感化下,变成了大团圆结局。英俊潇洒、身板结实、善良热情、粗中有细的车把式最终 PK 胜出,成为新一代的好男儿,获得了杜秋妹的好感,抱得美人归。这个故事里没有邪恶的角色,引起杜秋妹反感的拖拉机手也不过有一点点自私。杜秋妹对他生气却不计前嫌,帮他化解了一场即将燃起的火灾。拖拉机手被感化了,成为一只被杜秋妹的高尚道德情操施洗过的羔羊。乡村道德的形象,在杜秋妹健康开朗善良的身上,得以形象地体现。

　　在小说里,莫言传达了一些个人经验,却很有节制,把大量的篇幅留给展示杜秋妹的心地善良上。这样一个人物塑造,令人想起孙犁短篇小说《荷花淀》里的人物——孙犁把一场残酷的白洋淀伏击战,用诗情画意的方式表达出来。那些战场上本来应有的血腥和恐惧,都被作家细心地抹掉。这样一来,在水生女人们摇船寻夫的旅行中,一场战斗变成了一场和日本鬼子一起玩耍的嬉戏和追逐游戏,连对待死亡都是淡淡的口吻:

幸亏是这些青年妇女,白洋淀长大的,她们摇的小船飞快。小船活像离开了水皮的一条打跳的梭鱼。她们从小跟这小船打交道,驶起来,就像织布穿梭,缝衣透针一般快。假如敌人追上了,就跳到水里去死吧!

死好像是无关紧要的,是随随便便的。好像是一场无声的戏剧,连水生他们扔出的手榴弹也没有声音,一切都是静寂的,因为无声,死亡也是无所谓的。在这里,不妨把《荷花淀》命名为诗意革命现实主义作品。孙犁精心地组织优美的辞藻,把那些可能引起读者恶心感觉的词句,全都弃用,造成了一种柔美的水彩画效果。

《售棉大道》里,人物也一样是美好的,但是他们所面临的环境却不怎么令人舒服——对比《荷花淀》里的环境描写,会发现这里面产生了微妙的变化。清晨的寒冷彻骨,中午的烈日暴晒,乌云密布暴雨降临,在这样一次简单的售棉中,杜秋妹遭到了人生中重大的折磨。好在她周围都是善人,这次折磨也就化于无形了。恶劣的环境跟善良人物之间,显得不甚协调。莫言不自觉地就在描写环境中,带出了自己的童年记忆、乡村记忆,这些记忆泥封在没有打开封口的酒坛子里面,不断地酝酿、发酵、香气四溢。

他自己对此却懵懂所知。

那个时期,莫言对自己的故乡以及由故乡而产生的情感,采取一种有意识的抵制态度。他受先前阅读经验影响,下意识地、有意识地认为,自己所经历、所看见、所感受到的那个质朴的乡村世界是一个不值得表达、不应该被书写的化外世界,因为这个他亲历过的世界的原貌,不符合他阅读得来的关于好作品的认识。

在短篇小说《售棉大道》里,莫言对风景的描写是节制的。他为了这种节制而费尽了九牛二虎之力,就像一个按着空心气球使劲地往水里压的笨蛋。他使劲地抑制住自己的表达愿望和往外使劲拱的真情实感,力图让自己身体里这种喷涌的热泉,导流到事先安装好的塑料管道里,通过各种开关、阀门,安全地输送到读者的家里——人们只要拧开水龙头,就可以有节制地品尝到他制造的甜丝丝的啤酒。

在小说里,风景的描写、情感的表达,都是含蓄的,结尾也是含蓄的。杜秋妹和车把式通过相互的帮助和情感沟通,产生了"电波"后,小说就戛然而止了——值得注意的是小说里对男主人公的命名,是物而不是人:车把式、拖拉机手。这就意味着,这些人物已经被长期的物质主义教育风化了,失去了"人"味,只剩下"物"性。这是革命现实主义的经典处理方式之一,人性由此变成了物性。具体的情感被抽象化而变成了概念,善的概念,美好的概念。情感的物化,恰恰也是革命现实主义的秘密技巧之一。

这种处理方式,非常符合传统现实主义小说观念中对小说结构、小说情感、小说表达方面的理解。对于那些"无益"的、"有害"的个人情感,莫言拼命地压制着,不让它们喷涌出来。然而,莫言对于土地、对于棉花、对于乡村田野和天空的个体真实感受,仍然通过这篇小说,不自觉地、悄悄地渗漏了出来:

> 太阳当头照耀,一点风也没有,天气闷热⋯⋯十三点左右,形成了这一天当中的一个热的高潮,白花花的阳光照到雪白的花包上,泛着刺目的白光,砂石路面上,泛起金灿灿的黄光;空气中充满了汗臭味、尿臊味和令人恶心的柴油味;骡马耷拉着脑袋,人垂着头,忍气吞声地受着"秋老虎"的折磨。

> ⋯⋯黎明时分,她被冻醒了。这时,天忽然格外黑起来,暗蓝的天幕变得黝黑。天幕上寒星点点,空气冰冷潮湿。一会儿,黑暗渐渐褪去,天色也变淡了,天空也变高了。半边天空是海水般的深蓝,半边天空是鸭蛋壳般的淡青。不久,星星隐去了,东边地平线下仿佛燃起了一堆大火,把半个天空又染成桔红色,几条呈辐射状的长云则一直伸展到西半边天空,像几枝横扫长天的巨笔。②

——这是对炎热天气和早晨的描写。

天果然有些不妙,风利飕有劲,潮气很重,东北方向的天空像有千军万马在集结待命,乌压压,黑沉沉,仿佛只要一声令下,就会冲过来,就会盖天遮地。没有被乌云吞噬的晴空中,还有几个星星在发抖;西边林梢上那一勾细眉般的新月,也好像在打着哆嗦。一会儿,神使鬼差似的,就在东北方向遥远的地方,一道贼亮的闪电划开了夜幕,很久,才响起了一阵沉闷的雷声。

……车把式的风雨灯熬干了油,半死不活地跳动了几下,熄灭了。风也突然停止了。一只雨信鸟尖叫着从空中掠过,翅膀扇动的声音都听得清清楚楚。原先一直低吟浅唱的秋虫也歇了歌喉。一切都仿佛在耐心地等待着;一切都仿佛进入了超脱生死的涅槃境界。就这样不知待了多长时间,突然,一种窸窸窣窣、呼呼噜噜、轰轰隆隆的声音从东北方向滚滚而来,一时间天地之间仿佛有无数只春蚕在野咬桑叶,无数只家猫在打着鼾,无数匹野马掠过原野。③

——这是对暴雨将临的描写。值得注意的是,小说的人物情感物化,在这里,景物却人格化了。

从上面这两段摘抄里我们可以看到,莫言在景物的描写上用词力求精确。他对于风景的秩序,也很有自己的敏感,从天空到乌云到星星到月亮,由大而小,由面而点,布置得非常严整,符合革命现实主义对景物的秩序化、意识形态化的认识。

这种严整,也是一种制约,它要求作家按照这种既定的秩序逻辑来编排自己的透视法则,不能随意打乱,不然就是一种不美的风景,是丑的体现。"审美"的意识形态,在这里得到了微妙的体现。这种风景意识形态,力图在文学作品里体现一种严整的秩序,从而造成一种"客观"的假象。在这种秩序里,凌乱的事物、疯长的杂草和随地丢弃的垃圾,都是被禁止的,不容许出现的。

风景从来就不是自然。

日本理论家柄谷行人曾经这么论述过风景的本质:

　　　　所谓风景乃是一种认识性的装置，这个装置一旦成型出现，其起源便被掩盖起来了。……风景一旦成为可视的，便仿佛从一开始就存在于外部似的……现代文学中的写实主义很明显是在风景中确立起来的。因为写实主义所描写的虽然是风景以及作为风景的平凡的人，但这样的风景并不是一开始就存在于外部的，而必须通过对"作为与人类疏远化了的风景之风景"的发现才得以存在。……卢梭在《忏悔录》中描写了自己在1728年与阿尔卑斯的大自然合一的体验。此前的阿尔卑斯不过是讨厌的障碍物，可是，人们为了观赏卢梭所看到的大自然纷纷来到瑞士。Alpinist(登山家)如字义所示乃诞生于"文学"。④

　　柄谷行人在这里提醒读者注意，所谓的风景，"乃是一种认识性的装置"，"风景一旦成为可视的，便仿佛从一开始就存在于外部似的"。这种仿佛存在于认识之前的风景，是不存在的。

　　风景是一种文化的认知，包含着意识形态的因素。正如"Alpinist"这个词跟卢梭的《忏悔录》息息相关一样。卢梭把阿尔卑斯山塑造成一个灵魂栖居地之前，阿尔卑斯山不过是一个横亘在法国、意大利和瑞士周边的一座陡峭山峰，隔断了交通，使得些国家的人们在旅行时障碍重重。卢梭"与大自然合一"之后，阿尔卑斯山变成了一座人人向往的旅游胜地。

　　自然的山，就这样变成了人文的景。在这些美丽的辞藻下，在白雪皑皑、芳草馥郁的遮蔽下，阿尔卑斯山的自然形态完全消失了。

　　在革命现实主义的经典作品、赵树理的长篇小说《三里湾》中，轰轰烈烈的合作化运动变成了一场风花雪月的事。小说男主人公王玉生表现自己的手艺和善良、女主人公王玉梅表现自己的淳朴和能干，他们分别和范灵芝、马有翼设计好的爱情，则淹没在合作化的大潮中，变成了花边式点缀。小说里充满了一团和气，连为村里人所蔑视和嘲笑的落后分子"糊涂涂"马多寿和"翻得高"范登高，也在这样一团和谐的

气氛中,涤荡了、洗干净了自己的灵魂。小说里的那些风景,那些河流树木,那些蔬菜庄稼,都清新美丽、秩序自然、无灾无害,对合作社里的人不构成任何的生活障碍和威胁,没有暴风雨,不下鹅毛雪,年年都丰产,饱食以终日。

我们不禁要问,农村里的牛粪马粪呢?⑤猪屎狗屎呢?杂草和垃圾呢?农村里的麦秸垛和枯枝败叶呢?村里被打倒在地再踏上一脚的"五类分子"呢?他们都到哪里去了?

它们没有了,不存在了,消失在空气中。为了美的需要,为了秩序的诉求,都消失了,无影无踪了。

我们所看到的风景,在电影上、在图片上,都包含着极其微妙的意识形态的、等级差的信息。一个善于读图的人,一定能从中读到隐藏于其背后的含义来。而貌似普普通通的文学景物描写,则包含着更多的文化种姓等级秩序,文学的变革,更多的是对文学种姓制度的破坏。

乡村的风景,从古典诗意的田园到新文化运动里愚昧落后的土地,从革命现实主义里干净的世界到寻根文学里蒙昧落后野蛮无知的蛮荒世界,有着丰富的文化信息蕴含其中。

莫言的小说里,风景描写是非常重要的现象,这里蕴含着他写作中突变的秘密,也包含着他对传统价值观反思的努力。

莫言的另一个短篇小说《民间音乐》,是受到美国南方派女作家麦卡勒斯的短篇小说《伤心咖啡馆之歌》的影响而写成的。

这些外国文学作品的出现,给莫言提供了一种急需的小说结构。莫言需要这样的容器,以盛下他的情感世界。这篇小说比《售棉大道》还简单,追求一种简约化的诗性效果。

个性张扬的小酒店女老板花茉莉偶然地收留了流浪到小镇的盲人乐师,一度被小镇的长舌男长舌女们传了各种各样的流言飞语。盲人乐师用自己纯净的音乐,净化了这些卑微的心灵。人们被他的音乐所吸引,络绎不绝地来花茉莉的小酒店消费。花茉莉爱上了盲乐师,想跟他结婚。盲乐师发现自己的音乐被商业的铜臭气味给污染了,坚决地离开。花茉莉为了寻找盲乐师,也跟着消失。

小说用高贵的精神来反衬世俗的卑下,歌颂了盲乐师高尚纯洁的心灵。

老作家孙犁读到这篇小说,在《天津日报》发表的一篇文章里,提到了这篇小说,给予肯定:

> 去年的一期《莲池》,登了莫言一篇小说,题为《民间音乐》。我读过后,觉得写得不错。他写一个小瞎子,好乐器,天黑到达一个小镇,为一女店主收留。女店主想利用他的音乐天才,作为一种生财之道。小瞎子不愿意,很悲哀,一个人又向远方走去了。事情虽不甚典型,但也反映当前农村集镇一些生活风貌,以及从事商业的人们的一些心理变化。小说的写法,有些欧化,基本上还是现实主义的。主题有些艺术至上的味道,小说的气氛,还是不同一般的,小瞎子的形象,有些飘飘欲仙的空灵之感。⑥

孙犁在文坛上地位崇高,他的推崇,对莫言后来的成名有重要推动作用。

这篇小说想象的成分、臆测和图解的成分更多,不如《售棉大道》在描写风景时体现出来的那么有冲击力和真情实感。这种节制和空灵,也像《售棉大道》那样,建立在莫言对自己故乡情感的压制基础上。

在这个阶段,莫言的情感是逃离、回避,他的目标是离开故乡,越远越好,无论是身体还是精神,都要远离,而当他执笔开始写作时,他发现,对自己的这种儿童时代的、少年时代的故乡记忆,他越是压制,那些情感就越是充沛,越是冲击得他几乎有些无所适从。

现在我们重新回头再看当时莫言的心态,肯定是一种逃遁的心态,他故意漠视自己的故乡情感,想隔绝自己和故乡的联系。

初访编辑部

莫言在回忆自己的创作生涯时,把初始阶段弄混了,有时说是

1978 年,有时说是 1979 年。根据他在《漫长的文学梦》里的说法,他的创作还是应该从 1978 年开始,更早期当然可以追溯到 1973 年十八岁的莫言在胶莱河挖泥时创作的《胶莱河畔》,然而那次创作没有继续下去,不形成整体性的创作阶段,所以还算不上真正的创作生涯。在《超越故乡》这篇论文里,莫言也说自己的创作是 1978 年开始的。

在这段时间里,莫言写了不少习作:

> 1978 年,我在黄县站岗时,写了一篇《妈妈的故事》。写一个地主的女儿(妈妈)爱上了八路军的武工队长,离家出走,最后带着队伍杀回来,打死了自己当汉奸的爹,但"文革"中"妈妈"却因为家庭出身地主被斗争而死。这篇小说寄给《解放军文艺》,当我天天盼着稿费来了买手表时,稿子却被退了回来。后来又写了一个话剧《离婚》,写与"四人帮"斗争的事,又寄给《解放军文艺》。当我盼望着稿费来了买块手表时,稿子又被退了回来。但这次文艺社的编辑用钢笔给我写了退稿信,那潇洒的字体至今还在我的脑海里摇头摆尾。信的大意是:刊物版面有限,像这样的大型话剧,最好能寄给出版社或是剧院。信的落款处还盖上了一个鲜红的公章。我把这封信给教导员看了,他拍着我的肩膀说:"行啊,小伙子,折腾得解放军文艺社都不敢发表了!"我至今也不知道他是讽刺我还是夸奖我。
>
> 后来我调到保定,为了解决提干问题,当了政治教员。因基础太差,只好天天死背教科书。文学的事就暂时放下了。一年后,我把那几本教材背熟溜了,上课不用拿讲稿了,文学梦便死灰复燃。我写了许多,专找那些地区级的小刊物投寄。终于,1981 年秋天,我的小说《春夜雨霏霏》在保定市的《莲池》发表了。⑦

这里可以看到,莫言在《莲池》杂志发表第一篇小说《春夜雨霏霏》前,还写了很多其他的作品——小说《妈妈的故事》、话剧《离婚》等。

当时宗福先的话剧《于无声处》火爆全国,莫言想必也受到了影响,于是雄心勃勃地想写一部话剧,一旦发表就一炮打响,从此名扬天下。他在话剧创作上遭受了打击,写话剧的心愿,要到写《我们的荆轲》时才能了却。

《春夜雨霏霏》的发表还有一些故事:

　　1979年秋天,我从渤海湾调到狼牙山下,在一个训练大队里担任政治教员,因为久久不能提干,前途渺茫,精神苦闷,便拿起笔来写小说。写出来就近往《莲池》寄。寄过去,退回来,再寄过去,又退回来。终于,有一天,收到了《莲池》的一封信。⑧

由此可见,在那段时间里,莫言确实写了不少的练习作品。这些习作都或者因为这样那样的原因,没有得到编辑的青睐,他自己也觉得没有什么价值,就处理掉了。直到因为其中一篇小说收到了编辑的来信。这封回信上,一名编辑希望莫言能去编辑部谈谈。

莫言把这封信翻来覆去地看,激动得一夜没合眼。第二天一早,就搭上长途汽车赶到保定市,按着信封上的地址,找到了《莲池》编辑部:

　　进门前我紧张得要命,双手不停地流汗。进了门就转着圈敬礼,然后把那封信拿出来。一个中年编辑看了信,说:“你等一下吧,老毛家远,还没到。”我就坐在一把木椅上等着,偷眼看着那几个编辑在埋头处理稿子,感到他们的工作庄严得要命。同时我还看到他们每个人面前都堆着大摞稿子,于是知道爱好文学的人很多。等了大概半个小时,一个五十多岁的人哈着腰进了门。方才看过我的信的那个编辑说:“老毛,你的作者。”就这样,我见到了我永远不敢忘记的毛兆晃老师。⑨

毛兆晃老师五十多岁,个子很高,人很瘦,穿一身空空荡荡的、油渍麻花的中山装,身上散发出一股浓浓的烟臭。他把莫言让到桌前,简单地问了一下莫言的创作情况,然后把莫言投的那篇稿子拿出来,说

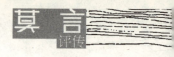

小说有一定基础,希望莫言回去之后改一改:

> 说完了稿子,他问我喝不喝水,我说不喝,然后我就走了。⑩

莫言大闺女上轿头一回走进心目中神圣的文学杂志编辑部,心里紧张和激动,都是很正常的。凡事都有第一次,毛兆晃老师给他第一次的肯定,对他来说相当于在自己的漫长文学创作生涯中走出了第一步,也相当于一个打毛衣的姑娘,给自己的棒针打上了第一个结。有了第一个结,后面就好办了。

莫言回到部队后,感到不好改,干脆新写一个,又几十里迢迢地亲自送到编辑部给毛老师审阅。毛老师一目十行地看了,说还不如第一篇好呢。他的话让莫言受到了很大的打击。

莫言没有气馁,他对毛老师表决心说自己愿意改,保证能够改好,然后他又坐上长途汽车回去了。

回到部队里,莫言考虑了很久,把一前一后两个小说杂糅到一起,又亲自送到了编辑部。过了一段时间,毛兆晃老师给莫言来了一封信,说这一次改得不错,刊物决定要用了。

就这样,莫言在《莲池》上发表了第一篇小说《春夜雨霏霏》。

接着,《莲池》又发表了莫言的第二篇小说《丑兵》。小说后面附有一篇编辑手记,介绍说,作者是驻军某部一位战士,他的文笔细腻,感情真挚,这个作者大有希望等等。这个评价,对莫言的创作来说无疑有很大的激励作用。在此之前他都在盲人摸象,不知道劲怎么用,现在他至少有些模糊的感受了。他在写作上的价值,得到了肯定。

《丑兵》这篇小说应当有某些他自己"自传"的色彩。

从小莫言就觉得自己丑,不受大人喜爱——其实看了他那个时期的照片,板板正正,挺潇洒的一个小伙子,各方面都也还过得去,没有他自己说得那么夸张。小伙子精神十足,不仅不丑,还有些时髦——这种歧视和嫌弃,对一个小孩子影响很大。

小时候的莫言胆小敏感,害怕那些软骨头的动物,对蛇有极深的恐惧,常常害怕从草丛中钻出一条蛇来,因此,他割草永远都割不好。别的伙伴早就割了一箩筐,他才割几把。辍学的头几年,他还不能算是一个整劳力,不能跟生产队的大人一起干活,只能自己带着干粮,一个人赶着牛羊,到很远的地方去放牧。在这些草原上、水泊边,少年莫言盯着天上的流云,地面上的花草,被巨大的寂寞感所淹没,被那些孤独的虫子所啮咬,养成了一种对花对草、对树木对庄稼非常细腻的观察力感受力。他的伙伴,就是这样一些春夏秋冬四季色彩各异的花草树木,就是那些在野地里生生灭灭的飞禽走兽、游鱼爬虫。那种孤独和寂寞,还有饥饿中寻找各种食物的生活,对莫言的心灵的某些地方,一定造成了很大的伤害。这些伤害,需要长时间地慢慢弥合。

管谟贤先生在《莫言小说中的人和事》里说:

> 当年作为家中最不起眼的孩子——莫言,因为吃不好,吃不饱,所以显得特别"馋"。因为过早失学,又爱看闲书,所以显得特别"懒"。因为长得不怎样,又老穿哥哥姐姐倒下的衣服,所以显得特别"丑"。莫言在个别长辈的眼里是令人生厌的丑小鸭,是"前脚猫,后脚狗",成不了才的东西。[11]

像莫言这样的孩子,要在长大之后还保持健康心理和正常人际交往能力,就需要性格上的后天修补。

不管怎么说,作为一个生性怯懦,又从小遭受歧视和排挤的小孩子,长大之后如果没有各种锻炼的机会加以打磨,在人际间的交往上,就会因为自卑而怯懦而最后自我封闭。

莫言当兵前,就在县棉花加工厂干了三年半临时工,结识了厂里来自五湖四海的各路神仙,开阔了眼界,也锻炼了自己。他还在批林批孔发言和出黑板报等事情上干得不错,受到党支部书记的赏识,还在棉花加工厂的夜校里当过代课老师。当兵之后,他又有了当代课老师的机会,当众宣科,被成功所激励,明白自己原来所读的那些"闲书"也是有价值的,不是毫无用处的垃圾。阅读的当时或许是垃圾,后来也被

时间的点金术士用魔棒给点成了环保食品。

一步一个脚印地,原本生性腼腆、不善交流、孤独寂寞中养成了沉思默想习惯的青年莫言,渐渐地具有了一些非凡的心灵。

对于自己第一次走上文学道路上的领路人毛兆晃老师,莫言一直心存感激。

有一次,毛兆晃老师到部队来看莫言,跑了很远的路。他感慨地说,想不到部队离城里这么远,早知道,就不让莫言跑来送稿子了。毛兆晃老师牙齿不好,还有胃病,吃饭不多,饭后莫言和一个战士陪着他在山间走。在交谈中,莫言的战友说这个山上出产上水石,是很好的石头。毛兆晃老师就说自己平时也喜欢养花弄草,喜欢漂亮的石头,希望莫言给他采一块。

一次进城,莫言用麻袋背去了两块大石头,足有八十多斤。他进城了,才打听到毛兆晃老师的家住在南郊,不通车。他背着这两块沉重的大石头走了十几里路,才找到毛兆晃老师家。这时莫言已经累得不行了,他再一打听:毛兆晃老师家住在六楼!

莫言贾起余勇,背着石头吭哧吭哧地爬楼梯,筋疲力尽地敲开了毛兆晃老师家的门。

魂梦的故乡

故乡就是故乡,故乡是那种你可以反抗可以憎恨可以热爱可以潸然泪下但是无法选择的、宿命的出生地,故乡是莫言后来反思时说的"血地"。故乡笼罩着你,它让你对它爱恨交加,让你对它无可奈何,让你通过各种方法,重新记忆它,描写它,想象它,甚至故意去遗忘它。无论怎么样,最终你都要回到它。

故乡是一个无法解开的死结。

美国作家托马斯·沃尔夫说过:

我已经发现,认识自己故乡的办法是离开它;寻找到故乡的办法,是到自己心中去找它,到自己的头脑中、自己的记忆中、自己的精神中以及到一个异乡去找它。⑫

对故乡的逃离,就是对故乡的回归,是迂回,是曲线。情感的曲线,具有某种优美的、令人无奈的效果。

莫言对此深有体会:

两年后,当我重新踏上故乡的土地时,我的心情竟是那样的激动。当我看到满身尘土、满头麦芒、眼睛红肿的母亲艰难地挪动着小脚从打麦场上迎着我走来时,一股滚热的液体哽住了我的喉咙,我的眼睛里饱含着泪水……那时候,我就隐隐约约地感觉到了故乡对一个人的制约。对于生你养你、埋葬着你祖先灵骨的那块土地,你可以爱它,也可以恨它,但你无法摆脱它。⑬

就像托马斯·沃尔夫一样,故乡成了莫言心中的一颗种子,在土壤和气候都合适的情况下,这颗种子会发芽生根。

一个人无法脱离他的故乡,正如一条河流不能没有源头。这种真切故乡感受的浮现,才能给作家堆砌出施展拳脚的想象力舞台。这样一座舞台,各种风景事物,各种人物事件,各种声色记忆,会缭绕在作家的脑袋里,是作家写作时不可缺少的演出布景。

一名作家丢失了自己的故乡,就等于一名骑士丢失了自己的骏马,一名侠士丢失了自己的宝剑,他就只能像一个土产的毛驴骑士唐吉诃德,徒劳地挥舞着一把纸糊的大刀,用锡纸营造出刀光剑影的假象来吓唬旋转的大风车和围观的老百姓。对于真正的读者,这种花架子不值一提。

莫言的心中一直装着"故乡"这坛烈酒——作为它的最生动隐喻:高粱酒——它在莫言的身体里发酵,散发出浓烈的气味,使他在外界的诱惑偏离自己内心方向时,给他指引出前面的路途。

对于一名作家,是否要返回自己的故乡,如何寻找到返乡的路途,

是一件重要的任务。

现实中大多数作家，都迷失在现代城市和现代文明的声色犬马中，失去了心中的故乡和真正的情感，徒劳地为一些表面喧嚣所左右，被自己的欲望所驱使。他们的文字，都是浮泛在浊流上的枯枝败叶，没有一点鲜活的色彩，更谈不上任何的生命力。

莫言在写作冲动萌芽的前期，也为这种浮泛的思虑所牵制，总想表达一些大而无当、空洞无物的主题。

莫言回忆自己的创作经历时说道：

> 1978 年，在枯燥的军营生活中，我拿起了创作的笔，本来想写一篇以海岛为背景的军营小说，但涌到我脑海里的，却都是故乡的情景。故乡的土地、故乡的河流、故乡的植物，包括大豆，包括棉花，包括高粱，红的白的黄的，一片一片地，海市蜃楼般地，从我面前的层层海浪里涌现出来。故乡的方言土语，从喧哗的海洋的深处传来，在我耳边缭绕。⑭

莫言那时候鄙视这种故乡风物的价值，他有意地排斥这种隐藏在自己身体里的情感，试图削足适靴，把自己丰沛的情感装进文学教程里规定好的坛子里去。

莫言在《莲池》上发表的第三篇小说《因为孩子》，"看起来写的是水乡风情，其实写的还是我老家那点破事。"⑮

莫言小时候被冤枉把堂弟从树上推下来，遭到了母亲的痛打。他把这件事改头换面，塞进一个好人好事的俗套里，还安了好人好事的光明尾巴——仇人黑头的孩子秋生掉在冰窟里，二毛得到儿子大胖的报信，不计前嫌，连忙跳下水去救人。这样一来，他们两家因为小孩子的打打闹闹而惹出来的矛盾，又因为对小孩子的抢救而化解了。

在课堂上口若悬河的青年教官莫言，在写作上佶屈聱牙。

他在写作上采取一种躲躲闪闪的写作态度，一种虚假的情感：不拔高、不简化，就无法完整地表达。他像那个时代大多数的青年一样，被自己身处其中的这个时代的高妙手术刀,悄悄地切除了声带。

莫言在这里置换了经验,把自己的切身体会,塞进了"水乡风情"的酒瓶里去。写这篇小说之前,毛老师还带着莫言去白洋淀体验过生活。通过这次浮皮潦草、不了了之的体验生活,莫言明白了:"摆着一副体验生活的架势下去体验生活,其实是一件荒唐的事情。"⑯《因为孩子》里唯一有水乡的描写,就是那条河上的冰窟窿。

故意去"体验"的生活,不是作家本人的生活,而是外在的生活。反映在作品里,就是形似,而不是真正的情感流露。缺乏真情实感的小说,就是无本之木无源之水。

故乡的声音如此众声喧哗,故乡的情感如此奔放热烈,由故乡这个生命的喷发地涌现出来的爱是那么的真切,一个人很难不为之而情动。然而,为传统的文艺思想和僵化创作模式所左右的莫言,以为这种活泼鲜活、发自内心情感是有害的,他努力地抵制着故乡的声色犬马的诱惑,拼命地要让自己爱上那些抽象的事物。他扭过头去,违背自己的真情实感,费劲地去写海洋、山峦、军营,写这种命定的主题和意象,为此他感到极其别扭和枯涩。

对于那些类似命题作文般人云亦云的东西,莫言感到痛苦和无聊:

> 虽然也发表了几篇这样的小说,但一看就是假货,因为我所描写的东西与我没有丝毫感情上的联系。我既不爱它们,也不恨它们。在以后的几年里,我一直采取这种极端错误的抵制故乡的态度。⑰

像很多的作家一样,莫言伪装自己的故事和人物:

> 为了让小说道德高尚,我给主人公的手里塞一本《列宁选集》,为了让小说有贵族气,我让主人公日弹钢琴三百曲……⑱

莫言一直为此而感到苦闷,也痛苦地加以反思:

> 就像渔民的女儿是蒲扇脚,牧民的儿子是镰柄腿一样,我这个二十岁才离开高密东北乡的土包子,无论如何乔装打扮,也成不了文雅公子,我的小说无论装点了什么样的花环,也只能是地瓜小说。其实,就在我做着远离故乡的努力的同时,我却在一步步地、不自觉地向故乡靠拢。⑲

在 1983 年到 1984 年间,莫言一边在部队里做着日常的新闻和宣传工作,一边坚持写作,然而他在《售棉大道》和《民间音乐》之后写的几篇小说,《金翅鲤鱼》(《无名文学》1984 年第 1 期)、《放鸭》(《无名文学》1984 年第 1 期)、《白鸥前导在春船》(《小说创作》1984 年第 2 期)、《岛上的风》(《长城》1984 年第 2 期)、《雨中的河》(《长城》1984 年第 5 期)、《黑沙滩》(《解放军文艺》1984 年第 7 期,获该刊本年度小说奖)等,都寻找不到新的突破口,都是一种扭扭捏捏的、像莫言自己后来反思时说的那种"挤出来"的小说,而不是"流出来"的小说。

在涉及莫言当兵之后的生活经验的很多篇作品里,靠谱的是《三匹马》。在描写爱马胜过爱老婆的马夫刘起和马的关系时,莫言调动了自己的乡村经验,找到了一些美妙的感觉。当他写到刘起因为发急而拼命赶马,马车却陷在路沟里无法动弹时,对马的形态的描写和对失去理智的马夫刘起的描写,都显出了一定的功力。刘起身上那种原始的粗狂和生命力的喷薄,可以看成是莫言迷恋这种粗野气概和顽强生命力的开端。当马车疯狂地飞奔起来时,一直拼命地压制自己的真情实感的莫言有些按不住自己身子底下这个"葫芦瓢"了,他小说里的另外一个重要的人物、解放军战士张邦昌斜刺里杀出来,用一大通自言自语的心理活动,把作者莫言也带动进去,显示出一点点失控的魅力。像子弹一样射出去的奔腾的马和急促的心理活动混杂到一起:

> 今天,哪怕你窝下火车,哪怕你玉米地里晕倒了省委书记,我

也不离岗哨半步。排长这个神经病,中午哨,夜哨,还让压子弹。这熊天,热得邪乎,裤子像尿了一样粘在腿上。真不该来当这个兵,在京剧团唱小生你还不满意,还想到部队来演话剧。美得你,吃饱了撑的你,话剧没演上,日光下的哨兵先当上了……⑳

这是先被排长冤屈自己在玉米地里调戏妇女之后在大白天热辣辣的阳光下站岗放哨的战士张邦昌的大段心理活动。

接着是三匹发疯的马奔腾的描写:

> 真正高速行驶的马车是一蹦一蹦地跳跃着前进,远远看上去,像是腾云驾雾。三匹马高扬着头,鬃毛直竖着,尾巴像扫帚参煞开,口吐着白沫,十二只铁蹄刨起烟尘,车轮子卷起烟尘,一捆挂在车尾巴上的扫帚扬起烟尘,车马后边交织成一个弥漫的灰土阵。㉑

莫言在描写动态情景和静态情景交叉状态时,有条有理,不忙不乱,具有很强的捕捉生活画面的能力。这种乱而有序的组织场面的手法,是传统现实主义惯用的核心观念。他对各种细微事物的出现,是有价值判断的:重要的、非重要的,好的、坏的,有秩序的、凌乱的。这种秩序也是一种意识形态,一种风景的等级制度。

野性的风景

在路遥的中篇小说《人生》里,虽然高加林惨遭村长高明楼的暗算,做不成小学老师了,但是他的形态——健美的身体、浓眉大眼——是美好的,他周围的庄稼和树木的景色,是井井有条的,一切都在一种超能力和超秩序的控制之下,背后暗暗地涌动着一种更大的威慑:任何混乱,都是不允许出现的。

　　黄土高原八月的田野是极其迷人的,远方的千山万岭,只有在这个时候才用惹眼的绿色装扮起来。大川道里,玉米已经一人多高,每一株都怀了一个到两个可爱的小绿棒;绿棒的顶端,都吐出了粉红的缨丝。山坡上,蔓豆、小豆、黄豆、土豆,都在开花,红、白、黄、蓝,点缀在无边无涯的绿色之间。㉒

这是对高加林带着郁闷的心情,头一次出门活动的景物描写。

　　太阳刚刚落山,西边的天上飞起了一大片红色的霞朵。除过山尖上染着一抹淡淡的桔黄色的光芒,川两边大山浓重的阴影已经笼罩了川道,空气也显得凉森森的了。大马河两岸所有的高秆作物现在都在出穗吐缨。玉米、高粱、谷子,长得齐楚楚的。都已冒过了人头。各种豆类作物都在开花,空气里弥漫着一股清淡芬芳的香味。远处的山坡上,羊群正在下沟,绿草丛中滚动着点点白色。富丽的夏日的大地,在傍晚显得格外宁静而庄严。高加林和刘巧珍在绿色甬道中走着,路两边的庄稼把他们和外面的世界隔开,造成了一种神秘的境界。㉓

这是高加林和刘巧珍赶集回来,两个人和周围的景物融为一体。

景物的描写由远而近,由面而点,顺序为:天空→大山→川道→大马河→庄稼→高加林→刘巧珍,风景、作物和人物安排得井井有条,纹丝不乱。这种严谨的秩序排列,符合传统现实主义对于美的要求。

莫言也力图贴近这种美好景物的描写。他的切身情感,却无法跟这种要求严格地结合到一起。在莫言的想象世界里,植物、庄稼,山川河湖以及各种飞禽走兽,它们的排列不是有机的,也没有这种秩序井然的等级。一定说要有等级,那么这种等级或许如评论家说的那样,是生命力的熵值,按照生命力的强弱来加以排列。

在《红高粱家族》里,莫言首先明确了这种生命力的排序方式:疯狂的红高粱→健壮粗犷的余占鳌→冷酷无情的花脖子→残忍凶狠的日本鬼子，他们占据在食物链的最高层，睥睨众生，吞噬众生。在他们下面，众生貌似平等。在生命力美学的标准下，野草高于庄稼，因此它们也大模大样地出现在莫言笔下。短篇小说《弃婴》里那些向日葵田地里的野草，战胜了孱弱的庄稼，成为田间的主宰。在中篇小说《红蝗》里，遮天蔽日、让人恶心又让人敬畏的蝗虫，同样因其巨大而旺盛的生命力，成为高密东北乡的主宰。

《红高粱家族》之后的莫言，不断地在景物描写上突破这种秩序和清规戒律，在他自己写作状态疯狂恣意的中篇小说《红蝗》里，在他自己深爱而被深深误解的中篇小说《欢乐》里，这种"混乱"达到了高潮，形成了一种"混乱美"：风景被打成肉酱，重新组合，美的变成丑的，香的变成臭的，然后美丑香臭重新组合，变成了高密东北乡文学王国里独特的风景。这种景物描写和景物秩序的新认识和新变化，是莫言之所以成为莫言的重要元素之一。

而写乡村生活的短篇小说《石磨》虽然有一些家乡影子，但是莫言使劲地塞入了一个传奇色彩很浓的两代爱情错位的故事，让这样一个本来可以真情流露的作品，再度走向情感的虚假，小说只剩下空洞的结局，而无精彩的推演。

从上面这些小说的走向分析来看，一旦作家跟自己的真情实感作对，试图按照某些被灌输的写作教程、遵循那些固定的审美逻辑和理论的指导来写作，一旦他有意识无意识地脱离自己所熟悉的生活，那么他的小说就欠缺精彩，失去说服力。

现代白话文小说的先锋鲁迅，最早也是最彻底地体会到了这一点。他的小说绝大多数都以故乡"鲁镇"为背景，写儿时朋友"闰土"的那篇小说，干脆就叫做《故乡》。其他的小说，《狂人日记》、《阿 Q 正传》、《社戏》、《祝福》、《孔乙己》、《孤独者》、《长明灯》、《坟》等，都有坚实的故乡生活背景。

鲁迅写城市背景的小说，如《伤逝》、《肥皂》等，不如故乡背景的作品，一看就别扭，就不舒服，不流畅，做的痕迹浓烈。

鲁迅从自己对故乡的深刻体会和痛彻情感出发，发展出一种极端社会性批判和国民劣根性认识。"鲁镇"给鲁迅提供了一个施展拳脚的舞台,在这里,他可以轻而易举地叙述,无需为寻找小说的语调而操心,也不必吃力不讨好地渲染小说的叙事背景。"鲁镇"就在那里,在鲁迅抬头望出去的地方隐隐若现。鲁迅对自己的故乡太熟悉了,写到鲁镇时,他只需用寥寥几笔,就把鲁镇的气氛惟妙惟肖地烘托出来。无论他是写"阿Q"还是"孔乙己",是"爱姑"还是"祥林嫂",因为气氛熟悉,人物个性鲜明,且少年时代的生活中时常看见的也是这样一类的人物,因此鲁迅小说里的这些角色个个都呼之欲出。在鲁迅的小说世界里,故乡"鲁镇"既是他的精神家园,也是他剖析国民性的手术台。鲁迅虽然声称自己的小说人物形象是从各处综合来的,这个说法却有些可疑。像"阿Q"这样的一个活灵活现的人物,虽然他的毡帽可能是绍兴的,他的嘴巴可能是南京的,他的白眼可能是上海的,但他的肉体和精气神,却肯定在鲁迅的老家出现过。他就是一个人,就是那个人,就是某个人,就是例如莫言在《红高粱》直截了当地采用了真人名字的王文义——只能是这个王文义,不能改名,他跟他的名字已经合二为一,无法分离了。"阿Q"是谁?鲁迅的脑子里,一定游荡着这样一个单薄的、瘦瘦的人物形象,他就像幽灵一样,在鲁镇的街道上、在赵庄的田野上,整日无所事事地走来走去,在鲁迅的脑子里进进出出。他是有血有肉的活生生的人物,不是鲁迅凭空杜撰的。无论他是多么高明的天才,他都无法凭空杜撰这么一个生动的人物。鲁迅在写作前,一定是拥有一个我们现在不得而知的原型坯子,在这个坯子上面,这个身架子已经打好了的模型上面,他才能精工细刻其五官和神态。其他的人物,例如"闰土"、"六一公公"、"爱姑"以及《社戏》里的那些小伙伴们,"双喜"、"阿发"们,都可以一一对号入座。

莫言有长期阅读鲁迅的经验。根据他自己的说法,他是在大约七八岁的时候,就读鲁迅了。那时他因为脚上生了一个毒疮无法下地,大人们劳动去了,把他一个人丢在家里。他待在炕上百无聊赖,又没有任何的消遣,于是拿起了上高中的大哥扔在炕头上的《鲁迅作品选集》,翻了起来。在青少年时代,社会上流行的一种白皮的、薄薄的鲁迅著作小册子,莫言买了十几本,又读到了鲁迅其他的作品。他写出了备遭误读、心情郁闷的中篇小说《欢乐》之后,已经从军艺毕业,有些"廉价的委屈",弄了一套精装的《鲁迅全集》,用了几个月并非彻底地通读了一遍——《鲁迅全集》里古籍校点和翻译作品,他"粗粗浏览而已"——前后三次阅读,莫言对于鲁迅的作品不可谓不熟悉。鲁迅对故乡那种难以割舍的情绪,他长期身居在外乡而类乎赌气地不返乡的做法,都是可以开启莫言故乡之门的金钥匙。

阅读是需要经验和体会的。莫言那个时候没有从鲁迅写"鲁镇"故乡这些温暖的作品里感受到故乡的美好,莫言的目光也仅仅停留在那些著名的檄文上。他感动着专家们的感动,他分裂着鲁迅粉丝们的分裂,他愤怒着盲从者的愤怒,缺乏对自己真情实感的激荡和对应。

现代性叙事下的中国背景中,另外一个拥有自己现实和心灵"故乡"的名家是沈从文。

在沈从文的文学世界里,湘西是他想象、虚构、美化、诗性的故乡。跟鲁迅的故乡不同,沈从文的故乡充满了桃花源的气味,空气中漂浮着一种田园诗般宜人的气息。沈从文的"故乡",是传统知识分子的梦境的真实再现,是知识分子的精神乌托邦。沈从文迷恋自己的"乌托邦"边城,他把这个城市的污秽都精心地挑拣出来扫掉了,剩下的全是柔美的风景、善良的人们和潺潺的流水、明朗的天空。在这里,即便是凡间以为邪恶的事情,也都能显示出美好的一面。从这个意义上来说,沈从文的写作出发点不是切入社会的深处,对其中的邪恶、不公加以鞭挞、批判,而是塑造一个想象中的美好精神空间,以备那些于战乱涂炭中的生灵、游荡的灵魂可以在那里"诗意地栖息"——在这个意义上,沈从文的"湘西"类乎一千六百年以前的敦煌。那个时候,从战乱的中原越过潼关、越过长安,沿着丝绸之路向西,来到沙漠绿洲敦煌,饱尝战乱之苦的民众们,他们心灵上的痛苦需要安慰,灵魂上的创伤需要抚平,于是他们跟新传入的佛教心心相契,在鸣沙山上开凿大大小小的窟洞。帝王将相有大财力者开凿气势宏伟金碧辉煌的窟洞,贩夫走卒之辈、一贫如洗者,好几家人凑合在一起建一个小小的神龛。虽然

大小贵贱不同,但是他们心灵上得到的安慰是相等的。大慈大悲救苦救难的观世音菩萨普渡众生,不应该也不会只引渡那些权贵们。

沈从文的小说是一种优美的作品,但不是后来的文学理论教材里说的那种"有力度"和"历史感"的作品。所谓的"力度"和"历史感",包括当下流行的"底层写作",很可能是一个相互自证的伪命题,这些命题及其相应地制造出来的文学产品壅塞在各种杂志和评审组里,对那些在其他地方开放的鲜花,造成了很大的影响。历史感只能是官方的历史感,而不是民间的历史感,而像莫言后来说到的张炜的《古船》、他自己的《丰乳肥臀》、《檀香刑》和《生死疲劳》这样的长篇小说,是不可能获得茅盾文学奖的。对于忠实于自己的艺术良心的作家来说,这确实有那么一点点"矛盾"。

鲁迅作品里的强烈社会批判精神,固然震撼人的心灵,但是沈从文的桃花源世界,更有可能净化人的灵魂。在现代文学的意义上,沈从文的存在,是对像鲁迅文学风格的映照和反拨。世界不一定全都是丑恶的;或者我们可以这么说,世界是邪恶的,但是文学渲染的却应该是后来被文学理论弄脏了的"真善美",给人以希望,给人以慰藉。

文学是苦闷心灵的栖息地,这又有何不可呢?

像鲁迅一样,莫言对自己的故乡爱恨交加。

他们对故乡的憎恨或许相同,但是莫言对高密东北乡的爱要比鲁迅对于绍兴的爱深得多。

对于故乡,对于那个他总是拿着东西去典当的当铺里高大的铺台,鲁迅的内心是非常憎恨的。这种压抑感、受歧视感,在鲁迅的心里造成了极大的创痕,以至于他一直到中年以后,都无法抚平。

同样的情形出现在莫言的身上。跟自己内心的真情实感的呼唤作斗争无疑是很痛苦的。一种外界先验的逻辑,通过潜移默化的蛮横方式,对作家和普通读者都造成巨大的压力。

你是听从内心的召唤,尽力地去表达自己的真情实感呢,还是臣服于大众逻辑和政治逻辑,拼命地想写出一种符合社会要求和政治要求的作品呢——例如莫言短篇小说《黑沙滩》这样的主旋律文学、遵命文学。这其中的努力和斗争,有着非常激烈的形态。对于久已疏远了自己内心情感的作家来说,写点遵命文学倒也习惯成自然,一旦需要,他们就可以很快地进入某种枯板的自动写作程序当中,像赵树理那样下到华北农村,亲身感受和经历乡村的变化,一住就是好几年。怀着一种任务,一种先决的观念,不可能表达出自己的真情实感。有才如赵树理,也只能是图解政治教条,从而愚乐百姓。

莫言没有被贫下中农推荐上工农兵大学,反而是一件好事,他内心的真情和体验这种实在情感的能力和勇气,至少不会被那种陈腐的气息所压倒,还多少为自己内在的冲动而感到疑惑。这种疑惑,在他寻找到属于自己的表达声音时,就形成了一种真正的叙事力量。这时的莫言体内,显然存在着两股力量。一种是家乡的召唤,一种是现实的禁锢。两者在他体内斗争,展开了拉锯战。作为写作者的莫言本人,在那个时候,反而是局外人。他是一个被支使和被压迫的人。他无法独自达到自由的言语状态。对于一名作家来讲,这种状态体现在文字上,就显得比较干涩、无味。

自如、从容、欢快的叙述,对于莫言来说,还要假以时日。

1983 年和 1984 年这两年, 莫言的创作处在一种彷徨和调整期。1984 年 9 月,莫言写了短篇小说《大风》、1984 年 10 月写了《石磨》和《五个饽饽》,这一年下半年,他应该还写了中篇小说《金发婴儿》(发表在《钟山》杂志 1985 年第 1 期)、《流水》(发表于《风流》1985 年第 2 期)和《透明的红萝卜》(发表于《中国作家》1985 年第 2 期)。从这几部中短篇里,我们可以看到莫言对自己故乡情感的迂回,在写作上,他处于一种半瘫状态:一会儿好,一会儿差。他对这些作品的自我判断也出现了很深的犹豫,不知道该往何处去。

上面提到的那几个短篇,都发在 1985 年的下半年的刊物里。莫言写好了这些作品之后,可能并没有第一时间投出去,而是压在自己的箱底里,等待发酵。

在这段时间里,他写出了自己的真正成名作,中篇小说《透明的红萝卜》。

曲线上大学

　　莫言待在部队里，因为没有专心工作，没有当将军的理想，反而整天写作，于是领导上就吩咐他做一些新闻方面的工作，这样一直做着教官和干事，到1984年春天，上级派他外出进修，学习科学社会主义理论，准备回来之后讲课。在学习期间，莫言看见总参系统的一个一起来学习的干部在那里偷空复习《现代汉语》之类的书，很纳闷，就问他复习这些干什么。该干部笑而不答。到了夏天，7月份左右，他才告诉莫言，解放军艺术学院刚刚组建一个文学系，给全军各大单位发了一个通知，说要招生。莫言一听就来劲了，问自己能不能报名。这位干部说，好像是正营级以上的干部才能报考。那个时候莫言的级别不够，感到很郁闷。又过几天，这位干部说回去打听过了，莫言这个级别也能报考。

　　莫言一直有上大学的心愿，听到了这个消息，立即赶回局里去打听。局宣传科长说是有这个事情，但是需要请示政委和主任才能答复。莫言又去找主任，主任说你才来一年多，很有前途，这样走掉很可惜。

　　莫言对于文学，已经有些着迷了。他很想到军艺去，去学一些真材实料的本事。他就跟主任说，您还是答应让我去报考吧，我觉得自己干不好干事。就算是干好了，将来升个科长，也不见得有什么意思，还不如让我去写作，将来当个作家。那个时候，作家在社会上的荣誉很高，莫言因为断断续续地发表了一些作品，也参加了像《长城》之类杂志组织的笔会，已经被深深吸引了。他很难放弃这个绝佳的机会，就跟主任认真地谈了自己的想法。

　　主任说要去跟其他的领导讨论一下。主任后来就跟莫言说，组织上同意他报考，但是现在报考已经有点太晚了，让他自己到总参政治部找负责大学招生的部门自己联系。莫言得到允许，发扬背八十斤石头走十几里路的不怕死也不怕活的革命精神，开始为自己的命运而奔走。他那时甚至都不懂得怎么拨总机电话,他自己跑到总参,找到了一个徐干事打听这件事情。徐干事很热情,不仅告诉他到解放军艺术学院怎么走,还把他送到公共汽车站,告诉他上哪路车,到哪站下车。

就这样,莫言按图索骥,找到了位于海淀区中关村南大街魏公村内的解放军艺术学院,进到了文学系办公室。

一进门,莫言就碰见当时的干事刘毅然,说起来报名的事情。

刘毅然说,报名都结束了,怎么现在才来?

莫言说,我刚刚知道这个消息。

刘毅然问,有没有带作品?

莫言说带了。

刘毅然说,好,作品留下。徐主任很忙,就不见你了。

莫言留下作品,走了。

过一段时间,莫言给刘毅然打电话问这件事情。刘毅然说,徐主任看了你的作品很高兴,你赶快准备文化课考试吧。

1984 年 6 月 19 日,莫言得到了准考证。6 月 21 日开始复习,7 月 1 日考试,中间只复习了 10 天。考试结果,语文、政治、史地三门考了 216 分,其中语文考了 90 分。三门课考试占百分之四十,交一篇作品占百分之六十。

莫言以局里考试的最高文化考分,进入了军艺文学系。

1984 年秋天,莫言就"拿着孙犁先生的文章和《民间音乐》敲开了解放军艺术学院的大门,从此走上了文学创作的道路"㉔。

这在莫言的文学创作中,在他的人生中,又是一次重大的变化。莫言正儿八经成为作家,应该是从这个时候开始的,他的创作风格和创作趣味,也是进入了解放军艺术学院之后,产生了质变。

秋收百斗谷

1985 年,莫言总共发表了十三部中短篇小说。

这些小说中,有些是 1984 年下半年写的,有些是 1985 年上半年

写的。

中篇小说为上面提到过的《金发婴儿》、《流水》、《透明的红萝卜》、《球状闪电》和《爆炸》(发表于《人民文学》1985年第12期)这五篇,短篇小说《白狗秋千架》(《中国作家》,1985年第4期)、《石磨》(《小说界》1985年第5期)、《老枪》(《昆仑》1985年第6期)、《秋水》(《奔流》,1985年第8期)、《大风》(《小说创作》,1985年第9期)、《枯河》(《北京文学》,1985年第8期,获该刊年度优秀小说奖)、《五个饽饽》(《当代小说》,1985年第9期)、《三匹马》(《奔流》,1985年第9期)这八篇。上文说过,其中的短篇小说《三匹马》写于1983年10月,但是这篇小说被莫言自己搁置下来,到1985年下半年才发表。

1984年秋天,莫言正式进入了解放军艺术学院文学系,算是来了一个曲线救国,进了大学,圆了一个怀胎十年的旧梦。

进了解放军艺术学院,莫言算是找到组织了。

军艺文学系主任徐怀中是个识货的行家,也是莫言人生中一个重要的贵人。他看到了莫言的作品后,对系里的干事刘毅然说,"这个学生,即便文化考试不及格我们也要了。"

千里马虽然跑得快,也得有伯乐给相面,不然也只能"和其尘,同其光",隐没在父老乡亲间,由青年而中年而老年,最后在给自己的孙子讲故事时,成为一个偶尔被回忆起的能说会道的爷爷。

从《售棉大道》开始,莫言开始探索着在自己熟悉的土地上遛弯。莫言在努力学习着回到自己的生活和记忆中,回到真实乃至真诚当中。莫言凭着自己的直觉,很快就对比出虚假写作和听从内心写作这两者之间的差别:听从内心的召唤,让他感到幸福,书写起来如鱼得水。就好像一个生锈的水龙头被一把巨大的扳手拧开了,自来水哗啦啦喷涌而出。他按图索骥,开始小心翼翼地回到自己的高密东北乡,回到那个蛙噪蝉鸣的天地里去。

这里面也有比较谨慎的试验和革命成功之前的反反复复——莫言为此写了一系列的短篇小说,在1984年到1985年的两年间,他统共发表了五个中篇小说,十六个短篇小说。

　　在这些小说里，莫言曲折迂回，然而总算是方向正确地朝着自己的内心摸去。他就像一个身手敏捷，但是在黑夜中只能小心谨慎的侦察员，在乡间小路和泥泞山道上摸索、前行。

　　这种事情是怎么产生的呢？

　　莫言在进入解放军艺术学院文学系之后，才发现自己来到了一个人才济济的地方，除他之外，其他同学来自四面八方，个个都是独霸一方的绿林好汉，很多的同学在进入军艺之前，已经扬名立万了。像李存葆，在进入军艺文学系之前，已经凭着中篇小说《高山下的花环》(《十月》,1982 年第 6 期) 获得过全国 1981—1982 年度优秀中篇小说奖。报告文学作家、南京军区的钱刚也获得过全国报告文学奖，其他的例如济南军区来的李荃、沈阳军区来的宋学武等，都是一些腕级作家，相比之下，莫言不过是一个小儿科作家，仅仅在一些名气相对较小的杂志上发表过几篇短篇小说，成就跟这些同学还不能比。

　　莫言"年轻气盛"，对这些老大哥同学们打心眼儿里不服气，他憋着一股劲。

　　那时，外国文学译介方兴未艾，极其热闹，杂志方面，《世界文学》和《外国文艺》都是文学爱好者必读的杂志，很多新介绍的外国"旧"小说，都是通过这两本杂志介绍进来的。出版方面，上海译文出版社是其中的生力军，其"二十世纪外国文学丛书"里出版的很多作品，尤其是拉丁美洲作家马尔克斯的长篇小说《百年孤独》和美国作家福克纳的长篇小说《喧哗与骚动》影响盛极一时，称得上是作家中的作家。当时写作的人，没有人敢说自己没有读过这些作品的。作家马原说，在八十年代，他每天阅读五个小时。

　　拼命阅读和拼命写作，是那个时代作家们和文青们的常态。

　　解放军艺术学院文学系刚刚成立，第一届学生基本上都是进修的干部，是干部专修班，正规的老师没有几个，基本上都是从外面请老师来开讲座，像北大的老师、社科院的老师，还有音乐指挥家李德伦以及王蒙等作家，都来过军艺做讲座。这些讲座信息密集，八仙过海各显神通，虽然不成系统，但是每个人都带来了各自的新鲜文艺观念，新知识

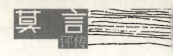

新方法新感受层出不穷。不管是理解了还是懵懵懂懂,先学习起来,传播起来,是当时热情的文艺界的心态。这种密集的知识轰炸,对敲开同志们原本还有些顽固的脑袋瓜颇有好处。

同学相互之间也拼命地交流读书心得,然后闭门造车,发疯地写作。莫言他们的寝室号称"造币车间",莫言则号称是寝室的"头号造币机"。那个时候,他们写作起来的疯狂难以形容,常常是到了深夜,有同学在走廊上敲脸盆饭盆大声喊:收工了!收工了!他仍然意犹未尽,在蚊帐里、躺在床上,仍然神思悠悠,胡思乱想,到了梦里,还在跟自己虚构的人物一起玩耍,捉迷藏。

那时候外面的世界很不精彩,外面的世界很不无奈,唱着"再过二十年,我们再相会"的激扬人心的主旋律歌曲,整个社会正在经济改革的康庄大道上加速前进,为了创造更多的物质财富,人人都干劲十足。除此之外,娱乐活动不多,诱惑很少,除了文学,还是文学。莫言在散文《我的大学》里回忆过这段求学的生涯:

> 当时我们是白天听课,晚上写作。四个人住一间宿舍。为了互不干扰,许多宿舍里都拉起了帷幔,进去后能使人迷路。我们宿舍里的人懒,还保持着一览无余的朴素面貌。那时天比现在冷,暖气不热,房间里可以结冰。写到半夜,饿了,就用"热得快"烧水煮方便面吃。听说方便面要涨价,一次买回八十包,深夜两点了,文学系里还是灯火通明。㉕

莫言他们平时除了听课、写作,剩下的是看书:

> 第一本在我们班上引起轰动的书就是上海译文出版社出版的《劳伦斯短篇小说集》。与我同室的一个同学特别善于复述外国小说,那真叫添油加醋、绘声绘色、口吐莲花、二度创作。他一说完我们就往书店跑,跑到书店就买,买回来却不一定马上就看。买回的书太多了,实在是看不过来。那同学给我们讲述的是集子中的

《普鲁斯军官》和《骑马出走的女人》,买回书来就只读这两篇,虽然不如他讲述的精彩,但确实是不错。

第二本书是阿斯塔非耶夫的《鱼王》。我只读了其中的《鱼王》和《鲍加尼耶村的鱼汤》。我认为新时期好多小说是跟《鱼王》学的,其中不乏"名篇"。我也写过一个人与狗对峙的细节,应该承认是受了《鱼王》的影响。㉖

这里最值得注意的还是莫言坦承自己受到了外国文学的直接影响,这种影响在当时还是很普遍的现象,"不乏名篇"是一句很准确的话。那个时期,因为前面的阶段中国作家的与世隔绝,根本就不知道外国发生了什么事情,也不知道人家写了什么东西,只知道我们的十七年时期创作的那十几本革命现实主义小说,外加前苏联如《钢铁是怎样炼成的》等几本,一时可能还坐井观天,如莫言在放牛牧羊时期的那

1986年的莫言

种自我狂妄，认为自己把天底下所有的书都读完了。国门打开之后，那些被隔绝了几十年的外国文学作品，潮水般地涌进来了，同时杀进来的，还有当时热门的哲学思潮，例如存在主义等。虽然不一定能读，但是私底下拼命地谈论萨特、加缪是很必然的事情。那个时期的适龄文学青年如果嘴巴里不沾点外国作家的名字，简直就像是火星人一样不可思议。

对于莫言来说，这些阅读在开阔他的视野的同时，实际上也在暗示他对于文学的评判价值标准也是可以多样化的。对于真正的作家来说，万事万物无大无小，关键还是看文学的表现。在那个时代，对于文学技巧上的迷恋，就开始越炒越热，开始出现了对文学技巧方面的专门探索，在形式上、语言上加以各种表现。

莫言在刚刚开始写作时，基本上是传统现实主义的手法，没有变形，缺少通感，不用夸张，亦无魔幻，那个时候，后现代主义理论家杰姆逊还没有开始自己的北京之行，暂时来不及跟中国的学生和听众们讲述"第三世界的表达"，因此我们的作家还不太明白什么叫做"第三世界的写作是寓言写作"。莫言老实地就按照传统的方式写作了。在他引起人们一点注意的短篇小说《售棉大道》里，他描写了一些狂暴的风景，这对于传统现实主义小说的写作来说，手法上、最重要是观念上，已经有些不太正宗了。在得到孙犁夸奖的短篇小说《民间音乐》里，莫言的文字出现了一点点的通感（虽然莫言后来坦白交代说自己不懂得音乐，小说里的那些音乐术语是从《音乐欣赏手册》里抄的）——曲子轻松明丽，细腻多情，仿佛春暖花开的三月里柔媚的轻风吹拂着人们的脸庞——在短篇小说《大风》里出现了故乡鸡毛蒜皮的小事。

在那个年代，能工巧匠的爷爷常常割草卖给胶河农场，换回一些干粮粗粮。他曾经带领"我"去草洼子割草，他割的草干净，齐整，"我"割草不行，捉蚂蚱却是高手，捉了很多蚂蚱，烧得香喷喷地吃了个半饱。他们割了满满一车草，在回来的路上碰上了龙卷风，把他们的草都卷跑了，只剩下一根在车辕上乱颤。

整个故事没有"宏大"的主题，没有"深刻"的思想，也不拔高，更没有"高大全"，就这么简简单单一个老农民，微微细细的一件事，比鲁迅先生的一件小事还要小，却是栩栩如生的真人。这篇小说的出现，暗示着莫言写作心态的细微转变。他捕捉生活中和记忆中的昆虫，使之成为表达的对象。本来这是传统评判模式下所鄙视的写法，因为它里面缺乏昂扬的东西，没有矛盾对立面，也不见善与恶的纠缠。

这些东西难道也有价值吗？

莫言对这些没有信心，放了一段时间，投给了自己的起步舞台《莲池》杂志——后改名为《小说创作》。发表后，《小说选刊》转载了这篇小说，这让莫言信心大增。

莫言觉得，如果这些东西都能成为表达的内容，这样写也能成为好小说的话，那么他就不怕没有题材可写了。这几年，他一直辛辛苦苦地寻找题材，发掘内容，从自己当兵之后的经验出发，用高大全的模式，用矛盾对比、善恶对比的模式、一分为二的模式来理解这个丰富多变的世界，这样一种方法，就像用只有框架而没有网眼的网兜去打捞水里的游鱼，鱼从网兜里穿过，游走了，他望鱼兴叹。

打捞者甚至都不兴叹。他们对鱼不感兴趣，他们只想从水里捕捉到根本就不存在的、只是被人画在纸上的美人鱼。

与其望鱼兴叹，不如退而结网。

在文学的表达上，有没有编织好自己的网，这是很重要的事情。在军艺学习期间，大量的阅读和频繁的交流，莫言对新思想新观念的接受比较快，再加上他的阅读基础和阅读悟性比较高，眼界开阔之后，有了对比，判断小说的尺度也就不太一样了。

在评价别人的作品时，莫言逐渐开始用自己的趣味来加以衡量，总是通过反作用的方式，来表达出自己的独特见解：

> 有一次，我们系里组织讨论会，讨论李存葆的小说《山中，那十九座坟茔》。我确实感到不好，就把这个小说贬得一塌糊涂，话说得很过分。……说人家根本不是一篇小说呀，有点像宣传材料一样，就这么直接讲的。而李存葆的《高山下的花环》获了上一届

中篇小说的头奖,改编成电影、话剧,名声大得不得了,是当时全国最红的作家。现在被我当头打了一棒,座谈时没人说话了。李存葆也表现出了老大哥的涵养。主任说:莫言同志也应该再读读这部作品,你的看法是片面的,这个还是一篇悲剧性的作品,是一部力作。紧接着,又拿第二届全国中篇小说奖头奖了。[22]

李存葆的中篇小说《山中,那十九座坟茔》发表在《昆仑》杂志1984年第6期,在当时挟着《高山下的花环》余威,仍有巨大的影响。莫言当时是一个名不见经传的小字辈,敢在系里组织的研讨会上放这么一炮,确实是初生牛犊不怕虎。

李存葆在这件事情上显示出了老大哥的风范,没有找时机对他进行阶级报复,而是实事求是,客观冷静。莫言的《透明的红萝卜》出来之后,他没有说什么,《白狗秋千架》出来之后,他说,这小子,还是有些造化的。[23]

莫言拼命地写作。这个时期的小说大都以故乡为背景,以个人情感为线索,加上真真假假的家族传说和民间传说,杂糅在一起。在《大风》里,莫言第一次正面地描写了自己的童年记忆。那次,莫言一个晚上写了三篇小说,除《大风》外,还有《石磨》和《五个饽饽》。三篇小说都跟儿童时代的记忆有关,但是趣向不同。

《五个饽饽》也建立在莫言的童年记忆上。"在贫穷的年代丢了五个白面馒头做的饽饽"这件事情的本身莫言自己记不得了,是他大哥管谟贤先生告诉他的,并建议他写成小说。在这部小说里,老光棍"财神爷"人穷志不短,被"我们"冤枉了之后,他非常伤感。故事的结尾出现了神秘的五个饽饽,那么,到底是不是"财神爷"拿走了的呢?这已经不重要了。小说里出现了大段的民歌民间小调。这些小调不高雅,不脱俗,而且有"封建糟粕",但是却有土腥味,有质感。

小调里隐含着的全都是"封建糟粕",六十年代的贫困时期,人们脑子里想的不是高昂的建设斗志,伟大的共产主义思想,而是些封建社会的帝王将相念头,精神分裂之厉害,由此可见一斑。这些东西,当然也是不入流,本来不被看好,甚至都可能是会被批判的思想。但是在上个世纪八十年代那个时期,这种东西意味着新的事物,新的生产力。到了后来,类似的民谣民调,经《红高粱》一唱红天下之后,被大量地生产出来,伪造出来,于是就变成了自己的对立面了。

小说里存在的那种比较绝对的善恶观,还在莫言脑子里打游击。传统的文学阅读,让莫言觉得,小说里必须出现善与恶的斗争,与人斗,其乐无穷,没有了斗争,就没有好的小说。那么斗争从哪里来呢,从人与人的思想变化中来。虽然斗争都是一样的,但是斗争的舞台不一样,人物不一样,方法也不一样。《三里湾》里的王玉生和《创业史》里的梁生宝不一样,但是他们所构成的矛盾是一样的,都是好与更好的矛盾,而不是你死我活的阶级矛盾阶级斗争,因此,小说里弥漫着一团其乐融融的和谐气氛。不管怎么说,小说里要给主人公们找到一个贴切的舞台,合理而精彩的演绎场所。

一起拔萝卜

那个时期,莫言每天辛辛苦苦地"造币",恋恋不舍地钻入被窝,脑子里仍然停留在各种各样蹿来蹿去的人物里:

> 有一天凌晨,我梦见一块红萝卜地,阳光灿烂,照着萝卜地里一个弯腰劳动的老头;又来了一个手持鱼叉的姑娘,她叉出一个红萝卜,举起来,迎着阳光走去。红萝卜在阳光下闪烁着奇异的光彩。[29]

先有一个关于"红萝卜"的意象,然后才有灵感,开始创作小说。这样一来,莫言积淀在身体里,在记忆深处发酵已久的童年时代的生活与记忆,通过这个"金色的红萝卜"的魔法力量,开始流淌出来了。栩栩如生的生活场面,饥饿感觉,长期的屈辱记忆和创痛经验,在这根红萝卜的映照下,纤毫毕现。通过这种映照,本来混沌不清的记忆,开始出现了一条弯弯曲曲的小路,莫言在这条小路上徜徉,满眼都是大好河

山,美丽风光。

关于小说的创作灵感,仍然值得一说,因为这与莫言前期以及当时主要的作品的创作前期的出发点迥然而异。莫言同寝室的同学施放说:

> 莫言这篇作品,从他开始构思一直到写作的全过程,我都是很清楚的,我们住一个房间。他的构思不是从一种思想、一个问题开始,而是从一种意象开始。有天早晨去饭堂的路上,他说:老施,我要写篇小说。我要写一个红萝卜。我问:你要写一个什么样的红萝卜?他说:我要写一个金色的红萝卜。接着他就把那个梦给我讲了。他就是从这个意象来构思这篇小说的,其他的东西都是从这儿生发出来的。这跟我们习惯的构思方法是两回事,这里边有很多东西值得思索。我们习惯的构思方法往往是这样的:阅读了一篇文章,学习了一份文件,响应了一个号召,然后用这种眼光去观察生活,然后看到这个人值得写,那件事值得写。为什么呢?因为符合中央某个精神,符合党的要求,对四化建设有利,对改革有帮助。㉚

施放归纳了当时创作的两个趋向:一、从意象开始;二、从观念出发。这是两种不同的写作态度。从意象出发的莫言,已经开始有意识地丢开那些包裹在自己身上的破衣烂衫,那些绫罗绸缎等行头了。他不再试图掩饰自己,因为一只公鸡不管怎么装饰自己,也无法变成一只孔雀。莫言就是笑不露齿也变不成林黛玉,他只能是他自己——这个看起来简单的认识,在当时莫言花了很长一段时间来思索和实践。结合到当时整个大的社会时代都在呼唤个性的背景下,他的这种有意识的探索,就具有了一些先锋性的意义。

莫言在后来再度回忆起这篇小说的创作时,把"很丰满"的"红衣姑娘"留下了,把"弯腰劳动的老头"省略了,显出了一种嫌贫爱富、嫌老爱嫩的心态:

一天早晨,天刚亮的时候,我迷迷糊糊地做了一个梦,眼前出现了一片很广阔的红萝卜地,北方的大红萝卜,很鲜艳的。太阳初升,一轮红日,很大的一轮红日从地平线上冉冉地升起。萝卜地中央有一个草棚子,草棚子里出来一个红衣少女,很丰满、穿红衣的姑娘,手里拿了柄鱼叉,叉起一个萝卜来,举着,朝太阳走过去。㉛

在这里,莫言对当时做梦的细节添油加醋,把"糟老头子"这个不好的意象给扔掉了,给手持鱼叉的姑娘添加了一身"红衣裳",让她的身体"很丰满",再给她造了一个居所"草棚子"。这样,红萝卜作为一个绝对集中的意象,就淡化了,故事场面被渲染了。其中的爱情气味、情感气味,更加浓烈。联想到获得1983年和1984年的全国优秀中篇小说获奖作品,铁凝的中篇小说《没有纽扣的红衬衫》,大概那个时候,红色的衣服是大众流行色——这种颜色已经褪去了革命的热情,剩下的是情感与爱欲的投射和暗喻。在铁凝小说里,红衬衫就是情欲的一种具体暗喻。

一个梦能不能写成小说呢?从梦出发,从意象出发,而不是高屋建瓴,从大的意义出发,然后找素材?莫言问施放这梦能不能写成小说?施放说,能,怎么不能。于是,莫言就开工。有没有枣子打一竿,莫言精力多得盆满钵满,不就是写作吗?就跟鞋匠给鞋帮子穿线眼似的,一个眼一个眼地缝。最多是生产一个废品,丢掉,再来:

然后我就写,就把我少年时代在水利工地上当小工帮人家打铁的一段事情写进去了,故事自然地放到了"文革"背景下。写完以后,我自己也拿不准,这个小说能发表吗?而且里边很多是通感的东西,像小男孩奇异的感受,超出常人的嗅觉、听觉,以及在铁匠炉看到的萝卜的变换啊,红萝卜在他眼睛里变成一个很神奇的东西。后来,我拿给徐老师看,他很快就看完了,第二天很高兴地告诉我,很好很好。他的夫人于老师,是总政歌舞团的一个舞蹈家。她也看了,说:这小说写得很好。起初题目是《金色的红萝卜》,

徐老师给改成《透明的红萝卜》。……我当时还感觉有点不太好，觉得"透明的"还不如"金色的"好。多少年以后，我才感受到改得太巧妙了，"透明的红萝卜"要比"金色的红萝卜"好得多了，意境一下子就出来了，有种空灵感。㉜

中篇小说《透明的红萝卜》是莫言的成名作，这是文坛常识了。在《透明的红萝卜》里，莫言最重要的收获是找到了自己——黑孩。黑孩身上所承载的那些饥饿、孤独和痛苦的记忆，几乎原原本本地来自莫言自己的亲身经历。

莫言后来对这些真情实感和亲历感受再度反思时，仍然感到有一种撕裂的痛苦。他在《超越故乡》里引用长篇小说《天使望故乡》的作者、美国作家托马斯·沃尔夫的话说："一切严肃的作品说到底必然都是自传性质的，而且一个人如果想要创造出任何一件具有真实价值的东西，他便必须使用他自己生活中的素材和经历。"㉝

"故乡记忆"的出现极其困难。莫言为什么一开始总是想回避这段记忆，因为这段记忆的创痛太大了。一旦揭开上面的疤块，可能将会流出新的血脓。

推动莫言直接登上文坛醒目位置的，是当时刚刚创刊的《中国作家》杂志，这个杂志的第一任主编是著名评论家冯牧。收到莫言的小说稿并决定编发之后，《中国作家》的老编辑萧立军找到莫言，让他找一下徐怀中老师，组织一下座谈，弄一个座谈稿，跟小说配发在一起。

徐怀中老师是一名热心培养青年人的前辈，具有宽厚的胸怀。他接到莫言的电话，骑着一辆自行车就赶到了会场，主持了座谈，会谈中的其他人大多是莫言的同班同学。这篇座谈稿，后来就以《有追求才有特色》为题发在了《中国作家》上。

莫言当时对这篇小说有自己的想法：

我这篇小说，反映的是"文化大革命"期间的一段农村生活。刚开始我并没想到写这段生活。我想，"文化大革命"期间的农村是那

> 样黑暗,要是正面去描绘这些东西,难度是很大的。但是我的人物和故事又只有放在“文化大革命”这个特定时期里才合适。怎么办呢?我只好在写的时候,有意识地淡化政治背景,模糊地处理一些历史的东西,让人知道是那个年代就够了。我觉得写痛苦年代的作品,要是还像刚粉碎“四人帮”那样写得泪迹斑斑,甚至血泪斑斑,已经没有多大意思了。就我所知,即使在“文革”期间的农村,尽管生活很贫穷落后,但生活中还是有欢乐,一点欢乐也没有是不符合生活本身的;即使在温饱都没有保障的情况下,生活中也还是有理想的。当然,这种欢乐和理想都被当时的政治背景染上了奇特的色彩,我觉得应该把这些色彩表达出来。把那段生活写得带点神秘色彩、虚幻色彩,稍微有点感伤气息也就够了。[34]

莫言试图淡化小说的时代背景色彩,凸现小说中人性的因素,现在看来,符合当时的整体社会思潮的思考方向。对于莫言来说,把自己的亲身经验融进小说里,给小说寻找到一个特殊的容器,从而把自己原来的那些情感提纯出来,使之具有意义,这才是重要的。

《透明的红萝卜》这部中篇小说以“饥饿”、“贫困”和“欲望”作为最直接的表现对象,除了“黑孩”这个令人难忘的角色之外,小铁匠和小石匠的形象,也让人记忆犹新。

“黑孩”是一个“饥饿”意象的载体,他脑袋大,脖子细,可能就是以少年时期的莫言自己为描写和回忆对象,因此里面还包含着一种深藏的情感。但这仍不是一篇典型莫言体作品。在谨慎而节制的叙事中,莫言保留了对人物进行道德判断的旧模式,从而把小铁匠和小石匠两个人用道德的方式、而不是人物性格差异的方式,一分为二地进行了评判。《透明的红萝卜》的真正价值不在这两个人物身上,而是在“黑孩”身上。这部小说的价值,更多地是体现在莫言对“饥饿”的具象描写上。他运用了“通感”和“泛灵”的办法,对“黑孩”进行刻画的同时,把抽象的事物具体化了。

“红萝卜”到底象征着什么?在徐怀中主持的座谈会上,李本深就

提出来过。莫言说自己能模模糊糊地感觉到一点，要说清楚也不容易。意象的承载内容是很丰富的，如果加以框定，就无趣了。然而，把"红萝卜"作为"饥饿"的具象化的一种，或许也不会偏差得太远。在小说里，黑孩对红萝卜的第一感觉，就是占有，吞食。他的饥饿感和孤独感，让他充满了咀嚼的愿望。

现实生活中，一个人处在焦虑中，也是下意识地大量摄取食物。一旦肠胃被各种食物填满，人就轻松了，被释放出来了。好像灵魂是一种需要被挤压出来的东西，被食物挤压出来，或者被其他的什么东西挤压出来。

在《透明的红萝卜》这里，莫言对于"饥饿"的生动描述，根植于他自己的亲身经历，这样一来，他的正面描述就不由自主地异化了。异化了的莫言控制不住自己的笔墨——虽然他内心里有一个刻板的声音一直在遥控他，让他克制，让他注意塑造人物形象，让他不要忘记给笔下的人物分门别类，但是，一旦描写到了"饥饿"这个活生生、柔柔软软的物体，莫言就被源自内心深处的情感给控制住了。莫言被身体深处的声音给迷惑住了。这类似希腊神话里的"塞壬"们的歌声，蛊惑了本来要写"遵命"文学的莫言。在《透明的红萝卜》里，那些"走神"的声音最有价值。对于莫言来说，这部小说的唯一遗憾之处，也许就在于他身体里的另外一个刻板的声音太嘈杂了。

他还暂时无法摆脱这个声音的控制：

> 生活中是五光十色的，包含着许多虚幻的、难以捉摸的东西。生活中也充满了浪漫情调，不论多么严酷的生活，都包含着浪漫情调。……生活本身就具有神秘美、哲理美和含蓄美。所以，反映生活的文学作品，也是很难用一两句话概括出主题的。生活中原本就有的模糊、含蓄，决定了文艺作品的朦胧美。我觉得朦胧美在我们中国是有传统的，像李商隐的诗，这种朦胧美是不是中国的蓬松潇洒的哲学在文艺作品中的表现呢？文艺作品能写得像水中月镜中花一样，是一个很高的美学境界。作品应与生活有一段距

离。我看鲁迅先生的《铸剑》时,就觉得那里边有老庄的那种潇洒旷达,空濛飘逸的灵气。站得很高很远地观察生活,也许可以逃避很多困难。㉟

这是一种什么样的声音呢?一种什么样的戒律需要遵循呢?那就是传统文化中的内敛,而不是释放。既然在极端的年代人们也有自己的美好心灵和情感,那么生活中同样存在的那些残酷的、非人性的元素,就必须谨慎地挑选出来,扔到字纸篓里。审美的趣向,使得小说里的黑孩走向了一片虚幻而朦胧的美景之中:

> 黑孩的眼睛原本大而亮,这时更变得如同电光源。他看到了一幅奇特美丽的图画:光滑的铁砧子。泛着青幽幽蓝幽幽的光。泛着青蓝幽幽光的铁砧子上,有一个金色的红萝卜。红萝卜的形状和大小都像一个大个阳梨,还拖着一条长尾巴,尾巴上的根根须须像金色的羊毛。红萝卜晶莹透明,玲珑剔透。透明的、金色的外壳里苞孕着活泼的银色液体。红萝卜的线条流畅优美,从美丽的弧线上泛出一圈金色的光芒。光芒有长有短,长的如麦芒,短的如睫毛,全是金色……㊱

在传统的文学作品里,鱼是一种自在的象征。水里的鱼,意味着不受管束,具有自主性。黑孩在这里变成了一条鱼,意味着他的得救——不论这种得救是象征的,还是实在的,但是作家的主导意愿,已经要让这个贫困生活的小精灵得救了。

黑孩不是依靠一种高高在上的、从土地上抽离的道德而获救的,他的获救建立在土地上。

黑孩钻进了黄麻地,他的得救是因为他跟土地以及土地上面的生命融为一体。求助于土地,黑孩的方式更加质朴,但是也更加虚无。小说里的"鱼"的形象不过是徒有其表,因为他的灵魂还没有施洗。而在路遥的《人生》里,那个迷途复返的浪子高加林,在自己不知道该往何处去,伫立在村头前的三岔路口彷徨时,乡村的道德牧师德顺大爷及时地出现了,对他宣教,对他施洗,然后让他成为一个干净的婴儿。在小说的末尾,高加林的灵魂得救了,他从土地的道德中汲取了力量,虽然这种力量可能是虚幻的,但是一个有信念的人,他就拥有力量。而黑孩作为一个微妙的象征,他是没有力量的,他还需要石匠和菊子姑娘的保护,在暴戾的铁匠跟前,在队长跟前,他就像是一只无力的小羔羊,只能束手就擒。最后的结尾,也是很有意味的,黑孩被队长和老头剥光了衣服,变成了一个光溜溜婴儿状的小孩时,他就变成为一条鱼。

这样一条弱小的鱼,能游到哪里去呢?

小男孩的人物形象在莫言的小说里具有非常重要的地位。他总是通过这些小孩的眼睛,看到了很多被人们忽略的事情。所见即所得,这些小孩都是莫言的化身。有了这些化身,莫言变得非常轻松,轻松到了可以胡说八道的地步。

在《红高粱》里,"我父亲"也是一个小孩:余豆官;在《酒国》里,那个不知道是侏儒还是儿童的余一尺,可能就是一个成精了的儿童;《丰乳肥臀》里的上官金童,是一个永远都长不大的小孩,到了中年还要叼着独乳老金的乳头吃奶;《四十一炮》里的罗小通,是个永远对食物垂涎欲滴的饿死鬼,为了一块红烧肉,他可以毫不怜惜地出卖自己的灵魂。此前的短篇小说里,《大风》里的"我"、《枯河》里的小虎、《罪过》里的大福子、《铁孩》里的铁孩、《初恋》里的金斗、《天才》里的蒋大志、《嗅味族》里的小男孩、《大嘴》里的大嘴等。这些小男孩以自己的古灵精怪,把原本铁板一块的世界,撕成了碎片。

在小孩的角度观看,大人世界非常滑稽。

莫言喜欢描写一些"低智"的小孩——这种低智是成人世界给强加的——通过他们貌似低智然而非常机灵的行为,映衬出更加弱智的成人世界。

许多年以后,莫言在回忆起《透明的红萝卜》这部中篇小说时,仍然深情款款。这部小说不仅给他带来了荣誉,还给予他创作的信心。在他的创作中,第一次——虽然还有些躲躲闪闪——正面地把自己少年时期所经历的那些痛苦和孤独表达出来,契合了当时整个时代性的反思风潮,从而通过一个几乎可以说是现实中存在的小男孩形象以及他所给予的视角,展现了"文革"时期的一段人性扭曲和小精灵黑孩在这种环境下的遭遇。这部小说第一次真正地展现了莫言的自我情感和内心的形象,因此,可以说它具有"母题"的意义:

> 一个作家一辈子可能写出几十本书,可能塑造出几百个人物,但几十本书只不过是一本书的种种翻版,几百个人物只不过是一个人物的种种化身。这几十本书合成的一本书就是作家的自传,这几百个人物合成的一个人物就是作家的自我。

> 如果硬要我从自己的书里抽出一个这样的人物,那么,这个人物就是我在《透明的红萝卜》里写的那个没有姓名的黑孩子。这个黑孩子虽然具有说话的能力,但他很少说话,他感到说话对他是一种沉重的负担。这个黑孩子能够忍受常人不能忍受的苦难,他在滴水成冰的严寒天气里,只穿一条短裤,光着背,赤着双脚;他能够将烧红的钢铁攥在手里;他能够对自己身上的伤口熟视无睹。他具有幻想的能力,能够看到别人看不到的奇异而美丽的事物;他能够听到别人听不到的声音;譬如他能听到头发落到地上发出的声音;他能嗅到别人嗅不到的气味,当然,他也像《丰乳肥臀》中的上官金童一样迷恋着女人的乳房……

> 黑孩子是一个精灵,他与我一起成长,并伴随着我走遍天下,他是我的保护神。现在,他就站在我的身后,如男士们看不到他,女士们一定看到了,因为无论多么奇特的孩子,都有自己的母亲。㉚

"毒打"这个真实的事件,对莫言的精神有着极大的伤害,即使在以这段经历为模本写成的小说《透明的红萝卜》里,莫言仍然难以正式地、准确地把它写出来。他的表达服从他的趣味,在《透明的红萝卜》里,审美是一种约束力量,使得那些不符合朦胧美的规范的素材,全部

被拒之门外。

不管怎么说,在传统的革命现实主义影响下,莫言的《透明的红萝卜》能够做到这个程度,已经达到了同类小说中顶尖的水平。他的语言感觉特别好,对景物的描写,对通感的表达,都在感觉上佳的控制下达到了很高的水平。莫言的语言感觉即便不是天生的,也是在这方面有独特的才华。

那种唯美的趣味,控制了莫言对真实情感的表达。

一股本来应该喷涌的莫言牌泉水,被一个审美的水龙头突然堵住了,只能按照人们的意愿流淌出一些娘娘腔的小水。

罪过与惩罚

莫言在《透明的红萝卜》的姐妹篇《枯河》(《北京文学》1985 年第 8 期,获该刊年度优秀小说奖)里,延续了“黑孩”的故事,他把这个化身成小虎的小男孩,放到了一个极度残酷的环境里来加以考察,发现在那样一个令人窒息的社会背景下,人性因素非常微弱,亲情更是一捅就破的白纸。小虎一家:他父亲、母亲和哥哥对他进行的法西斯式拷打,是对革命现实主义电影里军统特务拷打地下党使用酷刑的反讽。在《透明的红萝卜》里,莫言对这种社会的残酷性有所保留,通过唯美的叙事淡化人性的脆弱和凶狠,《枯河》在这部小说止步处奋勇挺进,撕开温情脉脉的面纱,对现实问题进行“正面强攻”,把人类特有的亲情放在那样一个人性扭曲的社会背景下来描写,一下子就把社会非人道性揭示了出来。

这是一篇扳手一样的小说,它一下子就拧开了莫言记忆中的水龙头,他的苦难记忆和艰苦生活经验,喷涌而出。

尝到了甜头,莫言开始对自己笔下的人物下毒手。

他的“黑手”频频伸向那些可怜而无辜的孩子,把他们逼入绝境。

在短篇小说《罪过》(《上海文学》1987 年第 3 期)里,小说的主人公大福子为了报复自己的父母亲,无情地淹死了自己的亲生弟弟小福子,从父母亲悲伤欲绝的哭喊中感受到了残忍的快乐。

在小说里,与这种残忍的快乐为伴的,是冷漠无情:

> 娘跪在小福子身边,含糊不清地祷告着。我一点不可怜她,我甚至觉得她讨厌!我甚至用灰白色的暗语咒骂着她,嘲弄着她;从她迷眵的眼珠子里流出来的眼泪我认为一钱不值。你哭吧!你祷告吧!你这个装模作样的偏心的娘!你的小福子活不了啦!他已经死定了!

是肮脏和丑恶的事物:

> 骆驼踩在烂泥里的分瓣的蹄子,生动地扭着的细小的蛇尾巴,高扬着的弯曲的鸡脖子,淫荡的肥厚的马嘴,布满阴云的狭长的羊脸。它一身暗红色的死毛,一身酸溜溜的臭气,高高的瘦腿上沾着一些黄乎乎的麦穰屎。……

是极度的孤独和自我满足、自我宽慰:

> "你看到那个女人那个丑陋的大肚子了吗?"
> "看到了,非常丑陋!"
> "你看到我爹了吗?"
> "看到了,他像一匹老骆驼。"

在《枯河》里,父母折磨小男孩,冷酷无情;在《罪过》里,小男孩折磨父母,没心没肺,并且更加冷酷。这是一个折磨与被折磨的世界,也是人伦颠倒的世界。

从温情脉脉的社会伦理到凶狠残忍的邪恶,从上个世纪八十年代中期,小说创作的"审美"一下子变成了"审丑"。虚伪的"美",在一个相当长的时期里占据了人们的心灵,在那个时期,人人都心口不一,脑手分裂。对这个时期的反思,借助着上个世纪八十年代的西风东渐和整个社会大气候的反思潮流,文学创作也提出了新的审美趣味。

在这种新的审美逻辑里,"真实"是最高的尺度。因为真实,所以丑恶、丑陋和粗野都是可以容忍的,甚至是可以被欣赏的。在那个时期,其他的艺术门类,例如电影、音乐,都在粗野和吼叫中,发泄着长期压抑的情绪。

电影和音乐里的奶油小生,黯然退出舞台的中心,让位给那些匪气十足、丑陋不堪的家伙。电影里的丑陋面孔和音乐里的疯狂吼叫,成为那个时代的主旋律之一。

在小说领域,莫言是其中的重要推手之一。

在短篇小说《飞鸟》里,莫言继续进行人伦的颠覆。他的"黑手"伸向了"师生"关系。

"我"和许宝等一伙无良少年在村里闲荡无聊了,去把小学里教过他们的、善良而可怜的老师尚秀珊拉出来批斗,从心灵到肉体对她加以残酷的折磨,并以此为乐:

> 我咬着牙,瞪着眼,蹦了一个高,揪住了她的头发,使劲儿往下一拽,她的头一下子奔拉下来,腰也随着弯了。我听到她的喉咙里发出了一阵咕咕的声音,像小蛤蟆的鸣叫声一样。我感到浑身发冷,嘴里分泌出许多苦涩的口水。⑧

跟许宝他们不同,"我"良心尚存,因此产生了畏惧和惶恐感。

在短篇小说《大嘴》里,小说主人公大嘴的亲人们互相折磨:

> "你为什么要去吃那两个包子?"哥愤怒地说,"你不吃那两个包子难道会馋死吗?"
>
> "怎么能跟你爹多么说话?!"娘把饭碗蹾在饭桌上,恼怒地说。
>
> "我看你是跳进黄河也洗不清了!"哥不依不饶地说,"我还指

望着今年报名参军呢,这下完了……"

"我去死,"爹尖厉地喊叫着,"我不连累你们,我一人做事一人担当……"

"你死了也是畏罪自杀!"哥毫不示弱地说。

"摊上这样一个爹,算是倒了八辈子霉了!"哥不依不饶地说。㊴

莫言通过这样一个人与人之间非正常的关系,来重新梳理"文革"时代人伦颠倒的景象。这种基本的亲情和友情的破灭,是对非人时期最有力的揭示。

《透明的红萝卜》是给人以一种虚幻的希望,不见得不好;《枯河》、《罪过》和《飞鸟》这些小说,却把一切希望的小火苗都掐灭了。莫言通过极端主义的手法,把自己童年时代的经验用夸张、扭曲的方式表达

莫言在1987年夏天

出来。《飞鸟》里对尚秀珊老师的批斗，在莫言小学时期，也确实发生过，莫言在散文里和访谈里，都谈到过这件事情。我们不妨把这种描写和复述，当做是莫言的一种无言的赎罪。

生存的苦难和社会的不公，自此以后，一直是莫言关心的中心主题之一。他通过描写饥饿的方式，通过表达渴望的方式，把这种苦难和不公表达了出来。

在莫言的很多小说和散文里，都隐隐约约、断断续续地出现一个女孩子的形象——作为与《透明的红萝卜》里的"黑孩"进行互补的人物形象，这个女孩子在他的笔下幻化成了多种多样的人物——万变不离其宗，大都是他的"初恋恋人"。在那个人性泯灭、社会混乱的时代，这些如花似玉的女孩子，最后香销玉殒，令人慨叹。

在短篇小说《初恋》里，九岁的"我"暗恋一个如花似玉的新插班进来的女孩子"张若兰"，最后问"娘"要了一个无比珍贵的苹果，准备送给张若兰。他在一个草垛后面截住了张若兰，却张口结舌。张若兰对着他的影子吐了一口唾沫，昂然离去。这篇小说，写出了一种少年萌动时期情感的受虐心态。小说里的小男孩"金斗"就是一个受虐狂，他心甘情愿地被美好的象征张若兰所虐待，而且为此感到甜蜜。也许是受到的"虐待"还意犹未尽，莫言在前两年写的一个短篇小说《养兔手册》里，再度满足了一次自己的这种"受虐"的美好感受。小说里那个随父母调来的插班生江秀英几乎就是《初恋》里张若兰的翻版，她在"我"提干后的第一次衣锦荣归、自我感觉良好时，用冷漠来折磨这位适龄男青年，让他在痛苦、郁闷和难过中疯狂地踩踏着自行车，摔了一个狗啃屎，斯文不再，信心扫地。

在短篇小说《白狗秋千架》里，这样一个儿童时代的恋女，变成了一个有三胞胎儿子和一个哑巴丈夫的可怜独眼妇女"暖姑"。

少女时代暗恋蔡队长的小美人"暖"命运非常悲惨，她在荡秋千时不慎失足跌落去了一只眼睛，苦难的命运在前途等待着她，折磨着她。她嫁给一个哑巴之后，不仅被贫穷和苦难压迫得喘不过气来，还接二连三地生下一堆哑巴儿子。暖姑对自己的生活已经顺从了，认命了，只求青年教师"我"给她留下一个质量优秀的种子。

那条聪明的大狗，把震惊的青年教师带到了高粱地里。在那里，"暖姑"压下了一个秘密的空间。性爱和恐惧，在这里交织。这个空间，到了《红高粱》里，变成了戴凤莲和余占鳌宣泄生命力的舞台——这是可以蔑视一切、毁灭一切的生命力，在这种勃发昂扬的生命力面前，一切反动派都是纸老虎。

在散文《也许是因为当过"财神爷"》里，这位变幻莫测的少女又变成了莫言少年时代的隔壁玩伴王冬妹。

在散文《你好，福克纳大叔》里，"初恋恋人"又被莫言虚构成了一名石匠的女儿。短篇小说《石磨》里的少女珠子，最后跟我结成了一对，还生下了一个小珠子，甜蜜地生活在一起。短篇小说《普通话》里那个可爱又可怜的少女解小扁因为极度热爱普通话，推广普通话，最后惨遭迫害，变成了一个精神病患者。受社会顽固习俗，更多地受到那些不确定的社会丑恶因素压迫和毒害的少女形象，也出现在短篇小说《冰雪美人》里。在这篇小说里，"我"的同班同学孟喜喜漂亮而性感，这在那个时代、那个小镇，几乎是令人难以容忍的事情。然而少年们都迷爱孟喜喜，"我"也曾从家里摘下来一串葡萄，用报纸包着，带到学校，一把塞进孟喜喜的怀里，然后跳上楼梯上的扶杆，像杂技运动员一样溜走了。这个塞葡萄的动作，令人想起《初恋》里的送苹果。只不过那个时候，"金斗"换来的是鄙视和口水，这次得到的是宽容和怜悯。

在莫言的个人情感史前史里，小男孩和小女孩、少男和少女，构成了"高密东北乡"这个尚未宣告诞生前的初民形象，是他的原罪，也是他的原爱。

那个时代的先民们茹毛饮血，但是性格单纯，心地善良，他们跟这个世界的关系紧张而无趣。但是不管怎么说，这些小孩子的形象，在莫言的故乡里，在他的记忆里，是一种最基本的文学味素，把他的文字滋味给调了出来。

在上面列举的那些在 1984 到 1985 年间写成的小说里，乡村、传说、母亲、爷爷，村里熟悉的人群和记忆中美好的人与事，都开始进入

了莫言的叙述。这些内容,赋予他灵感和激情。他的创作,变得一发不可收拾。

东北乡考古

在 1985 年 4 月写成的短篇小说《秋水》里,莫言最早谈到过高密东北乡的史前历史,这是他为自己的"高密东北乡文学王国"捏造的创世纪:

> 据说,爷爷年轻时,杀死三个人,放起一把火,拐着一个姑娘,从河北保定府逃到这里,成了高密东北乡最早的开拓者。那时候,高密东北乡还是蛮荒之地,方圆数十里,一片大涝洼荒草没膝,水汪子相连,棕兔子红狐狸,斑鸭子白鹭鸶,还有诸多不识名的动物充斥洼地,寻常难有人来。我爷爷带着那姑娘来了。
>
> ……我爷爷和我奶奶开荒地种五谷,捕鱼虾猎狐兔……夏去秋来,爷爷种的高粱晒红了米,谷子垂下了头,玉米干了缨,一个好年景绑到了手上。我父亲也在我奶奶腹中长得全毛全翅,就等着好日子飞出来闯荡世界。临收获前几天,突然燠热起来,花花绿绿的云罩在大涝洼子上,云团像炸了群的牲口一样胡乱蹿;水洼子里映出一团团匆匆移动的暗影。大雨滂沱,旬日不绝,整个涝洼子都被雨泡胀了,啰啰唆唆雨声,犹犹豫豫白雾,昼夜不绝。⑩

一个王国的开始,必须有自己的起源,即使没有,也要捏造。

王国历史的叙事,遵循的是美化的原则。

在"美化"的大原则前提下,有的要拔高,没有的要捏造。

历史是任由人们根据需要打扮的少女。

在《秋水》里,"高密东北乡"是一块未被开垦的处女地,就像古老传说中的玄黄天地,需要"我爷爷"来加以开发。这个爷爷不是《红高粱》系列里的那个爷爷,模板不一样,对象也不一样,但是精气神差可比拟。一个王国的建立,必须要有始祖,莫言把始祖定在"我爷爷"这里,无疑是有些野心的,是一个野心家才能想得出来的办法。

高密东北乡在上个世纪初也确实是一片三县交界三县不管的蛮荒地带。在《秋水》里,莫言首先通过自己的"爷爷"的人物角色,来定位自己的王国历史。

此前,"我爷爷"曾是现实主义叙事背景下的劳动能手:

> 爷爷是个干瘦的小老头儿,肤色黝黑,眼白是灰色,人极慈祥,对我很疼爱。……爷爷是村里数一数二的庄稼人,推车打担,使锄耍镰都是好手。经他的手干出的活儿和旁人明显的两样。初夏五月天,麦子黄熟了,全队的男劳力都提着镰刀下了地。爷爷割出的麦茬又矮又齐,捆出来的麦个子,中间卡,两头参,麦穗儿齐齐的,连一个倒穗也没有。生产队的马车把几十个人割出的麦个拉到场里,娘儿们铡场时,能从小山一样的麦个垛里把爷爷的活儿挑出来。㊶

这里"我爷爷"是一个朴实无华的老头,亲切可爱,聪明能干。管谟贤先生在《莫言小说里的人和事》里说这个爷爷跟真人"庶几近之"。而《秋水》和《红高粱》里的"我爷爷"和真正的爷爷就失之千里了。

在莫言的小说里,"我爷爷"拥有双重的身份,老农民和老英雄。这两种绝然不同的身份在莫言的小说里神出鬼没。一个人拥有勤劳能干的爷爷还不够,他还需要拥有顶天立地的大英雄爷爷。莫言以后的小说,基本上都是分裂成两种风格:《大风》中的那种朴素现实主义风格,《秋水》里的那种魔幻现实主义风格。可能是他长期务农,又多年服役的原因,莫言身强力壮,精力旺盛,两手都想抓,两手都挺有劲。

莫言一直声称他的高密东北乡最早出现在 1985 年 4 月写成的短篇小说《白狗秋千架》里,然而很难判断到底是《秋水》还是《白狗秋千架》先出现。

从发表的时间来看,《秋水》发表于单月刊《奔流》杂志 1985 年第

8 期,根据出版和发行的日期推算当在 8 月初面世。《白狗秋千架》发表于当时的双月刊《中国作家》第 4 期,应该是在 7 月中旬前就面世了。所以,从面世的时间算起,还应该是《白狗秋千架》最早提到"高密东北乡"这个类乎虚拟的地方。这样看来,莫言自己的说法还是最为权威的,但是我不知道他所说的最早是指写作时间还是发表时间。对于作家来说,最早就是写作的时间,对于读者来说,最早就是最先发表面世。在莫言两年前出版的《莫言短篇小说全集之白狗秋千架》里,这两篇小说的末尾,都署明创作的年月为 1984 年 4 月。也就是说,这两篇小说的创作几乎在同一时间,一前一后的事情。

不管怎么说,《秋水》也是最早提到"高密东北乡"之一的短篇小说——根据莫言自己的说法,应该是提到"高密东北乡"的第二部小说——其中包含莫氏王国的秘密,更在《白狗秋千架》之上。

在上面的引文中看到,在这个河汉纵横的草创的"山寨"里——实际上莫言也真的给"我爷爷"弄了一座小山包——山大王"我爷爷"杀了三个人之后,拐带了"我奶奶"来到高密东北乡这个水洼子滔滔的蛮荒之地落草为寇,开始了崭新的、开天辟地的新生活。

一张白纸可以作最美的图画。

在这张蛮荒的白纸上,"我爷爷"可以随便涂鸦。这个世界由于"我爷爷"和"我奶奶"的开创,才具有历史意义。用现行的历法来推断活了八十八岁后无疾而终的"我爷爷"落草"高密东北乡"的具体年代毫无意义,会变成真正的考据癖,因为在莫言虚构这个世界时,其定位坐标的时间不跟现实沿用的计算方法同步,他自己信马由缰,兴之所至,随口胡诌。这也是上个世纪八十年代中前期文学创作新手法新观念,作家可以抹杀小说中的具体展开时间,使得这些作品具有寓言性。

除此之外,莫言其他的小说大都能够在现实的时间层面上加以推究。

这种时间的具体向度很重要,它可以让读者的思绪落到实处,从而能够顺着作家的叙述逻辑一起往下走。莫言的幸运之处就在于他寻找到了自己的精神王国"高密东北乡",在这块虚虚实实、可虚可实、亦虚亦实的土地上,莫言的叙述可以轻而易举地落到实处,那些人物、牲畜、花草树木、水泊河流等各样风景和发生故事的具体时间坐标,都可以轻松地对应。这样一来,莫言就可以腾出更多精力和脑力来放在别的事情上,无需为让小说具有某种似真的形态而绞尽脑汁。

短篇小说《秋水》我之所以特别提出来,是因为在1985年这个时期,莫言的创作力突然爆发,一口气发表了五个中篇,九个短篇——他最有影响的中篇小说《红高粱》发表在《人民文学》1986年第3期上,根据小说发表的日期推断,这篇小说也应该是写成于1985年底。莫言发表于1986年初的两个短篇《草鞋窨子》和《断手》也应该写成于1985年。这些小说跟他那些在1984年以前发表的小说迥然而异,最重要的原因是,在这一年,莫言寻找到了自己的叙述坐标:高密东北乡。在所有这些小说中,具有浓重的寓言性的短篇小说《秋水》作为类似创世纪式的设计,无疑是所有莫言创作的小说的叙事大本营"高密东北乡"的滥觞。

《秋水》这部短篇小说粗略设计、还来不及展开的很多内容和线索,在《红高粱家族》里得到了充分的展开和补充。"我爷爷"和"我奶奶"的人物称谓被《红高粱》直接挪用,庄稼红高粱和各种水洼子、河流、草坪等的描写,在《红高粱家族》里都被大大地拓展了。《秋水》里最后出现的是黑衣人和紫衣女子。神枪手黑衣人和前神枪手七指的女儿紫衣女子的神秘出现,以及他们之间出人意料的结局,那些传奇性的色彩和扑朔迷离的人生,都被《红高粱家族》全盘接管了。

短篇小说《秋水》才是"高密东北乡"的真正母亲。

而短篇小说《白狗秋千架》,虽然最早提到了"高密东北乡",它开篇的语气虽然也是类似拉美魔幻现实主义式的,但是它的内容却很实在,很传统现实主义的。这部小说甚至可以说是路遥中篇小说《人生》的翻新版。城乡差别,在《人生》里,高加林失意之后孑然一身返回了高家村,是浪子回归的喜悦;《白狗秋千架》里的"我",成功地逃离了土地而欣喜和后怕。《人生》里的刘巧珍嫁给了别人,但是她仍然那么热情、爽朗、善良、美丽、大方;《白狗秋千架》里的"暖姑",被命运和贫苦所摧

残,变得粗俗、粗鲁和绝望了,跟已经变成了城里人、高级人的"我"的虚伪抒情产生了巨大的碰撞和反差:

> 我一时语塞,想了半天,竟说:"我留在母校任教了,据说,就要提我为讲师了……我很想家,不但想家乡的人,还想家乡的小河,石桥,田野,田野里的红高粱,清新的空气,婉转的鸟啼……趁着放暑假,我就回来啦。"
>
> "有什么好想的?这破地方。想这破桥?高粱地里像他妈×的蒸笼一样,快把人蒸熟了。"她说着,沿着漫坡走下桥,站着把那件泛着白碱花的男式蓝制服褂子脱下来,扔在身边石头上,弯下腰去洗脸洗脖子。她上身只穿一件肥大的圆领汗衫,衫上已烂出密麻麻的小洞。它曾经是白色的,现在是灰色的。汗衫扎进裤腰里,一根打着卷的白绷带束着她的裤子,她再也不看我,撩着水洗脸洗脖子洗胳膊。最后,她旁若无人地把汗衫下摆从裤腰里拽出来,撩起,掬水洗胸膛。汗衫很快就湿了,紧贴在肥大下垂的乳房上。④

曾经高贵娇嫩美好的暖姑,被岁月、命运和苦难三座大山折磨得破败不堪,粗鄙庸俗了。这种高贵与粗鄙的巨大差距,令人感到了命运的残酷。

对比《人生》里如大地精灵一样的刘巧珍,更能让我们对这种巨大的差别产生深刻的印象。《人生》和《白狗秋千架》的发表,时间相隔不到三年,如果按照原有的生活逻辑来看,城乡之间不会在这一瞬间就产生天崩地裂的变化。

这种变化只能是作家的创作观念的突变带来的。

《人生》里的刘巧珍被作家塑造成一个大地的优美之子,她必须是美好的,甚至根本上可以说,她是超然于土地的:

> 刘巧珍看起来根本不像个农村姑娘。漂亮不必说,装束既不

土气,也不俗气。草绿的确良裤子,洗得发白的蓝劳动布上衣,水红的确良衬衣的大翻领翻在外边,使得一张美丽的脸庞显得异常生动。⑬

作家在小说里用"不像个农村姑娘"来形容村姑刘巧珍的美好。到城里去卖馒头回来的路上,刘巧珍也是一副"城里人"的打扮:

> 高加林由不得认真看了一眼前面巧珍的侧影。他惊异地发现巧珍比他过去的印象更要漂亮。她那高挑的身材像白杨树一般可爱,从头到脚,所有的曲线都是完美的。衣服都是半旧的:发白的浅毛蓝裤子,淡黄色的的确良短袖衫;浅棕色凉鞋,比凉鞋的颜色更浅一点的棕色尼龙袜。……⑭

刘巧珍的美从外貌到心灵是一致的,而且不受岁月和生活婚姻变化的影响:

> 她穿一件朴素的印花布衫和一条蓝布裤,脚上是她自己做的布鞋;头发也留成了农村那种普通的"短帽盖"。她一切方面都变成一个农村少妇了,但看起来似乎倒比原来更热情,更漂亮。对于本来就美的人,衣着的质朴更能给人增加美感。⑮

从《人生》和《白狗秋千架》这两部小说里对乡村女子婚前婚后的描写作对比来看,乡村在不到三年间,就由天堂而坠入地狱。

这三年间发生了什么事情呢? 从大的社会政治背景上看,1982 年 1 月 1 日中共中央批转《全国农村工作会议纪要》,经济改革,首先从农村入手,开始搞联产承包责任制。该纪要指出,目前农村实行的各种责任制,包括小段包工定额计酬,专业承包联产计酬,联产到劳,包产到户、到组,包干到户、到组,等等,都是社会主义集体经济的生产责任制。

《人生》的诞生,就在《全国农村工作会议纪要》颁布之后不久。

乡村一度是全国集体目光关注的对象。那个时代的乡村景象，是由当时美丽的少妇王馥荔、美丽的少女任冶湘等形象塑造而成的。那时候的乡村，欢快而明媚。

仅仅两年，中国的集体目光就从农村转向了城市。

1984年1月24日至26日，邓小平视察深圳，并为1980年8月正式建立的经济特区深圳题词：深圳的发展和经验证明，我们建立经济特区的政策是正确的。

国家经济建设和关注目光，迅速地从乡村转向了城市。本来就已经存在的城乡差别，在文学的意义上，通过道德施洗，本来可以稍微加均衡，形成某种精神性的抚慰。到1985年以后，这种巨大的差距已经是汹涌澎湃了。旧有的道德安慰，已经不足以维持他们之间的平衡。"民工"这种逃离土地又无法在城市安身的"新人类"很快就开始汹涌起来了。

《人生》有美好的理想，《白狗秋千架》有残酷的现实。

莫言1999年10月24日在日本京都大学的演讲里，特别提到《白狗秋千架》的开头，并且认为自己因此学会了小说的叙事：

那是十五年前冬天里的一个深夜，当我从川端康成的《雪国》里读到"一只黑色而狂逞的秋田狗蹲在那里的一块踏石上，久久地舔着热水"这样一个句子时，一幅生动的画面栩栩如生地出现在我的眼前，我感到像被心仪已久的姑娘抚摸了一下似的，激动无比。我明白了什么是小说，我知道了我应该写什么，也知道了应该怎样写。

……当时我已经顾不上把《雪国》读完，放下他的书，我就抓起了自己的笔，写出了这样的句子："高密东北乡原产白色温驯的大狗，绵延数代之后，很难再见一匹纯种。"这是我的小说中第一次出现"高密东北乡"这个字眼，也是在我的小说中第一次出现关于"纯种"的概念。这篇小说就是后来赢得过台湾联合文学奖并被翻译成多种外文的《白狗秋千架》。从此之后，我高高地举起了"高密东北乡"这面大旗，就像一个草莽英雄一样，开始了招兵买马、创建王国的工作。当然,这是一个文学的王国,而我就是这个王国的国王。在这个文学的王国里,我发号施令,颐指气使,手里掌握着生杀大权,饱尝了君临天下的幸福。

……川端康成的秋田狗唤醒了我:原来狗也可以进入文学,原来热水也可以进入文学!从此以后,我再也不必为找不到小说素材而发愁了。从此以后,当我写着一篇小说的时候,新的小说就像急着回家产卵的母鸡一样,在我的身后咕咕乱叫。过去是我写小说,现在是小说写我,我成了小说的奴隶。⑯

"原来狗也可以进入文学,原来热水也可以进入文学!"这种顿悟是一种价值解放的顿悟,而不仅仅是文学单方面的惊醒。文学价值评判范围的扩展,跟当时整个社会对人的价值评判的拓展有很密切的联系。

像毛衣线头一样,一旦你找到了这根线头,轻轻地拽动,叙事的线条就无穷无尽了。

莫言在与大江健三郎的对话中,再一次提到短篇小说《白狗秋千架》在他的整个小说创作中的奠基性的、开创性的意义:

我在刚开始创作的时候,有一段时间很苦闷,因为我觉得找不到东西写。到了1984年,写小说《白狗秋千架》时,我开篇就写:"高密东北乡原产白色温驯的大狗,绵延数代之后,很难再见一匹纯种。"这篇小说在我的整个创作中具有重要的意义,因为我在这篇小说中第一次使用了"高密东北乡"这个文学地理概念,从此就一发不可收拾。之后,我又写了小说《秋水》,文中再次出现了"高密东北乡"这个名称。在《秋水》中,还出现了河流,出现了无边无际的洪水,这些都是我熟悉的东西。我一下子感到少年时期的生活被激活了。《秋水》投了三家刊物都没发表,后来发在河南的一家很小的杂志上,发表以后有几个评论家说很有意思。我的自信心受到了鼓舞——原来这些东西都可以写到小说里去,一下子打开了我的创作之门。⑰

莫言的创作秘密,他自己在文章《超越故乡》里已经谈得很清楚了,那就是对故乡的爱恨交加,对故乡的肉身逃离和精神反刍,还有一个重大的任务就是超越地理学意义上的故乡,给自己创造一个精神家园。近三十年来,莫言就在这里孜孜不倦地打地基,夯土墙,他的这种举动同样也可以类比中篇小说《野骡子》里叙事者罗小通的母亲。她节衣缩食,忍饥挨饿,仅仅就是为了在村里造一幢美轮美奂的豪宅,并且以这幢徒有其表的豪宅来向离家出走的丈夫罗通和野骡子示威,同时也向靠注水猪肉致富的村长老兰表示自己的能干。

在这里我们可以看到,莫言从情感上重新返回那个他对之"爱恨交加"的故土时,是从传奇和衣锦还乡这两种方式首先寻找到相对合适的态度的。莫言一直在小心翼翼地校正自己的态度,而这种校正到了最后,无疑需要最高的、也是最简单的人生修养:诚实。莫言自己在最近的谈话中,就说到:我想做一个诚实的人。诚实就是回到本原,返

1989年,在高密集市上

向童年时代的真实生存和具体的生存情感。这种情感下的叙事,可以说是不紧不慢,不卑不亢,不讽不喻,而是实实在在、平平静静地讲述。在这种讲述中,叙事者的姿态是平的,不是居高临下,也不是自下仰视,不盛气凌人,也不诚惶诚恐。在莫言的最新长篇小说《生死疲劳》里,我多少有些看到了此前莫言小说里所缺少的那种平静。

内心的秘密

从 1985 年开始创作爆发之后,莫言的写作一直是一种讽喻写作,他必须寻找一种特殊的角度和与众不同的姿态,才能正视故土的那些无穷无尽的山水风物,人情世故。这确实是有些奇怪的,在新时期以来的写作中,作家面对乡村都必须采用讽喻式写作态度,才能进行有效的叙事。学者朱大可对此有自己的看法:

> 在那些包括杨争光和阎连科在内的"后寻根主义"作家中,莫言无疑是一个声名卓著的中坚。他的《红高粱》系列推动 1980 年代文学的寻根潮流。此后,他便在这条乡村叙事的道路上不倦地行走,赋予它强悍的暴力主义的音调。莫言是最重要的酷语书写者,他的无休止的絮叨形成了风暴,像鼓槌一样击打着文学的表皮。《红高粱》是一个初级文体,仿佛是一种原始的语典,收录着通奸(野合)、纵酒、砍头、剥皮等等基本暴力语汇。它们是一种证词,被寻根者用以验证"民族的原始生命力"的存在。但到了 20 世纪 90 年代后期与 21 世纪初,这种验证和颂扬已经变得不合时宜。寻根主义者开始重新诠释和扩展他们手中的酷语,把它与"原始生命力"的语义分离,而后从暴力自身的形而上语义出发,将其逼入美学的极限。在新的书写工艺中,酷语获得了惊人的提纯。莫言这时写出的《檀香刑》,正是这种酷语文学的一个前所未有的范本。……这些极端的残酷叙事里混合着一种诗意的赞叹和性虐待的狂欢,莫言声称他要藉此挑战"中产阶级"趣味,借用批评家的诠释方式,

就是用"民间叙事"抵抗后殖民主义的意识形态。……酷刑在表面上是国家主义的专利,一如刽子手是国家公务员的一种,但这酷刑终究是一种国家与人民合谋的节日,人民不仅是演剧的观众和拥有者,更是它的主权拥有者。人民需要一个这样的颂扬暴力的仪典,有如需要一场古老的人肉祭来满足灵魂的需求。在这种仪式上,牺牲者(祭品)、祭司(法官与刽子手)和观众(人民)结成了神圣同盟。人民目击着暴力在酷刑的进程中被实施,赞叹着鲜血、人肉的碎片、受刑者的痛嚎、姗姗来迟的死亡和照亮茫茫黑夜的火焰。⑱

也许,在童年和少年时期所经历和目睹的那些冷漠无情的人与人之间的关系——"狼"老师的暴力教育,父亲的拳头威权,二哥的边押解边拳打脚踢,"文化大革命"时期的人与人之间的相互倾轧和你死我活的殴斗——目睹和经历了这一切的莫言,一定从小就有一种分析和判断,虽然也许是模模糊糊的。

少年莫言十岁就开始了暴力的模仿:他成立了"蒺藜造反小队"。他领导这个造反小队干下的直接暴力事件是焚烧学校的课程表,而且写了战斗檄文《造反造反造他妈的反》。在整个革命时期中,少年莫言还参与了对被打倒的校长的批斗乃至躲躲闪闪地扔石子的活动,参与了对校长夫人尚老师的批斗——所有这些暴力记忆和暴力实践,造成了莫言对于暴力现象的着迷。

无论莫言自己承认与否,他实际上是一个"暴力事件"的搜集者和改编者。

一旦从中篇小说《透明的红萝卜》里残留的脉脉温情中脱身而出,莫言就拥有了暴力的揭秘钥匙,开始了文学叙事上的"酷语"狂欢。

那个时期的莫言,需要通过这种狂欢化的叙事来升华童年的创痛记忆。在这种现实的记忆中,他的家族是被阶级斗争的专政机器压扁了的生存,是一种畸形精神断奶的饥渴记忆。

短篇小说《秋水》和《白狗秋千架》最早确定了"高密东北乡"的国

土规划的内在审美是奇诡的、传奇的,而中篇小说《透明的红萝卜》和短篇小说《枯河》对同一件事情的不同表达,暗示着莫言的情感分裂。《透明的红萝卜》捎带着温情,《枯河》则是极端的邪恶。

一个关于"高密东北乡"的地理版图呼之欲出。

高密东北乡这个地方不能说是"共和国",它不具备现代意义上的共和国政治结构和民主形式。"高密东北乡"是一个绿林好汉呼啸出没打劫行盗的山寨,就像位于高密东北乡西边不远处那个经典意义上的老资格山寨梁山泊。这是一条奇怪的横贯线,从梁山泊往西不远,是更早的山寨瓦岗寨,而刘关张结义的桃园又在瓦岗寨以西的不远处。向西向西,一路上是潼关、华山、西安、秦岭以至于丝绸之路,阳关大道和无穷无尽的阿尔金山脉。

高密东北乡是一片缺乏条律、弱肉强食的土地。

这个时期的莫言,已经有意识地开始投资自己这片熟悉的土地。他搬运来各种建筑材料,准备修建一个属于自己的文学王国。在《红高粱》、《天堂蒜薹之歌》、《十三步》、《酒国》、《丰乳肥臀》、《檀香刑》、《四十一炮》等等小说里,他胆大包天地把天底下所有他认为合适的东西都搬到高密东北乡来的出格举动,都以这些小说作为开端。

莫言终于发现,无论他怎么逃离乡村,他的身体无论逃到哪里,他的精神都无法割舍乡村的记忆。在这个时候,即便是痛苦,也已经酿成了美酒。正如他在演讲时说的那样:饥饿和孤独是他创作的财富。莫言同时也明白了:

> 什么人说什么话,什么藤结什么瓜……我是一个在饥饿和孤独中成长起来的人,我见多了人间的苦难和不公平,我的心中充满了对人类的同情和对不公平的愤怒,所以我只能写出这样的小说。[49]

也就是说,一旦正视这种苦难和不公平之后,莫言就正式找到了一把打开通向故乡大门的钥匙。莫言拥有了自己的翅膀和语言,在高密东北乡的上空,自由自在地飞翔。

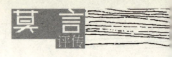

对此,莫言说:

> 故乡留给我的印象,是我小说的魂魄,故乡的土地与河流、庄
> 稼与树木、飞禽与走兽、神话与传说、妖魔与鬼怪、恩人与仇人,都
> 是我小说的内容。⑩

上面写到莫言自己的写作摸索,写到他怎么样从虚假的写作走向真实的写作,从表达他人的情感到叙述自己的内心。

在各个方面,莫言都准备好了,他唯一欠缺的,是还没有彻底放开自己的手脚,对自己的不算特别自觉的摸索还有些不够自信。

这个时候,美国作家威廉·福克纳和他的"约克纳帕塔法县"出现在了莫言的面前。

有一种说法认为,福克纳和马尔克斯都对莫言有着很大的影响。莫言自己否认了马尔克斯的影响,一直到今年 2007 年 7 月份的香港书展,他仍然对着记者否认自己在写作《红高粱》时受到过《百年孤独》的影响。

莫言承认福克纳对他的影响,承认了《喧哗与骚动》这部他从来都没有读完的长篇小说对他建立"高密东北乡王国",有着重大的影响。

莫言说过他看到《百年孤独》是在他写出《红高粱》之后的事情,因而,他拥有了"高密东北乡王国"之后才知道《百年孤独》里的"马孔多镇"。

莫言强调,"马孔多镇"对他的影响远没有福克纳的"约克纳帕塔法县"大。作为一个虚构的地理版图,福克纳的"约克纳帕塔法县"令当时还在半明半暗中试探和摸索中写作(尤其指上面提到的那些短篇的写作)的莫言有如醍醐灌顶。

对于一直苦苦求索、心智仍然没有被彻底打开的莫言来说,《喧哗与骚动》有如一本魔法词典。从福克纳的"约克纳帕塔法县"里,莫言一下子就明白了。原来"一个作家,不但可以虚构人物,虚构故事,而且可以虚构地理"⑤,文学意义上的地理概念和地理学意义上的概念既可以重合,也可以超越。一旦作家超越了地理学意义上的家乡概念,他就进

入了文学的自由王国：

> 我清楚地记得那是1984年12月的一个大雪纷飞的下午，我从同学那里借到了一本福克纳《喧哗与骚动》，我端详着印在扉页上穿着西服、扎着领带、叼着烟斗的那个老头，心中不以为然。然后我就开始阅读由中国的一个著名翻译家写的那篇漫长的序文，我一边读一边欢喜，对这个美国老头许多不合时宜的行为我感到十分理解，并且感到很亲切。……他旁若无人，只顾讲自己的，就像当年我在故乡的草地上放牛时一个人对着牛和天上的鸟自言自语一样。……读了福克纳之后，我感到如梦初醒，原来小说可以这样地胡说八道，原来农村里发生的那些鸡毛蒜皮的小事也可以堂而皇之地写成小说。他的约克纳帕塔法县尤其让我明白了，一个作家，不但可以虚构人物，虚构故事，而且可以虚构地理。于是我就把他的书扔到了一边，拿起笔来写自己的小说了。受他的约克纳帕塔法县的启示，我大着胆子把我的"高密东北乡"写到了稿纸上。㉜

在福克纳这里，莫言似乎才真正明白，文学是可以"胡说八道"的，一名真正的作家，完全可以放开拳脚，任意施展，在自己故乡和童年记忆里天马行空。最重要的是，莫言发现，原来这些东西都是有价值的，而且他们的价值一点都不比那些大而空的"高大全"价值低。从此，莫言的感觉不是没有东西可写，而是东西多得写不过来了。莫言得意洋洋地说：

> 从此后我再也不必为找不到要写的东西而发愁，而是要为写不过来而发愁了。经常出现这样的情况，当我在写一篇小说的时候，许多新的构思，就像狗一样在我的身后大声喊叫。㉝

莫言通过自己的亲身实践，通过在不同的演讲时随意杜撰的方式，实践了"胡说八道"的观念。他一会儿说是福克纳让他想到了"高密东北乡"，一会儿又说是川端康成的启迪。他根据自己的需要和对象，

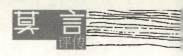
就像一名相声演员一样,到什么地方说什么话。

从莫言这里应该得到一个小小的启示,那就是写作者最为重要的学习和训练,就是找到一道打开封存的记忆的闸门。对于莫言来说,福克纳和他的"约克纳帕塔法县",就是阿里巴巴的那个著名的咒语:芝麻开门!

莫言打开了这扇大门,看见里面堆满了琳琅满目的珠宝。

注释

①《售棉大道》发表于《莲池》杂志 1983 年第 3 期,被《小说月报》转载;《民间音乐》发表于《莲池》1983 年第 5 期,得到老作家孙犁的好评。

②③莫言:《白狗秋千架》,上海文艺出版社 2005 年版,第 103、107、108 页。

④[日]柄谷行人:《日本现代文学的起源》,赵京华译,生活·读书·新知三联书店 2003 年版。

⑤毛泽东《在延安文艺座谈会上的讲话》里,曾着重赞美过牛粪:拿未曾改造的知识分子和工人农民比较,就觉得知识分子不干净了,最干净的还是工人农民,尽管他们手是黑的,脚上有牛屎,还是比资产阶级和小资产阶级知识分子都干净。

⑥莫言:《从〈莲池〉到〈湖海〉》,见《莫言散文》,浙江文艺出版社 2000 年版,第 167 页。

⑦莫言:《漫长的文学梦》,见《会唱歌的墙》,作家出版社 2005 年版,第 227-228 页。

⑧⑨⑩莫言:《从〈莲池〉到〈湖海〉》,见《莫言散文》,第 167 页。

⑪管谟贤:《莫言小说中的人和事》,《莫言研究》2006 年第 1 期。

⑫[美]莱利斯·菲尔德(编):《一部小说的故事》,黄雨石译,三联书店出版社 1991 年版。

⑬莫言:《超越故乡》,见《莫言散文》。

⑭⑮⑯⑰⑱⑲《超越故乡》,见《莫言散文》。

⑳㉑莫言:《白狗秋千架》,第 145 页。

㉒㉓路遥:《人生》,《收获》杂志 1982 年第 3 期。

㉔莫言:《莫言散文》,第 168 页。

㉕莫言:《莫言散文》,第 16 页。

㉖莫言:《会唱歌的墙》,第 280 页。

㉗㉘莫言、王尧:《莫言王尧对话录》,第 108 页。

㉙㉚㉞㉟《有追求才有特色》,《中国作家》1985 年第 2 期。

㉛㉜莫言、王尧:《莫言王尧对话录》,第 117 页。

㉝[美]菲尔德(编):《 一部小说的故事 》,黄雨石译,三联书店 1991 年版。

㊱莫言:《透明的红萝卜》,《中国作家》1985 年第 2 期。

㊲莫言:《小说的气味》,春风文艺出版社 2003 年版,第 122 页。

㊳莫言:《与大师约会》,上海文艺出版社 2005 年版,第 91 页。

㊴同上,第 448 页。

㊵小说原刊发于《奔流》杂志 1985 年第 8 期。本处引自《莫言文集》卷五,作家出版社 1995 年版。

㊶莫言:《白狗秋千架》,第 149 页。

㊷同上,第 205 页。

㊸㊹㊺路遥:《人生》,《收获》1982 年第 3 期。

㊻《检察日报》2000 年 3 月 2 日。

㊼《寻找红高粱的故乡——大江健三郎与莫言的对话》,《南方周末》2002 年 2 月 28 日。

㊽朱大可:《流氓的盛宴》,新星出版社 2006 年版,第 253 页。

㊾莫言:《饥饿和孤独是我创作的财富》,见《莫言散文》,第 280 页。

㊿莫言:《故乡往事》,见《莫言散文》,第 18 页。

5152 53莫言:《福克纳大叔,你好吗？》,见《莫言散文》,第 295–297 页。

第五章 收获年代

强盗的颂歌

1985 年,莫言得窥文学堂奥。

三十而立,莫言再也不用到处流窜了。

他寻找到了一片巴掌大的根据地,深挖洞,广积粮,夯地基,垒厚墙。平日里躲在里面啃地瓜喝烧酒,看准机会出去抢一家伙,渐渐地积累了一些家产。

一天早上,酒足饭饱目光迷离之余,莫言抬起头来往外望去。

他看见河边的小石桥后面,那条蜿蜒曲折的小路已经快要被疯长的红高粱淹没了。阳光爽脆,空气甘甜,一个身穿红褂子的小媳妇,骑着一头瘦小的毛驴,嘚嘚嘚嘚地摇过来。在她的后面,跟着一个醉老头,嘴巴不清不楚胡乱杜撰地在唱着茂腔:

武大郎喝毒药心中难过……

七根肠子八叶肺上下哆嗦……

丑男儿娶俊媳妇家门大祸……

红衣小媳妇信驴由缰,神思迷离。

她可能忧伤,也可能思春。

落草为寇不久的莫言一跃而起，横在路中，执刀而立，扯着嗓门大吼：

妹妹你大胆地往前走呀——
铁打的牙关——
钢铸的骨头——
通天的大路九千九百九十九——
……

小媳妇呵斥道："哪来的野汉子，你想干什么？"

莫言嘴巴还硬，脚底已软，不知不觉，闪在路旁。

他说："没、没干什么，吼两嗓子玩玩……您、您请，您请……"

小媳妇哼了一声，眼神火辣辣地看看莫言，双腿一夹驴子，嘚嘚嘚嘚地过去了。

她婀娜的背影，热情的脸庞，火辣的目光，让莫言神思悠然，心潮乱荡。在这一刻，莫言一定想起了自己少年时代在小说《初恋》里叫做"张若兰"、在小说《养兔手册》里叫做"江秀英"或者在演讲里称作"石匠的女儿"的那个明眸善睐、泼辣大胆的美少女战士。

在莫言的想象中，美丽少女天生就应该是高傲的，睥睨众生的。即便是长大了的少女，例如《爱情故事》里的"女知青"何丽萍、《白棉花》里的方碧玉，她们在这个脏脏的世界里，也是孑然独立，出离人世，不容玷污的芙蓉花。

这个天生的强盗，这个被逼良为寇的青年农民，这个专吃拃饼的拦路贼，仗着酒胆，胡唱乱弹。在那一刻，他蝶化了，他羽化了，他不知道自己是强盗或者强盗是自己，他变成了"我爷爷"余占鳌或者余占鳌变成了他；在他之外，姜文作为第三者，秃瓢着脑袋瓜子，歪咧着嘴巴子，细眯着眼缝子，一看就是二流子。他们三个人，到后来合而为一，三剑合璧，功力大长，练成了一柄屠龙神剑，对着无穷无尽的红高粱秆子勇猛冲杀，一直杀到一架巨大的风车前。这三个三剑合一的天生强盗，

这些指鹿为驴的好汉们，就是这样纵横捭阖。他们大块吃肉，大碗喝酒，大刀砍人，大着嗓门唱戏文，见到了人家戴凤莲小女生娇娇滴滴的身子，对上了人家巩俐泼泼辣辣的眼神，就胡天胡地没了魂，一咬牙，一走神，鬼魅上了身，为了一个自古以来就有了定论的红颜祸水，不假思索地就做下了高密东北乡那桩惊天大案，于是落草为寇，坐地分银。

莫言在《红高粱》里打破了"逼良为寇"的传统认识，而把小说主人公余占鳌的强烈的生命涌动，推崇到了人生动力的程度。"我爷爷"余占鳌的吃喝并不用太忧愁，他有一身使不完的力气，又有强悍的精神和体魄，在高密东北乡方圆几十公里的范围内，他本来是一个自由的幽灵。这具自由的肉体的空间自由移动，因为有一天偶然地看见戴凤莲而戛然而止。这个身强体壮、敢作敢为的轿夫，一巴掌拍死了那个可怜的假强盗，以自己的一身肌肉和淡定的气魄，打动了出嫁废人途中神思恍惚的思春女子戴凤莲。

余占鳌不是被"逼上梁山"的，不是活不下去而当上强盗的，他是为了戴凤莲，为了爱情而杀人放火的。

这样一个线索，使《红高粱》的主体观念，演化成了一种纯粹生命力的颂歌。

1986 年是莫言小说年。

莫言神仙附体，自言自语。一包香烟，半瓶啤酒。灵感喷涌，下笔如风。

这一年，莫言借着上一年遍地开花的发表劲头，继续高歌猛进，奋勇创作，又搞出了《红高粱》等中篇小说七篇，《草鞋窨子》等短篇小说四篇。

发表在《人民文学》第 3 期上的《红高粱》，让莫言暴得大名，充分享受到了革命成功之后的无上快乐。他在小说里，化身为四十年前纵横出没高密东北乡十几年的悍匪余占鳌，让自己在想象中变成了一个顶天立地的奇男子。

这篇小说 1987 年被张艺谋改编成同名电影之后，捧红了小女生巩俐，摘取了西柏林的金熊奖，造就了好几个神话。因为契合当时社会上的苦闷心情和宣泄的需求,在当年的大街小巷上,适龄男生走着走着,就会吼一嗓子:妹妹你大胆地往前走——哇——往前走——莫回呀头——在这种激情澎湃的、略带粗野的歌声中,人们孱弱的躯体获得了一种强悍的假象和虚伪的勇气。

莫言当时寒假返回高密,正在拼命写作,写《红蝗》和《欢乐》,一个在供销社工作的堂弟拿了一份《人民日报》跑回来给莫言看,上面以"红高粱西行"为题,整版报道了电影《红高粱》代表中国第一次在世界三大电影节之一的当时西柏林电影节上夺魁的消息。寒假结束,莫言返回北京:

> 深夜就听到一个小伙子的吼叫声:"妹妹，你大胆地往前走啊！"满大街都在唱这个电影的插曲。①

这部电影,让莫言一下子名扬四海,成了家喻户晓的人物。他的三十年辛辛苦苦、艰苦奋斗、打游击换地盘的革命,终于成功了。

借助于电影的影响和传播,《红高粱》毫无疑问是莫言所有小说中最有名的一部小说。这点莫言也很清楚,对于他来说,这既造就了他的爆得大名,同时也掩盖了他其他作品的光芒,甚至使其他那些同样优秀的作品遭到了被遮蔽、被误读的命运。

普通读者和普通评论家都有阅读的惯性,他们习惯了《红高粱》,莫言产生了新变化,他们就不适应了,过敏了。就像娇嫩的肠胃吃了刺激的东西,难受,腹痛,拉肚子。那个阶段,莫言更多是凭着直觉、凭着自己的情感冲动和高昂的脱贫致富的干劲来写作的。发现了故乡的梁山泊,他不需要再处心积虑地策划、设计,有计划有步骤地经营自己的写作计划了,他只需把那些像是在他屁股后面追着撵着他訇訇狂吠的野狗一样的灵感,不断地写出来就行了。他变成了一具神灵附体的大仙,或者说是半仙。这个平凡而普通的莫半仙,他半眯着眼睛,口吐白烟,魂不附体,就像一只被灵感的鞭子使劲抽打的陀螺,进入了自动化写作的状态。

莫言
评传

　　中篇小说《红高粱》及后续的《高粱酒》打开了高密东北乡封闭性的生态结构,把传奇性的因素从《秋水》这个试探性的短篇小说里拿出来放大,发展到了癫狂的状态。这样一来,高密东北乡就拥有了浓重的传奇性。高密东北乡的前期历史,变成了一种传奇史,一举接续上了八百多年前从高密东北乡往西不过两百多公里的梁山泊的传统。在小说里所出现的那些疯狂生长的红高粱,跟梁山泊周围稠密的芦苇有极大的可比性。而驾驶着冲锋舟在水泊周围巡逻,打击那些冒冒失失的北宋政府军的水兵头领阮氏三杰,看起来就是八百年以后出没在高粱地里的花脖子、余占鳌、高大营、冷麻子以及铁板门首领老黑等等好汉的前生。

　　余占鳌冷静地刀刃单廷秀父子,处心积虑地击杀花脖子,计划周密地伏击日本人,再加上他坚忍不拔、绝不言退地带领着自己的儿子余豆官和一大批塞在羊肚子里而从青岛带出来的子弹跟日本人周旋,这些特质,与其说是一种历史,不如说是一种历史传奇。通过这种传奇,莫言成功地把"非历史"、或者说"潜历史"的内容,嫁接到了历史教科书里。把原本光滑的、细腻的、含情脉脉的、类似风花雪月的"中国革命文学史",拖进了血泊里和刀光剑影里。

　　通过《红高粱》那大片大片的红色,那大片大片的鲜血,那残酷无比的死亡,莫言让人们长时期受到"中国革命文学史"这类细粮喂养出来的胃肠受到了极大的考验。人们这才发现,战争的历史原来并不一定是如同《荷花淀》那么抒情,《小二黑结婚》那么欢快,《林海雪原》那么浪漫。战争的本质就是残酷的、非人性的、血腥的。读惯了那些温文尔雅、欲说还羞的传统温良恭俭让作品的脆弱读者,一下子读到了这样凶猛的作品,尤其是小说里日本人逼着屠夫孙五酷杀罗汉大爷的描写镜头,根本无法忍受,于是产生了眩晕感,在大地上摇摇欲坠:

　　　父亲看到孙五的刀子在大爷的耳朵上像锯木头一样锯着。
　　罗汉大爷狂呼不止,一股焦黄的尿水从两腿间一蹿一蹿地滋出
　　来。父亲的腿瑟瑟战抖。走过一个端着白瓷盘的日本兵,站在孙

五身旁,孙五把罗汉大爷那只肥硕敦厚的耳朵放在瓷盘里。孙五
又割掉罗汉大爷另一只耳朵放进瓷盘。父亲看到那两只耳朵在
瓷盘里活泼地跳动,打击得瓷盘叮咚叮咚响。孙五操着刀,从罗
汉大爷头顶上外翻着的伤口剥起,一刀刀细索索发响。他剥得非
常仔细。罗汉大爷的头皮褪下。露出了青紫的眼珠。露出了一棱
棱的肉……②

莫言先是在小说里颠覆了传统革命历史文学观,用余占鳌、戴凤
莲、王文义、余豆官、罗汉大爷这种草根抗日英雄的形象,来对类似《敌
后武工队》、《野火春风斗古城》这样的传统革命现实主义小说里塑造
的典型英雄角色进行还原、掺沙、再造、重生。接着他颠覆人们的阅读
趣味,用血腥的剥皮场面,让人过目难忘,让人呕吐。

这恰恰可能正是莫言乐意看到的。

吐吧吐吧,尽情地吐吧。

吐吧,同志们!你们呕吐,你们眩晕,你们快乐。

有毒的身体需要呕吐,麻木的脑袋需要呕吐,把身体里的垃圾吐
光,倒空,什么也不要剩下。

莫言是背过中医典籍的,他粗通医理。

活跃在高密的几路抗日游击队,无论是哪一派,都没有觉悟高下
之分。余占鳌这样连生存的土地和基本的做人尊严都遭到了日本人的
严重侵害,连罗汉大爷这样的善良的人都惨遭酷杀之后,他们才忍无
可忍地开始自己的反击和慷慨激昂的牺牲。他们的觉悟是自发的,不
是在"伟光正"精神的领导下、启发下才想到的。这是最基本的生存之
战。在这场实力悬殊,但是拼死一击的战斗中,莫言笔下的余占鳌抗日
战斗队虽然武器简陋,战法粗鄙,但是出其不意之下,仍然取得了很大
的胜利。而那几支所谓的抗日支队,相互之间也在钩心斗角,先是冷麻
子牺牲余占鳌,接着是胶高支队渔翁得利,最后是日本人反扑,余占鳌
的队伍和乡亲们惨遭杀害。

《红高粱》之所以震撼人心,就是因为在那个传统叙事占统治地位

的背景下,在虚假的温和乃至娘娘腔的抒情下,这种突如其来的切入角度和叙事方法,都有些离经叛道、出人意料,令人瞠目结舌。对于正统历史教科书观念的颠覆,更是力量十足。莫言的颠覆不是大而空的,而是建立在对高密东北乡的地理、气候、历史的充分了解和深入的体会基础上,用弹性十足的语言、一气呵成的叙述、简单有力的结构、出人意料的角度和质感深厚的细节来演绎的,因此具有充分的说服力,比那些和风细雨、遮遮掩掩的传统抗日背景的小说有说服力得多。

历史的鬼魅

《红高粱》的诞生,建立在上个世纪八十年代中前期那种狂飙突进的哲学反思、历史反思的社会大思潮背景上。在此之前,关于抗日战争时期的真实资料的收集极其不充分,甚至还被有意地、精心地加以遮蔽了。南京大屠杀这种震惊国际的大惨案,普通老百姓都缺乏基本的了解,而那才仅仅过去了不到四十多年。对于南京大屠杀的研究,也是在上个世纪八十年代初才开始起步的——"侵华日军南京大屠杀遇难同胞纪念馆"在抗日战争结束四十周年之后的 1985 年 8 月 15 日才正式建立。很多资料已经丢失,更多的证据已经损毁,目睹的证人也逐渐逝去。

历史正在被有意识地遗忘。

《红高粱》的创作,契合了这段历史时期对传统历史思维的反思。而两年之后电影《红高粱》的播映,也是在抗日战争爆发五十周年的微妙年份。历史的惊人契合,为这种新概念历史叙事作品的传播,作了有力的铺垫。

《红高粱》的故事拥有一个真实的历史背景,那就是离开莫言老家不远的、发生于 1938 年 3 月 15 日的孙家口伏击战,和事后日本人报复时大肆屠杀手无寸铁的村民一百多口的公婆庙惨案。这两件事情在《高密县志》有载,但不见于传统的革命正史,其原因恐怕是因为这个伏击战是国民党游击队和当地农民武装高仁生大队及冷关荣大队干的,跟我党领导下的胶高支队没有关系。

在上个世纪八十年代中前期反思风潮群起的背景下,知识界对于现代革命史书写背后的那些潜历史充满了兴趣,通过各种方式表达出来。官方也受到了这种反思的影响,1985年建立"侵华日军南京大屠杀遇难同胞纪念馆",也在这种反思潮流背景下出现。在我们所熟知的这个政治结构下,这种正式的官方举动很耐人寻味。当时的主流文艺作品里,一下子就涌现了很多此前所鲜见的反映抗日战争时期各路抗日战场的作品,丰富了历史的内涵。

关于孙家口伏击战,莫言自己说:

> 《红高粱》源自一个真实的故事,发生在我所住的村庄的邻村。先是游击队在胶莱河桥头上打了一场伏击战,消灭了日本鬼子一个小队,烧毁了一辆军车,这在当时可是了不起的胜利。过了几天,日本鬼子大队人马回来报复,游击队早就逃得没有踪影,鬼子就把那个村庄的老百姓杀了一百多口,村子里的房屋全部烧毁。③

1938年3月15日的孙家口伏击战,《高密县志》记载,当时胶(州)沙(河)公路上常有日本汽车过往孙家口,游击队根据这个特点,预先埋伏在孙家口前的石桥两旁,发动了一次成功的伏击战。1983年春节回家,莫言的老朋友张世家给他讲了这个故事:

> 张世家就绘声绘色地给我讲起了公婆庙大屠杀的事。他就是公婆庙村的人,好像他的一个亲属也在那次屠杀中受了伤。1938年3月中旬,游击队在孙家口村大桥头埋上了连环铁耙,伏击了日本鬼子的汽车队,经过浴血奋战,打死日本鬼子四十多人,其中还包括一个少将中岗弥高,几天后,日本鬼子大队人马前来报复,但被指错了方向,没包围孙家口,却包围了公婆庙,屠杀了手无寸铁的老百姓一百零三口,整个村庄被夷为平地。……④

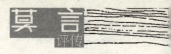

这是一段有意味的记述。莫言当时仍然不把自己的家乡当一回事,"想来想去也想不出有什么好写的"。家乡的现实价值和历史价值,还没有被他发掘。

当时文学界对于传统革命现实主义经典表达模式的反思也没有到位,违反"革命现实主义写作教程"的想法,还没有出现在莫言的脑子里。他一提起笔,脑子里就使劲地想编造出什么海岛啊,山峦啊,兵营啊之类的东西,一下笔,却不由自主地写到了自己的家乡往事。可以说,这个阶段的莫言还处在一种"非自由王国"的状态里,他还不能返回内心,从自己的故乡和自己的真实情感中寻找到有意义的价值所在。张世家说到了"公婆庙大屠杀",莫言还不知道该怎么去表达出来。这段逸事,被莫言放在自己的脑袋深处某个小小的抽屉里冷藏了起来。

关于"公婆庙大屠杀",出生在这个村庄的张世家在文章里提起过:

> 1938年3月15日,这群好汉汇合在一起,在我家乡孙家口桥头打了一场漂亮的伏击战,杀了30多名日本鬼子和一个叫中岗弥高的日本中将,烧了鬼子8辆汽车。3月25日日本鬼子在这里进行了疯狂的报复,制造了公婆庙惨案,一早晨烧毁民房508间,杀我妇幼男女108口。这些高密县志均有详细记载。据说日本鬼子在一个桥洞就炸死18个青年男女,听老人说凶狠的日本鬼子用刺刀挑破孕妇的肚子狂笑不止。⑤

莫言和张世家的记述,都太随意,不是严谨的资料印证。莫言的大哥管谟贤对这件事情有补充:

> 1938年3月15日晨,国民党游击队曹克明部400余人,在冷关荣部、姜黎川部配合下,埋伏在村内村外,截击日军。上午10时许,满载日军的5辆军车由村北向南疾驶。尖兵车上载重机枪

一挺,驶至村南拐弯处,轮胎被预先埋在路上的耙齿扎穿,动弹不得。曹部伏兵立即投弹炸死车内日军。后驶进村内窄路上的日军汽车,前进不能,后退不得。村内伏兵四起,围击日寇,并以高粱秸引大火烧汽车,车上日军无一逃脱。村外汽车上的日军企图负隅顽抗,亦遭围歼,仅一名逃跑。此战歼灭日军 39 名,内有日军中将中岗弥高, 缴获汽车一辆,(其余被烧毁), 轻重机枪各一挺,"七九"式步枪 30 余支,子弹数万发,军刀 3 把(其中将军刀一把),文件一宗,游击队伤亡 30 余人。后驻胶县日军至孙家口邻村公婆庙(现名东风村)报复,杀害群众 136 人,烧民房 800 余间,造成"公婆庙惨案"。⑥

管谟贤先生的记述比较严谨,资料可信,如"杀害群众 136 人",就是可信的材料, 而不是莫言和张世家说的一百多口这样的含糊数字。这次战斗击毙了日军中将中岗弥高,在当时也很有影响,相关的国民党游击队领导人也受到过当时国民政府的通电嘉奖。

这场战斗因为双方的实力悬殊,游击队的武器简陋,虽然出其不意,仍然是有重大的牺牲的。根据当地作者于天助的记述,这场战斗涉及面极广,具体的战斗也极其激烈,游击队各部因为缺乏正规训练和有效的装备以及密切的配合,战斗中损失很大:

一九三八年农历三月十五日上午,当敌人五辆巡逻车由胶县穿过孙家口时,这里是一切如常,毫无异象。……战斗从上午十时持续到下午三时,约五个小时,共歼敌三十九名,其中有在平型关大战逃生的敌板垣师团中将指挥军官中岗弥高。他是在平型关大战受挫后,来胶东休养并考察军务的。这次战斗共缴获轻重机枪各一挺,步枪三十余支,子弹数万发,军刀三把(其中将级军刀一把),军用地图和机密文件一宗,军用汽车一辆,烧毁敌汽车四辆。战利品曾送到当时迁驻在安徽阜阳的国民党山东省政府展览,曹克明部受到了嘉奖。

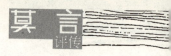

激战中游击队员共伤亡三十余人，曹克明的胞弟曹正德、族弟曹焕德、曹平德三人为了民族解放事业献出了宝贵的生命。⑦

这样一个故事，按照传统的革命现实主义的结构模式，确实很难写。对战斗的领导者、地主阶级的曹克明怎么设计？对当地的那种土匪武装、地方武装，例如冷关荣部、姜黎川部，到底怎么评价？小说里，敌人是明确的。但是英雄缺席了。到底谁是小说里的正面英雄？曹克明、冷关荣和姜黎川都不可能是传统意义上的正面人物，像《红高粱》里的配角"王文义"这样的战士，更是为我军丢脸的角色，绝对不能出现。这些都是问题，是大问题。在历史观念没有得到有效的反思之前，文学作品实际上不可能单骑突进，独自完成这种巨大的转变的。

时代造英雄

一切都归结到1985年这个在新时期文学史上比较特殊的年份里来了。在这个年份里，后来都进入了当代文学史的好几篇探索性的作品，如王安忆的《小鲍庄》、刘索拉的《你别无选择》、莫言的《透明的红萝卜》等，都一下子就拱了出来，在此之前，还有阿城的《棋王》等作品的开拓性发表。

思想观念的大解放，文学艺术表现手法上的喜新厌旧和拼命追逐时髦，都给一大批适龄的文学青年以巨大的想象空间。在1984年底关于李存葆中篇小说的讨论会上，莫言能够放那样一炮，跟当时的文学反思、文化反思大潮不无关系。李存葆的小说虽然得了那一年的全国中篇小说奖，却是传统革命现实主义表现小说的绝唱。在那之后，就是新观念、新手法、新感觉的小说蓬勃诞生的时代了。用莫言喜爱引用的《鱼王》里的名言来加以新编，这是一个缅怀古董和拼命追新的时代，这是一个最好也是最坏的时代。在这个时代，一个落后的人是可耻的。

莫言脑袋里某个抽屉中存放的这味包裹严实的中药，忽然透出一丝袅袅的香气来：

在一次文学创作讨论会上，一些老作家提出了这样一个问题，即中国共产党自成立之日起，有二十八年都是在战争中度过的。老一辈作家亲身经历过战争，拥有很多的素材，但他们已经没有精力创作了，因为他们最好的青春年华耽搁在"文革"当中；而年轻一代有精力却没有亲身体验，那么他们该怎样通过文学来更好地反映战争反映历史呢？

当时我就站起来说："我们可以通过别的方式来弥补这个缺陷。没有听过放枪放炮但我听过放鞭炮；没有见过杀人但我见过杀猪甚至亲手杀过鸡；没有亲手跟鬼子拼过刺刀但我在电影上见过。因为小说家的创作不是要复制历史，那是历史学家的任务。小说家写战争——人类历史进程中这一愚昧现象，他所要表现的是战争对人的灵魂扭曲或者人性在战争中的变异。从这个意义上讲，即便没有经历过战争的人，也可以写战争。"

我发言以后，当场就有人嗤之以鼻。事后更有人说我狂妄无知，说我是"小和尚打伞无法(发)无天"，说我是碟子里扎猛子不知道深浅。在我的创作生涯中，有好几次我都把自己逼到悬崖上。为了证明自己观点的正确，我必须马上动笔，写一部战争小说。⑧

莫言为此绞尽脑汁，播种在他脑袋里的那颗种子在这个合适的时期发芽了。

莫言说，他最初的灵感产生带有一些偶然性。莫言发现，"文革"前大量的小说虽然都是写战争的，但这些小说追求的是再现战争过程。像这样一部小说，常常是从战前动员开始写到战役的胜利。作者注重的是战争过程，而且衡量小说成功与否的标准通常是是否逼真地再现了战争的过程。新一代的作家如果再这样写绝对写不过经历过战争的老作家，即便写得与老作家同样好也没有意义。

在这种反思下，莫言感到自己必须独辟蹊径。他要表现的战争，不过是他在写作时借用的一个环境，利用这个环境来表现人在特定条件

下人的感情所发生的变化。

基于这样一个认识,莫言开始着手构思,首先想到的是自己的家乡。他的脑子里浮现了大片大片的红高粱。四十年前人口稀少,土地宽广,每到秋天,一出村庄就是一眼望不到边缘的高粱地。在"我爷爷"和"我奶奶"那个时代,雨水更大,人口更少,高粱更多,许多高粱秆冬天也不收割,为绿林好汉们提供了屏障。于是莫言想到了要把高粱地作为舞台,把抗日的故事和爱情的故事放到这里上演。

对于莫言来说,怎样寻找到一种叙述的语调,比怎样拥有材料更加重要。莫言不需要特别地去寻找其他的材料,不需要去体验别人的生活,他只需要打开自己心灵中被一度关闭了的大门,就可以发现里面的广阔天空了。"高密东北乡"这个文学领地,就藏在莫言的心中,一个针眼大小的地方,比针眼小,但是骆驼能够穿过去;因此,他能够从一粒沙中看世界。或者我们可以这么说,莫言的高密东北乡比一粒沙还要小,比整个世界还要大。这是一个他需要什么就会有什么的世界,一个他可以随心所欲的世界。

莫言因此把精力花费在寻找小说的独特声音上:

> 我一向认为,好的作家必须具有独创性,好的小说当然也要有独创性。《红高粱》这部作品之所以引起轰动,其原因就在于它有那么一点独创性。将近二十年过去后,我对《红高粱》仍然比较满意的地方是小说的叙述视角,过去的小说里有第一人称、第二人称、第三人称,而《红高粱》一开头就是"我奶奶"、"我爷爷",既是第一人称视角又是全知的视角。写到"我"的时候是第一人称,一写到"我奶奶",就站到了"我奶奶"的角度,她的内心世界可以很直接地表达出来,叙述起来非常方便。这就比简单的第一人称视角要丰富得多开阔得多,这在当时也许是一个创新。⑨

在《红高粱》里,莫言寻找到了一种第一人称视角和全知全能视角相互交叉相互转化的方法,这样一来,就为他的自由穿梭带来了很多方便。他甚至可以不用去研究调查资料,一旦他不能确定的地方,就改变视角,从而把像绵羊一样乖乖的读者引到另外一片草甸里去吃草。莫言在这种写作中,模仿着魔术师,或者说,他自己就变成了魔术师,一个把整个"红高粱"世界完全掌握在手掌心里的创世主。他的表达能力和创造力,得到了空前的释放。这部系列小说第一章《红高粱》和第二章《高粱酒》还比较节制,略有一些理智和控制,到了《狗道》、《高粱殡》和《奇死》,他就彻底失去理智了。

莫言本来以为自己是魔术师,不料却被自己手里的工具所控制。他进入了一种类似自动化写作的疯魔状态中,被那些苍蝇一样飞舞的语言所控制,在句子的疯狂过山车上呼啸而过。而后,他就有了《红蝗》及其后的《食草家族》系列小说里的其他篇章,达到顶峰风魔状态的是那部类似小长篇长度的中篇小说《欢乐》和梦呓般杂耍的长篇小说《十三步》。

2004年,莫言荣获法国文化与艺术骑士勋章

　　这是一种久旱逢甘霖般的宣泄,这是三峡大坝的磅礴泄洪,或者说,这是莫言在长达近三十年便秘中的一次痛快淋漓的排泄。就像《红蝗》里所说的那样,他把所有的东西都排泄到了一起。把崇高和卑贱,把腥臭和馨香,把香蕉与大粪,把美和丑,把进步与后退,全都放到一个大锅里猛火煎熬。一个没有羽毛的凤凰,在这种疯狂的蒸煮中复生。他必须一下子把自己排空,排空再排空,不然他就腹胀,难受,不然很有可能会呕吐。

　　"呕吐"和"眩晕"确实是当时文坛和文化人中最喜欢使用的两个关键词汇。一个人患有这样的症状,就意味着他得病了,但是他正在自愈的状态中。他的失重感和眩晕感,都跟传统的立场有关。正像四川诗人钟鸣写的那样:隐鼠啄地而行,使人立场空虚。莫言必须把自己彻底吐空,才会清醒,才会站稳,才会不再眩晕。

　　传统革命现实主义铁板一块的叙事模式,一下子就四分五裂了。顺时叙述被倒叙、插叙、回环叙所打破,全知全能的第三人称视角,被第一人称和第二人称所攻击。打过电脑游戏的人都能体会第一人称视角的威力和刺激。在类似 CS 这样的第一人称冒险游戏里,你是穿行在枪林弹雨和险恶的敌人之中的英雄——从西方文艺教程来看,"英雄"必须历险,必须过关,必须最后成功地到达,然后展开营救——这个模式从荷马史诗开始,到好莱坞电影里达到了高潮,现在又在游戏中凤凰涅槃。

　　作为游戏的主角,你只能看见你视力所及的前方,其他的敌人和未知的危险都埋藏在显示器之外——是的,第一人称叙事就是一种冒险。这种冒险首先来源于一种假设,那就是"我"在亲历,我也不知道未来如何。

　　假设这是一款网络游戏,"我"面对的敌人,就是一个未知的但聪明狡诈的玩家了。"我"面对的敌人,在虚拟空间中具有了血肉。

　　"我"有可能在中途消失,有可能顺利到达目的地。而"你"呢?请问"你"怎么办? 你是不是"他"? 第二人称的"你"具有"我"与"他"两种含义,实际上是一种油滑的人称,它根据现实的需要退一步或者伸一脚,有效地调整自己的叙述节奏和视角,避免出现失控的状态和眩晕的状态。

不死的父亲

对于莫言来说,《红高粱》的诞生,宣告了他的君临天下,一个独裁者诞生了。

需要提请各位跟我一样懵懵懂懂的读者注意的是,这位独裁者可不是君主立宪制的国王,而是中央集权制的大帝。他是一世以至于无限世,他是自己也是所有人。

拥有了自己的国土,这位打家劫舍的好汉,正式地择日登上了宝座,并且开始有意识地修改自己的王国历史,制订各种符合自己一个人利益的法律法规,表面上说是为了国家安定团结人民富足温饱,实际上仅仅是为了稳固他自己的统治地位。在这个王国里,莫言比较安心,因为这里没有弗雷泽《金枝》里描写的那种"弑君者",他只需要训喻,而不必倾听。

莫言唯一遭受到的挑战,就是马尔克斯和他的著名长篇小说《百年孤独》。

莫言不断地反驳各种关于马尔克斯的流言:

> 有人认为我创作《红高粱家族》系列作品受到了马尔克斯的影响,这是想当然的猜测。因为马尔克斯的作品《百年孤独》的汉译本1985年春天我才看到,而《红高粱》完成于1984年的冬天,我在写到《红高粱家族》的第三部《狗道》时读到了这部了不起的书。不过,我感到很遗憾——为什么早没有想到用这样的方式来创作呢?假如在动笔之前看到了马尔克斯的作品,估计《红高粱家族》很可能是另外的样子。⑩

莫言在好几个地方都反复强调说自己的《红高粱》没有受到过《百

年孤独》的影响,因为他创作小说之前,没有看到过《百年孤独》。例子
如下:

    1.这部小说的第一部《红高粱》完成于1984年的冬天,当时
我还在解放军艺术学院文学系学习。最初的灵感产生带有一些偶
然性。⑪

    2.《百年孤独》的汉译本1985年春天才在中国出版,《红高
粱》完成于1984年的冬天。我写《红高粱家族》第三部《狗道》时
才读到《百年孤独》。假如在动笔之前看到了马尔克斯的作品,《红
高粱家族》可能会是另外的样子。⑫

    3.(《红高粱》)是1984年年底写的。写了一个草稿,我当时
也放了一段时间,没有把握,然后就把它誊抄出来了。⑬

    4.《红高粱》是1984年冬天写的,当时我在军校的艺术院校
里学习,作品就是在那里写成的。……必须说明的是,我的《红高
粱》系列作品没有受马尔克斯的影响,因为他的代表作《百年孤
独》我是1986年春天才看到的,我写《红高粱》则是在1985年的
冬天,我在写到第三部的时候才看到《百年孤独》。当时感到很遗
憾,我为什么没有早一点儿想到用这样的方式来创作自己的作
品?假如我在动笔之前看到了马尔克斯的作品,《红高粱》系列很
可能是另外的样子。⑭

这方面的例子很多,就不罗列下去了。我们在这里可以看到,莫言
强调自己的小说没有受到过《百年孤独》的影响的理由主要有三:

第一,《红高粱》创作于1984年冬天;

第二,《百年孤独》中译本是1985年春天才有的;

第三, 他看到《百年孤独》是在1985年春天、1985年冬天或者
1986年春天。

现在我们先看看《红高粱》和《百年孤独》的开头。

《百年孤独》的开头,在那个时期,深刻地影响了中国作家的写作,

很多人甚至直截了当地把这个开头挪用了：

> 多年以后，奥雷连诺上校站在行刑队面前，准会想起父亲带他去参观冰块的那个遥远的下午。

以上为十月文艺出版社出版的高长荣译本《百年孤独》的开头，该译本从英译本转译。

> 许多年之后，面对行刑队，奥雷良诺·布恩地亚上校将会回想起，他父亲带他去见识冰块的那个遥远的下午。

这是上海译文出版社出版的由黄锦炎、沈国正、陈泉三人翻译的《百年孤独》的开头，该书收入"二十世纪外国文学丛书"，后来转入浙江文艺出版社出版。

《百年孤独》另外还有一个译本，是吴建恒教授为云南人民出版社出版的"拉美文学丛书"翻译的，但出版时已经是上个世纪九十年代初了。对当时的作家和读者影响最大的一个译本，还是上海译文出版社出版的由黄锦炎、沈国正、陈泉三人翻译的《百年孤独》，人们记得更牢的也是这个译本的开头。

下面是《红高粱家族》的开头：

> 一九三九年古历八月初九，我父亲这个土匪种十四岁多一点。他跟着后来名满天下的传奇英雄余占鳌司令的队伍去胶平公路伏击日本人的汽车队。

莫言强调《红高粱》是在 1984 年冬天写成的——另外一个说法是 1985 年冬天，而《百年孤独》上述的北京十月文艺出版社和上海译文出版社的两个译本，都是在 1984 年 7 月出版发行的，莫言自己说《百年孤独》中译本最早是在 1985 年春天才有，这个说法不准确。

那么，莫言是什么时候看到《百年孤独》的呢？莫言说：

> 我第一次看加西亚·马尔克斯的《百年孤独》是在 1985 年，一个冬天的晚上，看了第一页之后我就拍案而起，心里想，没想到这样的东西也可以写成小说，这样的东西在我们农村不是到处都有吗？这彻底粉碎了我旧有的文学观念。⑮

从上面的资料里我们可以看到，无论如何，莫言在写作《红高粱》之前，都是没有看到过《百年孤独》。

问题在于，《红高粱》是不是写于 1984 年冬天？

这部小说发表于《人民文学》1986 年第 3 期，如果莫言是写于 1984 年冬天，就意味着他的这部小说搁置了近一年半才发表出来，这当然也不是没有可能。根据莫言在 1985 年的凶猛的作品发表势头，这很难做到。莫言的成名作中篇小说《透明的红萝卜》创作于 1984 年末，这时他刚刚进入解放军艺术学院文学系就读不久。《透明的红萝卜》之后，莫言还发表了四部中篇、六部短篇。中篇小说《金发婴儿》发表时间还早于《透明的红萝卜》，显然也应当是创作于 1984 年下半年。在这样密不透风的写作流程里，居然还有一部日后必将扬名天下的中篇小说《红高粱》存在着、潜伏着，且一放就是一年半，这不太合情理。

莫言在与王尧的访谈中，为这种不合理找了一个借口，那就是写完之后，"我当时也放了一段时间"。一般来说，一部小说放几个月可以理解，放一年半，却有些不太正常了。莫言当时又处在发表的上升期和写作的喷发期，成为杂志的宠儿了。

这部小说的创作日期如果定于 1985 年下半年乃至年底，那就很合理了，一切的疑问都可以迎刃而解了。从创作到发表的日期，都比较容易对上号。

这种推测，可以从莫言自己的文章里找到证据。他在《红高粱与张世家》一文中，写到 1983 年春节回到高密跟张世家喝酒时，听到了张世家讲述孙家口伏击战和公婆庙惨案时，有些不以为然，不觉得有多精彩：

> 　　几年之后，我考进了解放军艺术学院，正好又赶上纪念抗日战争胜利四十周年，张世家村子里发生过的、张世家亲口给我讲述过的兄弟爷们打鬼子的故事就猛然地撞响了我的灵感之钟。只用了一个星期，我就写出了初稿，又用了一个星期，抄改完毕，然后就给了《人民文学》。又是春节，我在高密休假，收到了《人民文学》编辑的信，信上说《红高粱》得到了时任《人民文学》主编的王蒙的好评。⑯

　　1983 年和 1984 年之间，显然是不能成为"几年之后"的，只能说是莫言的口误了。但是下面的证据却不太可能是口误，那就是"纪念抗日战争胜利四十周年"。因为这是历史大事件，日期很明确。抗日战争四十周年的具体纪念日是 1985 年 8 月 15 日，这已经进入下半年度了。大概就在这个日期的前后，莫言参加了那个前文提到过跟军队老作家的座谈，他回来写了小说——"只用了一个星期，我就写出了初稿，又用了一个星期，抄改完毕，然后就给了《人民文学》。"这中间，没有提到任何耽搁，写完初稿，抄改完毕，就给了《人民文学》。《人民文学》此前于 1985 年第 12 期发表过莫言的中篇小说《爆炸》，其责任编辑、当时的《人民文学》编辑部主任朱伟自此盯住了莫言，向莫言约稿，拿到了莫言上面引文提到的小说《红高粱》。可见，莫言这时已经是杂志的宠儿。莫言把这部中篇小说写完，修改誊抄一遍之后：

> 　　《十月》的一个老编辑来了，说要拿回去看看，看了以后要发。朱伟给我打电话问，稿子呢？我说给人家拿去了。朱伟听了很生气，说你不是给我写的吗？我说，他要拿去看看。……朱伟找到《十月》的郑万隆硬把稿子给追回来了。结果那个老编辑对我有意见，朱伟对我也有意见。……后来我 1985 年回去过年的时候，收到朱伟的一封信，说《人民文学》主编王蒙看了《红高粱》，很喜欢，明

年第三期头条发表。⑰

这段话证实了我的推断。莫言写《红高粱》是在 1985 年下半年开始的,临近年底时誊抄一遍,宣告完工,以致《十月》老编辑和《人民文学》编辑朱伟因为莫言的随意而发生误会。

朱伟拿到稿件,立即送审,而当时的主编王蒙也很快就审稿完毕,决定发在第二年、1986 年的《人民文学》第 3 期上。这样一顺,逻辑就清楚了:莫言写中篇小说《红高粱》当是 1985 年下半年,而不是他一再强调的 1984 年底。

那么,在创作《红高粱》之前,莫言有没有看过马尔克斯的《百年孤独》呢?

莫言在多篇文章和与王尧做的访谈录里,加上最近在香港书市的答记者问里,都强调他在创作《红高粱》之前没有看过《百年孤独》,他是"在写《红高粱家族》第三部《狗道》时才读到《百年孤独》"⑱的。

作为《红高粱家族》系列长篇小说中的第三部,中篇小说《狗道》发表于《十月》杂志 1986 年第 4 期,第二部《高粱酒》发表于《解放军文艺》1986 年第 7 期,第四部《高粱殡》发表于《北京文学》1986 年第 8 期,第五部《奇死》发表于《昆仑》1986 年第 6 期。根据发表时间推算,《高粱酒》和《狗道》应该写于莫言春节返乡探亲期间。如果莫言是在写《狗道》时才读到《百年孤独》的话,那么他应该是在 1986 年的二三月份左右了,这个推断跟莫言与大江健三郎、张艺谋的三人谈里的说法一致。莫言在《我为什么要写〈红高粱〉》里说自己是 1985 年春天看到《百年孤独》的,在香港书市答记者问里说是 1985 年冬天,在跟大江健三郎和张艺谋的对话里说是 1986 年春天,在跟王尧做的对话录里说是写完《红高粱家族》第三部《狗道》之后才看到的,上文推断这应该是 1986 年春天左右。重复了两次的地方是 1986 年春天,因此,莫言认为自己是这个时候才看到的《百年孤独》。

莫言在谈话中、答记者问和文章中一直忽略的一个事实是,当时最流行的两个《百年孤独》的汉译本——十月文艺出版社出版,高长荣翻译的版本,和上海译文出版社出版,黄锦炎、沈国正和陈泉合译的"二十世纪外国文学丛书"版本——第一版都出版于 1984 年 7 月。出版之后,在当时那个蔚然成风的读书热潮时期,很快就风靡全国,人人都争相传阅。莫言自己也说,"在八十年代的中国文坛,马尔克斯毫无疑问是个如雷贯耳的名字。"⑲

位于首都的解放军艺术学院得风气之先,莫言寝室里的同学都争先恐后地去购买各种图书,生怕被读书的潮流所抛弃。那个时候,上海译文出版社的"二十世纪外国文学丛书"可以说是文学青年和作家的掌中宝,轻易不敢落下一本的。

莫言深情地回忆的福克纳大叔的长篇小说《喧哗与骚动》,也是上海译文出版社"二十世纪外国文学丛书"中的一本,出版于 1984 年 10 月,比《百年孤独》还晚了三个月才出版。然而,不到两个月,莫言就读到了《喧哗与骚动》这本书,"我清楚地记得那是一九八四年的十二月里一个大雪纷飞的下午,我从同学那里借到了一本福克纳的《喧哗与骚动》"⑳。

莫言读了《喧哗与骚动》后,"大着胆子"写下了"高密东北乡"字样,这大概是发表在《中国作家》1985 年第 4 期的短篇小说《白狗秋千架》或者是发表于《奔流》1985 年第 8 期的短篇小说《秋水》。《喧哗与骚动》和《白狗秋千架》的前后对应,逻辑明显。前文提到过,莫言在日本京都大学演讲时,也提到了川端康成的影响。这或许是他一菜两吃,不影响存在的事实本身。

问题就是在这里,比《百年孤独》晚三个月出版的《喧哗与骚动》莫言都在其出版不到两个月内就获悉并且从同学那里借阅了,他又怎么可能单单把影响更大的《百年孤独》遗漏,而且一耽搁就是一年多呢?

莫言一直很关注翻译小说的出版,尤其是上海文艺出版社及其出版的影响巨大的"二十世纪外国文学丛书"里的作品。不仅是里面的长篇小说,而且包括其中少数的中短篇小说集,例如《劳伦斯短篇小说集》、《马尔克斯中短篇小说集》、《福克纳中短篇小说集》和《博尔赫斯短篇小说集》等。莫言在为上海译文出版社约稿谈译文的文章《我与译

文》里，就全数坦白交代了：

> 1984 年我考入解放军艺术学院文学系，在老师们的鼓噪和同学们的带领下，才开始比较系统地接触外国文学。那时候好像是文学的黄金时代，仿佛每天都有新作品，每月都有新作家，新出版的翻译作品更是层出不穷。翻过书架后我才知道，那些激动过我们的外国文学新书，竟然大多数是上海译文出版社的产品。不写篇文章鸣谢，实在是不够意思。
>
> 第一本在我们班引起轰动的书就是上海译文出版社出版的《劳伦斯短篇小说集》。……第二本是阿斯塔非耶夫的《鱼王》。……第三本书是马尔克斯的《百年孤独》，这本书简直就是新时期文学的经典。我读了一页便激动得站起来像只野兽一样在房子里转来转去，心里满是遗憾，恨不得早生二十年。……第四本当然是福克纳的《喧哗与骚动》了，这本书我并不喜欢，我喜欢的是福克纳这个人。我是通过读李文俊先生写在福克纳书前的序言了解福克纳的。[20]

莫言的这个阅读文章的排列顺序，应该是准确的，他这里没有提到的可能还应该包括乔伊斯的短篇小说集《都柏林人》，也是属于上海译文出版社"二十世纪外国文学丛书"里的经典译本。在这里，莫言自己明明确确地提到了第三本"引起轰动"的书是马尔克斯的《百年孤独》。也就是说，他不仅读了，而且被轰动了，激动得"站起来像只野兽一样在房子里转来转去"。

莫言在选编《锁孔里的房间——影响我的十部短篇小说》的序言里，也基本是按照自己的阅读时间顺序来排列这些作品的。他先提到鲁迅的《铸剑》，接着是显克微支的《灯塔看守人》，再接着是科塔萨尔的《南方高速公路》，然后是乔伊斯的《死者》、劳伦斯的《普鲁斯军官》、马尔克斯的《巨翅老人》和福克纳的《公道》。这里的顺序不是能确证莫言先读《百年孤独》后读《喧哗与骚动》的证据，而是他确实非常熟悉马尔克斯的证据。由此推知,莫言说他在 1985 年底或者 1986 年春天、也就是《百年孤独》已经出版了一年半、火透了半边天之后才读到《百年孤独》,这是令人感到不可思议的事情。根据这两本书的出版顺序和相应的阅读顺序,莫言阅读《百年孤独》应该在《喧哗与骚动》之前才对。假设当时《百年孤独》慢热而《喧哗与骚动》先流行,那么半年之后的 1985 年春天,莫言怎么也应该读到了,更何况他看到的上海译文出版社出版的"第三本书就是《百年孤独》",第四本才是《喧哗与骚动》呢。

综合前文的分析,莫言于 1985 年春天甚至是提前到 1984 年下半年读到了《百年孤独》,1985 年秋天开始写《红高粱》,是比较合理和顺畅的解释。莫言如果想绕开马尔克斯的《百年孤独》悄悄地溜走,否认这部长篇小说和《红高粱》之间有关系,那么他应该寻找到更加有说服力的证据来才行。

《红高粱》遭到模仿怀疑的事件,暗示着新时期文学到了 1985 年时突然为之风气一大变的动力,是内外因双结合种下的果实。外因作用显然更大一些。很多作家在二十年之后再度回忆上个世纪八十年代中期开始的新时期文学的风气转变时,都着重谈到了外国文学的影响,更准确地说,是受到了那个时期外国文学翻译家语法的影响。1987 年之后开始兴旺起来的先锋小说,那些风靡一时的故作玄妙的作品里,都带着浓重的翻译腔和叙述格式。"许多年以后"是一个老外"中神通"使出的一阳指,一下子就点破了披笼在新时期文学前期身上的金钟罩,人们这才发现,这所谓的吓人兮兮的金钟罩,不过是一层发黄的草纸而已。

模仿博尔赫斯的故作玄虚的句子和语态,模仿罗伯·格里耶的"元叙事"句子,在那个时候的小说里比比皆是。

莫言的《红高粱》有没有受到《百年孤独》的影响,这个问题已经不重要了。莫言也顾不上阅读了。他说他只读了一页《百年孤独》,就兴奋得在房间里直打转转,然后就把这本书放下,开始写自己的小说了。莫言这个说法有百分之九十以上的可信度。一名作家因为阅读而得到启示,继而把手中的书丢掉,然后自己动手写自己的作品,这种事情可能

莫言在买香油

发生在几乎每一个作家的身上。

借助于"芝麻开门"这句经典的咒语,莫言打开了珍藏在自己身体里三十年的宝藏。他手里提着两个沉重的麻袋,激动不已。

这个原本善良的农民子弟,一下子就失去理智了。

在 1986、1987 这两年里,莫言变成了一个呼呼旋转的陀螺,被故事的鞭子抽打着,越转越快,无法停止,简直又要因为旋转太快而脱离地面,冉冉上升了。他在条件艰苦的高密老家写作,在老朋友张世家的办公室,在一个仓库里,没有空调,冰冷刺骨,手上、脚上和耳朵上的冻疮在流脓,因为有痔疮坐不下来而蹲着、跪着写作,其写作之状可谓苦不堪言,又可谓乐在其中,飘飘欲仙。那两年里,莫言每次暑假、寒假回家,都能带回来好几篇小说,以至于同学们都说,就怕莫言回高密。

莫言的疯魔创作激情,到了中篇小说《欢乐》,达到了登峰造极的状态。

　　莫言在这个时候是西毒欧阳峰，他倒着走路，反着看世界，通透了人生冷暖。

　　在《欢乐》这部八九万字的长中篇里，莫言滔滔不绝，一气呵成，连段落都来不及分连标点符号都来不及加了。他就像是一架失控的自动钢琴，在发疯地演奏。他自己的身体，变成了一个巨大的共鸣器，在漫无边际的空间里奏响。

红高粱般红

　　1986 年的夏天，当时还在解放军艺术学院上学的莫言，正利用暑假赶写中篇小说《筑路》。一天中午，有人在楼下叫——

　　　　"莫言！莫言！"我出来一看，一个穿着破汗衫、剃着光头、脸黑得像煤炭的人，手里提着一只凉鞋，是用废轮胎胶布缝成的凉鞋，也就是特别简陋的那种，他的一只凉鞋的带子在公共汽车上被踩断了。他说他是张艺谋，他看好了《红高粱》，想当导演。我对张艺谋做摄影师拍摄的电影很感兴趣，他作为演员、摄影已经很有名了。我们谈了统共不到 10 分钟。……我说我不是鲁迅，也不是茅盾，改编他们的作品要忠实原著，改编莫言的作品爱怎么改怎么改。你要"我爷爷"、"我奶奶"在高粱地里实验原子弹也与我无关。非但无关，我还要欢呼你的好勇气。拍好了是你张艺谋的光荣，拍砸了也不是我的耻辱。②

　　莫言与张艺谋的结合，是当时最为经典的小说与电影双赢的壮观场面。

　　在上个世纪八十年代，用张艺谋的说法，小说驮着电影走。在那个时代，文化界各个领域都充满着一股凌厉的创新锐气，小说界的莫言、电影界的张艺谋，都是三十多岁的年纪，各方面趋向成熟，有阅历、有经验也有激情。如今享尽了荣华富贵的大导演张艺谋，那时"手里提着一只用废轮胎胶布缝成的凉鞋",可谓是创业之时事事艰,唯有壮志可凌云。写出了中篇小说《红高粱》之后的莫言,也处在一种疯魔的状态,根本就无法顾及其他,只是拼命地写小说,要一股脑地把胸中的"不平"之气吐出来,不一定是风吹如兰,也可以倒海排山。

那个时候人们的想法比较简单,没有现在这么多的千万窟窿。小说改编版权,官定不过是八百块钱。在那个时候,这笔钱跟小说稿费比起来,一点都不显得特殊,反而要少很多,小说家有资格跟电影导演平起平坐。这跟后来电影慢慢地变成了老大,小说变成了老二乃至老三的情况完全不同。现在,很多作家话还说不顺溜,小说还刚刚入门,被导演临幸了一下,就高兴得不行,恨不得告诉所有人,他的作品被改编成影视了,他编影视剧了,光荣得不得了,甚至印在名片上。他们的逻辑是,我都写出电影编了电视剧,小说随便写几部发发那还不是小菜一碟吗?经济基础决定上层建筑,现在的文学经济收入状况相对于影视创作的低迷,间接导致了小说的二奶地位。另一方面,也跟小说创作从业者的智商普遍相对于上个世纪八十年代的同行前辈有相当大的差距有关。

相比起同代的作家,莫言的小说作品改编成电影电视的不算多,但是他一招鲜,吃遍天。小说和电影《红高粱》双剑合璧,仗剑走天下,电影在当时西柏林 1988 年的电影节上获得金熊奖,直接造就了导演张艺谋、女演员巩俐,并且把已经成名的男演员姜文推向事业的巅峰。而小说,迄今为止也被翻译成超过十八种文字,在全世界相当大的范围内传播,为莫言赢得了很高的声誉。这部小说的巨大成功,给莫言带来了巨大的声誉,也带来了沉重的压力。在一种创作经济学的观念支配下,很多人对待作家也有一种类似国家统计 GDP 一样的要求,好像文学创作必须一直按照某种惯性往上走,而不能出现任何的反复和变数。当《红高粱》奠定了莫言的小说声望之后,懒惰的读者就用"红高粱"这个套子来套莫言以后所有的小说,超过或不及,都无情地摈弃。

莫言说,他一开头不想参加改编,但张艺谋希望他参加编剧,因为牵扯到一些民俗啊之类的东西。编剧总共是三个人,一个是陈剑雨,一

个是朱伟,署名最后加上莫言。莫言回忆说,稿子是当时任福建电影制片厂厂长的陈剑雨执笔的,分上下集:

> 1987 年,我在高密,张艺谋把他的定稿拿给我看,定稿跟我们原来的剧本完全不是一码事了。张艺谋实际上作了大量的精简。我当时看了觉得很惊讶。这点儿东西,几十个场景、几十个细节就能拍成电影?后来,我明白了,电影不需要太多的东西。比如"颠轿"一场戏,剧本里几句话,在电影里,就"颠"了 5 分钟。……这个电影拍出来后,我看样片,确实感到一种震撼,它完全给人一种崭新的视觉形象。应该说,在视觉上、色彩运用上,营造出这么强烈氛围的,《红高粱》是新中国电影第一部。它很快就在西柏林国际电影节上得了金熊奖。这是中国电影第一次在国际 A 级电影节上得奖。……电影的影响确实比小说大得多,小说写完后,除了文学圈也没有什么人知道。但当 1988 年春节过后,我回北京,深夜走在马路上还能听到很多人在高唱"妹妹你大胆地往前走",电影确实是了不得。遇到张艺谋这样的导演我很幸运。[23]

电影《红高粱》"造就了巩俐",造就了中国电影的第一:第一部在世界三大电影节获得大奖的中国大陆拍摄的电影。电影中俊俏小媳妇巩俐那副桀骜不驯的眼神,那副火辣辣的身板,在走红国际和国内电影节的同时,也给当时还比较正统的电影观念造成了巨大的冲击。这位戏里戏外都是戏的山东大嫚,用她塑造的电影角色和她泼辣的生活作风,用电影里野合的惊人镜头,在原本古板的传统电影界刮起了一阵狂风。巩俐和张艺谋的风流韵事,他们之间的各种传闻,成为那个时代普通老百姓茶余饭后消食用的最佳段子。

《红高粱》的价值在于,它不仅造就了一个中国大陆电影在世界性电影节上获取大奖的神话,而且让电影这个神秘的事物随着巩俐胯下的驴子走下神坛,进入了大众文化之中,成为娱乐电影的先河。这样说不是指《红高粱》本身是从娱乐的角度出发来拍摄的,但是小说《红高

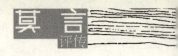

粱》拍摄过程本身的大量细节具有浓烈的娱乐性,电影里煽动性极其强烈的红色的铺天盖地的渲染,那些烧酒作坊的场面,那高粱秆锋利地刺向天空的场面,那姜文和巩俐野合的场面,那日本鬼子对罗汉大爷实施剥皮酷刑的场面,都结合到了当时全国整体性的对传统文化的猎奇性反思之中,造成了巨大的反响。

欢乐的苦闷

莫言 1986 年夏天从解放军艺术学院毕业,工作岗位换成了总政治部文化部,从高密东北乡的荒僻土地上,一举进入了首都北京,靠近了紫禁城。

他的人生和创作,继续高歌猛进。

写完《红高粱家族》后面几部,莫言推土机一样前进,轰轰隆隆,有些刹不住车,呼啸着飞驰,前面挡道的各种事物被犁开,被压扁,被碾成肉酱。

从 1985 年到 1988 年,莫言疯狂地创作,三年多时间里写了两百多万字的小说。

回忆起这段时期,莫言自己都感到有些不可思议。

1986 年,莫言加入中国作协,1987 年,他参加中国作家代表团访问了当时的西德西柏林等地。这个高密东北乡的土著,不仅"攻陷"了皇城北京,还来到了资本主义的欧洲世界。西柏林,那是一个传说中的地方,连东柏林的人都要拼死越过柏林墙来到这里。依靠文学的神秘力量,莫言腾空飞升,在平流层里飞行十个小时,降落在了这个神秘的地方。

文学不仅改变了莫言的人生和命运,还改变了他的世界。

这位新科当红青年作家写得就更欢了。

中篇小说《欢乐》、《红蝗》以及在莫言的文学创作中真正意义上的、结构完整的长篇现实主义小说《天堂蒜薹之歌》,就在这段时间写成。

通过文学想象的方式重返高密东北乡的莫言，就好像是虎落羊群，又好像是耗子掉在米缸里。进入了写作"自由王国"中的莫言装甲车速度过快，后面的士兵跟不上，他发现自己深入了敌后，被重重包围了。那些貌似凶残实质怯懦的敌人好奇地看着他，一言不发。

《欢乐》以一个在高考生涯中复读了五年的老考生齐文栋为原型，写他苦闷的乡村生活和没有希望的未来——如果不能考上大学，他就一无所有。齐文栋小名永乐，因为参加高考的次数太多，成为村里人嘲笑的对象，被称为永乐大帝。他这样一个角色，有点像莫言另外一部中篇小说《球状闪电》里的男主角蝈蝈——蝈蝈是一个成绩很好的学生，但是他患上了高考综合征，一参加高考就紧张，尿急窜稀，终于不治。而校长的女儿，成绩很差的那个同班女生，却考上了山东省农学院，念了畜牧系。这女孩子生活作风新潮，为人大胆，思路怪异，放着好好的大学不念，回到家乡要养奶牛，还带回来一箩筐的新生活新娱乐，终于把蝈蝈的一生给毁了。在《球状闪电》里，乡村的景象还是原来的景象，平静、稳定，至少在文学的风景上，没有遭到破坏。而到了《欢乐》，乡村的景象就产生了急剧的恶化。

《欢乐》里的齐文栋，因为复读了五年，实际上年龄上已经是一个大学毕业生的年龄了，脑子很复杂了，记忆力不行了，对知识的吸取能力也差了。他在高复班里混日子，前途一片迷惘。他怀着对土地的仇恨，怀着一种对女性的渴望，心情极度复杂，脑子里像过电一样。

莫言的这部中篇小说，就像是一幅跳动剧烈的心电图。齐文栋的第一人称谵妄语屑滔滔不绝，他被这种汹涌澎湃的倾吐欲望所攫取，变成了一只被抽动的纱锤，急速旋转，连分段和标点都来不及。

《欢乐》创作于1986年夏天，发表在1987年《人民文学》一二期合刊上。发表出来之后，招致了一片批评之声。这部小说走得太远了，第二人称叙述不说了，不分行不说了，滔滔不绝不说了，单单是小说里的那种极度"亵渎"的态度，就走到了极致，让吃惯了精米精面的批评家和读者产生了肠胃不适感、呕吐感。

莫言到底亵渎什么？他到底亵渎谁呢？

莫言在那样一种疯魔般的写作中，亵渎的其实就是"土地"——在我们的正史上口吐白沫、连篇累牍地歌颂的土地，这块土地，是城里识字分子吃饱喝足了无事可做而歌颂的，庄户孙——小说里复习了五年高考了五年年年落榜的齐文栋就是这么跟鲁家三儿子说的——对这块生育自己养育自己同时唾弃自己的土地却充满了仇恨。

莫言在这里一反传统审美中那些含情脉脉、娘娘腔的思想，把控诉的口水吐向"大地"和大地的伪装：花草树木、河汉湖泊、蓝天白云和绿色匆匆。

在小说里，莫言借着齐文栋的嘴巴说：

> 我不赞美土地，谁赞美土地谁就是我的不共戴天的仇敌；我厌恶绿色，谁歌颂绿色谁就是杀人不留血痕的屠棍。那时候你感到你的心像吃奶的牛犊一样撞击你的肺，你的小肠像蛇一样钻着你的胃。现在原野上是繁茂的、不同层次的绿，像不同层次的感情和不同层次的感情需要，像一个伪君子的十几副面孔。目光一接触了绿色，你的心又像穿马靴的脚一样猛跺你的胃，你感到身体像被热尿浇着的水蛭一样缩成一团，缩成一个"a"，一个蜗牛，伸着两只胆战心惊的触角。㉔

齐文栋对于绿色的厌恶，源于他对于"土地"的厌恶：这是一块吃人不吐骨头的土地，所有被囚禁在上面的生灵，都在拼命地设法逃离这个牢笼。很多人成功了，例如小说里去参加考试时神闲气定的高二学生卢立志和南妮，还有邻村复习三年就考上大学的鲁老三。更多的人却被土地吞噬了。莫言在小说里用令人窒息的文字，密密麻麻地描写了齐文栋参加抬棺，把他曾经看见过其白嫩嫩乳房的美丽女孩鱼翠翠下葬的景象。在泥水中，在混乱中，原本鲜活的、后来发臭的鱼翠翠被扔进一潭泥水里。人们抬棺经过鱼家种了豆子的自留地里时，鱼翠翠的哥哥鱼老二鱼老三一个劲地哀求"兄弟爷们，小心着点豆子"㉕。

这二位大哥对自己妹妹的死无动于衷，对于他们来说，鱼翠翠这样一个曾经与他们一起生活了二十多年的妹妹,还不如田里的豆子实在。土地张着血盆大口,正在吞噬一个生命。那种景象,触目惊心。

这种乡村间家庭情感疏淡的极端例子, 是莫言所要着力刻画,用来反衬土地的丑恶的。

在对土地的控诉中, 莫言成功地颠覆了传统的正谕语系里对于"土地"的歌颂和形象塑造。过去,源于对"土地"的歌颂,"大地"这个词应运而生,承载着大量富余的意识形态残渣,一起被灌输到其子民的垃圾脑袋里,成为他们被奴役的一个重要的咒语之一。

那些意识形态的行刑者,从"大地"这个词过渡到"母亲"这个词,通过一种词性的相关联,通过土地和母亲都生育生灵的暗喻,把大地和母亲联结到一起,从而塑造出、营造出一种光辉灿烂的人格化大地形象。在这种语法里,大地就是母亲,母亲等于大地。既然母亲是值得歌颂的、美化的、感恩的,那么大地也是你值得匍匐在地、磕头崇拜的生殖神。这种意识形态的通感无孔不入。母亲这个形象,因为被过度榨取和利用,已经破败不堪了。

这样一个"大地"的形象,在一个相当漫长的历史时期,成为大多数人的精神支柱和自慰的对象。

莫言一开始是躲躲闪闪, 后来毫无顾忌地对土地加以控诉,《欢乐》这里,他对"大地"的精神加以瓦解,让这个泥身菩萨轰然倒塌。"大地"不再是安慰我们受伤心灵的神灵,"母亲"也早就已经遭受了贫苦、不公和绝望的百般蹂躏,残败不堪了:

　　跳蚤在母亲紫色的肚皮上爬,爬! 在母亲积满污垢的肚脐眼里爬,爬! 在母亲泄了气的破气球一样的乳房上爬,爬! 在母亲弓一样的肋条上爬,爬! 在母亲的瘦脖子上爬,爬! 在母亲的尖下巴上、破烂不堪的嘴上爬,爬! 母亲嘴里吹出来的绿色气流使爬行的跳蚤站立不稳,脚步趔趄,步伐踉跄;使飞行的跳蚤仄了翅膀,翻着筋斗,有的偏离了飞行方向,有的像飞机跌入气涡,进入螺旋。跳蚤在母亲金红色的阴毛中爬, 爬! ——不是我亵渎母亲的神

圣,是你们这些跳蚤要爬,爬! 跳蚤不但在母亲的阴毛中爬,跳蚤
还在母亲的生殖器官上爬,我毫不怀疑有几只跳蚤钻进了母亲的
阴道,母亲的阴道是我用头颅走过的最早的、最坦荡最曲折、最痛
苦也最欢乐的漫长又短暂的道路。不是我亵渎母亲! 不是我亵渎
母亲!! 不是我亵渎母亲!!!

莫言先对通常意义上的大地风景、乡村风景进行审美消解,那些
在传统革命现实主义小说里饱受讴歌的曼妙景色,到了《欢乐》这里,
遭到了全面的瓦解。小说的主人公齐文栋对绿色过敏,他不歌颂绿色,
因为这种绿色是虚假的,肮脏的,他要逃离这虚假的、吞噬了鱼翠翠的
绿色坟墓。

在小说里,莫言用工笔的细描方法,叙述了齐文栋参加鱼翠翠的
葬礼的过程,不仅消解了庄严、美好,而且消解了亲情,这样,在这片泥
水污浊的大地上,到处都是令人恐惧的现象。最恐惧的景象,还包括村
长带领那个长得跟章鱼似的计生委女主任以及一帮村里的流氓闯到
齐文栋的家里,强行把刚刚生下一个孩子还不到一个月的嫂子抓到公
社医院里去动手术阉割的场面。

莫言对这种貌似庄严的、以国家的名义来残酷摧残个人身体和尊
严的做法,在很多篇小说里,都写到了,并且潜藏着极大的愤怒和不
满——齐文栋在奔跑去考试的途中,看到了一辆汽车,他就想,这大概
是用超生罚款购买的吧。在乡村,这种罚款已经变相为一种敛财的邪
恶手段。我个人非常同情和理解这种不满,只要你是一个有正义心的
作家,你就不能漠视这种粗暴和侵害。在《爆炸》里,"我"强迫妻子去做
人流,因为如果妻子不去人流,"我"的前途就彻底完蛋了。在短篇小说
《弃婴》里,莫言写到了这种恶行的后果;在《地道》里,他用含着泪水的
幽默,写出了农民的新地道战的计策,用来对付那些比日本鬼子还可
怕的计划生育阉人队的进村。

在这几篇隐含着风暴的小说里,莫言被传统的清规戒律所束缚,
还不能畅快淋漓地表达出来。到了《欢乐》,他忍无可忍地来了一个总

爆发。他的情绪一泻千里,齐文栋的控诉,就是莫言的控诉。不用把《欢乐》的不分行不分段落看成一种多么复杂的探索,因为这不过是莫言的愤怒而已,他因为愤怒而无法控制,把自己身体里的所有污秽都倾吐出来,这是他对自己身体毒素的呕吐,是一种呕吐式写作——正如当时很多正人君子对莫言攻击的那样,这篇小说充满了"污秽",莫言通过齐文栋在奔跑去考试途中的呕吐(齐文栋的呕吐非常吓人,而且让人反胃,他吐出了两条长长的蛔虫)的描写来对自己的这种呕吐式写作形象化。

这种举动也可以看成是一种医学意义上的清理。当一个人不幸食物中毒时,医生常用的办法就是催吐,让患者把身体里所有的毒汁包括那些早就已经污秽了的胆汁、胃液全部都吐出来。这部小说,不是莫言"流"出来的,而是呕吐出来的。

吐吧,吐吧,只有不断地呕吐,莫言才能清除自己身体里潜藏了三十多年的毒素。

如果说土地是恩惠的,那为什么我们还要呕吐?如果说大地是仁慈的,那为什么恶人要闯进家里对我们进行非人道的折磨?如果说母亲是伟大的,为什么她的身躯永远那么佝偻?这片土地已经肮脏到了极点,连曾经那么美好的鱼翠翠都不肯接纳。大地也在呕吐,在泛水,在向所有人的身上吐口水。

人们不得不草草地把鱼翠翠简殓其中的水泥棺材扔到水坑里了事。

小说里的深沉痛惜,心急的读者没有读到,他们读到了的是莫言的亵渎。

在 1987 年,莫言冲着光辉灿烂的大地吐了一口浓痰。

莫言在鲁院作家班里的同学余华敏锐地看出了这里面的秘密:

> 一目了然的是他在《欢乐》里创造了一个母亲,不管这个母亲是莫言为自己的内心创造的,还是为别人的阅读创造的,批评者们都将齐文栋的母亲视为了自己的母亲。问题就在这里,这是强

迫的阅读,阅读者带着来自母亲乳头的甜蜜回忆和后来的养育之恩,在阅读《欢乐》之前已经设计完成了母亲的形象,温暖的、慈祥的、得体的、干净的、伟大的……

所以,当莫言让一只跳蚤爬进齐文栋母亲的阴道时,莫言不知道自己已经伤天害理了,他让一只跳蚤爬进了他们的母亲,即属于一个集体的母亲的阴道,而不是齐文栋一个人的母亲的阴道。

所以当他们拒绝《欢乐》时,很大程度上是因为《欢乐》中母亲的形象过于真实,真实到了和他们生活中的母亲越来越近,而与他们虚构中的母亲越来越远。他们在生活中可以接受母亲的丑陋,然而虚构中的母亲是一定要值得他们骄傲。因为他们想得到的不是事实,而是愿望。他们希望看到一个不是自己的母亲,而是一个属于集体的母亲。这个母亲可以这样,也可以那样,但必须是美好的。而《欢乐》中齐文栋的母亲却是紫色的肚皮,弓一样的肋条,破烂的嘴巴。……㉕

余华看到了问题的实质,那就是大众已经形成了一种共识,一种被灌输才形成的共识:"虚构的母亲必须是美好的",且不管实际上的他们本人的亲生母亲的真实状况如何。这部小说的读者——其实是大多数的小说读者——在阅读时,都习惯地进行"对号入座",进行情感资产置换,不管作者莫言愿意不愿意,他们都拼命地要把《欢乐》里齐文栋的母亲当做自己的母亲,并当做大家共同的母亲。这个母亲的形象是早就已经被官方正式修订过的,按照"高大全"的模板,加以美化,加以修饰,加以升华,从而成为飘在云端的圣母。这个脱离人间烟火的圣母,身上的神性已经跟所谓的大地无关了,她只需要行使一些仪式上的施洗就可以了。这样一来,母亲的形象就跟我们大家都知道的权力形象结合到一起了,变成了神权,一种伪装成世俗政权的神权。

这种权力非常狡猾,狡兔三窟,它通过三位一体的方式,来愚弄所有的人和神。

余华这位"兄弟",通过惺惺惜惺惺的方式,给莫言以最温暖的抚慰。

莫言识破了这种计策,他开始朝自己的母亲身上呕吐,泼污水。

莫言写齐文栋饱经蹂躏的母亲,这个母亲的形象有他自己那位历尽了贫穷与苦难的母亲的部分在内。当莫言用第一人称叙述时,他自己母亲的形象就跟自己笔下的母亲形象结合到一起了。

"母亲"这个形象,莫言还要一而再再而三地写到,他写的是一个经历了真正的俗世火炼的母亲,一个不知道拒绝而只会以宽厚的胸怀包容一切美好一切污秽的母亲。对于母亲来说,厚德载物,生而不恃,为而不有,这才是真正博大的爱。——齐文栋在借了班长的手表去"冬妮娅"家赴约时,看到了被摧残得残缺不全的母亲抹下了面子,到城里来讨钱,以便给他交学费。母亲讨到了"冬妮娅"的家里——嫂子被强行抓到公社卫生院阉了,母亲失去了一切的寄托和希望,她把所有的希望寄托在齐文栋身上。古往今来,老祖宗们都说"不孝有三,无后为大",在村里,村长和那些流氓却干下了这种千古缺德的恶行。

那种排他性的母爱,不过是一种"别有用心"的意识形态分泌物而已。

齐文栋必须呕吐,这个手无缚鸡之力的青年农民,这个复读了五年的老考生,他幻想自己是范进,可是他根本不能跟范进相比,他连中举的机会都没有,又何来疯癫?齐文栋最大的痛苦就是清醒,而不是疯癫。

齐文栋知道自己的身体已经无可救药了。他中毒太深。他必须把所有的东西都吐光,连爱、连恨、连希望,凡是大地给予的、恩赐的、强行塞给他的,一切的一切,彻底吐光,空空荡荡。白茫茫大地一片真干净! 然后,他告别自己的肉身:

> 欢乐呵,欢乐! 我再也不要看你这遍被着绿脓血和绿粪便的绿躯体、生满了绿锈和绿蛆虫的灵魂,我欢乐的腿! 再也不要嗅你

这个扑鼻的绿尸臭、阴凉的绿铜臭,我欢乐的鼻!再也不听你绿色的海誓山盟,你绿色嘴巴里喷出的绿色谎言,我欢乐的耳!永远逃避了绿色我欢乐的灵魂!

对于莫言来说,《欢乐》的创作,也是像小说主人公齐文栋一样的升腾过程。

2004年,在北海道

这部小说让莫言从云端里跌落,从醉醺醺的高粱酒的愉悦中惊醒。《欢乐》发表后,本来热切地关注着莫言创作的评论家和读者,不知道怎么回事一片沉默。这部小说所招致的指责,一是无节制,二是亵渎。

莫言通过《红高粱》而得到的荣誉,有崩溃的危险。

读者是靠不住的,也是不可信的。他们在捧你的时候,也在摔你。

人格的蠹虫

在《欢乐》之后,莫言创作的中篇小说《红蝗》继续潜入家族史的深处,通过"红蝗"这个灾难的记忆,再造高密东北乡的家族史——食草者的历史,而不是食肉者的历史。也许莫言想到了教科书里那句"肉食者鄙"的教诲。官版史学、正统历史的书写,无论如何伪装,无论如何地夸张说人民只有人民才是历史的创造者,而实际上写的还是"二十五姓"贵族的历史,是肉食者的历史。

从小就吃不饱穿不暖的莫言,对这种历史显然心知肚里明。他雄心勃勃地要创造一部属于草食者的历史,他的《红蝗》,就是《食草家族》的开篇。在这里,他歌颂食草者的精神纯净,赞美食草者的大便馨香。小说里,骑着驴子像凶猛的女神一样呼啸而去的四老妈,在精神状态上,仍然是属于《红高粱》里"我奶奶"戴凤莲般的气质。莫言在这部小说里,建立了通向红高粱的暗道,这条暗道,潜藏着他事先布下的伏兵——莫言通过对高密东北乡过去历史的升华,来反衬现在世界的肮脏。因此,《红蝗》可以跟《欢乐》对比着阅读,这两部作品是一块硬币的正反面。

两部作品都是滔滔不绝一泻千里,莫言拼命地奔跑才能跟上小说的脚步。很多人不喜欢这两部小说的无节制,《红蝗》继续走在"亵渎"的康庄大道上,这次亵渎的不是大地和母亲,而是尊严。在《红蝗》里,那些尊严的前辈们,四老爷、五老爷、四老妈、五老妈们,从父辈尊严和师道尊严的神坛里走下来,恢复了蝇营狗苟的凡俗肉身。

《红蝗》发表后,同样遭到爱干净的贵人们的唾弃。

从1984年秋天到1987年秋天,莫言在这三年时间里经历了从开掘身体里的故乡深井源泉,到打通了泉眼喷涌而出,他体验了从苦恼写作到幸福写作的愉悦。莫言异化成了一台写作的机器,没完没了地写作,一有空就写作,任何的风吹草动,都可能撩拨他敏感的神经。

在那几年里,莫言每年假期都要返回老家,跟自己的家人一起生

2004年，在日本京都演讲

活。他生活在真正的农民中间，那些跟农民密切相关的事情，他都能真切地体会到。莫言在老家找不到一个有炉子的房间，高密的冬天寒冷彻骨。他只能穿着大衣，戴着帽子，套着手套写作。拼命地写，手不听使唤了，字歪歪扭扭了，这阻挡不了他写作的激情。

那种冰冷，让写作中的莫言感到自己像是透明的。

写《欢乐》前，莫言到高密二中"体验"过生活。莫言虽然一直反对体验别人的生活，但是他没有参加过高考，这在小说大气氛的营造上无关大碍，但是在细节刻画上就会出现一些虚化，对焦不准。莫言在小说里，描摹主人公齐文栋的复杂心态，那种极度的贫穷和极度的压抑对他造成了致命的打击，都淋漓尽致。他对高考的心理和气氛的具体心态，避而不写。他只是写一个农村青年的悲剧人生，只要把自己所熟悉的气氛和困难渲染出来就足够了。

1987年春节回家，莫言在山东的《大众日报》里看到了一则报道，山东的苍山县发生了震惊全国的蒜薹事件。那年苍山县农民蒜薹大丰收,然而因为当地干部玩忽职守、不负责任,对农民种植的蒜薹收购不力,又拦路设卡,把外地来收购蒜薹的车辆都给赶跑,农民的蒜薹卖不出去了,大量地烂在地里。他们在走投无路之下,把蒜薹拉到县委县政府大门口堆着,让这些蒜薹腐烂,然后发生了更加激烈的对抗性行为。农民冲入县政府办公大楼,放火焚烧,县领导吓得躲了起来。

这个消息,莫言是在老朋友张世家"乡镇党委宿舍兼办公室的屋子里"[20]看到的。

当了二十年农民,又一直跟乡村和土地联系密切的莫言立即痛苦地想到了自己惨死的四叔。1984 年,莫言的四叔赶着牛车往县糖厂送完甜菜返乡的路上,连人带牛被一辆给乡党委书记拉建筑材料造房子用的无证驾驶的汽车给撞死了。

后来,对方赔偿了三千元;一条人命,两条牛命——母牛怀着小牛——就这样轻轻松松地打发了,连面也不照一下。

莫言这位善良淳朴厚道的四叔当过生产队长,从前他对年幼的公社小社员莫言看护有加,不仅让他早早地加入了生产队挣工分,而且在他劳动不得力时帮助和鼓励他。小社员莫言因此得以告别一个人孤独地放牧牛羊的生活,跟成年人的生活打成一片。

莫言的成名作《透明的红萝卜》开头那个披敞着褂子,手里拿着大葱,嘴巴里嚼着抃饼的生产队长的形象,也许就源自这位四叔。

发生在山东苍山县的这件蒜薹恶性事件,一下子就把莫言脑子里暂时冬眠的记忆给激活了。

莫言花了三十五天的时间, 就把这部以苍山县蒜薹事件为背景,以四叔的惨死为故事线索的长篇小说写了出来。

《天堂蒜薹之歌》是莫言第一部真正意义的长篇小说。莫言在令人眼花缭乱又难以置喙地写出了探索性极强的小说《欢乐》和《红蝗》之后,那些超时空的变换,那些人称的跳跃,那些几乎是不加节制的意识流,一下子就被他的理性大坝给拦住了。

莫言小说创作的脱缰之马,在一种神秘的力量的阻挡下,放慢了速度,小踏步跳跃前进。这种速度,让他得以理清情绪,看清局面,冷静

下来。

苍山县不是莫言的家乡,他把故事的背景搬到高密东北乡,把高密东北乡并不密植的蒜薹也搬过来。这样,河湖山川,阡陌道路,就在他的脑子里显示出了清晰的脉络。他的叙事感觉,就在这种明晰中得到了落实。

莫言让小说里的方四叔赶着牛车去送蒜薹。

莫言在故乡的熟悉的土地上,再度找到了家园。

这部小说有浓重的现实悲愤感,风格比较写实。

在当时那个事事追新的时代,这种小说有被忽视的危险。

莫言在这部小说里用瞎子张扣唱歌的方式,提纲挈领地把每一章的故事整体性地唱出来。张扣是瞎子,地位卑贱,他的唱词也通俗易懂,这种方式就取得了一种强烈的反讽效果——我们可以联想到那些被改造成革命歌曲的民间小调,还可以联想到瞎子阿炳这位被捧为民间大师的艺人。张扣的形象,有没有得到阿炳的启发呢?很少人注意到小说里每一章的前面采用的瞎子张扣的唱词。看故事的和写评论的都不注意,感觉好像是可有可无。

我对这些唱词却是兴趣盎然。需要向莫言请教的是,这些唱词到底是怎么来的?全部是他自己杜撰的还是有来历的?㉘

在这里,莫言采用了张扣的说唱和小说叙事齐头并进的办法。这两条线索一会儿是共时性,一会儿是历时性;一会儿分道扬镳,一会儿交叉缠绕。

如果没有张扣的这些唱词,这部小说将会显得稀松平常。张扣最后被残酷地杀害,使他的唱词成为绝响,这种重要性就更能体现了。

在小说里,莫言的现实感受是直截了当的。无论是高马在警察的围捕下逃跑,还是他躲在水缸里逃脱追捕的细节——这是对传统革命现实主义小说和其他文艺样式常常能够看到的革命者逃脱敌人追捕的戏仿;无论是方四叔的惨死,还是他女儿金菊的悲愤自尽,都充满着强烈的干预现实的态度。这在 1987 年,先锋小说已经把柔美的触角伸向历史的犄角旮旯里,伸向蜘蛛网的深处的时刻,显得非常另类。

　　这部小说在1988年《十月》杂志第一期上发表，作家出版社1988年4月出版。

　　小说发表和出版后，几乎无声无息。

　　那些围绕《欢乐》而吵闹不休的音符，几乎一下子就消失了。在这个追新逐臭的时代，人人都喜新厌旧，他们忙于制造新鲜的名词，炮制独特的流派。寻根小说未了，先锋粉墨登场；新历史主义还没有展开，新写实主义已经开锣。那是一个新名词新概念高潮叠现的时代，人人嘴巴里都念念有词，说着"新"字诀，捏着"新"牌尺，到处丈量，到处张望。符合者用之，不符合者扔之。莫言当时血气方刚，仗着《红高粱》带来的虚名，按照自己的情感导向来写作，而不懂得察言观色见风使舵，紧紧地把握方向盘，做一个追逐文学翻新时尚的弄潮儿。他不仅遭到文学时评家的冷落，而且遭到了现实世界中官僚们和恶势力的威胁。

　　莫言在五年之后出文集重新修订《天堂蒜薹之歌》时，曾经写下了一段回顾的话：

　　　　我并不认为《天堂蒜薹之歌》是我最好的小说，但毫无疑问是我的最沉重的一本小说。因为写了这本书，某县的一些人托人带话给我说，我只要敢踏上他们的地盘，他们就要……我听了很不以为然。这本书里有我的良知，即便我为此付出点什么，也是值得的。我一贯认为小说还是应该离政治远些，但有时小说自己逼近了政治。写这样的小说的最终目的还是希望小说中描述的现象在生活中再也找不到样板。我原先并不相信一边写小说一边热泪涌出的事，但写这部小说时我鼻子很酸过几次。因为小说中的人物的遭遇能让我想到我的亲人。㉙

　　这部遭到文学时评家们和文学食客遗弃的小说，很不幸地又一次墙内开花墙外香。

　　1988年秋天，莫言还在鲁迅文学院硕士班"学习外语"时，美国汉学家葛浩文来访，说想翻译《天堂蒜薹之歌》。后来考虑再三，葛浩文还

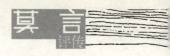

是先翻译《红高粱家族》,第二部再翻译《天堂蒜薹之歌》。

　　这部在中国大陆内部静悄悄地开放的玫瑰,一点点地飘香,逐渐地被翻译成了近十种语言在国外出版。莫言身上那种难得的乡土情感,在这部小说里表现出来直面现实的勇气,不仅是那个时代所缺乏的,也是当下罕见的。近两年很多文坛大腕文学时评家和众多的文学食客在推销一种被他们称为"底层写作"的小说,从文学感觉、语言、结构等方面来看都很粗糙,远远不能望《天堂蒜薹之歌》的项背。

　　一名真诚的作家,在他的写作和思考过程中,无时无刻不跟现实的生活存在着互动,这种互动,需要在撇开现实喧嚣的浮油层之后,进行再度的深入思考和情感创作。莫言自己说,当他仅仅是通过阅读《大众日报》的关于苍山县的蒜薹事件的报道之后,立即就有自己故乡的情感、故乡的亲人的遭遇争先恐后地涌入他的小说里自动地对号入座,这样一来,这个本来貌似跟他的生活无关的事件,就跟他的生活、跟他的记忆和经历发生了化学反应。这种化学反应发生之后的小说,才是莫言后来引用徐怀中先生在解放军艺术学院时说过的"文学是作家的分泌物"式的作品。

　　而现在的"底层写作",有没有作家的分泌在内呢?

　　一部《中国农民调查》在这几年红遍大江南北,里面提出了一些众所周知的问题。这部报告文学提到的问题很多都是学界已经认识到的,并不新鲜。它的重要价值在于调查、数据和细节,尤其是真实的事件和细节。我们对比《天堂蒜薹之歌》就会发现,在传达乡村和农民的苦难的力度上,《天堂蒜薹之歌》一点都不弱于《中国农民调查》。

　　这部小说生不逢时。

叙事的浅滩

　　在 1988 年,莫言也开始迷恋起了文学的技巧和探索,他在鲁院硕士班里的同班同学余华等人,在这年开始走红。

　　那个时候,先锋小说的带头大哥马原躲在西藏闭关修炼外家绝世武功。他先是让人们饱受《冈底斯的诱惑》，继而荡起了《西海无帆船》，在《虚构》的地理上，看到苍茫大地《上下都很平坦》。他的兄弟们在关内遥相呼应，余华先是《十八岁出门远行》，接着犯了《河边的错误》，感到《世事如烟》；苏童在《1934 年的逃亡》未果，《飞越我的枫杨树故乡》，来到了一个《妻妾成群》的《红粉》世界，过上了《我的帝王生涯》……

莫言尚未修炼成仙。

他不可能刀枪不入。

这年，莫言创作了一部集叙事探索于大成的长篇小说《十三步》（后来改名《笼中叙事》）。

在中篇小说《欢乐》的第二人称叙事的基础上，这部长篇小说把各种人称都放在叙事的炒锅里爆炒了一遍。莫言这种写作类似武林高手在日常生活中的练武。他必须在吐纳运气之后，练一些令人眼花缭乱的招式。名震天下的高手不仅要有扎实的武功，而且要有花哨的架子。这两者不能分裂，不然就不能称为武林高手。

文学中的武林高手金庸很早就认识到了这个问题。他在武侠小说《笑傲江湖》里先是塑造了一个只有犀利剑招而无内功的江湖浪子令狐冲，接着在《天龙八部》里描写了一个内力惊人却不懂招式的公子哥儿段誉——内力和招式的分裂，制造出了畸形的高手，他们是分成两半的高手。如果令狐冲和段誉双剑合璧，那么就是《天龙八部》里的萧峰和《倚天屠龙记》里的张无忌了。

在他们成为一名真正的高手之前，都喜欢在日常练功时摆弄一些稀奇古怪的招式。

法国新小说派作家布托尔的第二人称长篇小说《变》也是这样一本纯以偏门取胜的作品。小说的主人公"你"一开始在候车，等候公共汽车，就这样啰哩啰唆下去，最后"你"下车了，小说结束。这部上海译文出版社"二十世纪外国文学丛书"里的作品，在出版时也风靡一时，迅速地跟罗伯·格里耶的作品《橡皮》、《嫉妒》、《窥视者》一起成为法国新小说派在中国大陆的最为著名的作家之一。那时候中国大陆的作家比较容易中毒，一时"你"称风行，诡秘无影。最成功的是莫言的中篇小说《欢乐》。莫言小说的最大特点，是他同化生活的能力。他能把各种貌似异类的东西消化、同化成高密东北乡土著的方言口音。时髦无比的"你"，也同化成了高密东北乡的老补习生齐文栋，并且把高密东北乡现实生活中的那种类似猪圈一样的生活栩栩如生且痛心疾首地表达了出来。

2005年初，与意大利导演奥米在一起

前文说过，莫言对中学的生活，对高考其实不算熟悉，即使他到高密二中进行过一点点的体验生活，但是那都是第二手的经验。但是他对中学生活的素材仍然贼心不死，又用中学教师的背景，写了《十三步》。

在莫言写《十三步》时，中学教师还是一种悲惨的职业，谁也想象不到，八九年后的教育体制改革，会让教师的状况得到了翻天覆地的改变。这样一来，《十三步》里那位呕心沥血地死掉的中学老师张赤球和他在火葬场当化妆师的老婆李玉蝉的故事,就失去了根基,剩下的仅仅是小说叙事。

莫言反思说:结构也是一种政治。

《十三步》的内容过于新奇和庞杂,有猎奇和追新逐臭之嫌。在上个世纪八十年代中后期,先锋小说比较流行的时候,有些作家很喜欢写火葬场,残雪就是其中之一。《十三步》里风流倜傥的女化妆师李玉蝉的塑造,或许也有些猎奇的成分。

当一名作家在写作时操练结构、语言和猎奇时,那么他的写作激情就可能产生了令人不安的消退。莫言经历过类似《欢乐》和《红蝗》这样发疯的呕吐,写作激情和喷涌思维不出现消退,也不太正常。《十三步》是一种有益的练功,它是莫言证明自己是那个时期最优秀的小说家之一的证据:他并不仅仅是只会把故乡那一点陈仓烂芝麻拿出来叫卖的土著,也是一个对小说语言和结构有着高超表演能力的语言魔术师。

在一种消退的激情下,原本隐藏在水流下面的那些沙砾,渐渐地袒露出来。

莫言像那个时代所有人一样,碰到了一个巨大的情感消退。

1988年一过,到了1989年,莫言发现自己站在一个浅滩上,局促不安地东张西望,却看不到一个人影。人呢?那些像草原上的麋鹿一样奔跑跳跃的文学工作者呢?那些文学时评家呢?那些文学食客呢?他们都到哪里去了?

这是一个不成为问题的问题,是一个幼稚的设问,但是人人都知道,我这么说是有道理的。到了这个时候,别人都走掉了,莫言还傻乎乎地站在那里,看着潮水退尽的沙滩,那里连一只螃蟹都没有。他感到非常的孤寂,而且这种孤寂是很难排遣的。那是一种不知道该如何是好的感受。在这个时候,莫言对自己的小说的价值也产生了疑虑。

然而,时代的大潮是每一个人都无法逃脱的:

《十三步》写完以后,1988年开始写《食草家族》中的几篇,

《复仇记》、《马驹横穿沼泽》,断断续续地把这几篇写完了。到结集出版的时候,已经是 1990 年了。……整个中国新时期文学应以 1989 年作为一个分界线。1989 年以前大家对文学热情很高, 1989 年以后整个社会调整过来,进入商品社会,很多文人下海。文学突然从社会的热点、关注点变得非常边缘了,没人再理睬了。我预感到我不可能像别人一样去下海,经商做生意,我知道我肯定还要写作,但很难坐下来。……1990 年的暑假五十天,我住在高密县城的家里。买了一个旧房,院子很大,大概有 200 平方米,种了一片葵花,葵花长得比人还高。……我白天没事就在葵花地里转来转去,手里拿着一个苍蝇拍子。葵花地里有很多巨大无比的苍蝇,都是绿的黑的,叫马苍蝇,像杏核那么大。我拿着苍蝇拍子天天在地里转着打苍蝇,一下能打几百个苍蝇。我想到了《静静的顿河》中格里高利和阿克西尼亚幽会的那个葵花地,那个葵花还很矮,只能在里面蹲着。我想,这个时代我尽在葵花地里转来转去,外边就是县城的生活。院子里还有一条狗,到了晚上,非常地安静。月光照着,有时候月光下还在葵花地里转来转去,想写作,但心无论如何静不下来。㉚

"苍蝇"是多么有趣的隐喻。

在莫言少年时期,苍蝇是自然界的魔术师。

在莫言盛年时代,苍蝇有如纷乱的心绪。

就在这种苍蝇成群、心绪如麻的时代,莫言文学创作的影响,也慢慢地扩散着。

大约在 1987 年电影《红高粱》红红火火时,日本很快就把《红高粱家族》翻译完分上下两册出版了,没有跟莫言签订合同。张艺谋从日本回来之后给他带了一本,他才知道日本已经翻译了他的小说。

1988 年,日本汉学家藤井省三有意识地翻译了莫言的一些中短篇小说,起了一个名字叫做《来自中国的乡村报告》出版发行。首印三千册,续加了一千册。《红高粱家族》日文版和藤井省三这部翻译作品的出版,是中国大陆之外比较早介绍莫言作品的译本。莫言的作品就这样进入了日本读者的视野。莫言的几乎所有作品后来都翻译成了日文,在日本拥有相当数量的读者。台湾在 1987 年出版了莫言的《透明的红萝卜》,1988 年出版了《红高粱家族》,莫言几乎所有的作品都在台湾洪范书店出版了繁体字版本。

从 1987 年开始,莫言走到自己创作生涯的第一个顶峰时期,他的影响开始慢慢地溢出中国大陆,而流向周边地区。而就在这个时候,他发现自己枯竭了。

这样深的一口井,就像莫言自己在中篇小说《金发婴儿》里写黄毛挖的那口深井一样,明明喷涌着巨大的、欢快的水柱的,突然就枯竭了。

莫言在葵花地里转来转去,打死苍蝇,试图捉住灵感的飞虻。

葵花地是一个空荡荡的舞台,这位突然迟暮的功勋演员卖力地唱着,台下却没有一个观众。文学食客和文学掮客都是不可信的,他们是追名逐利之徒,毫无忠诚可言。天下攘攘,皆为利往。

同志们都一个猛子扎到水里去捞鱼了。

莫言曾用戏谑的笔法来写革命样板戏《沙家浜》,把郭建光、阿庆嫂都写成武林高手,身带暗器,飞檐走壁。莫言这篇戏说的小说写好后寄给《花城》杂志,被退了回来。他把这个稿子烧掉了。

戏谑写作到了 21 世纪忽然成了时髦。那种羊杂碎般的拼贴和戏谑,成了流行的语体。

这股“歪风邪气”的盛行,由首都北京的二混子王朔的“流氓话语”过渡到特区香港小无赖周星驰的“无厘头叙事”,最后在网络的酱缸里发酵,成为一种杂交的蓬勃品种。网络绅士和网络愤青,都操持着这种不顾一切、没头没尾的语言,躲在显示器后面相互攻击相互勾引,把网络演变成一个新时代的野合高粱地。语言的野合和野合的语言,一举占据了言说的制高点。这种语言的革命性效果,取消了正谕语体的合法性。在网络,一个板着面孔说话的家伙,在还没有说完之前,自己就把饭喷出来了。

　　莫言戏谑《沙家浜》并非是一种单独的个体现象。在那样一个社会价值迅速物化、千军万马下海南的情形下，很多的作家都跟莫言一样，绕着自己的脚踵打转。人人都在试图调整自己的写作态度，被社会的潮流牵着鼻子走。作家余华在那个时期也写过"武侠小说"《鲜血梅花》，跟莫言的想法殊途同归。在 1992 年，余华的文学思考得到了一个小小的总结，他发现，《活着》就是生活的真谛；先锋作家格非找到了一个面目模糊的《敌人》，自己躲在《边缘》迷惘地望着天空；而莫言，掉进了《酒国》的酒缸里淹死了，他对所有人都忧心忡忡，他自言自语说，《你的行为使我恐惧》，他在《梦境与杂种》中，与《战友重逢》，而这一切的举动，都毫无看客。1992 年，先锋小说带头大哥马原从西藏返回东北，他站在松辽平原上感到了醉氧的幸福和痛苦。在沈阳那座老气横秋、烟囱林立的老牌工业城市里，《在北陵寺等待扎西达娃》。扎西达娃这个藏族先锋作家，早就变成了戈多，他也不再出现了。马原于是也离开了东北，下了海南。

　　上个世纪九十年代初期，在首善之地的京畿道旁，出现了三驾可疑的马车，这三个嗓音沙哑的男低音，坐在车辕上，对着根本就不存在的看客深情地倾诉着底层官僚的苦恼。

　　终于，在《白鹿原》上的一座破败的《废都》里，走出了《最后一个匈奴人》，这些血统不纯的家伙，发动了陕军东征，杀进了东部城市，开始了打家劫舍的生涯，做起了偷鸡摸狗的勾当。《废都》里那个叫做庄之蝶的作家，在玩弄女性的同时，也在玩弄自己。贾平凹通过这样一部新《金瓶梅》小说，宣告了大陆文化圈里正谕话语的权威性的正式沦丧和对传统道德伦理的彻底幻灭。

小说的敌人

　　现在回过头来看那个时期，最值得注意的小说之一，有莫言的长篇小说《酒国》在内。

　　这部小说，据莫言自己透露，从 1989 年 9 月就开始创作了，断断续续的,找不到感觉,一直到1992年2月才写完,年底才在湖南文艺出版社出版。

小说出版之后,整个文学界无声无息,似乎已经彻底把莫言忘记了。

这时候身居国外的评论家和编辑家李陀虽然很欣赏《酒国》,但他对国内文学界的影响力已经大为削减。香港的周英雄最早在《当代作家评论》1993年第2期上发表过《酒国的虚实》的评论文章,身在国外的前诗人、学者杨小滨曾写过一篇叫做《盛大的衰颓》的评论文章发表在《中外文学》1994年第6期上,对这部长篇小说进行分析。接着是学者张闳开始拼命地推荐这部小说,写了《〈酒国〉散论》(《今天》1996年第1期)、《〈酒国〉的修辞分析》(《作品》1996年第1期,跟《今天》的大体相同)、《莫言小说的基本主题与文体特征》(《当代作家评论》1999年第5期)、《感官的王国——莫言笔下的经验形态及功能》等文章。

那个时期,我们对小说的叙事学有很深的迷恋,而莫言精雕细琢的叙事教科书式的长篇小说《酒国》正合适我们的口味。我们一度对这本书推崇备至,言必谈之。后来,张闳甚至约了曹元勇和我,一起到上海师范大学的某个角落,对这部小说进行表扬性谈话。我们的对话,后来整理出来,有三万多字,不成系统,也不掌握话语权力,没有发表,就这样放着发霉。后来大概张闳或者曹元勇发给了莫言,莫言又放到了《检察日报》的网站上,也在那里发霉着。我自己并没有这一份东西,后来也是从《检察日报》的网站里下载的。

大概是1995年下半年,格非从北京返回上海,手里拿着一本莫言的签名本《酒国》,向我们推荐,说这部小说不错的。这部小说于是开始了自己的旅行,在格非的朋友圈中,在我们大家手中,传来传去,最后不知道传到了谁的手中,神秘地消失了。

每一本书都有自己的命运。

这本硬封皮深蓝色的《酒国》,就这样开展了自己的漫长旅程,最后消失在某个书架的深渊里。

现在再回过头来看那个时期莫言的创作,《酒国》是继《红高粱家

族》之后最值得关注的长篇小说。《欢乐》节奏过于强劲，《天堂蒜薹之歌》有极其厚重的现实生活情感在内，《十三步》在叙事的圈套里打转，一正一反，两极拉得很远。莫言通过这种情感和技术的锻炼，在小说叙事上修炼出深厚的内力。在相对狭窄的中国大陆文学圈内，《酒国》的诞生生不逢时，正好碰上当时热闹非凡的"陕军东征"，有陈忠实的长篇小说《白鹿原》、贾平凹的长篇小说《废都》和高建群的长篇小说《最后一个匈奴人》等等，正在火热着。尤其是以识字分子——我一直在大力推销"识字分子"这个名词，是因为我们的周围，实际上并不常见具有彻底独立人格和独立精神在内的人格化知识分子形象。那一段时期，学界拼命地为自己树立独立人格化的识字分子偶像，从陈寅恪到顾准——的道德沉沦为表达对象的《废都》，更是风靡一时，洛阳纸贵，盗版遍地，人心荡荡。《废都》令人联想起《金瓶梅》，但是它表现的对象是一个颓丧的识字分子"庄之蝶"，而不是像"西门庆"这样的暴发户。

当时的时代背景是，在下海风潮的劲吹下，识字分子反而变成了破落户。一度叱咤风云的庄之蝶，在那段时间要泡妞都比较困难，只好跟自己的保姆瞎搞。这样的情形，既心酸又荒唐，对当时的文化界的刻画，不可谓不深入。

莫言自己反思这段时期，虽然没有下海，也颇在河边小心翼翼、提心吊胆地走了几遭。

莫言在那片自家的葵花地里打转转拍打苍蝇时，显示出了一个非常滑稽的形象出来，具有生动的寓言性。我们可以把苍蝇比喻为莫言脑子里的乱糟糟的念头，这些扰人心境的浊物，让他无法平静，甚至都想到要去把《沙家浜》写成武侠小说了。在那个时期，莫言就像是金庸武侠小说《笑傲江湖》里的令狐冲。他徒有花哨的剑式，却失去了内力：

> 1990 年这个暑假的五十天，我陷入一种创作的困惑，脑子里似乎什么也没有了，找不到文学的语言了。我想我真是完了，我的创作能力已经彻底没有了。那年我在鲁院期间还去了一趟香港，访问香港中文大学。到了 1991 年春天，我去了一趟新加坡，又去

了马来西亚。在新加坡,碰到了台湾作家张大春、朱天心,大家在饭店里讲故事。张大春就向我约稿,问我能不能把说的故事每天写个四五千字的小说寄给他,他在台湾帮我发表。我说好啊,回去试试。……在这个暑假,我写了十六个短篇:《神嫖》、《地道》、《鱼市》、《翱翔》、《夜渔》、《麻风的儿子》、《屠户的女儿》、《姑妈的宝刀》、《粮食》和《初恋》等。……这组短篇写完以后,我感到我恢复了写作能力,我突然感觉到我又有了讲故事的兴趣和能力。当时写的时候实际上也没有信心,放一段时间回头来看,觉得还不错。在高密的环境里,短篇一天写一个,最多两天写一个。写得快,结束得快,写了一个又一个,写完十六个短篇,我感到自己又可以写作了。紧接着回北京,到了春节又回来过寒假,在寒假期间写了五个中篇。《白棉花》、《战友重逢》、《红耳朵》、《怀抱鲜花的女人》……这五个中篇也是越写越顺,到了《怀抱鲜花的女人》,三五天就写完了,这个中篇写得非常快。……1991 年就这么过去了。

1990年的莫言

……1992 年《酒国》就最后完成了。㉛

这部构思于 1989 年 9 月的小说，其灵感也是莫言从报纸上看来的。报纸上一篇《我曾是个陪酒员》文章里说，一个退休的回到南方的人因为家庭成分不好，大学中文系毕业后被分配到东北某矿区当小学教师。他偶然发现自己有喝酒的能力，后来就当上了陪酒员。他酒量大，又有才，能说会道，现场就能杜撰很多的花样繁多的劝酒词。这样的人才不调到宣传部当副部长太可惜了。当上了宣传部副部长后，他的人生产生了巨大的变化，漂亮的对象也找到了。

这则新闻，让莫言浮想联翩。他自己说在读这篇报道时，脑子就胡思乱想，觉得他找老婆也应该是找一个酒量大的，他们天天喝酒，连马桶里也泛出酒味。由喝酒，联想到他自己从《红高粱》一炮打响，走红天下之后，每次到了各种会议上，回到高密里，都参加了各种各样的酒席：

> 我与很多小官吏是朋友，也跟着他们喝了很多不花钱的酒。我深深体会到，赴这种比赛酒量的宴席决不是一件乐事，只要你还讲信义、好冲动，必定要被放倒，只有那些冷面冷心冷静的人，才能不被灌醉。而喝醉后的难受滋味，比感冒了难熬许多。我醉酒一次，脑筋要麻木起码一星期。但一上酒席，三杯下肚，便忘了先前的痛苦，像英雄一样豪饮，像狗熊一样醉倒。㉜

莫言对于赴宴、喝酒乃至醉酒，都有很深的体会和感受，他在《酒国》里描写省高级人民检察院的高级检察员丁钩儿一到酒国市矿山招待所，就被矿长、党委书记灌醉，被随后到来的酒国市市委宣传部部长金刚钻用一口气干掉九杯酒的花式饮酒灌瘫，灵魂出窍，贴在天花板上，看着自己的肉身被两个身强力壮的服务员拖着出去的狼狈状，是有生活经验的，所以写得活灵活现：

现在他有劝必饮，一杯接一杯，仿佛倒进无底深渊，连半点回音也没有。在他们豪饮的过程中，一道道热气腾腾、色彩鲜艳的大菜车轮一般端上来，三位红色服务小姐，像三团燃烧的火苗，像三个球状闪电忽喇喇滚来滚去。他恍惚记得吃过巴掌大的红螃蟹，挂着红油、像擀面杖那般粗的大对虾，浮在绿色芹叶汤里的青盖大鳖像身披伪装的新型坦克，遍体金黄、眯缝着眼睛的黄焖鸡，周身油响、嘴巴翕动的红鲤鱼，垒成一座玲珑宝塔形状的清蒸鲜贝，还有一盘栩栩如生、像刚从菜畦里拔出来的红皮小萝卜……他满嘴香腻滑粘甜酸苦辣咸，心里百感交集，肉体的眼光在袅袅的香雾中漂游，悬在空中的意识之眼，却看到那各种颜色、各种形状的气味分子，在有限的空间里无限运动，混浊成一个与餐厅空间同样形状的立体，当然有一些不可避免地附着在壁纸上，附着在窗帘布上，附着在沙发套上，附着在灯具上，附着在红色姑娘们的睫毛上，附着在党委书记和矿长油光如鉴的额头上，附着在那一道道本来没有形状现在却有了形状的弯弯曲曲摇摇摆摆的光线上……㉝

在《酒国》里，莫言把"吃"提升到了最高意义。

"吃"的最高等级，是吃人。在酒国市里，最有名的菜就是那盘真真假假，似真似假的"红烧婴儿"。在饮食的追求上，普通官僚一举达到了两千多年前的春秋首霸齐桓公的境界。齐桓公当年的辖地，就包括了莫言出生成长的高密。两千多年后的酒国市，虽然不叫高密东北乡，但是乡亲们和官老爷们的一举一动，无不具有浓重的高密东北乡人民的特色。

在这部小说里，莫言只字不提高密东北乡。

经历过三四年痛苦的调整之后，莫言在这个时期是不是对高密东北乡的价值产生了动摇？他也许试图通过这部小说的创作，把自己的文学疆土进行大幅度的拓展。那个时期的莫言受到了来自各方的批评，或许短暂地出现过对高密东北乡的终极价值有动摇，试图在《酒国》里形成突破。

当莫言的写作内力因为在马来西亚得到张大春的约稿,通过写作了十六个短篇小说获得恢复之后,他重新找到了某种信心。这种信心甚至跟张大春他们的肯定有关。写作很大程度上是一种需要交流和肯定的工作。一个默默地埋头写作而缺乏肯定的人,内心肯定会感到焦虑的。然而,莫言仍然不敢或者说不能、不愿意"正面强攻"现实,他采用寓言的方式,在小说里,一环套一环,形成了一种精致的回环结构。小说里有小说,莫言里有莫言。两个莫言并肩走,安能辨他真与假?

从叙事学层面上,这部小说里出现了三个层面:丁钩儿去酒国市调查吃婴儿的案件→小说中的作家莫言和酒国市酿造学博士李一斗的通信→叙述者莫言的最高位置的俯瞰。

三层套叠,形成一种自相证明也自相否定的结构。小说中,各个层面的人物相互穿插,共同呼应,造成了一种离奇又真实的效果。这种效果通过自相否定和自我否定的双重方式,使小说本身达到了一种寓言性的效果。莫言不想让小说跟政治结合得那么紧密,但是有时候小说自己走向了政治。局限于中国大陆的特殊国情,很多的内容必须通过寓言式的结构,才能展开。所以,莫言自己归纳说:

> 小说里的故事和作家创作之间的融合,我想也是逼出来的。对社会黑暗和丑恶的现象,如果不用这种方式来处理的话,我也就没办法。现在也很难完全用这种写法。这种写法实际上就是带着镣铐的舞蹈,反而逼出了一种很好的结构方式,结构也是一种政治。㉞

在这里,看得出来,莫言自己也总结说,当时他采用这种方法,主要是因为写作的局限性,这种局限,在中国大陆是具体的,而不是像类似法国作家作品里那种抽象的影响力,也不像奥威尔《1984》里那种反乌托邦作品的结构。这种结构,说是政治,其实很简单,就是为了获得通行权。美国学者杰姆逊的著名句子:第三世界的写作是寓言写作。这种做法不是作家自己胡思乱想的结果,而是被逼迫出来的。

2005年春,在日本大阪观赏川端康成手稿

在《酒国》里,莫言无意于写一部"官场小说",他套用一个庸俗的悬念小说结构,把自己对这个国家的具体想象,通过"酒"和"婴儿"的表现传达出来。"酒"是一种媒介,"婴儿"是终极目标。省高级人民检察院的高级检察员丁钩儿在还没有摸到门路之前,就被酒淹死了——他在酒的驱使下,淹死在可耻的粪坑里。作为他的替身,"作家莫言"也在来到酒国市之后,消失得无影无踪。

酒国市是一个张开血盆大口的饕餮,它能够吞噬一切靠近自己的生灵。

　　这种过分明显的象征，在一定程度上破坏了小说的震撼力。这样一来，这部更多地以结构取胜的作品，虽然在反映社会的真实状况上、在反思中国传统文化的弊端的角度上达到了一定程度的深度和高度，但社会影响力却无法跟采用简单顺时叙述的贾平凹的长篇小说《废都》相比。

　　《酒国》与《废都》，诞生在同一个年份，《酒国》在年头，《废都》在年尾。一个谈食，一个谈色。食色，性也。这两样，是传统文化中重要的问题。"食"是可以公开谈论的普遍性问题，"色"是躲躲闪闪、遮遮掩掩地私下流传的普遍性问题。圣人可以谈论"食色"，普通老百姓只能学习道德纲常。一部《金瓶梅》，写尽了人情世态，是"超级自然主义"作品，对明朝后期的社会生活情态做出了极其逼真的描写和表达。而《废都》作为受其启发而创作的作品，也对上个世纪90年代初期，在经过猛烈下海大潮的冲击之下的欲望化社会进行了栩栩如生的表现，而且简明直接，单刀直入。这样一来，它就具有了广泛的受众。《废都》里神秘的省略标志"□□□"，和故意吊人胃口、祖露马脚地写上"此处省略×××字"的说明，让长期处于阅读性饥渴的蒙面读者欣喜欲狂，欲罢不能。小说的"意淫"性被《红楼梦》的作者借贾宝玉之口一针见血地说了出来，而更多的读者从庄之蝶的身上寻找到了自己的影子。就像余华说的那样，很多读者下意识地就把"母亲"认同为自己共同拥有的母亲。这种个体化和抽象化的情感符号的神秘转换，在小说传播领域，在传播学领域，具有非常有趣的效果。前有路遥的《人生》，后有贾平凹的《废都》，陕西的两位作家借着千年古都里残存的王气，一举压住了蠢蠢欲动的高密农民的鸿鹄之志。

　　在中国传统文化的浸透下，故事具有一种安慰性效果。这种阅读训练下培养出来的广大文学食客，他们一方面希望文学作品能够在讲述一个与自己有区别的故事人物的前提下，又能够把自己置换进去，形成某种亲历的幻觉。这种受虐心理是我们这个特殊国度的特产。读者无法跟《酒国》里的莫言、李一斗和余一尺产生情感共鸣，因为这只不过是故事里的虚构人物；而他们却能跟《废都》里的庄之蝶心心相通,"庄生晓梦迷蝴蝶,望帝春心托杜鹃",蝴蝶是庄生,庄生是蝴蝶,似真似幻,亦真亦幻。人人都是庄之蝶。《废都》带来的是亲近的情感效果,《酒国》相反,带来的是审美的间隔性。《废都》是一个情感文本,通俗文本;《酒国》是一个理智文体,阳春文体。《酒国》试图通过普遍性达到普遍性,而《废都》则通过个人性达到了普遍性。在对整个阅读群体来说,这两者之间的影响力的大小不言自明——《酒国》通过识字分子传播,《废都》通过普通老百姓传播。

长篇小说《酒国》的创作不仅没有给莫言带来信心,也没有给他带来现金。在那个时候,莫言并没从这部小说的投资中获得预期的回报。他种下了龙种,收获了跳蚤。随后的一段时间里,莫言干了一段的影视。

那个时期,莫言的研究生班同学、浙江海盐的青年牙医余华从鲁院毕业之后,正式成了一个北漂,在北京的一帮兄弟们的齐心协力下,整出了一些类似《霜叶红于二月花》的不上不下、不雅不俗的电视连续剧,挣到了一些小钱,维持着一定的生活水准。

莫言的影视创作没有持续多久。这种单纯的挣钱行为,不能给他带来多大的快乐。莫言说,虽然搞影视赚到了一点钱,但是作为作家,他感到自己丢失了很多人的完整性。⑤这种感觉很多作家都有过,但是很多作家都是丢失也就丢失了,不仅不感到难过,甚至会感到如释重负。丢掉的是完整性,得到的是人民币。

莫言不能接受这种缺失。

到了上个世纪90年代,电影的读图效应和围绕着电影而产生的资本效应,使得电影这个艺术门类成为一种凌驾于其他艺术门类之上的显学。电影不再是被小说驮着走的小姐了,而是威风凛凛、满面春风的黑社会老大。一个人掌握了大量的经济和金钱资源,必然会成为老大。电影和资本结合,是天使和恶魔的结合。小说就此变成了旧时代的小妾或新时代的二奶。这是从张艺谋电影版《红高粱》开始诞生的一个意味深长的形象:电影里的"我奶奶戴凤莲"的那种粗野的身板、桀骜不驯的眼神,最终导致了一种观影心理的微妙变化,成为了多年以后

老板们、官僚们收养二奶的经典模板。"我奶奶戴凤莲"虽然风风火火，办事决断，但是她最终还是被那个纵横高密东北乡十几年的悍匪余占鳌给强行包养了。在这部电影里，体现出来的是一种令人震撼的"强力意志"——强者生存的逻辑跃然银幕之上。

在那个时期，张艺谋不仅让莫言给他写电影小说，还找了好多其他的人给他写"武则天"。作家似乎也被张艺谋给包养了。

莫言一直在校正自己的思考和回忆的路线。

在《透明的红萝卜》里，他行走在一条现实而创痛的小道上；在《红高粱》里，他奔跑在虚拟而浪漫的高粱地里；在《欢乐》中，他再度鞭笞和蹂躏自己的灵魂；到了《酒国》，他试图逃逸，不再被囚禁在高密东北乡这块丰饶而贫乏、高贵而卑贱、干净而肮脏的土地上。他试图通过一场风花雪月的喝酒，洗尽自己灵魂中的污垢。然而，在高级检察员丁钩儿落进茅坑里生得卑贱死得可耻之后，随之而来了作家莫言，也在余一尺、李一斗、金刚钻和王副市长等人的劝灌下，迷失在开心馆里。这个结尾，意味着作家莫言的突围的失败，他惨败在酒席上，成为另外一个丁钩儿——他们貌似身份高贵，到了酒国市，都被脱光了灵魂的外衣，成为一个赤裸裸的排骨柴。

小说里"作家莫言"的消失，仿佛也是一个生动的隐喻。

在《西游记》里，会七十二变，能够把一根重达一万三千六百斤的金箍棒舞得像芦柴棒的齐天大圣孙悟空，还会一个"灵魂出窍"的法术。他常常在需要分身的紧要关头灵魂出窍，肉体留在八戒的旁边，灵魂却袅袅而出，化作一道烟雾，来到妖怪寻欢作乐的场所。"酒国市"就是这样一个场所，那个既在酒博士李一斗乱七八糟的小说里出现、又在作家莫言小说里出现的侏儒余一尺、酒国市宣传部长金刚钻、矿长、矿党委书记、王副市长等，都是各个山洞的洞主，狮子、老虎、熊黑、蜘蛛之类的妖怪。在这种场合里，只有得道的高僧、斗战胜佛孙悟空才有可能一个筋斗翻出去，而灵魂出窍的"作家莫言"，只能成为一个酒虫子了。

莫言从《酒国》里，接续上了《红高粱》里的酒气，从而灵感大发，洋洋洒洒。

通过这部小说的灵魂出窍的方式来进行突围,莫言发现自己走到了一个阒无人迹的荒野郊外。在这里,芳草萋萋,蓝天白云,河水流淌,湖泊敞亮。他信步走上河堤,任清风吹拂,听虫鸣蝉噪,一时思绪万千,不能自已。高密东北乡大度而冷漠地伸展着,在莫言的眼前、在他的脚下,从过去一直伸展到未来。这块土地上,建筑稀疏,空间广阔,大有可为。一张白纸上可以作最美的图画,一块未被征用的土地上,可以造最美轮美奂的房子。

莫言这样胡思乱想着,遥遥地看见一马平川的远处,有炊烟袅袅,有牛羊吃草,一个简朴的教堂,高高地耸入云霄。莫言看见了过去的高密东北乡,也看见了未来的高密东北乡。过去的高密东北乡纯净透明,幸福而艰辛。未来的高密东北乡污浊而朦胧,狂乱而迷惘。这一切,都照见在那座平静的天主教堂之下。有痛苦,有快乐;有迷途,有皈依。

莫言像一个教徒一样,再度皈依在高密东北乡的大地之下。

沸腾的土地

莫言在此前的大量小说里,写到了"我",以"黑孩"为模板,大量复制,形成了散养在高密东北乡草原上的数量庞大的野孩子群体。这些孩子,无论是什么人,无论将来的造化如何,也无论他们是天才还是庸众,他们的共同特点都是有母亲的。而这样一个伟大而谦卑的母亲形象,在莫言此前的小说里,除了短篇小说《粮食》㉘外,其他小说里很少有"母亲"作为小说表现的主角而出现在小说里的。只有一些配角,例如《石磨》、《五个饽饽》、《枯河》、《爆炸》、《飞鸟》、《金发婴儿》等一些小说里,才出现了以"母亲"的某些特质为想象依据的人物形象。

对于莫言来说,"母亲"一直是一个巨大的阴影,或者说,是一株巨大的柏树,他在这棵柏树的树荫下,悄无声息地顽强成长。

莫言的母亲自幼失怙,缠足,小脚,因为生活艰辛而老弱多病,一生吃苦耐劳,受尽了生活和家庭的劳累和折磨。她生过八个孩子,有一

对双胞胎夭折了。这位伟大的母亲像一只老迈的母鸡,用略微迟钝的躯体,庇护着更加弱小的少年莫言。在乡村,那些饿死鬼投胎一样的小孩子,都要吃母亲的奶吃到很大。莫言吃到了五岁——那时候他已经上小学了——很多人吃到八九岁。这样的母亲,在那个饥饿的年代,毫无营养可言,被小孩子吸吮得干瘪如同泄气的气球。

莫言在很多文章里谈到自己的母亲。在经过1989年之后的一长段时间的漫长思索和整合之后,莫言写出了自己写作生涯中比较重要的长篇小说《酒国》。他不仅没有感到如释重负,反而怅然若失。这种若失感,就是他对故乡的情感游离。《酒国》不是一部展示情感的小说,而是一部反思历史文化的作品,被很多文学食客误读为"官场小说"。它对报刊体、"文革"体、革命体、导师体等各种语体进行戏仿,并且戏仿得活灵活现。这不是一部能够引起强烈情感共鸣的小说。只有引起强烈情感共鸣的作品,才是有广泛辐射力的作品。

本文对比过路遥的《人生》和莫言的《透明的红萝卜》,也对比了贾平凹的《废都》和莫言的《酒国》。在这两种对比上,能够跟数量众多的文学食客形成强烈情感共鸣的,还是路遥和贾平凹的作品。相比之下,路遥的《人生》和贾平凹的《废都》,在结构上也比莫言的两部小说简单得多。

过分强调长篇小说的结构,可能走向另外一个极端,那就是破坏阅读的舒畅感。莫言或许不愿意让自己的读者舒舒坦坦地躺在床上,把书放在枕头边,看一段,可有可无地放下,酣酣进入梦乡。那样的小说,在长度上也是需要考量的。畅销书作家,有计策的作家,对小说的长度有精心的测量。丹·布朗的《达芬奇密码》之类的小说,翻译成汉字,大概都在三十万字左右,分成短小的章节,速度紧凑,可以让"小资"和"贵人"们畅快地、然而又不是一个晚上就读完,要分成三四个晚上,慢一点的一个星期左右。这样带来了持续的阅读快感。⑳这类是带有悬念性质的小说,而更加小资更加抒情的,字数就要控制在十七八万字以内,拿在手里轻巧,读起来也轻巧,不太需要往心里去。这就是本段下面加注的莫言说的"消闲阶级"的读本。

莫言在一次演讲时谈到了长篇小说《丰乳肥臀》的缘起：

> 　　1990年秋天的一个下午,我从北京的一个地铁口出来,当我踏着台阶一步步往上攀登时,猛然地一抬头,我看到,在地铁的出口那里,坐着一个显然是从农村来的妇女。她正在给她的孩子喂奶。是两个孩子,不是一个孩子。这两个又黑又瘦的孩子坐在她的左右两个膝盖上,每人叼着一个奶头,一边吃奶一边抓挠她的胸脯。我看到她的枯瘦的脸被夕阳照耀着,好像一件古老的青铜器一样闪闪发光。我感到她的脸像受难的圣母一样庄严神圣。我的心中顿时涌动起一股热潮,眼泪不可遏止地流了出来。我站在台阶上,久久地注视着那个女人和她的两个孩子。
>
> 　　……1994年我的母亲去世后,我就想写一部书献给她。我好几次拿起笔来,但心中总是感到千头万绪,不知道该从哪里动笔。这时候我想起了几年前在地铁出口看到的那个母亲和她的两个孩子,我知道了我该从哪里写起。㊳

　　莫言曾经说过,他写小说是先有题目,先有一个形象,一个生动活泼的形象,而灵感大发的。其他很多作家,则是先有一个主题,一个念头,一个思想,然后给这个思想找材料,自己身边没有这些材料,就去别人的生活里寻找,去体验别人的生活。而他们自己,不是一个尘封的罐子,就是一块顽固的石头。

　　莫言在本书的第三章学会了打开自己身体里的塞子,让酝酿了三十年的陈酿记忆,汩汩涌出,在那个时期,1985年到1988年,他变成了一个写作的疯魔。而1989年之后,这个塞子忽然被堵塞住了。就像莫言曾经去开挖过的胶莱河一样,常挖常淤积。

　　问题出现在哪里?

　　莫言自己不正面回答这个问题,只是说发现自己的内力一下子全失了,找不到感觉了,只能在高密县城的家里拿着一个苍蝇拍在葵花林地里乱转。

这个时期，文学的价值突然沦丧，从社会中的光鲜地位一下子陷落。社会在价值混乱中，被一种模棱两可的价值所更替，所压制。作家对社会失语，对社会价值也失去了基本的信心。在整个社会大转换时代，一个作家要坚持原来的信念而不加以调整，是很困难的。莫言正是在这个时候，感觉高密东北乡王国的建设，到了一个改革期和整合期。问题在于，原先所框定的那种乡土价值，在新的时期里是不是还具有原来的价值增幅？对于高密东北乡的阐述，按照原来的方式来加以表达，会不会给人以一种重复感？这些，恐怕都是一个作家所能想象得到的问题。那么怎样才不重复呢？对于作家来说，重复并不是一个丢人的问题，问题在于这种重复是不是有价值有意义，在作家的这个角度，他也要关注重复能不能继续给他的写作提供表达的快乐。

2005年春，在日本京都接受记者采访

一名作家所能涉猎的范围极其有限，重复是对一种有价值的精神核心的持续推进。在文学创作领域里，尤其在小说的结构形式上进行大幅度的探索,其背后的精神困境,是这种价值的不可推进性。

价值核心中那一个暧昧的深处,是不是值得继续深挖下去?

这就像一个钻井队在地上打孔,打到了五百米深,没有出油,一千米深,还是没有出油,这个时候,钻井队的负责人的信心就决定了整个钻井队的命运。是继续打下去还是另找地方?因为难以找到明确的依据,这种决断有时建立在盲目的判断和责任心上。假设钻井队明确地知道,在地下一千一百米的深处就是石油,那么不需要什么信心和勇气和决断,他们只需要日常工作,一米接着一米地往下打就可以了。可是,谁也不知道这个出油层在哪一个深度。最好的办法,就是变换位置,不断地挑选角度和结构,用花样的方式来打洞。不管能不能打出油来,对于旁观的村民来说,看见这种钻井队的精密而复杂的各种器械的调用,就是一件赏心悦目的快事。看客才不会关心你能不能打出油来呢。他们仅仅是看热闹。

莫言对此显然深有所思。

莫言在后来写成的长篇小说《檀香刑》里,用刽子手、受刑者和看客三位一体的结构来阐述了这种反思。在一场肉刑盛宴中,只有跟受刑者相关的有限几个人才会痛苦,其他都是兴高采烈的看客。历史上最残酷的酷刑,例如剐刑等,刽子手和受刑者形成了表演家,他们之间的酷刑施行过程越惨烈,越残酷,就越能得到看客的廉价喝彩。

不管怎么说,《酒国》虽然展现了莫言的令人眼花缭乱的文字表达能力和小说的结构能力,"酒国市"却跟普通人的情感产生隔膜感,不能打动大多数人的心。

莫言用让人感到眼花缭乱的技术来表现《十三步》里中学教师的悲惨生活。如果他采用相对简单的结构,效果会不会更好?如果《欢乐》也采用简单的顺时叙述,对一种高考给普通考生带来的巨大痛苦进行近距离的揭示,会不会更加震撼人心?

《欢乐》这部小说因为过分复杂的表达形式,破坏了它的流动性和阅读性,只能作为一种写作的范本,流行在阅读分子之间,而不能变成一种普遍性的阅读经验。

在莫言的内心,这种困惑显然一直是存在的。

在写完《酒国》之后,莫言一直在整合自己的情感资产。他必须在此前的那些作品之下,全面地梳理高密东北乡的文化结构和政治结构。在这里,莫言强烈地感到了某种缺失。

莫言到了这个打通自己身体里任督二脉的紧要关头,可能是想到了一种真正的缺陷:此前的高密东北乡是一个缺乏母爱的世界。莫言不是没有写过,而是很少。在《枯河》里,他写的是一个"凶狠"的、把一根棉柴棒打折了的母亲;在《五个饽饽》里,他写的是一个无助的母亲;在《金发婴儿》里,他写的是一个失明的没有了自理能力只好依靠媳妇的母亲;在《白狗秋千架》里,他写的是"暖"这样一个由残缺的少女变成的残缺的母亲……此前的高密东北乡,是一个缺乏母性关爱的世界。而缺乏母性,这个世界是不完整的。莫言说,他一直想写一部书献给自己的母亲,"好几次拿起笔来,但心中总是感到千头万绪,不知道该从哪里动笔"[39]。

在《莫言王尧对话录》里,莫言再次谈起写《丰乳肥臀》的缘起:

> 1995年春节我母亲去世了。实际上,1994年秋天我已经开始构思这部《丰乳肥臀》。我和好几个人讲过,在北京积水潭地铁站,一出地铁站的时候,看到一个农村妇女,估计是河北一带的北方妇女,在地铁往下通道的台阶上,抱了双胞胎,一边一个,叼着她的乳房在吃奶。夕阳西下,照着这母子三人,给人以一种很凄凉也很庄严的感受。妇女满面憔悴,孩子也长得像个肉蛋子一样。……这时我意识到围绕哺乳、生殖应该写一部很大的书。这一下子和我们文学史上一些很大的文学主题有了关联,母亲呀,土地呀,祖国呀,这样就有了密切的联系。当时想写一部什么小说呢,就写一个男人从小被溺爱,只能吃奶,一吃别的东西就呕吐,就无法生活,有过敏反应。结婚以后,跟着孩子争老婆的奶吃,导致整个家庭的破裂。就想写这么一部有现代派意味的、有象征意味的小说。开笔以后我就发现,这样写很单薄,而且高密东北乡的历史

很难回避。……⑩

难以回避什么呢？难以回避的是高密东北乡的历史问题。莫言在这里回归了叙事上的"新历史主义"方法，也就是《红高粱家族》的那种方法。他雄心勃勃，有更大的野心，要把整个中国的百年历史纳入高密东北乡这个小小的容器里，使之成为中国社会大变动简史。用家族命运穿透历史从而体现出历史命运的做法，莫言自己在《红高粱家族》、《食草家族》里就这么干了。对于这种作品来说，一种崭新的历史意识才是最重要的，人物的命运其次，最不重要的是小说的结构。

莫言在《丰乳肥臀》里，采用了最为原始的现实主义顺时叙事模式，追求简洁性和易读性。一部长达五十万字的长篇小说，跨度超过八十年的时空，如果再玩弄结构形式，就会失去了小说本来想向自己的读者呈现的思考果实。

莫言对此心知肚里明。

脑袋的矮人

在《丰乳肥臀》这部篇幅浩大的长篇小说里，莫言塑造了一个中国传统小说里所缺乏的老婴儿上官金童的形象。"上官金童"这个极其特别的小说主人公，是莫言在整个中国现当代文学中的重大贡献。"每个人心中都隐藏着一个小小的上官金童。"⑪这个无法断奶的老男人至老都是一个小孩，对自己身体外面的未知世界充满着恐惧。

这个生于1938年日本人进攻和屠杀中——在这里，莫言接续上了《红高粱》的故事背景——的婴儿，一直无法断奶。他只能一直吃奶，吃别的东西都会导致窒息。这样一来，这个无法断奶的上官金童，从情感上来说，也一直停留在婴儿水平。他从肉体和精神上都无法断奶。

而小说里，值得关注的还有上官鲁氏这个类似《百年孤独》里那个女族长乌苏拉式的母亲。她用自己博大的母爱羽翼着自己的孩子们，无论女儿们是跟什么阶级的情人在一起，她们生下来的孩子都会交给

上官鲁氏抚养。上官鲁氏抚养着土匪的、国军的、共党的、美帝的后代，对于她来说，所有这些孩子都是值得珍视的生命，她不理会那些众所周知的所谓爱与憎，那些所谓的阶级仇恨。她对孩子只有博大的爱。这样一来，上官鲁氏就变成了一个没有立场的人物。而缺乏立场，正是我们这个时代最为恐惧最为憎恨的一种态度。

在一种一分为二的态度里，人们把一切都切割成两个部分：爱与恨、悲与欢、高与矮、胖与瘦、美与丑、黑与白。就像意大利作家卡尔维诺的那篇小说杰作《分成两半的子爵》里写的那样，暴力总是以爱憎的名义出现，"我的舅舅"梅达尔多子爵在远征土耳其人的战役中，被一发炮弹击中，分成了两半。这样一来，那邪恶的一半回到家乡之后，就用自己的利剑把一切都切成了两半，一半好的一半坏的：

> 仆人们往前走，看见半只青蛙在一块石头上跳跃，由于青蛙的特性，它还活着。……仆人们就这样从田野上找到森林里，他们看见一个切成一半的蘑菇，半个石菌，随后又是半个石菌，半个有毒的红蘑。他们继续向森林中走去，不时看见一个个蘑菇从地面冒出来，只有半边把和半个顶。仿佛有人一刀把它们劈成两半，而另一半连一点儿渣子也没有留下。这是一些各式各样的蘑菇，有马勃、胚珠、伞菌，有毒的和可食用的数量上差不多是对半分。⑫

梅达尔多这样教育自己的小外甥说：

> 如果能够将一切东西都一劈为二的话，那么人人都可以摆脱他那愚蠢的完整概念的束缚了。我原来是完整的人。那时什么东西在我看来都是自然而混乱的，像空气一样简单。我以为什么都已看清，其实只看到皮毛而已。假如你将变成你自己的一半的话，孩子，我祝愿你如此，你便会了解用整个头脑的普通智力所不能了解的东西。你虽然失去了你自己和世界的一半，但是留下的这一半将是千倍地深刻和珍贵。你也将会愿意一切东西都如你所想

象的那样变成半个，因为美好、智慧、正义只存在于被破坏之后。⑬

卡尔维诺在这个绝妙的寓言性文本里，对这样一种思维进行了生动的刻画。不幸的是，卡尔维诺笔下的梅达尔多是中世纪的人物，而我们这些生活在 21 世纪里的人，仍然是这样的思维。在仇恨教育的长时期熏陶下，我们已经忘记了什么叫做爱。

在早期的短篇小说《枯河》里，莫言就用近乎令人窒息的文字，描写了一个家庭对小孩子的毒打。而在《丰乳肥臀》里，莫言开始小心翼翼地把爱这个早就被抛弃了的情感拾了回来。不是那种对朋友如春风对仇人如寒风的爱，而是对生命的根本的爱。很不幸，莫言无法从小说所反映的那个时代背景里自然而然地推导出这种爱的诞生、存在和繁衍，他只能在无可奈何的情况下，把母亲推到了上帝和上帝在高密东北乡这个丛林世界上的首席仆人马洛亚的面前：

> 她扔掉拐棍，跪在了地上。仰望着悬挂在铁十字架上的干裂的枣木耶稣那木呆呆的脸，泣不成声地说："主啊，我来晚了……"

这位伟大的母亲在走投无路之下皈依了天主。

使用博大的母爱作为一条坚实的铁线来串联起小说所反映的那个时代里的一块一块豆腐一样的历史时期，莫言发现自己一穿一个准，但是无法提起来。那些历史时期和历史事件，在时间流逝了那么多年之后，被风化成了豆腐。这些豆腐不能用线穿，只能用一个无所不包的大碗来盛起来。这个大碗，众所周知，我就不多此一举地点明了。

然而，莫言却甘冒天下之大不韪，用一根铁线穿豆腐。

延续了《欢乐》里对"母亲"形象的"亵渎"，《丰乳肥臀》里博爱的上官鲁氏，展现出了一个骇人的"荡妇"形象。那些连《欢乐》里的母亲形象都无法忍受的道德卫士，在莫言再一次把上官鲁氏的形象加以"亵渎"之后，就更加"出离"愤怒了。

在小说里，莫言一开始按照顺时针的方式写上官鲁氏的苦难生涯

和她不屈的意志——在短篇小说《粮食》里出现过的母亲反刍的形象，在这里以细节的方式再度出现。小说里的知青乔其莎的形象，也让人记起短篇小说《爱情故事》里的知识青年何丽萍。此外的重合细节还可以说出很多。可以说，《丰乳肥臀》整合了莫言此前的所有人生经验和文学经验，是他在写作上的阶段性总结，其中所饱含的浓重的情感，也是此前的小说里所缺乏的——之后，在最后一章里，莫言忽然使出了致命的夺魄暗器，他在时间的最后开始突然的跳跃，或者说，使出一个巨大的反转：在这一章里，莫言写到，上官鲁氏的所有孩子，都是她跟其他的男人生育的。她的丈夫上官寿喜实际上是不能生育的一个残废男人——在日军入侵时被杀死了——而这个残废男人，却给生殖能力丰沃的上官鲁氏带来了致命的压力：一个不能生育的女人，在乡村里会遭到最大限度的歧视和打击。乡村里，女人没有生育，不会有人想到是丈夫的原因，而把一切都怪罪到女人的头上。上官鲁氏不甘于命运的打击，她采用自己独特的方式加以反击，她用自己的不贞洁嘲讽了卑鄙的命运：她跟那些外来的汉子上床，然后怀孕，生女。她甚至从令人尊敬的牧师马洛亚那里获得了两个混血的种子，生下一男一女的龙凤胎。可惜，这两个杂交的品种生命力孱弱，不适合在这块严酷的土地上生长：上官金童是一个情感弱智，上官玉女天生看不见——看不见世界上的丑恶，使这个不食人间烟火的女子，成了上官家族里的一个世外仙人。这个人物，也让人不由自主地想起《百年孤独》里那个吃土的神奇女子雷贝卡。异域文化的一部分，就这样消耗掉了。另一部分，在上官金童的身上，没有找到发芽的土壤。莫言的这两个人物的设置，似乎微妙地暗示了外来文化在现代中国的沦陷命运。

　　莫言采用铁线拎豆腐的方法，结果这些豆腐都按照他的事先设想，纷纷落到地上，见风就长。它们先长成了上官金童和上官玉女，接着长成司马库、司马粮和鲁胜利等等的小人。莫言通过上官鲁氏的爱，让这些活生生的人具有了人的本质血肉。而血肉，恰恰是传统的历史观念所不喜的。在那种已经变成定式的思维里，这个世界应该被梅达尔多子爵用剑劈成正反两半。这样，世界就简单了。因为"美好、正义和智慧只存在于被破坏之后"。

在《丰乳肥臀》里大爱的遮蔽下,在这种简单的串连下,传统的观念分崩离析。新历史主义小说,实际上就是这样追求还原过去大的历史书写所遮蔽的活生生的细节。而观念,就存在于具体而微的细节之中。当年的《红高粱家族》里的那个无法归类于传统的正邪门派的余占鳌,是《丰乳肥臀》里司马库的模板。

莫言自己也说,在《丰乳肥臀》里他最喜欢的人物是司马库。

这是一部激动人心的小说,莫言在小说里爆发了此前几年中已经沉默的喷涌源泉。他说,1994 年在高密,他花了三个月,拼命地写。小说写完之后,竟然胖了十斤。

1995 年,莫言把妻子和女儿都接到了北京,他们一家在北京的团圆,宣告了高密东北乡这根脐带的肉体断裂。

这部小说在《大家》杂志上发表之后,获得《大家》红河文学奖,继而在作家出版社出版。

小说的凌厉风格,再加上当时可以说是一笔真正巨款的十万元"大奖",使得《丰乳肥臀》这本书一下子就扬了大名,也进入了很多本来不读小说的人的视野,于是乎,激怒了很多持"一分为二"的历史观点的顽人。这些人在《中流》等杂志里用非文学的模式大力抨击《丰乳肥臀》,其手段非常政治化,给莫言和《丰乳肥臀》扣上了很多吓人的大帽子,还写信到莫言工作的单位告状。

左手禁右手

《丰乳肥臀》这部厚重的长篇小说的出版,如果不是影响那么大,观念那么"离经叛道",那么莫言所遭受到的压力说不定也没有这么大。这种压力非常直截了当,来自于那种使用传统革命现实主义来理解一切的观念,在这种观念里,任何关于中国当代历史的看法,都必须严格按照中国革命史的既定理解来书写。在上个世纪 80 年代中期开始出现的以莫言的《红高粱家族》、乔良的《灵旗》、张炜的《古船》等为

代表的"新历史主义"小说中,他们试图突破这种僵化历史观念的困境,也给当时的小说界带来了极大的冲击。在《丰乳肥臀》里,莫言通过母亲博大的爱,彻底融化了那种"一分为二"的世界观,无论是土匪沙月亮、国军司马库、共党鲁立人,也无论他们高喊着什么样的口号,他们打得多么死去活来,上官鲁氏对他们留下来的孩子都一视同仁。阶级之分、敌我之分、善恶之分,在这里全都融化了。而对于革命现实主义的卫道者来说,这就是大逆不道的。老同志们更是上蹿下跳,动用、发动各种关系来给莫言找麻烦。

莫言的上级在《丰乳肥臀》受到批判时,派人来找他调查,成立了两个工作组,一个组负责一章,分别审查这部"大毒草"的问题:

他们让我做检查。起初我认为我没有什么好检查的,但我如果拒不检查,我的同事们就得熬着夜"帮助"我,帮助我"转变思想"。我的这些同事,平时都是很好的朋友,他们根本就没空看《丰乳肥臀》,但上边要批评,他们也没有办法。其中还有一个即将生产的孕妇,我实在不忍心让这位孕妇陪着我熬夜,我看到她在不停地打哈欠,我甚至听到了她肚子里的孩子在发牢骚,我就说:同志们,把你们帮我写的检查拿过来吧。我在那份给我罗列了许多罪状的检查上签了一个名,然后就报到上级机关去了。第二天,我们的头儿找我谈话,说光写检查还不行,必须要有实际行动。我说您指的实际行动是个什么行动?他说,你能不能给出版社写一封信,以你个人的名义,要求出版社停止印刷这本书,已经印出来的要封存销毁?我说要禁你们去禁,我自己不能禁我自己的书,但我们领导知道我的弱点,就再次组织我的同事们帮助我,其中当然还有那位少妇。我这个人意志薄弱,一看到那位孕妇,我的心就软了,我想,不就是一本书吗?禁就禁吧,与她肚子里的小孩子相比,我的《丰乳肥臀》算什么?于是我就给出版本书的出版社写了一封信,请他们不要加印,印出来的也要就地销毁。出版社一禁印,盗版书就铺天盖地而来,最保守的估计,盗版的《丰乳肥臀》起码有五十万本。④

　　这件事情，莫言事后说起来尽量用一种轻描淡写的语气来说，但是在中国生活过、被组织帮助过的人都能够理解在那种情形下的极大苦闷乃至愤懑气氛。一个人的书被加上各种罪名要禁止，有关方面还不肯自己出面，非要作者自己按照他们的要求来加以禁止。然而，莫言仍然不得不这么做。他的压力恐怕还不仅仅来自"孕妇"——在莫言的修辞里，他有时候会避重就轻，从而把心中沉重的负担倾斜到泥潭里去。这种自我的释放，在一个诡异的氛围里，是被逼出来的基本生存韧性和智慧。

　　对这部倾注了自己最大的心力和情感的长篇小说巨著，莫言的痛惜是难以抑止的。他在好多场合里都一再强调这部书在自己的创作中

2007年春，与以色列作家阿摩司·奥兹夫妇在一起

的重要性。

莫言在跟王尧的对话里说："我坚信将来的读者会发现《丰乳肥臀》的艺术价值。……《丰乳肥臀》是我最为沉重的作品……你可以不看我所有的作品,但如果你要了解我,就应该看我的《丰乳肥臀》。"

在回答日本汉学家吉田富夫教授的问题时,莫言再度强调："在我二十年的创作过程中,写下了将近四百万字的作品,《丰乳肥臀》集中地表达了我对历史、乡土、生命等古老问题的看法。……毫无疑问,《丰乳肥臀》是我的文学殿堂里的一块最沉重的基石,一旦抽掉这块基石,整座殿堂就会倒塌。"

很显然,被迫自己写信去禁止自己的作品,这是一个作家所能想象得到的最大的伤痛。

就在那之后,莫言想到,是时候离开部队了。

1997 年,莫言在参军二十一年之后,转业到了隶属最高人民检察院的《检察日报》社。

莫言自己总结过自己的创作历程:

我从 1981 年开始发表作品,到 2001 年已经 20 年了。这 20 年的创作过程大致可分成几个阶段:第一个阶段的代表作是《售棉大路》、《民间音乐》,这些作品虽然也受到了一些赞扬,但其实都是模仿之作。但不能因为有模仿的痕迹就彻底否定它,它还是表现了我在写作上的一点才华,或者可以说尽管有模仿——客气地说是借鉴——但还是有我自己的独特的东西。如果没有这个"描红"的阶段,也就没有后来的作品。

第二个阶段的代表作品应该是《透明的红萝卜》和《爆炸》。《透明的红萝卜》是我的成名作,写于 1984 年冬,发表于 1985 年春天的《中国作家》,当时冯牧先生主编《中国作家》,为这篇作品,该刊召开过一个规模很大的讨论会,连汪曾祺先生都与会说了不少赞扬的话。直到现在很多人还认为《透明的红萝卜》是我最好的作品,我不这么看。最近因为要编集子,把过去的作品重读了一遍,我发现《透明的红萝卜》有一种朴素的、原始的东西——那时说完全不懂文学夸张了一点,可以说几乎不懂文学,在这样的一种状态下,我靠个人生活的累积和对艺术的直觉写出了这样的作品,所以它是朴素和浑然天成的。但不能因为这些理由就说它是最好的。譬如《爆炸》的沉重的痛苦,《枯河》的彻骨的悲凉,都是《透明的红萝卜》里所没有的。

第三个阶段应该以《红高粱》为始,这是我知名度最高的一部作品,在被改编成电影之前就很轰动,电影的得奖又起到了火上浇油的作用。《红高粱》既然被那么多人津津乐道,应该是一部好作品。

《红蝗》、《欢乐》这两个大中篇的发表应该是我创作的第四个阶段。随着这两部小说的发表,批评和辱骂就与我结下了不解之缘。我最近编集子时,认真地读了它们,发现它们与《红高粱》有不一样的东西,现在的我,其实已经不可能再写出这样的作品。

然后进入了长篇小说创作的阶段:《红高粱家族》可以算作一部长篇,但在结构上乏善可陈。因为写的时候没想到要写成长篇,是先写了一个中篇,反响挺好,于是一发而不可收,一篇接一篇地如法炮制,这也有刊物编辑部的原因。固然后来把它们组合成一个长篇来出版,但作为一个长篇的结构还是不成熟的,起码没有原创性,当时,这样的系列中篇拼成的长篇很多。记得《解放军文艺》在北太平庄曾经开过一次影响很大的会,当时的"黑马"刘晓波在会上说:如果莫言一开始就把《红高粱》当成长篇来写,会产生石破天惊的效果,写成一个个的中篇,把力量稀释了,给人重复之感。他的意见很有道理,我自己也感到很惋惜。

《天堂蒜薹之歌》是受了一个真实事件的刺激而作,完全是出于一种义愤,出于对农民的一种同情,出于对下层生活的关注。当时我感觉到自己就是一个农民,虽然生活在城市,但骨子里还是农民。这部小说里有愤怒有情感,但在艺术上没有什么新东西。随后的《十三步》比较精致,一方面它是对知识分子生存状态的深切关注,有一定的社会意义。另一方面,在技术上做了一些探索。直到现在《十三步》也是我的一部登峰造极的作品,至今我也没有看到别的作家写得比《十三步》更复杂,我把汉语里面能够使用的人称或者视角都试验了一遍。

接下来就是《酒国》。这部小说发表以后没有什么反响,许多评论家根本就不知道我曾经写过这样一本书。后来是国外的一些汉学家开始关注这本书,然后把消息反馈回来,上海的几个年轻批评家组织了一个对谈,才使这本书的影响逐渐地扩大开来。《酒国》在结构上有它的独到之处,对多种文体进行了戏仿。

《酒国》之后我写过一些中短篇小说,然后就是闹得沸沸扬扬的《丰乳肥臀》。此书得了"大家文学奖"后,随即就被辱骂淹没。过了两年后,才有一些批评家站出来为《丰乳肥臀》辩护。我最近又把它重新整理了一遍,固然它存在着譬如故事上的枝权横生、语言上铺张浪费等问题,但我还是被自己塑造出来的人物感动。我认为《丰乳肥臀》是我迄今为止最沉重的一本书,也是感情包含最丰富的一本书。不管这本书遭受过什么样的命运,如果要说代表作的话,这本书就是我的代表作。

转业之后创作的《红树林》最早是写的电视剧本,为了配合投资电视剧的出版社,才把电视剧本改编成小说,这是一种半商业行为,无可奈何。《红树林》作为一部长篇来讲后半部存在着大量的问题。

《檀香刑》是我受到正面赞誉最多的一部小说,包括你的文章里提到的民间语言、结构的特殊性等。我基本上把自己的创作道路给梳理了一遍,但你要我说最喜欢自己的哪部作品,我还是说不出来。⑮

莫言的创作力是值得尊敬的。在《檀香刑》之后,他又创作了《四十一炮》、《生死疲劳》和《蛙》这三部篇幅都比较浩大的长篇小说。

他的精彩故事,还在继续中。

2007年秋，在托尔斯泰故居门前

获诺贝尔奖

2012 年 10 月 11 日，莫言获得了本年度的诺贝尔文学奖，这个消息为持续多年的"中国作家该不该得诺奖"的喧嚣画上了一个圆满的休止符。

此前的争议将莫言推到风口浪尖上，各种讨论在文学作品和道德伦理中攻讦不休，而很少涉及对他具体作品的深入分析。因为文学的边缘化，很多人连莫言的作品都没有读过，却仍然可以信口开河，肆意攻击。甚至有人以为莫言是一名默默无闻的作家，靠着诺贝尔文学奖的炒作才爆得大名。其实，近年来莫言一直出现在诺贝尔奖的传闻名

单之上,各种传闻或风言风语一年一度地满天飞。只是今年传闻依托着新媒体的新力量,传播得更加迅速、更加广泛而已。

近三十年来的中国文学中,莫言和他的作品一直处在争议旋涡中心,他的每一部作品出版都带来了几乎绝然相反的争议态度,而与他及他作品相关的国内外的研究论文数量惊人,在专业数据库里你可以搜索到大量与莫言相关的硕士论文和博士论文。

莫言的文学作品,题材敏感,反思尖锐,风格独特,语言犀利,想象狂放,叙事磅礴,在新时期以来的中国文学创作中独具个人魅力。他在中国一流作家的位置上保持了二十多年,他的创作成就已经获得国内外诸多文学奖项的肯定,其中重要的有:1987 年全国中篇小说奖,1988 年台湾联合文学奖,1996 年首届大家·红河文学奖,2001 年法国儒尔·巴泰雍外国文学奖,2004 年第二届华语文学传媒大奖·年度杰出成就奖,法国法兰西文化艺术骑士勋章,2005 年第十三届意大利诺尼诺国际文学奖,2006 年日本第十七届福冈亚洲文化奖,2008 年香港浸会大学世界华文长篇小说红楼梦奖,2011 年因长篇小说《蛙》获第八届茅盾文学奖。

从 1988 年美国汉学家葛浩文教授翻译《红高粱》《天堂蒜薹之歌》起,莫言的作品被广泛地翻译成英语、法语、西班牙语、德语、瑞典语、俄语、日语、韩语等十几种语言,是中国当代最有世界性知名度的作家之一。《纽约时报》书评曾说:莫言是一位世界级作家。诺贝尔文学奖获得者、日本作家大江健三郎对莫言的文学成很推崇,认为他的创作代表了亚洲的最高水平。莫言同时也是中国当代严肃文学作家中屈指可数的、少有的畅销书作家,拥有大量的忠实读者。

诺贝尔文学奖授予他,是对他文学成就的又一次肯定。

莫言的小说一直在两个不同的时空中展开:一个是残酷现实,细腻生动地展现当前乡村日常生活中的各种风貌,其核心主题是"饥饿"和"不公";另一个是浪漫世界,以强大的想象力推进到被官方历史遮蔽的微暗世界,关键词是"生命力"和"人性"。这两条藤蔓分别蔓延,各自结出了丰硕果实,并在彼此吸引中渐渐靠近。以莫言自己的说法,在他2006年出版的长篇小说《生死疲劳》中缠绕在一起,胜利会师。《生死疲劳》是一部真正的杰作,但其中的精髓还没有被文学评论界深刻感受到。这部作品的"轮回"结构,是写长篇小说时作家梦寐以求的结构。这种"简单"的结构,可以把作家从叙事/结构的繁重任务中解脱出来,他因此能够从容而天马行空地对轮回成驴、牛、猪的主人公西门闹分别叙述。语言极有弹性,叙事生动,想象力丰富。笔者特别欣赏莫言在小说中轻松地把握叙事、人物角色转换的能力。原地主西门闹土改时被工作队在河滩上崩掉脑袋后,他家的长工蓝脸就变成了新时代的主人,并且娶了他的媳妇,住了他的家。含冤死去的西门闹深感冤屈,在阎王爷面前绝不屈服,所以,地府的裁决者为惩罚他,判决他带着前世的记忆(不给他喝忘忧汤)轮回到阳间做牲畜,而且是投胎到蓝脸的家里,亲眼目睹着人世间的沧桑变化。他先变成驴子,驴子死后还不服,又被罚投胎成牛,牛死后他继续不服,再被判投胎为猪。其中"西门猪"一章写得汪洋恣意,想象磅礴,过了好多年,我都记忆犹新:高智商的西门猪带领牲畜栏里的猪们反击人类的统治,英勇战斗,跳出猪圈,一路冲杀,突破人类猎手的重重包围,胜利地渡河来到河中小岛建立自己的独立王国,终于自由自在地过上了无拘无束的快乐生活。这个故事很容易令人想到《西游记》里的孙悟空和他的自由王国"花果山"——小说中,现实和浪漫以荒诞的诗意,在一头生命不止、战斗不息的猪王身上深刻地体现出来。其中的隐喻效果极其鲜明。

2008年的长篇小说《蛙》通过"姑姑"这个特殊人物形象,深入地控诉了计划生育对中国人的戕害。"姑姑"自称是组织的走狗、信徒,组织让做什么就做什么,她亲手接生过一万个婴儿,也亲手杀死两千八百个婴儿。新政权刚建立,在乡村推广新的接生技术,刚毕业的"姑姑"接生了高密东北乡几千名新生儿,包括王肝王胆兄妹、陈鼻、王手等人。后来搞计划生育,"姑姑"同样自愿充当"走狗",带领计划生育工作队抓捕超生的村民(大多是她接生的),强行做人流,而导致王胆等人的死亡。"文革"结束后,"姑姑"也从疯狂中恢复正常了。她这才发现自己当"走狗"时做了多少邪恶事情。她用自己的后半生来赎罪,和做泥人

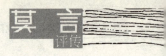
的丈夫一起，做了两千八百个小泥人，供在三面墙的龛里，为他们念佛经……这部小说生动有力地控诉了计划生育对人性的巨大伤害。

莫言通过自己独特的创作，把高密东北乡这样一个默默无闻的、隐秘在胶东平原边缘的丘陵和平原过渡地带的微地，扩展为世界性的中心舞台。对于一名真正的读者来说，莫言获得诺贝尔文学奖与否，都不妨碍他的自由阅读和理解。而作家的核心价值，更多地体现在他的文学作品成就上，而不是他的个人道德上。现在，莫言已经获得2012年度诺贝尔文学奖，我想这可以促进、加深世界其他国家读者对中国文学的了解和理解，其中的辐射，可以影响到其他的作家身上，这才是诺贝尔文学奖背后更深远的意义。

注释

①莫言、王尧：《莫言王尧对话录》，第130页。

②莫言：《红高粱家族》，南海出版公司1999年版，第6页。

③莫言：《我为什么要写〈红高粱家族〉》，见《莫言研究资料》，杨扬编，天津人民出版社2005年版。

④莫言：《〈红高粱〉与张世家》，《莫言研究》2006年第1期。

⑤张世家：《我与莫言》，《莫言研究》2006年第1期。

⑥管谟贤：《莫言小说中的人和事》，《莫言研究》2006年第1期。

⑦于天助：《孙家口伏击战与公婆庙惨案》，《高密文史资料选辑》1988年第7辑。

⑧⑨⑩⑪莫言：《我为什么要写〈红高粱家族〉》，见《莫言研究资料》，杨扬编，天津人民出版社2005年版。

⑫⑬莫言、王尧：《莫言王尧对话录》，第122页。

⑭《莫言与大江健三郎、张艺谋的对话》，《检察日报》2002年2月15日。

⑮《农村故事征服香港读者》，《广州日报》2007年7月24日。

⑯《莫言研究》2006年第1期。

⑰莫言、王尧：《莫言王尧对话录》，第120页。

⑱同上，第122页。

⑲莫言：《独特的声音》，见《莫言散文》，浙江文艺出版社2000年版，第215页。

⑳莫言：《福克纳大叔，你好吗？》，同上，第295页。

㉑莫言：《会唱歌的墙》，作家出版社2005年版，第280-281页。

㉒㉓逢春阶、宋学宝：《电影确实了不得》，《大众日报》2004年12月14日。

㉔莫言：《欢乐》，原载《人民文学》杂志1987年1—2期合刊，后收于《当代中国小说名家珍藏版·莫言》，文化艺术出版社2001年版，第308页。

㉕同上，第328页。

㉖余华：《谁是我们共同的母亲》，见《没有一条道路是重复的》，余华著，上海文艺出版社2004年版。

㉗《我与莫言》，《莫言研究》2006年第1期。

㉘2007年8月底，在上海瑞金宾馆前的草地上喝茶时，我向莫言求证，他说张扣的唱词全是他瞎掰的。《红高粱》里的唱词是他自己写的，《檀香刑》里的"猫腔"，大多也是他创作的。莫言说，我还是一个诗人呢，你不知道吧？莫言说他已经写了六七百首诗，但是秘藏着暂时并不示人。如果这个说法得到证实，那么本书写到的就是三分之一个莫言，其他三分之一是他的家庭和爱情，还有三分之一大概就是诗人莫言。留待日后的学者继续吧。

㉙莫言：《莫言文集卷三·再爆炸》，作家出版社1994年版。

㉚莫言、王尧：《莫言王尧对话录》，第145页。

㉛同上，第147页。

㉜莫言：《酒后絮语》，见《莫言散文》，第207页。

㉝莫言：《酒国》，湖南文艺出版社1993年版。

㉞莫言、王尧：《莫言王尧对话录》，第155页。

㉟同上，第159页。

㊱见于"莫言小说精短系列"之《苍蝇·门牙》卷，上海文艺出版社

2000 年版。这篇小说以"母亲"为主角,用第二人称的鲁迅体"伊"做叙述人称,用现实主义的方式,描写饥饿而水肿的母亲如何为了养育自己的孩子,偷偷地吞食了生产队的豆子之后,回到家里"反刍",把这些粮食呕吐出来给孩子们吃。该小说原发于陕西杂志《文友》。

㊲莫言批评说:现在很多作家小说的结构意识不强,那些为有闲阶级、有钱阶级服务的消闲文学更没有结构意识。见《莫言王尧对话录》,第 152 页。

㊳㊴莫言:《我的〈丰乳肥臀〉》,见《莫言散文》,第 284 页。

㊵同上,第 158 页。

㊶莫言:《小说的气味》,春风文艺出版社 2003 年版,第 70 页。

㊷㊸[意]卡尔维诺:《我们的祖先》,吴正仪、蔡国忠译,中国工人出版社 1989 年版。

㊹莫言:《小说的气味》,第 68 页。

㊺同上,第 155 页。

后 记

这部书还需要一个"后记"吗？

我想到的都写了。在这部书里，我浪费了整整一年半的时间。我相信，我的同行熟练工们写这样的东西，只需要三五个月就行了。刚开始答应这套书的主编谢有顺先生和责编杨莉小姐写这部书时，我的野心是写一部别人无法超越的莫言评传。然而还没有落笔，我就发现这种想法不仅狂妄无知，而且不自量力。

有资格有能力有机会写莫言评传的人太多了，比我合适一百倍的人不下一百个，然而某个神秘的指头指向了我，说，你，说你哪，就是你！

我被选中了。

不是我能力强，而是命中注定。

我重新把莫言的作品读了一遍，断断续续花了三个月。把与莫言有关的资料搜集阅读了一遍，花了三个月。我花了六个月写出初稿，花了一个月修改一遍，最后，我又花十天修改了第三遍。在写作和修改过程中，我花了两个月胡思乱想。另外三个月，我在等待戈多。

这就是这本书诞生的过程。

我在 2007 年 8 月的一个晚上，在上海瑞金宾馆前的草地上，微笑地看着莫言。

在写作这本书时，莫言一直给我泼冷水。

以前，莫言曾对我很友好，经常在书里写几句打趣我。在那部收有

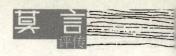

《笼中叙事》、《欢乐》和《冰雪美人》的《当代中国小说名家珍藏版莫言卷》的扉页上,莫言写道:

廖贤弟增湖博士

大雨横扫上海滩,

遍地水光起波澜,

河里无鱼市上看,

多是青鲤胖头鲢,

孟鱼头里庆丰年。

莫言　2001 年 7 月 25 日

此前我在首都北京天安门不远处,蒙莫言的带领,去品尝了他家不远处的“孟鱼头”火锅,大家吃得热火朝天,非常愉快。那时候没有双方利益冲突,莫言的命运也没有掌握在我的手里,他对我客气一点,算是一个老大哥的宽容。那年大概上海下了一阵暴雨,莫言字中不乏戏谑,似捧实捧,腾挪自如。

我决定写这本书之后,发现自己成了掌握莫言这位主人公命运的国王。

莫言虽然表面上镇定自如,我却觉得他忐忑不安。

在草地上,他们喝茶或者咖啡,我喝矿泉水。

莫言说:“你一定是写一个谁也不认识的家伙。”

我说:“我是虚构了一个莫言……”

莫言如释重负。

我也如释重负。

莫言说:“这句话就放在扉页里吧。”

莫言在《莫言研究》2006 年第 1 期上又写了几个字,留下了自己的“罪证”,那就是阻止我写这部书的证据:

故乡人如同叫卖土特产,自然要往好里说。但我大哥的文章所述，大体准确。你在"莫言"身上花费精力，不是浪费才华吗？再写几本《八叔传》多好！

话虽然是这样说，但是莫言还是展示了一个老大哥的宽厚风范。我的这部不成样子的评传写成之后，他就做着君子成人之美的好事，不再打击我，而是鼓励和宽慰，并且在极其繁忙地在各大洲飞来飞去的间隙，暂时停驻在地面上，耗费大量宝贵的时间，一词一句地对这部书加以校订，使书中的诸多谬误插翅飞走了。不仅如此，他还就书中的一些啰唆繁复和不必要的段落，提出了切中肯綮的意见，也让这部书的一部分赘肉得到了应有的下场。

感谢的话一说出口，就没完没了。

在这部书写作期间，我妻子王琦提出了不少精妙的意见。我们常常对一些相关的问题进行交流。书中涉及的明传奇、元杂剧和明清小说，我也多次向专门研究明清戏曲的王琦博士请教。把这部书献给她是最恰当不过的了。

我怎么能忘记可爱的女儿廖小乔呢。这个小女孩是我真正的人生导师。

在她的身上，我常常照见自己的鄙陋和无知。

是为记。

附 录

主要参考书目

《莫言王尧对话录》,莫言、王尧著,苏州大学出版社。

《莫言散文》,莫言著,浙江文艺出版社。

《会唱歌的墙》,莫言著,作家出版社。

《莫言研究资料》,路晓冰编选,山东文艺出版社。

《莫言研究资料》,杨扬编,天津人民出版社。

《流氓的盛宴》,朱大可著,新星出版社。

《内部的风景》,张闳著,广州出版社。

《莫言小说里的人和事》,管谟贤著,《高密莫言研究》第一辑。

《日本现代文学的起源》,(日)柄谷桁人著,赵京华译,北京三联书店出版。

莫言生平年表

　　1955年2月17日,莫言出生于山东省高密县河崖镇平安村。按照古老的习俗,莫言父亲在其母临盆前,到村口大道上扫来了一簸箕的浮土,垫在即将生产的母亲身体下。

　　1960年,莫言五岁,被家人送进村小学,是班里年纪最小的学生。

　　1966年,莫言十一岁,小学毕业。因为家庭成分是富裕中农,也因为得罪了一个农民代表,莫言被剥夺了继续上中学的权利,只能回家务农,成为一名公社小社员。常常一个人赶着牛羊到远处放牧。一天到晚,都是独自一人,他养成了仰看蓝天白云、俯瞰青草流水的习惯。他对着天空喃喃自语,和牛羊娓娓交谈。

　　1967年,莫言十二岁。在水利工地旁,莫言因为饥饿难耐,偷拔了生产队的一根红萝卜,被机警的革命老农擒获,押送到工地上。工地领导召集全工地的人,为这个十二岁的孩子专门召开一场批斗会。十二岁的莫言跪在毛主席像面前痛哭流涕,声明自己再也不敢了。批斗会过后,莫言被二哥押送回家,遭到了父亲的一顿毒打。这个惨痛的记忆,被莫言写成了中篇小说《透明的红萝卜》和短篇小说《枯河》。

　　1973年,莫言十八岁。他报名参加挖掘胶莱运河,当上了一名光荣的农民工。劳累之余,他创作了第一部长篇小说《胶莱河畔》,不过因为劳动过于疲惫,他仅创作了一章,这部小说就戛然而止了。同年,莫言到棉纺厂当上了临时工,任司磅员。后来,当上了棉纺厂夜校的语文老师。

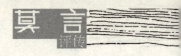

1976 年，莫言二十一岁。历经波折，终于参军成功。

1978 年，莫言二十三岁。开始最早的文学创作，并且向全国各地投稿。

1979 年，莫言二十四岁。7 月，莫言回老家结婚。一个星期后，他接到速回部队的电报。莫言返回黄县部队驻地，领导让他赶紧打包到保定报到。他从黄县调到保定，到位于狼牙山脚下的训练大队当教员。

1980 年，莫言二十五岁。因为提干无望，苦闷无聊之余，莫言继续创作。他的伯乐江干事替他找到了继续在训练大队待下去的办法：做政治课老师。莫言找来了艾思奇的《辩证唯物主义和历史唯物主义》死记硬背，最后竟然能够做到脱稿讲课，成为一名很受学生欢迎的政治课教员。

1981 年秋，莫言二十六岁，在保定地区文联主办的《莲池》杂志第 5 期上发表了处女作——短篇小说《春夜雨霏霏》。同年，女儿管笑笑出生。

1982 年，莫言二十七岁。在《莲池》杂志第 2 期发表短篇小说《丑兵》，第 5 期发表短篇小说《为了孩子》。后被破格提干。同年，被调到北京长城脚下的延庆当干事。

1983 年，莫言二十八岁。在《莲池》杂志发表短篇小说《售棉大道》，被《小说月报》转载；后又发表短篇小说《民间音乐》，得到老作家孙犁的赏识，孙犁在一篇短文上说这篇小说有空灵之感。

1984 年，莫言二十九岁。在《长城》杂志第 2 期发表短篇小说《岛上的风》，在《长城》杂志第 5 期发表中篇小说《雨中的河》，在《解放军文艺》第 7 期发表短篇小说《黑沙滩》。同年，莫言得到著名作家徐怀中的赏识，走进解放军艺术学院文学系，成为文学系成立后的第一届学生。

1985 年，莫言三十岁。在《中国作家》第 2 期发表中篇小说《透明的红萝卜》，引起反响，《中国作家》组织在京的作家与评论家举行讨论会讨论该作。同年，在《收获》第 5 期发表中篇小说《球状闪电》，在《钟山》第 1 期发表中篇小说《金发婴儿》，在《人民文学》第 12 期发表中篇小说《爆炸》，并在多家刊物发表短篇小说《枯河》、《老枪》、《白狗秋千架》、《大风》、《三匹马》、《秋水》等多篇。

1986年,莫言三十一岁。小说集《透明的红萝卜》由作家出版社出版。在《人民文学》第3期发表中篇小说《红高粱》,获第四届全国中篇小说奖。该作发表后引起轰动。随后发表系列中篇《高粱酒》、《高粱殡》、《狗道》、《奇死》,同时还发表中篇《筑路》,短篇小说《草鞋窨子》、《苍蝇·门牙》等。同年夏天,张艺谋找到莫言,洽谈购买《红高粱》改编电影版权事宜。其后,莫言与陈剑雨、朱伟合作,将《红高粱》改编成电影文学剧本。

1987年,莫言三十二岁,长篇小说《红高粱家族》由解放军文艺出版社出版。中篇小说《欢乐》在《人民文学》第1—2期合刊发表,当时受到批评界的批评。秋天,在《收获》第3期发表中篇小说《红蝗》,也获得恶评。

1988年,莫言三十三岁。由张艺谋导演、姜文和巩俐主演的电影《红高粱》获西柏林第三十八届电影节金熊奖,引起世界对中国电影的关注。同年,在《十月》杂志发表长篇小说《天堂蒜薹之歌》,同年4月,由作家出版社出版单行本。发表《复仇记》、《马驹横穿沼泽》(这两篇收入长篇系列小说《食草家族》)。同年秋,山东大学、山东师范大学在莫言故乡高密联合召开了"莫言创作研讨会",有关论文汇编成《莫言研究资料》。9月,莫言考入北京师范大学创作研究生班,小说集《爆炸》由解放军文艺出版社出版。秋天,在《文学四季》发表长篇小说《十三步》,随后由作家出版社出版。这是莫言在小说结构上所做出的最为极端的探索,把三种人称交替使用,令人眼花缭乱,然而,一直未能引起评论界和读者的真正关注。

1989年,莫言三十四岁。随中国作家代表团出访西德,这是莫言第一次走出国门。同年3月,短篇小说《白狗秋千架》获台湾联合报小说奖,根据此小说改编、霍建起导演的电影《暖》,后来获第16届东京电影节金麒麟奖。4月,中短篇小说集《欢乐十三章》由作家出版社出版。6月,发表中篇小说《你的行为使我恐惧》。冬天,开始创作长篇小说《酒国》。

　　1990年，莫言三十五岁。在《花城》杂志发表中篇小说《父亲在民夫连里》。继续构思和创作长篇小说《酒国》。他用戏谑的手法篡改过《沙家浜》，写成小说后寄给《花城》，但是遭到了退稿。

　　1991年，莫言三十六岁。春节期间，他创作中篇小说《白棉花》、《战友重逢》、《怀抱鲜花的女人》、《红耳朵》；去新加坡和马来西亚参加文学活动，碰见台湾作家张大春和朱天心等人。张大春向莫言约稿，为此，莫言回到高密之后，在夏天的暑假期间，创作《神嫖》、《夜渔》、《鱼市》、《翱翔》等短篇小说十二篇。秋天，中短篇小说集《白棉花》由华艺出版社出版。同年，莫言与朋友合作还创作了六集电视连续剧《哥哥们的青春往事》，由河南电影制片厂摄制。

　　1992年，莫言三十七岁。创作中篇小说《幽默与趣味》、《模式与原形》、《梦境与杂种》。

　　1993年，莫言三十八岁。先后出版长篇小说《酒国》和《食草家族》、中篇小说集《怀抱鲜花的女人》以及短篇小说集《神聊》。

　　1994年，莫言三十九岁。莫言母亲于山东高密县去世。这件事情，直接催生了莫言要写一部小说献给母亲的念头。

　　1995年，莫言四十岁。春节期间，莫言在高密，走入了天主教堂，创作长篇小说《丰乳肥臀》。出版五卷本《莫言文集》。《丰乳肥臀》在《大家》连载。这部长篇小说的发表，引来了巨大的争议，把莫言推到了风口浪尖上。同年，莫言把妻女接到北京一起生活，结束了长年两地分居的状况。

　　1996年，莫言四十一岁。在上级领导和同事们的"帮助"下，莫言违心地为《丰乳肥臀》写了一封信，"以个人的名义，要求出版社停止印刷这本书，已经印出来的要封存销毁。"由莫言编剧、严浩导演、张瑜主演的影片《太阳有耳》，获第46届柏林电影节银熊奖。

　　1997年，莫言四十二岁。与人合作，创作话剧《霸王别姬》。同年，参军二十一年之后，莫言离开了军队，到最高人民检察院《检察日报》工作。《丰乳肥臀》获首届"大家·红河文学奖"，奖金十万元。

　　1998年，莫言四十三岁。在《东海》杂志第6期发表中篇小说《牛》，

《小说选刊》第 9 期和《小说月报》第 9 期转载，在《收获》杂志第 6 期发表中篇小说《三十年前的一场长跑比赛》，发表短篇小说《拇指铐》、《长安大道上的骑驴美人》、《白杨林里的战斗》、《一匹倒挂在杏树上的狼》、《蝗虫奇谈》。出版散文集《会唱歌的墙》。十八集电视连续剧《红树林》由《检察日报》影视部摄制完成。

1999 年，莫言四十四岁。在《收获》第 2 期发表中篇小说《师傅愈来愈幽默》，在《花城》第 1 期发表短篇小说《我们的七叔》，在《收获》第 4 期发表中篇小说《野骡子》。在海天出版社出版长篇小说《红树林》、小说集《长安大道上的骑驴美人》，在解放军文艺出版社出版《师傅愈来愈幽默》。

2000 年，莫言四十五岁。在《收获》第 1 期发表中篇小说《司令的女人》，在《上海文学》第 11 期发表短篇小说《冰雪美人》。长篇小说《酒国》再版，在南海出版公司出版。《莫言短篇小说》(1—3 卷)由上海文艺出版社出版，《莫言散文》由浙江文艺出版社出版。

2001 年，莫言四十六岁。长篇小说《檀香刑》由作家出版社出版。小说出版后，引起了文学界的再度热烈争议，后获台湾联合报 2001 年十大好书奖。在《山花》第 1 期发表短篇小说《倒立》。获第 2 届冯牧文学奖。长篇小说《酒国》(法文版)获法国 "Laure Bataillin"(儒尔·巴泰雍)外国文学奖。

2002 年，莫言四十七岁。与阎连科合作长篇小说《良心作证》，由春风文艺出版社出版。中篇小说《扫帚星》在《布老虎中篇小说春之卷》发表。长篇小说、小说集和散文集《红高粱家族》、《酒国》、《拇指铐》、《清醒的说梦者》、《罪过》、《师傅愈来愈幽默》、《透明的红萝卜》共七部，在山东文艺出版社出版。《司令的女人》在云南人民出版社出版。散文集《清醒的说梦者》由山东文艺出版社出版。散文集《什么气味最美好》在南海出版公司出版。小说集《拇指铐》在山东文艺出版社出版。《莫言中篇小说集》在作家出版社出版。长篇小说《檀香刑》获首届 "鼎钧文学奖"。

2003 年，莫言四十八岁。长篇小说《四十一炮》由春风文艺出版社

出版。在《收获》第 5 期发表短篇小说《木匠与狗》。散文集《小说的气味》在春风文艺出版社出版。小说集《拇指拷》在江苏文艺出版社再版。《莫言中短篇小说精选》在青海人民出版社出版。小说集《藏宝图》在春风文艺出版社出版。散文集《写给父亲的信》在春风文艺出版社出版。

2004 年，莫言四十九岁。先后获法兰西文化艺术骑士勋章和"华语文学传媒大奖·年度杰出成就奖"。在《收获》第 3 期发表短篇小说《挂像》、《大嘴》、《麻风女的情人》，在《大家》第 5 期发表短篇小说《与大师约会》，在《江南》第 1 期发表短篇小说《养兔手册》。《莫言文集》(1—12卷)在当代世界出版社出版。

2005 年，莫言五十岁，获第三十届意大利 NONINO 国际文学奖。《莫言短篇小说全集》，包括《白狗秋千架》和《约会大师》两卷，在上海文艺出版社出版；《莫言作品系列》，包括《红高粱家族》和《食草家族》两卷，在上海文艺出版社出版。

2006 年，莫言五十一岁。在作家出版社出版长篇小说《生死疲劳》。散文集《北海道随笔》在上海文艺出版社出版。获第 17 届福冈亚洲文化大奖。

2007 年，莫言五十二岁。参加深圳书市和香港书市。散文全集《说吧，莫言》(1—3 卷)在海天出版社出版。

2009 年，莫言五十四岁。长篇小说《蛙》在上海文艺出版社出版。

2011 年，莫言五十六岁。作品《蛙》获得第八届茅盾文学奖。对《蛙》的授奖辞为："在二十多年的写作生涯中，莫言保持着旺盛的创造激情。他的《蛙》以一个乡村医生别无选择的命运，折射着我们民族伟大生存斗争中经历的困难和考验。小说以多端的视角呈现历史和现实的复杂苍茫，表达了对生命伦理的深切思考。书信、叙述和戏剧多文本的结构方式建构了宽阔的对话空间，从容自由、机智幽默，在平实中尽显生命的创痛和坚韧、心灵的隐忍和闪光，体现了作者强大的叙事能力和执著的创新精神。"

2012 年，莫言五十七岁。10 月 11 日，瑞典文学院在斯德哥尔摩宣布，中国籍作家莫言获得 2012 年度诺贝尔文学奖。该奖的评审委员会认为，"借助魔幻与现实以及历史与社会视角的混合，莫言创造了一个世界，所呈现的复杂程度令人联想起威廉·福克纳和加夫列尔·加西亚·马尔克斯"。

莫言主要研究资料汇编

莫言研究专著

《莫言论》,张志忠著,中国社会科学出版社 1990 年出版。

《怪才莫言》,贺立华、杨守森著,花山文艺出版社 1992 年出版。

《莫言研究资料》,贺立华、杨守森编,山东大学出版社 1992 年出版。

莫言研究资料汇编

《莫言研究资料》,杨扬编,天津人民出版社 2005 年出版。

《莫言研究资料》,施战军、路晓冰编,山东文艺出版社 2006 年出版。

莫言评论文章主要篇目

《有追求才有特色——关于〈透明的红萝卜〉》的对话,徐怀中等,《中国作家》1985 年第 2 期

《小说"写意"手法谈》,朱向前,《文学评论》,1985 年第 2 期

《"妙在似与不似之间"——评中篇小说〈透明的红萝卜〉》,李陀,《文艺报》1985 年 7 月 6 日

《关于〈透明的红萝卜〉》的思考,崔京生,《文汇报》1985 年 7 月 29 日

《游魂的复活——评〈红高粱〉》,雷达,《文艺学习》1986 年第 1 期

《拾遗录:现代小说中的意象——莫言小说集〈透明的红萝卜〉》,李陀,《文学自由谈》1986 年第 1 期

《天马行空——莫言小说艺术特点》,朱向前,《小说评论》1986 年第 2 期

《"五老峰"下荡轻舟——读〈红高粱〉有感》,丛维熙,《文艺报》1986 年 4 月 12 日

《奇情异彩亦风流——莫言感觉层小说探析》,张志忠,《钟山》1986 年第 3 期

《莫言的感觉》,晓华、汪政,《当代文坛》1986 年第 4 期

《被记忆缠绕的世界——莫言创作中的童年视角》,程德培,《上海文学》1986 年第 4 期

《莫言小说"写意"散论》,朱向前,《当代作家评论》1986 年第 4 期

《论莫言的艺术感觉》，张志忠，《文艺研究》1986年第4期

《小说领域里的稚拙美——〈红高粱〉印象》，吴炫，《文学报》1986年7月24日

《惊愕·恶心·沉思——"高粱"系列中篇小说漫评》，艾晓明，《文论报》1986年8月30日

《莫言的小说模式及其意义初探》，贺绍俊、潘凯雄，《文学评论家》1986年第5期

《混浊迷茫中的活力——谈莫言新作〈高粱酒〉》，俞玉，《小说评论》1986年第5期

《读〈红高粱〉笔记》，李陀，《小说选刊》1986年第7期

《莫言的意义》，李洁非、张陵，《读书》1986年第6期

《淹没在水中的红高粱——莫言印象》，赵玫，《北京文学》1986年第8期

《情绪、情感、文体意识——读莫言的小说》，朱珩青，《文学自由谈》1987年第1期

《文学的魂——张承志、莫言比较论》，樊星，《当代文坛》1987年第3期

《精神分析学与〈红高粱〉的叙事结构》，李洁非、张陵，《北京文学》1987年第1期

《灵性激活历史——〈红高粱〉〈灵旗〉〈第三只眼〉纵横谈》，雷达，《上海文学》1987年第1期

《论阿城、莫言对人格美的追求与东方文化传统》，胡河清，《当代文艺思潮》1987年第5期

《莫言小说中的性意识——兼评〈红高粱〉》，吴俊，《当代作家评论》1987年第5期

《忧郁的土地，不屈的精魂——莫言散论之一》，季红真，《文学评论》1987年第6期

《莫言文体论》，张志忠，《文学评论家》1987年第6期

《莫言：沸腾的感觉世界的爆炸》（复旦大学学生"新时期文学"讨

论实录之五），王宏图整理，《当代文艺探索》1987 年第 6 期

《声色犬马　皆有境界——莫言小说艺术三题》，陈思和，《作家》1987 年第 8 期

《陌生化——感觉的重构——谈莫言的创作》，张志忠，《文学自由谈》1988 年第 1 期

《现代人的民族民间神话（莫言散论之二）》，季红真，《当代作家评论》1988 年第 1 期

《历史与现实的二元对话——兼谈莫言新作〈玫瑰玫瑰香气扑鼻〉》，陈思和，《钟山》1988 年第 1 期

《毫无节制的〈红蝗〉》，贺绍俊、潘凯雄，《文学自由谈》1988 年第 1 期

《莫言及其感觉的宿命》，大卫，《文学自由谈》1988 年第 2 期

《神话世界的人类学空间——释莫言小说的语义层次》，季红真，《北京文学》1988 年第 3 期

《幽闭而骚乱的心灵——论作为一种文学现象的莫言小说》，颜纯钧，《当代作家评论》1988 年第 3 期

《人的生命本体的窥视与生存状态的摹写——莫言小说对世界的认识与表现方式》，张德祥，《小说评论》1988 年第 4 期

《莫言小说里的"恶心"》，李洁非，《当代作家评论》1988 年第 5 期

《反文化的失败——莫言近期小说批判》，王干，《读书》1988 年第 10 期

《鬼才写鬼事》，李洁非，《青年文学》1988 年第 11 期

《莫言创作研讨会综述》，房赋闲，《文史哲》1989 年第 1 期

《莫言小说的"亵渎意识"》，周政保等，《小说评论》1989 年第 1 期

《亵渎的神话：〈红蝗〉的意义》，丁帆，《文学评论》1989 年第 1 期

《天然的歧途——莫言作品侧识》，李德明，《文学评论》1989 年第 2 期

《荒野弃儿的归属——重读〈红高粱家族〉》，孟悦，《当代作家评论》1990 年第 3 期

《论福克纳与马尔克斯对莫言的影响》，张卫中，《徐州师范学院学报》(哲社) 1991 年第 1 期

《莫言小说中的人和事》，管谟贤，《青年思想家》，1992 年第 1 期

《回到寓言——论莫言及其近作》，李洁非，《当代作家评论》1993 年第 2 期

《莫言文体多重结构中传统美学因素的再审视》，张清华，《当代作家评论》1993 年第 6 期

《莫言小说与后期印象派色彩美学》，吴非，《作家》1994 年第 10 期

《莫言小说与"印象派之后"的色彩美学》，吴非，《小说评论》1994 年第 5 期

《〈酒国〉的修辞分析》，张闳，《作品》1996 年第 1 期

《〈丰乳肥臀〉：性变态视角》，彭荆风，《文学自由谈》1996 年第 2 期

《令人遗憾的平庸之作——也谈莫言的〈丰乳肥臀〉》，楼观云，《当代文坛》1996 年第 3 期

《莫言：反讽艺术家：读〈丰乳肥臀〉》，张军，《文艺争鸣》1996 年第 3 期

《百年屈辱、百年洪荒——对〈丰乳肥臀〉的文学史价值质疑》，唐韧，《文艺争鸣》1996 年第 3 期

《上官鲁氏的悲剧——〈丰乳肥臀〉人物浅析》，中颉、付宁，《当代文坛》1996 年第 4 期

《母性崇拜与肥臀情结——读莫言的〈丰乳肥臀〉》，刘蓓蓓、李以洪，《文艺评论》1996 年第 9 期

《恋乳奇谈——评莫言〈丰乳肥臀〉》，王德威，《台港文学选刊》1998 年第 5 期

《千言万语，何若莫言》，王德威，《读书》1999 年第 3 期

《莫言小说的基本主题与文体特征》，张闳，《当代作家评论》1999 年第 5 期

《感官的王国——莫言笔下的经验形态及功能》，张闳，《当代作家

评论》2000 年第 5 期

《变化中的莫言——谈莫言近期中短篇小说》，周春玲，《当代作家评论》2000 年第 5 期

《民间的现代之子——重读莫言的〈红高粱家族〉》，王光东，《当代作家评论》2000 年第 5 期

《永垂不朽的声音——我看莫言的过去、现在和未来》，柳建伟，《解放军艺术学院学报》2001 年第 3 期

《〈檀香刑论〉》，吴俊，《当代作家评论》2001 年第 3 期

《莫言近年小说的民间叙述——莫言论之一》，陈思和，《钟山》2001 年第 5 期

《当死亡比活着更困难——〈檀香刑〉中的人性分析》，谢有顺，《当代作家评论》2001 年第 5 期

《挑战阅读——评莫言〈檀香刑〉》，张伯存，《当代作家评论》2001 年第 5 期

《一种孤独远行的尝试——〈酒国〉之于莫言小说的创新意义》，黄善明，《当代作家评论》2001 年第 5 期

《文学与民间性——莫言小说里的中国经验》，张柠，《南方文坛》2001 年第 6 期

《中国风格——关于〈檀香刑〉》，蒋原伦，《南方文坛》2001 年第 6 期

《刑场背后的历史——论〈檀香刑〉》，洪治纲，《南方文坛》2001 年第 6 期

《从〈红高粱〉到〈檀香刑〉》，莫言、王尧，《当代作家评论》2002 年第 1 期

《历史的挽歌与生命的绝唱——论莫言长篇新作〈檀香刑〉》，韩琛，《小说评论》2002 年第 1 期

《介入近代史深层——莫言〈檀香刑〉》评论，何向阳，《辽宁日报》2002 年 4 月 25 日

《一个叫"我"的孩子》，何向阳，《莽原》2002 年第 3 期

《第三只眼睛——论〈透明的红萝卜〉中黑孩形象的文学功能》，王书情，《怀化学院学报》2002 年第 4 期

《莫言近年中短篇小说透视》，胡秀丽，《当代文坛》2002 年第 5 期

《〈檀香刑〉:人性的丑恶展览》，朱国昌，《文艺争鸣》2002 年第 5 期

《"戏剧化"生存:〈檀香刑〉的叙事策略》，杨经建，《文艺争鸣》2002 年第 5 期

《发现故乡与表现自我——莫言访谈录》，周罡，《小说评论》2002 年第 6 期

《莫言与中国精神》，李敬泽，《小说评论》2003 年第 1 期

《在民间戏说民间——〈檀香刑〉中民间叙事的解析与评判》，郑坚，《当代文坛》2003 年第 1 期

《叙述的极限——论莫言》，张清华，《当代作家评论》2003 年第 2 期

《有一种叙述叫"莫言叙述"——评长篇小说〈四十一炮〉》，吴义勤，《文艺报》2003 年 7 月 30 日

《莫言:以低调写作贴近生活》，莫言、杨扬，《文学报》2003 年 7 月 31 日

《开篇:莫言传》，叶开，《当代作家评论》2006 年第 1 期

图书在版编目（CIP）数据

莫言评传/叶开著. —郑州：河南文艺出版社，2008.4
（2012.11重印）
（中国当代作家评传丛书/谢有顺主编）
ISBN 978-7-80623-924-7

Ⅰ.莫… Ⅱ.叶… Ⅲ.莫言–评传 Ⅳ. K825.6 I206.7

中国版本图书馆 CIP 数据核字（2008）第 028747 号

莫言评传 /叶开 著

策划编辑　杨　莉
责任编辑　杨　莉
装帧设计　刘运来
责任校对　丁淑芳

出版发行　河南文艺出版社
本社地址　郑州市鑫苑路 18 号 11 栋
邮政编码　450011
本社网址　http://www.hnwycbs.cn
电子信箱　master@hnwycbs.cn
售书热线　0371 – 65379196
承印单位　郑州市毛庄印刷厂
经销单位　新华书店
纸张规格　700 毫米×1000 毫米　1/16
印　　张　23.25
字　　数　305 000
版　　次　2008 年 4 月第 1 版
印　　次　2012 年 11 月第 4 次印刷
标准书号　ISBN 978-7-80623-924-7
定　　价　35.00 元